*A mia madre e mio padre,*
*che hanno cercato*
*di farmi capire la vita*
*con i loro molti ricordi*

# RINGRAZIAMENTI

Molti mi hanno aiutato a realizzare questo lavoro, in maniere e misure diverse: chi rilasciandomi una testimonianza; chi fornendomi documenti; chi dandomi consigli o più semplicemente incoraggiandomi ad andare avanti; non voglio distinguere tra chi mi ha aiutato di più e chi l'ha fatto di meno, mi limito pertanto a ricordarli in ordine alfabetico. In questo elenco appaiono anche i nomi di chi è venuto a mancare al nostro affetto e non potrà leggere questo libro e a cui dedico un particolare ricordo. A tutti vada il mio ringraziamento.

*Glenn Babb – ex Ambasciatore della Repubblica del Sudafrica in Italia, Paolo Barni, Anna Battilana Fanelli, Don Giacomo Bersotti, Giulia Betti, Vinicio Betti, Fulco Biagini, Claudio Biscarini, Stefano Bistarini, Giorgio Bologni, Bill Bosch, Marie-Anne Brauer, la professoressa Nicla Capitini Maccabruni dell'Istituto Storico per la Resistenza in Toscana, Emilia Cantile, Angela Caracciolo, Dino Ceccattoni, Marco Ciarini – Sindaco del Comune della Città di Chiusi, il colonnello Cimander dell'Ambasciata della Repubblica Federale di Germania in Italia, Giorgio Cioncoloni, Franco del Zanna, Dino dell'Agnello, Dino Domenichelli, Liliana Domenichelli, Frieder Düvel, Fred Dugmore, Alma Faleri, Bruno Faleri, Dino Faleri, Elge Faleri, Marco Fé, Bruno Fiorini, Domenico Fiorini, Mario Ghezzi, Edward Hardy, Dennis Lloyd, il colonnello Denzil L. Loveland del Reggimento "The Cape Town Highlanders" di Città del Capo (Sudafrica), Dino Lucioli, Antonella Mancini, Antonio Masci, Giuseppe Masci, Vittorio Meoni, Ivo Migliorini, Severino Mignoni, Zelinda Nasorri, Renato Nenci, Bruno Nibbi, Ferdinando Oliva, Bud O'Brien, già ufficiale comandante il Reggimento "The Cape Town Highlanders" di Città del Capo (Sudafrica), Espedito Pasin, Virginio Patrizi, Pliamo Pennecchi, Loretta Petti, Roberto Rossi, Raffaello Rubechi, Zaira Rubechi, l'on. Loris Scricciolo, Augusto Soci, Fiorella Solini, Renato Spadea, Walter Stiewing, Bruno Tiezzi, Giuliano Toppi, Deo Totini, Lionel Wylie, Herbert Zidek, P.I. Zippel del Volksbund Deutsche Kriegsgräberfürsorge di Roma, Pietro e Manuela Zurico.*

Voglio infine ringraziare mia moglie Rossella e i miei figli Alessandro e Andrea che mi hanno sopportato fino ad ora.

Comune di Chiusi

Giulietto Betti

# CHIUSI 1943-1946

nuova immagine editrice

1ª edizione: dicembre 1996

Nie nuova immagine editrice
Via San Quirico, 13
53100 Siena

tel. 0577/42.625 – fax 0577/44.633

[ISBN 88-7145-126-0]

*selezioni:* Fim, Siena
*stampa:* Centroofset, Siena
*in copertina, foto sopra:* alcuni ufficiali del First City/Cape Town Highlanders stanno concertando l'attacco contro Chiusi, al centro il Tenente Colonnello Duncan. *(Archivio The Cape Town Highlanders - Cape Town, South Africa)*
*foto sotto:* mentre un "bulldozer" lavora al riattamento della strada statale 326, transita una batteria di cannoni anticarro della 6ª Divisione corazzata sudafricana. Notare al centro Monte Venere con il pino centenario sulla vetta che fu abbattuto da un fulmine nel 1977. *(Imperial War Museum, N.A. 16548)*

# INDICE

# AVVERTENZE

Le fonti principalmente usate sono state le testimonianza personali di "chi c'era", sia scritte (diari) che orali, riportate integralmente senza correzioni od aggiunte; quando è stato possibile le ho integrate con documenti. In taluni casi i testimoni interrogati sono purtroppo deceduti nel lasso di tempo tra quando parlarono con me e il momento della pubblicazione, ma di ognuno ho la testimonianza registrata e trascritta, dalla quale, generalmente, ho escluso solo i fatti strettamente personali o di scarso interesse ai fini della ricostruzione storica. È sottinteso che di ogni intervistato ho cercato di cogliere le impressioni e gli stati d'animo indispensabili alla realizzazione del fine che mi sono proposto, e che ho evidenziato nella premessa. Non si tratta quindi di un libro "*infallibile*"; al contrario, sarò lieto se mi verranno indicate imprecisioni od inesattezze. Concludo riportando il passo di Tucidide, tratto da *La guerra del Peloponneso*, che si attaglia perfettamente al mio caso:

"Riguardo ai fatti verificatesi durante la guerra, non ho creduto opportuno descriverli per informazioni desunte dal primo venuto, ne' a mio talento; ma ho ritenuto di dover scrivere i fatti ai quali io stesso fui presente e quelli riferiti dagli altri esaminandoli, però, con esattezza uno ad uno, e per quanto era possibile. Era ben difficile la ricerca della verità, perché quelli che erano stati presenti ai singoli fatti non li riferivano allo stesso modo, ma secondo che uno aveva buona o cattiva memoria, e secondo la simpatia per questa o quella parte. E forse la mia storia riuscirà, a udirla, meno dilettevole perché non vi sono elementi favolosi, ma sarà per me sufficiente che sia giudicata utile da quanti vorranno indagare la chiara e sicura realtà di quanto in passato è avvenuto" [1].

[1] TUCIDIDE, *La guerra del Peloponneso*, I. 22 -Traduzione di L. Annibaletto, A. Mondadori editore, Milano 1952. citato anche in FRANCESCO VIGLIONE, *Tentativo di ricostruzione di un mattino di guerra del 132° reggimento carri,* in STUDI STORICO MILITARI 1987, SME -Ufficio Storico, Roma 1988.

# PRESENTAZIONE

*Mio caro figlio,*
*ho sognato di voi giorno e notte, non sapevo più se la mia era vita o morte.*
*Volevo tornare a riabbracciarvi te e la tua mamma, perdonami bambino mio, per questa morte ingiusta*
*che ti toglie il padre quando sei ancora in così tenera età.*
*Possono bruciare i nostri corpi oggi, non possono distruggere le nostre idee,*
*esse rimangono per i giovani del futuro, per i giovani come te.*
*Ricordati figlio mio la felicità dei giochi - non tenerla tutta per te.*
*Cerca di comprendere con umiltà il prossimo, aiuta il debole,*
*aiuta quelli che piangono, aiuta il perseguitato, l'oppresso.*
*Loro sono i tuoi migliori amici.*

*Aprile 1927 Nicola Sacco*

Cinquant'anni dalla Resistenza, cinquant'anni da quei drammatici ma anche esaltanti momenti di riscossa democratica delle nostre genti dopo un ventennio di oppressione che qui, come in tante altre città italiane, non aveva saputo soffocare gli ideali di libertà, di giustizia, di progresso sociale; valori che erano rimasti gelosamente custoditi durante il lungo periodo della dittatura.

La Repubblica, la Costituzione e la Democrazia non sono piovuti dal cielo. Sono, con l'unità e la dignità nazionale, conquiste intoccabili che dobbiamo difendere contro ogni atto di secessione o di sovvertimento. Questo in un momento in cui emerge in maniera evidente la crisi dei valori morali e culturali fondamentali. Oggi infatti si avverte più che mai il bisogno di una nuova passione civile, per rigenerare lo Stato, con profonde riforme che contribuiscano ad estirpare ogni forma di privilegio e di corruzione. Nel momento in cui nella nostra società cosiddetta moderna riemergono rigurgiti nazifascisti e conflitti etnici, c'è la assoluta necessità di recuperare, ad ogni livello, dialogo, tolleranza e partecipazione, per un capitolo nuovo del divenire della stessa umanità.

E' in questo contesto che la rievocazione delle tragiche vicende di cinquant'anni fa – lontane ma non troppo – è pausa di riflessione, è lezione di vita. Abbiamo tutti da imparare qualcosa da quella che è stata una "lezione" indimenticabile da conoscere e ricordare, affinché non se ne perda la memoria, affinché valori come la pace e la solidarietà rimangano nelle menti dei giovani di oggi e di domani, affinché il tributo di sangue speso dai nostri partigiani e soprattutto dai soldati alleati costituisca un modello da non dimenticare, per farne tesoro, per rafforzare ed esaltare ogni giorno di più il significato di democrazia e soprattutto la fratellanza fra i popoli di tutto il mondo.

L'insegnamento che dobbiamo cogliere nel rileggere questo passaggio della storia è la riconferma dei nostri impegni per operare, assieme, senza subalternità a nessuna ideologia, alla fondazione di un vivere civile che abbia nella coscienza e nella ragione di ogni cittadino il suo epicentro, per passare dalle armi alle leggi e invalidare ogni forma di dominio.

L'Amministrazione civica di Chiusi, fedele espressione ed interprete dei sentimenti della comunità, in occasione del programma delle iniziative promosse per la celebrazione del Cinquantenario della Resistenza e della Liberazione, ha voluto coronare l'evento promuovendo la pubblicazione "Chiusi 1943 – 1946" di Giulietto Betti, offrendo alla collettività e alle generazioni che verranno la possibilità di onorare negli anni del millennio che sta per nascere la imperitura memoria dei tanti figli di Chiusi caduti per la conquista della libertà.

L'opera ha il pregio di unire il passato al presente. Vi sono riportati gli episodi e, contemporaneamente, il ricordo, la considerazione, la valutazione che questi suscitano oggi, a distanza di cinquant'anni. Riporta alla nostra attenzione non solo fatti tra i più noti del passaggio della guerra nella città e nelle nostre campagne e momenti fra i più celebrati della Resistenza, ma anche i tanti piccoli grandi eventi e le testimonianze che sono rimasti nel patrimonio, e non sempre debitamente valorizzati, di singole persone reduci di guerra, che hanno vissuto esperienze dirette.

Grazie infatti alle pagine di questa significativa pubblicazione ci viene restituito, in ampia sintesi, un panorama di vicende, di battaglie, di sacrifici umani, di travagli individuali e collettivi che ci fanno comprendere da dove tragga origine e forza la coscienza democratica di questa nostra terra. Si leggano, dunque, queste pagine come un omaggio alla memoria di tutti quei concittadini che hanno sofferto e lottato. Essi non pensavano, credo, alla storia, ma semplicemente a costruire, per sé, e soprattutto per i propri figli, un futuro di giustizia sociale, di serenità, di pace e di lavoro: principi e valori, cioè, su cui si incardina la nostra Carta Costituzionale nata dalla lotta di liberazione.

Credo che questo libro possa rappresentare per i più giovani un primo approccio alla conoscenza, alla ricerca e allo studio di una parte significativa della storia locale; sono loro i principali destinatari di questa pubblicazione perché a loro sono diretti i messaggi di umanità, di desiderio di libertà, di giustizia, di uguaglianza, di democrazia, di pace, che provengono da altri giovani – classe 1900 – 1910 e 1920 – che si ribellarono in ogni modo alla dittatura fascista e partirono volontari in armi per liberare l'Italia dall'oppressione straniera.

Preoccupante è il fenomeno della crisi dei valori che oggi, alle soglie del Duemila, sta emergendo nella nostra società. Quel che è più grave è la constatazione che la cultura appare inesistente nel ruolo, che dovrebbe essere proprio, di formazione di ideali politici e preminentemente di formazione civica e scolastica. I giovani di oggi chiamati ad esprimersi sulla democrazia, la libertà, la solidarietà, la Resistenza; sulla guerra di liberazione, i campi di sterminio, la distruzione di intere città e sui tanti morti civili e militari, danno risposte che sono di una ignoranza e di una superficialità estrema. Cosa si può pretendere d'altronde da generazioni che hanno trovato la casa ristrutturata, il benessere ed una grande libertà di vita e di pensiero se non riusciamo a convincerli che questi beni, di cui essi godono ampiamente, non sono stati ereditati, ma sono conquiste di altri che hanno pagato prezzi altissimi con sacrifici e rinunzie di ogni genere. Ma come si può convincerli se prima non spieghiamo loro il significato vero delle parole sacrificio e rinunzia.

Quello che state per leggere non è soltanto un mosaico ricomposto minuziosamente attraverso la somma dei piccoli e grandi fatti accaduti. Ricostruire la memoria di quei tempi non è operazione facile né soltanto rievocazione fine a se stessa. Questo libro consente di comprendere, di soffermarsi e capire essenzialmente il contenuto ma anche i contorni del pensiero che animava e sosteneva nell'azione quotidiana quelle vittime innocenti, quei giovani, vecchi e donne di quei tempi.

Non pensavano alla storia, ma erano la storia, facevano la storia, quella stessa storia che non potrà mai essere né cancellata né manipolata. Questa pubblicazione si propone come un contributo per non dimenticare. Non dimenticare la nostra storia, non dimenticare la verità, non dimenticare uomini e donne che 50 anni fa hanno combattuto e sconfitto la dittatura, hanno liberato il nostro Paese, hanno fatto dell'Italia un Paese libero, democratico, europeo.

Mi auguro che questa opera serva soprattutto ai giovani, per scoprire le radici della nostra democrazia, della nostra convivenza: quelle stesse radici che hanno anche riferimenti sicuri per il nostro futuro.

A nome dell'intera comunità di Chiusi, grazie Giulietto.

Il Sindaco della Città di Chiusi
*Marco Ciarini*

# PRESENTAZIONE

Non capita spesso di leggere un libro come quello che ci ha regalato l'amico Giulietto Betti. Oggi è di moda, anche fra i cosiddetti VIP, riciclare le notizie con grande facilità. Specialmente per quanto riguarda la nostra storia più recente, salvo le debite eccezioni, si preferisce alla ricerca di fatti nuovi, il raccontare cose già dette, rinfrescate con qualche notizia un po' più nuova.

Eppure, da una decina di anni, molti archivi sono stati aperti in tutto il mondo, e questo ci permette di avere una visione più ampia delle vicende che hanno caratterizzato i primi cinquanta anni di questo nostro secolo che, oramai, si avvia a concludersi. Da tutti questi archivi, oltre a documenti scritti di ogni genere, sono uscite immagini bellissime ed inedite, contenute in numerosi filmati d'epoca e importantissime fotografie, che rendono la storia narrata più immediata.

Molto importante è anche la raccolta di testimonianze orali che, da alcuni anni, è in corso sia per quanto riguarda la Resistenza che la guerra combattuta dagli eserciti alleati e della Germania di Hitler nella nostra penisola, all'indomani della firma dell'armistizio. Un lavoro indubbiamente faticoso e dispendioso, ma che ci porta a ricostruire, non con l'approssimazione degli anni passati, non solo singoli avvenimenti, ma anche periodi più ampi, in cui si analizzano tutte le cause del fatto che vogliamo narrare. Purtroppo, e bisogna dirlo, spesso anche enti che dovrebbero avere come fine la ricerca, si adagiano sul "già fatto", lasciando a singoli privati tutti gli "onori", ma soprattutto oneri, di una ricerca condotta con comprensibile difficoltà. Quando, addirittura, non sono queste stesse istituzioni che ostacolano chi intraprende la strada del "topo di biblioteca". Eppure, nonostante ciò, ci sono persone come Betti che hanno il coraggio e la costanza di gettarsi oltre l'ostacolo, in nome di una verità storica a cui dovremmo tutti rifarci. E, quando questo succede, il risultato è sicuramente ottimo. Certo, da qualcuno arriveranno critiche di provincialismo al lavoro di Betti, di storia prettamente locale. Per fortuna, da alcuni anni i cosiddetti "storici professionisti" guardano con occhi diversi alla cosiddetta "microstoria" paesana, fatta però con criteri filologici giusti. Dagli studi pubblicati spesso su riviste storiche locali, sono venuti fuori delle novità che hanno gettato nuova luce sulle vicende della Seconda guerra mondiale. Questo vale ancor di più per la Toscana. Dimenticata spesso in corposi volumi che trattavano la campagna d'Italia, negli anni passati, la nostra regione, anche grazie a numerosi convegni tenuti negli ultimi tempi, sta analizzando in tutti i suoi aspetti quel periodo che va dal giugno del 1944 all'aprile 1945, quando, superata la linea Gotica, gli eserciti alleati, in cui erano inseriti i quattro Gruppi da Combattimento dell'Esercito italiano, costrinsero alla resa il Gruppo di armate C tedesco in Italia. Furono mesi in cui il rullo compressore della guerra passò al vaglio fitto tutto il nostro territorio. Fu in Toscana che il feldmaresciallo Kesselring imbastì la sua tattica difensiva onde poter terminare le difese della linea Gotica, che nel giugno 1944, dopo la presa di Roma, erano ancora molto approssimative. Fu in Toscana che gli ufficiali del feldmaresciallo si scontrarono per la prima volta con il movimento militarmente attivo della Resistenza italiana. E fu ancora in Toscana che i soldati tedeschi effettuarono quella serie di massacri indiscriminati contro la popolazione civile che ancor oggi fanno orrore.

Betti racconta tutto questo, occupandosi di Chiusi, la sua città. Ricostruisce, infatti, non solo le difficili vicende della banda SIMAR che si trovava ad operare in zona, ma anche la serie di uccisioni di abitanti di Chiusi, effettuate dai soldati della divisione Hermann Göring dopo la battaglia del teatro Mascagni. E ricostruisce il tutto con la dovizia di particolari e precisione nell'esposizione del vero ricercatore storico. Ma è la battaglia che vide contrapporsi i soldati alleati del First City/Cape Town Highlanders con i "granatieri paracadutisti corazzati" della divisione intitolata al capo della Luftwaffe, il punto centrale e più importante del libro di Betti. Per la prima volta, grazie alla numerosa documentazione raccolta dall'Autore, non disgiunta da una serie di interviste a reduci della battaglia di ambedue gli schieramenti, l'episodio del Mascagni ci appare in tutta la sua drammaticità e in tutta la sua importanza. Ne emerge chiaramente la capacità delle truppe di Kesselring di approfittare di ogni errore degli avversari, per raggiungere il loro obiettivo: guadagnare tempo. E, a Chiusi, il comando della sesta divisione corazzata sudafricana non lesinò certo gli errori. Da una errata valutazione delle forze in campo, si passò ad ignorare, per alcune ore, la sorte dei soldati racchiusi e assediati nel teatro. E questo episodio sanguinoso non sarà il solo accaduto in Toscana, dalla analisi del quale appare lapalissiano che non la presunta inferiorità numerica, o almeno parità sul campo delle divisioni alleate rispetto a quelle germaniche, fu la causa della lentissima avanzata delle prime da Roma agli Appennini, ma la superiorità indiscussa dell'addestramento del soldato della Wehrmacht.

Betti fa uno spaccato di vita della sua città durante i mesi che vanno dall'otto settembre 1943, Chiusi ebbe una parte importante nel quadro toscano di quella vicenda, al passaggio del fronte, ma nella storia della città etrusca, si possono rispecchiare le storie parallele di molte città e cittadine della nostra regione e dei loro abitanti. Un libro da leggere e meditare, dunque, non solo dai chiusini, ma da tutti quelli che abbiano a cuore e vogliano apprendere le vicende di un periodo tanto travagliato, e che ci auguriamo non dover mai più rivivere, della nostra Italia.

*Claudio Biscarini*

# INTRODUZIONE

La pubblicazione di questo libro di Giulietto Betti, che cominciai a seguire negli studi quando decise di portare "storia" come terza materia d'esame alla maturità, è un avvenimento culturale di notevole rilievo per la città di Chiusi la quale, a cinquant'anni di distanza dai fatti accaduti tra il 25 luglio 1943 ed il 2 giugno 1946, può rivivere quei drammatici eventi che provocarono la morte di un centinaio dei suoi abitanti tra uomini, donne e bambini. Le approfondite ricerche dell'A. informano che 24 di essi morirono nei bombardamenti aerei del novembre 1943 e primavera 1944; 54 nei giorni (16-28 giugno 1944) del passaggio del fronte e 23 sulle mine lasciate dai tedeschi durante la ritirata. Per la prima volta dunque, il Betti fornisce una ricostruzione organica di un periodo breve della Storia di Chiusi e del suo territorio, ma denso di avvenimenti da lui sempre inquadrati nel più vasto contesto nazionale: il 25 luglio 1943; l'8 settembre 1943; la costituzione di un Comitato antifascista (successivamente diverrà il CLN) e la sua adesione alle bande Simar comandate da Silvio Marenco di Sarteano, un ex colonnello del regio esercito in pensione; la riorganizzazione del Partito Fascista Repubblicano (PFR); le precarie condizioni di vita della popolazione tra le bombe sganciate dagli aerei alleati, le vessazioni dei tedeschi, la fame e la "borsa nera". Il terzo capitolo, "I Ribelli", affronta le fasi più importanti della guerra partigiana tra il marzo e il maggio del '44 ed il drammatico contrasto Marenco-Klucine sulla cui complessa personalità di quest'ultimo lo stato attuale delle fonti non consente di fare piena luce come negli anni settanta quando Rosalia Manno pubblicò il primo studio sulla resistenza nella nostra provincia [1]. Questo saggio, il libro di Tamara Gasparri [2], quello di Luciano Casella [3] sulla Resistenza toscana e lo studio di Libertario Guerrini [4] suscitarono un profondo interesse nell'A. al quale descrivevo la documentazione consultata da quegli studiosi nell'Istituto Storico della Resistenza in Toscana (ISRT), presso il quale ero stata da poco comandata per studiare la Resistenza nel grossetano. Il giovane cominciò fin da allora a raccogliere le testimonianze dei protagonisti della Resistenza chiusina. L'impiego in banca in sedi lontane dalla sua città; le vicende familiari; gli studi universitari e la creazione di una propria famiglia non lo fecero desistere da quel primitivo progetto. Divenne, intanto, frequentatore dell'ISRT e collaboratore della Rivista semestrale dell'Istituto "Informazione", Notiziario bibliografico di storia contemporanea italiana, schedando libri che privilegiavano l'aspetto militare della seconda guerra mondiale. Le numerose e aggiornate letture lo hanno indotto a confrontare le testimonianze con la già nota documentazione archivistica e con quella inedita dei Diari di Guerra delle Armate e delle Divisioni tedesche, con numerose testimonianze di militari sudafricani e tedeschi, da lui personalmente contattati, che parteciparono alla "battaglia" di Chiusi svoltasi dal 16 al 26 giugno 1944 e che costituisce la parte centrale del libro tanto è vero che occupa sette capitoli su undici. L'andamento della "battaglia" è ricostruito con una messe straordinaria di particolari rimasti finora sconosciuti. Risulta infatti dai documenti che i tedeschi erano convinti che i sudafricani fossero stati aiutati ad entrare in città dai civili così come risulta che le mappe in dotazione ai reparti sudafricani della 6ª Divisione corazzata al comando del maggiore generale W.H.E. Poole, non evidenziavano che Chiusi Scalo e Chiusi città erano due distinti agglomerati urbani cosicché i reparti di avanguardia equivocarono su quale centro abitato avevano raggiunto il 20 giugno 1944. In realtà, pervenuti nell'area della stazione ferroviaria, non raggiunsero Chiusi città che appariva deserta sulla collina sovrastante. Il fatto poi che trasmettessero al Comando alleato un messaggio secondo il quale "il paese di Chiusi era stato raggiunto senza grosse opposizioni", convinse il Comando stesso a far avanzare il grosso dei reparti che fu, invece, accolto da un forte fuoco di artiglieria tedesca proveniente da Chiusi città e dalle colline poste a settentrione. Apparve allora necessaria ai militari alleati la conquista del "paese posto in alto" e, ignari dell'ordine di Kesselring di "difendere ad oltranza la linea Albert o linea del Trasimeno" che si snodava dal Tirreno all'Adriatico passando per Chiusi, il Trasimeno e Perugia fino alle Marche, continuarono a credere che i tedeschi non fossero intenzionati a cimentarsi in una lunga resistenza. L'ordine di attacco passato al tenente colonnello Flemmer del battaglione composto in prevalenza di volontari sudafricani del Città del Capo, ma di origine scozzese (First City/Cape Town Highlanders) prevedeva l'utilizzo di circa 300 uomini divisi in tre compagnie. La prima di esse nella notte tra il 21 e il 22 giugno, scalando una serie di terrazze sotto il parco dei "Forti", raggiunse il Teatro comunale "Pietro Mascagni" dove si svolse la "battaglia per il contrattacco dell'11ª compagnia del terzo battaglione della divisione "Hermann Göring" fatta avanzare dalla riserva. Gli occupanti furono costretti ad arrendersi e gli altri soldati all'esterno del Teatro a ripiegare fino alla stazione sotto il fuoco tedesco. L'A. descrive le successive fasi dei combattimenti intrapresi dai sudafricani che decisero di aggirare Chiusi attaccando verso Sarteano, la liberazione della città e la faticosa ripresa della vita quotidiana. Nell'ultimo capitolo, dedicato alla ricostruzione, si parla dei contrasti tra i componenti del CLN per la nomina a Sindaco del suo presidente, Luigi Romanini, e del suo scioglimento, tra la fine del '45 e l'inizio del '46.

Sebbene l'A. abbia illustrato la figura del Romanini, vecchio socialista che dopo il 25 luglio 1943, aiutato dal suo collaboratore Bruno Donati, fondò prima la sezione del Partito Socialista e poi il CLN dal quale mancavano sia i rappresentanti dei cattolici che dei comunisti, a me sembra che quei contrasti dovranno essere ulteriormente approfonditi, riuscendo, magari, a rintracciare i verbali delle sedute del CLN che l'A. non ha trovato finora né presso l'archivio comunale, né presso quello di Stato di Siena, né presso quello centrale dello Stato di Roma.

*Nicla Capitini Maccabruni*

[1] ROSALIA MANNO, *Le Bande SIMAR dal settembre 1943 al giugno 1944*. Aspetti della lotta partigiana nell'Italia centrale, in "Il Movimento di Liberazionein Italia", a.XXII, n.101 dell'ottobre- dicembre 1970 e a.XXIII,n.102 del genn.- marzo 1971;

[2] TAMARA GASPARRI, *La resistenza in provincia di Siena, 8 settembre 1943-3 luglio 1944*, Firenze, Olschki editore, 1976;

[3] LUCIANO CASELLA, *La toscana nella guerra di liberazione, Carrara*, La Nuova Europa Editrice, 1972

[4] *I 45 giorni in Toscana*, in *La Resistenza in Toscana*, "Atti e studi" dell'Istituto Storico della Resistenza in Toscana (ISRT), n. 9-10, Firenze, La Nuova Italia, 1974

# PREMESSA

Sono nato nel 1957 dunque non ho vissuto gli anni tragici della guerra, ma in me la curiosità di saperne di più è nata quando ho scoperto che in fondo la "Storia", così noiosa sui libri scolastici, è stata fatta da uomini e che non è vero che gli eroi sono solo nei films; gli eroi sono anche nella vita di tutti i giorni e sono così reali che esistono anche quando non si mettono in mostra. Questo lo compresi quando venni a sapere che un "povero Cristo", Valdambrini Pietro, venne schiacciato da un carro armato sulla via principale di Chiusi nel 1944 e mi portarono a vedere i segni lasciati dai cingoli sulle pietre del portone del palazzo in via Porsenna, all'allora numero civico 66, ora 74; segni ancora esistenti. Vidi tutto chiaro: la storia, anzi la microstoria, si poteva ricostruire anche solo guardando intorno a noi.

Cominciò così, molti anni fa questa faticosa ricerca fatta di appunti, ricordi, documenti e fotografie su quanto accadde in quei giorni. Andando avanti scoprii che quello che poteva sembrare uno degli innumerevoli fatti d'arme che costellano una guerra mondiale aveva un'anima, era cioè un racconto tutt'altro che secondario da ricostruire. A Chiusi, in quei 10 giorni tra il 16 e il 26 giugno 1944, avvenne che centinaia di persone di paesi e culture diverse vivessero una pagina importante della "loro storia". Per alcuni divenne il passaggio finale della loro vita terrena, per altri un ricordo indelebile, per altri ancora una pagina da voltare e lasciare alle spalle, ma per tutti fu vita vissuta, cioè "Storia". Quello che, con questo lavoro spero di riuscire a far comprendere è che, in guerra come nella vita, nulla accade per caso, ma tutto avviene in ragione di qualcosa o di qualcuno.

Varie domande mi si sono presentate durante la stesura del lavoro, di mano in mano ho cercato a tutte di dare una risposta, l'unica a cui non mi è stato possibile rispondere, è stata quella del perché l'uomo non ha mai voluto capire che c'è un modo migliore della guerra per risolvere i propri problemi. Non è vero che ogni guerra ha le sue ragioni: qualunque guerra è semplicemente fuori dalla ragione! È doveroso infatti che ognuno di noi comprenda che, nonostante la comparsa di nuovi flagelli ed il risveglio di vecchi, la guerra è il pericolo più grave che minaccia la sopravvivenza dell'umanità poiché, come ha detto un superstite del campo di sterminio di Auschwitz: "Bisogna sempre ricordare che l'uomo è capace di tutto, delle cose migliori come delle peggiori!"

Il libro cerca di ricostruire quanto avvenne a Chiusi e nei suoi dintorni nel periodo che va dal 25 luglio 1943 al 2 giugno 1946: una fase storica piena di avvenimenti e segnata da innumerevoli tragedie, collettive e individuali. Questo lavoro avrebbe dovuto essere pubblicato in anni ormai lontani, problemi personali mi impedirono di portare allora a termine il progetto, ma questo ritardo mi ha consentito di prendere visione di nuovi documenti, e di chiarire così alcuni dubbi residui. Permangono ancora, è vero, alcuni punti poco chiari, e questo nonostante l'utilizzazione di un insieme di fonti ognuna delle quali fornisce una propria versione degli avvenimenti che sono visti dall'angusto angolino di ogni testimone, versione limitata dalle capacità visive e intellettive dei propri sensi. Dal confronto generale però emerge una visione complessiva dei fatti. Non pretendo dunque di dire "ecco, questa è la verità prendere o lasciare" ma invece dico: questa è la storia secondo le fonti che ho potuto consultare, una storia vera e avvincente, anche se è una microstoria.

*Giulietto Betti*

# ELENCO DELLE ABBREVIAZIONI

| | |
|---|---|
| A.Cm.C. Chiusi = | Archivio Comune Città di Chiusi |
| A.Cm. Sarteano = | Archivio Comune di Sarteano |
| AMG-AMGOT = | Allied Military Governement of Occupied Territories-sigla del governo militare alleato |
| ANPI = | Associazione Nazionale Partigiani |
| AOK = | Armee-Oberkommando – Comando d'armata germanica |
| ASS, CPLN = | Archivio di Stato di Siena, Fondo Archivio del Comitato Provinciale di Liberazione Nazionale di Siena |
| Btg-Btl = | Battaglione |
| C.E.F. = | Corps Expéditionnaire Français en Italie-Corpo di spedizione francese in Italia |
| CCNN = | Camicie Nere |
| CC.RR = | Carabinieri Reali |
| CLN = | Comitato di Liberazione Nazionale |
| CPLN = | Comitato Provinciale di Liberazione Nazionale-Siena |
| DC = | Partito Democratico Cristiano – Democrazia Cristiana |
| Div. = | Divisione |
| FC-CTH = | First City-Cape Town Highlanders |
| Fd. = | Field-campale |
| Fd. Sqn. = | Field Squadron – Squadrone campale |
| FjPzD HG = | Fallschirmjäger-Panzerdivision – Divisione corazzata dei paracadutisti "Hermann Göring" |
| GNR = | Guardia Nazionale Repubblicana |
| ILH-KimR = | Imperial Light Horse-Kimberley Regiment |
| ISRT = | Istituto Storico della Resistenza in Toscana – Firenze |
| ISTAT = | Istituto Centrale di Statistica |
| KTB = | Kriegstagebuch – Diario di guerra giornaliero |
| LW = | Luftwaffe – forza aerea germanica |
| M.A.A.F. = | Mediterranean Allied Air Force – Aviazione Alleata del Mediterraneo |
| MK = | Militärkommandantur – Comando militare territoriale tedesco |
| MVSN = | Milizia Volontaria Sicurezza Nazionale |
| NMR = | Natal Mounted Rifles |
| N.A.W. = | National Archives – Washington (USA) |
| PAG = | Prince Alfred's Guards |
| PDdL = | Partito Democratico del Lavoro |
| PdA-P.d'Az. = | Partito d'Azione |
| PCI = | Partito Comunista Italiano |
| PLI = | Partito Liberale Italiano |
| PRI = | Partito Repubblicano Italiano |
| PSI = | Partito Socialista Italiano |
| PSLI = | Partito Socialista Liberale Italiano |
| PSIUP = | Partito Socialista d'Unità Proletaria |
| Pz-Panzer = | Carro armato tedesco |
| PzAA = | Panzer-Aufklärungsabteilung – reparto corazzato da esplorazione |
| PzK.-Panzer-korps = | Corpo d'armata corazzato |
| PFR = | Partito Fascista Repubblicano |
| PR = | Pretoria Regiment |
| RDLI = | Royal Durban Light Infantry |
| Regt. Rgt. = | Regiment-Reggimento |
| RNC = | Royal Natal Carbineers |
| R.S.I. = | Repubblica Sociale Italiana |
| SA = | South Africa-Sudafrica |
| SAA = | South African Artillery-artiglieria sudafricana |
| SEPRAL = | Sezione Provinciale di Alimentazione |
| S.S. = | Schutz Staffeln-Squadre di Sicurezza - |
| SSB = | Special Service Battalion |
| Ten.col. = | Tenente colonnello |
| UDI = | Unione Donne d'Italia |
| WH = | Wehrmacht Heer – Sigla dell'esercito tedesco dal 1933 al 1945 |
| WR-DLR = | Winderstand-De La Rey Regiment |

# CHIUSI, COME ERA

*"Non esiste la*
*testimonianza*
*ma gli uomini*
*che testimoniano!"*
Antoine de Saint-Exupery 1900-1944

Le origini di Chiusi si perdono nella notte dei tempi, esistono racconti che la danno per fondata addirittura da Telemaco, figlio di Ulisse. Sono leggende. Certo è che trae le sue origini da un villaggio sorto nel IX secolo a.C. su una collina formata da terreno tufaceo e strati di breccia. La città che poi con gli anni viene ad enuclearsi è posta su una delle colline che si affacciano sull'estremo lembo della Val di Chiana, geologicamente di natura alluvionale. La collina chiude quasi la sottostante valle, la quale trova solo un breve adito per riaprirsi un poco verso sud in quella che poi fu detta la Chiana romana. Anzi, alcuni sostengono che dalla sua chiusura alla valle, abbia preso il suo nome come città etrusca che fu Camars [1]. Le prime notizie storiche su Chiusi le abbiamo dal romano Tito Livio, il quale narra che il Lucumone di Chiusi, Porsenna [2], sul finire del VI secolo a.C., riuscì ad occupare Roma ed a rimettere sul trono lo spodestato Tarquinio il Superbo. Successivamente, a causa della sua posizione geografica Chiusi fu costantemente contesa, sia durante il medioevo che in età moderna, fra eserciti in lotta che scendevano o risalivano la penisola [3].

Chiusi nel 1939 era una piccola cittadina di provincia come tante, posta a circa 80 chilometri da Siena sopra ad un poggio alla destra del torrente Tresa, al limite meridionale della Val di Chiana, dove l'attività agricola era quella preminente, né il limitato numero delle imprese industriali e artigianali presenti poteva servire a variare di molto il quadro generale. Vicino al centro storico si trovava la stazione ferroviaria [4], attorno alla quale si era sviluppato un centro abitato e commerciale; a poca distanza dalla stazione ferroviaria, sulla strada per Città della Pieve, era situata una grande "sottostazione di trasformazione e smistamento" di energia elettrica. Chiusi era sede di una delle più antiche Diocesi Vescovili d'Italia [5] ed anche di una tenenza dei Regi Carabinieri. Nel centro storico assieme alla sede del Municipio si trovava anche l'Ospedale intitolato al Re Umberto I [6] ed un rinomato Museo Civico costituito quasi completamente da reperti archeologici etruschi [7]. Dal lato finanziario erano presenti una succursale del Monte dei Paschi di Siena e la Cassa Rurale di Chiusi [8].

Chiusi era insomma un piccolo centro dove tutti si conoscevano per nome ed anche .per soprannome [9]. Un quadro più particolareggiato lo possiamo cogliere dai dati raccolti in occasione dell'VIII censimento generale della popolazione del 21 aprile 1936. La popolazione

[1] GIACOMO BERSOTTI, *Chiusi, Guida storico artistica della città e dintorni,* Chiusi, E.P.T. Ass. Pro loco Chiusi, Tipografia Gentilini-"La Gente", 1a edizione 1974; 2ª edizione 1981; 3ª edizione 1994.

[2] *Porsena* o *Porsenna*, Lucumone cioè principe di Chiusi, celebre e leggendario capo etrusco.

[3] Non potendo ricostruire la storia di Chiusi rimando ai sottoscritti lavori di Don Giacomo Bersotti, noto storico locale scomparso nel 1980: GIACOMO BERSOTTI, *Chiusi, Guida storico artistica della Città e dintorni* cit.; ID., *Un patrimonio storico e artistico: la Cattedrale,* Chiusi, Tip.Gentilini, 1978; ID., *Feste e folclore nella storia e nelle tradizioni di Chiusi,* Chiusi, Tip. Gentilini, 1982; ID., *Storia di Chiusi, dall'età comunale alla Seconda guerra mondiale*, Chiusi, Amm.ne Comunale Chiusi, Labirinto Editrice, 1989;

[4] La stazione ferroviaria fu inaugurata nel 1862, quando fu terminato il tronco ferroviario Siena-Chiusi. Successivamente vennero aperti i tratti Chiusi-Roma nel 1863 e Chiusi-Terontola nel 1875; negli anni trenta la linea Firenze-Roma venne elettrificata. LUIGI GIOMETTI, *Guida di Chiusi, con cenni storici sulla Città,* Poggibonsi, Tip. P. Cappelli e C., 1928, p. 121.

[5] Chiusi fu sede vescovile a partire dal IV secolo e nel 1700 fu unita a Pienza dando origine alla diocesi di Chiusi e Pienza. Nel 1986, a seguito della riforma degli assetti diocesani, le circoscrizioni di Montepulciano, Chiusi e Pienza, furono riunite sotto la guida di un solo vescovo: quello di Montepulciano.

[6] L'Ospedale "Umberto I°" era allora gestito dalla "Venerabile Confraternita di Santa Maria della Misericordia di Chiusi". Per una breve storia della Confraternita vedi: UMBERTO PATELLA, *Le Confraternite di Misericordia in Toscana,* Siena, Anonima Arti grafiche S. Bernardino, 1926, pp. 277-278.

[7] L'importanza del Museo di Chiusi, fondato nel 1870, è attestato anche dalla pubblicazione, nell'ambito delle guide dei musei italiani, da parte del "Ministero dell'Educazione Nazionale", di una guida monografica sul Museo ed il materiale in esso contenuto: DORO LEVI, *Il Museo Civico di Chiusi*, Roma, Libreria dello stato, 1935.

[8] Sulla storia della Cassa Rurale ed Artigiana oggi Banca di Credito Cooperativo di Chiusi vedi: MARCO GULLI, *Cenerentola ...non più, Prolusione celebrativa del 75mo di fondazione della Cassa Rurale ed Artigiana di Chiusi (1908-1983),* fascicolo a stampa, Chiusi, 10 aprile 1983; Cassa Rurale ed Artigiana di Chiusi, *1908 -1988, 80 anni al servizio della comunità*, Sarteano, Ed. Luì, 1988.

[9] Quello del soprannome "affibbiato" è una particolarità tipica di Chiusi, come scrive anche FULVIO BARNI nel suo bel libro: *Così parlava Chiusi, vocaboli, proverbi e modi di dire della lingua Chiusina*, Chiusi, Tipografia "La Gente", 1993.

residente era di 8.043 persone di cui 3976 uomini e 4067 donne. Considerando che la superficie del territorio comunale era di 5806 ettari, ne risulta una densità di 138 abitanti per chilometro quadrato. I residenti erano per metà insediati nei centri abitati ed i restanti nelle campagne, particolare che conferma l'importanza dell'attività agricola nell'economia locale.

Avevamo infatti:

| | |
|---|---|
| Chiusi Città ab. | 2.534 |
| Stazione di Chiusi ab. | 1.277 |
| Dolciano ab. | 38 |
| Montallese ab. | 218 |
| Totale | 4.067 |
| Abitanti case sparse | 3.976 |
| Totale residenti nel comune di Chiusi | 8.043 [10] |

Concludo questa premessa mostrando una scheda con l'andamento demografico del Comune di Chiusi nel periodo 1937-1942, analoga scheda per il periodo successivo si trova in appendice. [11]

| anno | ammontare popolazione | matrimoni | nascite | morti |
|---|---|---|---|---|
| 1937 | 7.956 | 67 | 138 | 100 |
| 1938 | 8.030 | 66 | 167 | 100 |
| 1939 | 8.065 | 53 | 132 | 104 |
| 1940 | 8.111 | 43 | 137 | 99 |
| 1941 | 8.134 | 61 | 128 | 111 |
| 1942 | 8.242 | 56 | 131 | 110 |

[10] IST. CENTRALE DI STATISTICA DEL REGNO D'ITALIA, *VIII Censimento generale della popolazione del 21 aprile 1936,* vol. II, fascicolo 52, Prov. di Siena, Roma, Tip.Failli, 1937. Per una ricostruzione generale sulla situazione economica e sociale in provincia di Siena prima della guerra, vedi anche: TAMARA GASPARRI, *La resistenza in provincia di Siena, 8.9.1943 - 3.7.1944,* Firenze, Olschki ed., 1976, pp. 1-10; "La Ragione", periodico socialista di politica e informazione, Chiusi, tip.Gentilini, anno VIII, n. 8, ott-nov. 1974; Cfr. anche il saggio di ANTONIO CARDINI, *L'economia senese sotto il fascismo*, e quello di ALESSANDRO ORLANDINI, *Il sogno della bonifica integrale: l'agricoltura senese negli anni '30, in Fascismo e antifascismo nel senese*, atti del convegno svoltosi a Siena il 10-11 dicembre 1993, a cura di Alessandro Orlandini, Firenze, edizione Regione Toscana, 1994, pp. 175-208.

[11] Cfr. *La popolazione della Toscana dal 1810 al 1959*, a cura di PIERFRANCESCO BANDETTINI, Firenze, Scuola di statistica della Università di Firenze, 1961, p. 357.

# I. GUERRA!

*Vivere è anche ricordare!*
Luchino Visconti

*"Ecco gli elmi dei vinti*
*e quando un colpo ce li ha sbalzati dalla testa*
*non fu allora la disfatta*
*fu quando obbedimmo e li mettemmo in testa. "*
Bertolt Brecht (1898-1956)

**"Sta arrivando la bufera..."**

Roma, ore 18 del 10 giugno 1940:

> "Un'ora segnata dal destino batte nel cielo della nostra patria: l'ora delle decisioni irrevocabili. La dichiarazione di guerra è già stata consegnata agli ambasciatori di Gran Bretagna e di Francia..."

Così, Benito Mussolini, "Duce d'Italia e del fascismo", annunciò al popolo italiano dal balcone di palazzo Venezia il coinvolgimento italiano nella seconda guerra mondiale [1]. Le forze armate italiane entrarono in guerra con armi vecchie, quadri impreparati e truppe scarsamente addestrate, se a questo si aggiunge anche la confusione a livello di comandi sulle direttive strategiche di condotta della guerra, ci si può facilmente rendere conto di come finì. Nel 1943, dopo tre anni di guerra, l'Italia mussoliniana dei "dieci milioni di baionette" era a pezzi. Battuta sul mare, perso "l'Impero africano", sconfitta con migliaia di caduti e dispersi nell'avventura sul fronte Russo, adesso era la stessa penisola Italiana ad essere il prossimo obiettivo dell'offensiva delle forze alleate. Il 10 luglio 1943 cominciò l'invasione dell'Italia con lo sbarco anglo-americano in Sicilia. Era l'inizio dell'ultima fase della nostra guerra. Milano, Torino, Napoli e infine Roma stessa il 19 luglio assieme a numerose altre città, venivano duramente colpite con bombardamenti aerei in quella tragica estate. Il Re Vittorio Emanuele III, profondamente scosso dalla guerra ormai persa [2], decise di abbattere il regime Mussoliniano per "poter concludere una pace separata con gli alleati". Il 25 luglio 1943 Mussolini venne arrestato dai carabinieri mentre usciva da un colloquio con il Re. Si compì così quello che qualcuno ha definito il "colpo di stato regio" [3] . Nella stessa notte di quel 25 luglio, alle 22,47, l'Eiar [4] annunciava al paese la notizia delle "dimissioni" di Mussolini, e della sua sostituzione nell'incarico di capo del governo "con sua Eccellenza il Maresciallo d'Italia Pietro Badoglio". Quella notizia rappresentò per il popolo italiano la fine del regime fascista, ed al comunicato seguirono spontanei moti popolari di gioia, anche perché, non a torto, fu ritenuto il primo passo verso l'agognata pace. Pochi, ascoltando il comunicato emesso dal nuovo capo del governo Badoglio, dettero il giusto peso a quella frase finale che sibillinamente diceva: "la guerra continua... continuava sotto un'altra etichetta, ma per il momento, continuava" [5]. Come ebbe a ricordare Monsignore Serafino Marchetti, allora sacerdote della Cattedrale di Chiusi:

> "Soltanto chi poté ascoltare il Giornale Radio delle 22,45 poté conoscere nella notte stessa del 25 luglio 1943 l'annuncio ufficiale della crisi... i più lo seppero la mattina del 26. ...L'annunzio della caduta del Regime fu salutata con grandi dimostrazioni di consenso nei principali centri d'Italia, ma furono presto troncate per severe disposizioni del nuovo capo del governo (Badoglio NdR). A Chiusi non si ebbero a lamentare eccessi: soltanto nella mattinata del 26 giunse un minuscolo corteo dallo scalo con qualche bandiera e si adunò con un pò di folla di curiosi in Piazza XX settembre e presto tutto finì con qualche grido di evviva e di abbasso. Tuttavia nei giorni seguenti qualche rancore personale trovò un po' di sfogo innocuo nel segnare con una croce le porte delle abitazioni di alcuni squadristi più in vista, oppure nel far circolare voci di minaccia e di vendetta" [6].

[1] Come scrisse Mussolini, in un dispaccio diretto a Hitler: "Il mio programma è il seguente: lunedì 10 giugno, dico 10 giugno, dichiarazione di guerra; dal giorno 11 mattina, inizio ostilità." La guerra comincia ma solo... domani! È curioso sapere che il "Duce del fascismo", pensò di entrare in guerra programmandola come si farebbe per una scampagnata. Cfr. B.P. BOSCHESI, *Le armi i protagonisti le battaglie gli eroismi segreti della guerra di Mussolini 1940-1943*, allegato a fascicoli su "Storia Illustrata", Milano, A. Mondadori editore, 1984-1985, p. 31. Sul testo del discorso di Mussolini vedi: *1933-1945, le voci della storia, documenti sonori*, a cura di ROBERTO LEYDI, Milano, F.lli Fabbri editori, 1978, fasc. 7.

[2] Sul tema della condotta della guerra ampia è la bibliografia esistente, cito solo alcuni testi che, per la completezza dei richiami, possono ben fungere da "sunto" sull'argomento. Per l'esercito: FILIPPO STEFANI, *La storia della dottrina e degli ordinamenti dell'Esercito Italiano*, vol. II, Tomo 2., Roma, Stato Maggiore dell'Esercito, ufficio storico, 1985. Per la marina: GIANNI ROCCA, *Fucilate gli ammiragli, la tragedia della marina italiana nella seconda guerra mondiale*, Milano, Mondadori, 1987. Per l'aeronautica: GIUSEPPE SANTORO, *L'aereonautica Italiana nella seconda guerra mondiale*, Milano-Roma, Esse edizioni, 1957. Infine, per un lavoro di sintesi storiografica, vedi: GIORGIO ROCHAT, GIULIO MASSOBRIO, *Breve storia dell'esercito italiano dal 1861 al 1943*, Torino, Einaudi, 1978.

[3] GIUSEPPE MAMMARELLA, *L'Italia dalla caduta del fascismo ad oggi*, Bologna, Il Mulino, 1978, pp. 28-38.

[4] EIAR, Ente Italiano Audizioni Radiofoniche, era la sigla dell'ente di stato per la radio.

[5] B. P. BOSCHESI, *Le armi i protagonisti le battaglie gli eroismi segreti della guerra di Mussolini* cit., p. 284. Sul 25 luglio vedi anche RUGGERO ZANGRANDI, *1943-25 luglio-8 settembre*, Milano, Feltrinelli, 1964.

[6] Diario di Monsignor Serafino Marchetti, Canonico Sacrista della cattedrale di Chiusi e vicario generale della Diocesi. Diario scritto a Chiusi nel

A Chiusi, fino a quel momento la guerra era stata vissuta esclusivamente con l'arrivo delle cartoline precetto [7], che avevano richiamato i giovani, e anche i meno giovani, sotto le armi [8]. Molte famiglie avevano già pagato il loro tributo in morti, feriti, prigionieri e dispersi [9]. Difficile era inoltre la situazione delle famiglie colpite dall'aumento dei prezzi dei generi alimentari [10]. Il costo della vita era diventato proibitivo, e se le famiglie contadine produttrici di generi alimentari se "la passavano meglio" di quelle a reddito fisso, era prevalentemente, come scriveva il Questore di Siena, "per la diffusa tendenza degli agricoltori di stornare all'ammasso un certo quantitativo precauzionale, oltre la quota d'assegnazione" [11]. La risposta contadina ai disagi della guerra era stata proprio quella, della diminuzione della consegna dei quantitativi di grano e degli altri raccolti agli ammassi. Già a partire dal 1942 si era manifestato questo cattivo andamento dei conferimenti agli ammassi. La stampa fascista aveva immediatamente aperto una dura polemica contro i coloni, indicati tra i maggiori responsabili degli ammanchi [12]. Altra piaga di quegli anni furono i richiami alle armi, che pesantemente colpirono le campagne, creando spesso situazioni in cui gli unici uomini validi, cioè di età inferiore ai 65 anni, rimasti nei poderi, erano vecchi di 62 o 63 anni [13]. La situazione era malamente supplita con l'invio in "licenza agricola" dei soldati dal fronte, durante il periodo dei lavori, come la semina ed il raccolto. Spesso successe che i "contadini-soldati" non reggessero alla tentazione di auto-prolungarsi la licenza. Varie volte i rientri al corpo di appartenenza, specialmente quando la guerra cominciò a volgere al peggio, avvennero solo con "l'aiuto" dei carabinieri. La retorica fascista del "popolo guerriero" mostrò tutta la sua falsità [14]. Tra i primi atti del governo Badoglio ci fu quello di sciogliere il Partito Nazionale Fascista e di vietare "la costituzione di qualsiasi partito

luglio 1944, d'ora in avanti citato come "La Battaglia Di Chiusi 16-26 Giugno 1944", pp. 1-2. Si trova in Archivio Vescovile della Diocesi di Chiusi, Sez. B, Fascicolo Chiusi, e presso L'Istituto Storico della Resistenza in Toscana (ISRT) a Firenze, – Fondo Clero – Fascicolo X -Diocesi di Chiusi e Pienza. Inoltre vedi GIACOMO BERSOTTI, *Storia di Chiusi, dall'età comunale alla Seconda Guerra Mondiale*, Chiusi, Labirinto editrice, 1989, pp. 251 e seguenti.

[7] A differenza della Prima Guerra Mondiale i militari non furono chiamati con un ordine di mobilitazione generale, ma fu invece scelto di mobilitare i reparti, che si costituirono man mano su ordini stabiliti dal Ministero della Guerra, con il richiamo dei riservisti a seconda delle classi di appartenenza con il sistema della cartolina precetto come se fosse stato periodo di pace. Fu un caso piuttosto anomalo nel panorama dei paesi in guerra. La procedura venne regolamentata dal Regio Decreto n. 913 del 29.6.1940. L. CEVA, *Le forze Armate*, Torino, Utet, 1981, pag. 260 e segg., e anche: G. ROCHAT-G. MASSOBRIO, *Breve storia dell'Esercito Italiano dal 1861 al 1943* cit.

[8] Nel 1941 da Siena partì per la Croazia e la Bosnia un reparto che ebbe una storia poco nota ma che merita essere rammentata. Era il 97° battaglione Camicie Nere (CCNN) della Milizia fascista (MVSN) al comando del Primo Seniore Carlo Federico Degli Oddi. Il reparto era composto prevalentemente da militi originari di Siena e dei comuni della provincia. Incorporato nella 89a Legione CCNN della divisione di fanteria "Bergamo", partecipò a vari rastrellamenti contro i partigiani jugoslavi. Alla data dell'8 settembre 1943, l'89ª Legione era di presidio in Dalmazia nei dintorni di Spalato, e qui, alla notizia dell'armistizio, per iniziativa del suo comandante, passò dalla parte dei tedeschi al completo. Così, mentre i tedeschi catturavano i reparti italiani della "Bergamo", e, dopo la resa, fucilavano decine di ufficiali rei di essersi loro opposti, le camicie nere della 89a legione diventavano il primo reparto di SS italiane al servizio dei tedeschi. Il 97° battaglione delle Camicie Nere diveniva così il I. battaglione "Vendetta" delle SS italiane, e combatté assieme ai tedeschi contro le truppe alleate sbarcate ad Anzio e Nettuno nella primavera del 1944. Cfr. RICCIOTTI LAZZERO, *Le SS italiane*, Milano, Rizzoli, 1982. Su questo reparto vedi anche: PIETRO CIABATTINI, *Siena fra la scure e la falce e martello; cronaca e memorie dal 1926 al 1950*, Siena, ed. I Mori A.G. Ticci, 1991, pp. 114, 138, 202.

[9] Dal 10 giugno 1940 al 28 maggio 1943 tra cittadini di Chiusi impegnati sotto alle armi si era dovuto registrare: 12 morti; 39 prigionieri; 12 dispersi. Archivio del Comune della Città di Chiusi, d'ora in avanti citato come A.Cm.C.Chiusi; Fascicolo 591, Ufficio notizie militari alle armi, anno 1943, Categoria VIII, elenco aggiornato al 28 maggio 1943.

[10] Dal 1939 al 1943 il costo della vita, nonostante razionamenti e calmieri, era salito da un indice di 109,22 a 164,99, mentre l'indice dei salari, per lo stesso periodo, era sceso da 90 a 80 e questo nonostante che il Regio Decreto Legge n. 953 del 19.6.1940, avesse bloccato i prezzi e salari. G. MAMMARELLA, *L'Italia dalla caduta del fascismo ad oggi* cit., pp. 33-34.

[11] Istituto Storico della Resistenza in Toscana, ISRT, Fondo Archivio Centrale di Stato (ACS), Ministero degli Interni, Pubblica Sicurezza, AGR, (1930-1955), cat. K1 B/15, b. 36A, fascicolo 5, Relazione del questore di Siena del 27 marzo 1942, citata anche nella comunicazione di SANDRO ROGARI, *L'opinione pubblica in Toscana*, al convegno, "*La Toscana nella Seconda Guerra Mondiale*", Firenze 31 gennaio-2 febbraio 1985.

[12] LIBERTARIO GUERRINI, *La Resistenza e il mondo contadino, dalle origini del movimento alla Repubblica: 1900-1946*, contributo per il Convegno "*Mondo contadino e Resistenza*", Foiano della Chiana, 15 marzo 1975, pp. 103-107. Nonostante tutti gli inviti e le minacce, i mancati conferimenti continueranno sino alla fine della guerra.

[13] TAMARA GASPARRI, *La resistenza in provincia di Siena, 8 settembre 1943-3 luglio 1944*, Firenze, Olschki editore, 1976, p. 30

[14] Il regime fascista ebbe, durante la guerra, una importante fonte di informazioni sugli umori e sul morale della popolazione italiana, dal lavoro di censura sulla corrispondenza civile e militare. Il capillare lavoro di lettura delle lettere circolanti sul territorio nazionale, fu svolto da "Commissioni civili provinciali di censura", istituite in ogni provincia e dipendenti dai Prefetti e dal Ministro degli Interni, alle dirette dipendenze di Mussolini. Queste "commissioni" erano nate con Regio Decreto n. 1415 dell'8.7.1938 e regolamentate con i successivi R.D. nn. 2247 e 2248 del 12.10.1939. Dal luglio 1940, nell'ambito di ogni commissione civile di censura, erano state inoltre istituite delle "Sezioni militari di censura di guerra" addette alla lettura della corrispondenza dei militari alle famiglie; sezioni provinciali che facevano capo a un Ispettorato centrale posto alle dipendenze del SIM (Servizio Informazioni Militari). Ogni sezione provinciale era costituita da circa trenta ufficiali, per lo più ex-insegnanti, magistrati o avvocati, che ogni giorno avevano il compito di leggere la corrispondenza che le poste consegnavano alla sezione di censura. In media ogni ufficiale esaminava 150 lettere. Tutte le frasi ritenute pericolose ai fini militari erano cancellate dall'ufficiale censore con inchiostro indelebile. La lettera era poi richiusa e fatta proseguire per la destinazione apponendovi la fascetta: "verificato per censura"; che divenne ben presto tristemente nota agli italiani. Quando lo scrivente poteva essere accusato del reato di "disfattismo" o di favorire il nemico, fornendogli dati e notizie vietate, la lettera veniva inviata agli organi di polizia per le indagini e i provvedimenti del caso. Il crescente malcontento, dovuto al cattivo andamento della guerra, fu così registrato e segnalato da queste "commissioni" all'Ispettorato centrale del SIM, a cui erano inviate relazioni periodiche con i risultati del proprio lavoro: relazioni contenenti anche un giudizio complessivo sul morale delle truppe e dei civili. Da notare che queste sezioni di censura continuarono il loro lavoro, anche nell'Italia liberata dagli alleati, fino al 1945. Vedi: AMBROGIO VIVIANI, *Servizi segreti italiani, 1815-1985*, Roma, ADN Kronos libri, 1985, secondo volume, pp.44-47; BINO BALLAMO, *Lettere censurate*, Milano, Longanesi, 1975; infine articolo di LORIS RIZZI in "Historia", mensile illustrato di Storia, n. 263 del gennaio 1980.

politico, per tutta la durata della guerra", rinviando ad allora l'elezione di un "parlamento costituzionale" [15]. Nonostante ciò i partiti politici intrapresero ugualmente la loro riorganizzazione. A Chiusi questa attività spontanea portò alla rinascita del Partito Socialista Italiano di Unità Proletaria, la cui sezione di Chiusi si costituì pochi giorni dopo Il 25 luglio. La prima riunione avvenne il 28 luglio 1943 nei locali del vecchio cinema "Moderno" [16] a Chiusi Scalo, in quei locali in cui oggi si trova la filiale del Monte dei Paschi di Siena. Vi parteciparono alcuni vecchi componenti del Partito Socialista di prima dell'avvento del fascismo, fra cui Luigi Romanini, Bruno Donati, Carlo Rossi, Foresto Paolucci ed altri. Furono presenti anche Lauro Tofani e Loris Scricciolo [17] che però non aderirono al ricostituito PSI [18]. I vecchi socialisti proposero anche di creare un organismo interpartitico per coordinare l'attività politica antifascista. Così alle 16,30 del 30 luglio 1943, sempre nei locali del cinema "Moderno", tutti gli antifascisti che avevano mantenuto i contatti con le centrali politiche di Roma, si riunirono per fondare quel comitato antifascista che divenne il Comitato di Liberazione Nazionale (CLN) di Chiusi. Alla riunione parteciparono: Per il PSI – Bruno Donati, Ezio Carleschi e Francesco Bianchi; per il PCI – Pietro Duchini; per il Partito Democratico del Lavoro [19] – Angelo Quadri e Lauro Tofani; per il Partito d'Azione (P. d'Az.) [20] – Loris Scricciolo. Secondo quest'ultimo la riunione fu convocata dietro iniziativa personale del Romanini, e questi fu eletto come presidente del comitato poiché rappresentava la tradizione, mai spenta a Chiusi, del vecchio socialismo antifascista. Sempre secondo Loris Scricciolo inoltre:

> "Alla riunione e poi al CLN non parteciparono i cattolici. Questo fu perché allora i socialisti avevano una posizione violentemente e pregiudizialmente contraria ai cattolici e quindi non gradivano che ci fossero. Ricordo, che allora fu detto dai socialisti, che per loro i democristiani non esistevano, erano solo dei fascisti trasformati. Luigi Romanini fu eletto da noi tutti presidente. Segretario, visto che ero il più giovane, toccò farlo a me. Incarico che comportò tenere aggiornati i verbali del comitato" [21].

Mentre si svolgeva la riunione il tenente Roalta e il Maresciallo Baiocchini della Tenenza dei Carabinieri di Chiusi, con i loro uomini, circondarono l'edificio e identificarono i presenti, diffidandoli, in base alle norme emanate dal Governo Badoglio [22]. Loris Scricciolo così ricorda quei controlli:

> "Questo giovane tenente dei carabinieri, da buon badogliano, odiava i partiti e sorvegliò in seguito perché non ci riunissimo più. Comunque, nonostante i divieti, durante il periodo badogliano l'attività di ricostituzione dei partiti politici continuò. Il regime dei quarantacinque giorni badogliani, si personificò in paese nella continuità del regime fascista, nella persona del Podestà Galeotti, che fu confermato come tale" [23].

Come è stato giustamente scritto da Rosalia Manno:

> "Dopo il ventennale silenzio i gruppi politici risorgevano a poco a poco intorno ai non più giovani esponenti dei partiti che il fascismo non aveva messo a tacere. Mancavano i giovani impegnati a 'continuare' la guerra. ... Carabinieri ed autorità non capivano fino a che punto le cose fossero cambiate e – per non sbagliare – continuavano con gli usati metodi: negli ultimi giorni di luglio, ad esempio, furono arrestate tre persone, il socialista Carlo Rossi, il repubblicano Orlando Rapi e l'avvocato Wolfango Valsecchi [24], con il pretesto di 'frasi contrarie al regime, espresse con eccessiva libertà'. I tre vennero poi rilasciati per intervento di persone dell'ambiente politico romano" [25].

[15] G. Mammarella, *L'Italia dalla caduta del fascismo ad oggi cit.*, p. 59

[16] Il cinema, che allora si chiamava "Savoia", era di proprietà di Bruno Donati che mise a disposizione i locali.

[17] Loris Scricciolo, nato nel 1923 ed allora ventenne studente ad Arezzo, rappresentava in quel consesso il volto nuovo dell'antifascismo chiusino. In quei giorni era un simpatizzante del neonato Partito d'Azione a cui aderì in seguito e di cui fu componente entro il CLN di Chiusi. Dopo lo scioglimento del P.d'Az., nel 1947, entrò nel Partito Socialista di cui fu esponente locale di spicco fino ad essere eletto deputato alla Camera nel 1963. Successivamente, tra il 1973 e il 1977, è stato Vice Presidente del Monte dei Paschi di Siena.

[18] Stefano Bistarini, *Perché gli altri non dimentichino, Chiusi-cronaca di dolori, lutti e distruzioni in un solo anno dei suoi 40 secoli di vita, luglio 1943 -luglio 1944*, manoscritto inedito, presso Archivio ANPI di Chiusi. Vedi anche Rosalia Manno, *Le Bande Simar dal settembre 1943 al giugno 1944. Aspetti della lotta partigiana nell'Italia centrale*, in *Il movimento di liberazione in Italia*, a. XXII, n. 101 dell'ottobre-dicembre 1970 e a.XXIII, n. 102 del genn.- marzo 1971, pp. 7-9.

[19] Il Partito democratico del lavoro, (PDdL) detto anche Democrazia del Lavoro, era una formazione politica che formalmente apparve solo nel 1944, per scomparire dal mondo politico italiano entro il 1946. Fu un partito di tendenza conservatrice che si presentava come erede dei liberali democratici di prima del fascismo. A livello nazionale il suo più noto esponente fu Ivanoe Bonomi che fu anche Capo del Governo nel 1944. A Chiusi comunque raccolse sempre poco seguito, e rappresentò più che altro solo i suoi dirigenti.

[20] Il Partito d'Azione (P.d'Az.), era un partito giovane, creato di fatto nel 1942. Non si richiamava a partiti esistenti prima del fascismo. Nasceva dalla fusione di gruppi antifascisti di varia natura, uniti da un progetto ambizioso: creare una formazione politica nuova che fosse mediazione e "terza via" tra le due ideologie allora esistenti, e cioè il classismo marxista ed il conservatorismo di stampo liberale e monarchico. Fu detto anche il "partito dei professori", in ragione del grande numero di intellettuali che vi fecero parte. Il partito non sopravvisse alla divisione che si venne a creare al suo interno tra destra e sinistra e dopo l'insuccesso elettorale, che ebbe alle elezioni del 2 giugno 1946, si sciolse. Vedi: Giovanni De Luna, *Storia del Partito d'Azione 1942-1947*, Milano, Feltrinelli, 1982.

[21] Testimonianza di Loris Scricciolo raccolta nel 1988.

[22] S. Bistarini, manoscritto cit.

[23] Testimonianza di Loris Scricciolo raccolta nel 1988.

[24] Wolfango Valsecchi, 1883-1954, avvocato di Siena, si trovava a Chiusi per incoraggiare la ripresa dell'attività politica in provincia. Nel corso del successivo 1944 sarà tra i protagonisti della rifondazione del Partito Socialista in provincia di Siena, figurerà nella prima Deputazione del Monte dei Paschi di Siena dopo la liberazione e sarà poi Presidente dell'Ente Provinciale del Turismo e consigliere comunale a Siena. Roberto Gagliardi, *La ricostituzione del Partito Socialista nella Provincia di Siena (1944-1945)*, quaderni de "La Martinella", Siena, 1974, p. 6; Giuliano Catoni, *Il Monte dei Paschi di Siena. Nei due secoli della Deputazione Amministratrice (1786/1986)*, Siena, M.P.S., 1986, p. 36; Aldo Lusini, *Almanacco Senese*, Siena, 1947, pp. 94-224.

[25] Rosalia Manno, *Le Bande SIMAR* cit., p. 7.

Il crollo del regime di Mussolini non lasciò indifferenti i tedeschi, che iniziarono subito a far affluire truppe per poter occupare l'Italia se questa fosse passata dalla parte degli alleati. Risulta evidente dalla documentazione ora venuta alla luce, che la preparazione alla neutralizzazione dell'esercito italiano da parte dei comandi germanici fu accurata. Obiettivo fondamentale delle truppe tedesche era quello di mantenere i collegamenti tra i reparti impegnati a sud di Roma e i confini del nord-Italia, per questo il controllo dell'importante scalo ferroviario di Chiusi si faceva essenziale. Nell'agosto, i contingenti tedeschi vennero raddoppiati nella previsione di occupare le località strategicamente importanti. In questo piano rientrò lo spostamento a Chiusi Città, di un piccolo reparto di fanteria tedesca da Sarteano, dove si trovava fin dai primi di luglio. Era una compagnia della 3ª Divisione Panzergrenadiere Germanica (fanteria corazzata)[26], che, dislocata tra il lago di Bolsena e Siena, con comando a Orvieto, aveva il compito di premere da nord su Roma. La divisione era al comando del generale Fritz Hubert Graeser. Il Regio Esercito italiano opponeva a questo complesso militare ben organizzato, la Divisione di fanteria "Ravenna" di cui era comandante il generale Francesco Dupont, con comando ad Asciano[27]. Nel sud della provincia c'era il 37° reggimento fanteria del Tenente colonnello Frau il cui comando era a Montefollonico, con il Primo Battaglione a San Regolo, il Secondo a Pienza ed infine il Terzo a Montepulciano. A Chiusi si trovava anche un "nucleo antiparacadutisti"[28] al comando del tenente Rossi. Erano ventisette uomini in tutto, con un camion e una mitragliatrice. Operavano in collegamento con i carabinieri di Chiusi e sotto la supervisione del maggiore dei carabinieri da Siena[29]. C'era inoltre una delegazione dei trasporti ferroviari dell'esercito presso la stazione ferroviaria[30] e infine i carabinieri della tenenza.

Chiusi, 8 settembre 1943, casa di Pliamo Pennecchi.

"Il vecchio orologio a pendolo scandiva le 20 quando venne servito in tavola. Avevo appena riempito il cucchiaio di minestra e stavo per portarlo piacevolmente alla bocca quando fermai la mano a mezz'aria udendo un frastuono di voci che accennava ad aumentare e fra cui era facilmente distinguibile la parola 'PACE'. Ci alzammo di botto e ci affacciammo alle finestre. Da ogni casa si gridava: – l'armistizio! La pace! È finita la guerra! – Il nonno azzardò, sia pure debolmente: – e continuiamo a mangiare! Dopo andremo a sentire! – Ma chi lo ascoltava più il povero buon vecchietto? Ci precipitammo in strada. Tutta la gente era scesa nei borghi. I fortunati possessori di un apparecchio radio raccontavano agli altri quello che aveva detto pochi minuti prima il 'comunicato'[31]. ... Si formò in breve volger di tempo un immenso corteo ... che percorse più volte la via Porsenna al canto degli inni patriottici. Le esclamazioni gioiose di – Viva la Pace! – Viva l'indipendenza! – Viva l'Italia Libera e Democratica! – Fuori lo Straniero! – si intercalavano in un tutto entusiasmante e commovente... I tedeschi acquartierati al Campo della Fiera e sorpresi dall'avvenimento in libera uscita si affrettavano prudentemente a riguadagnare i loro alloggiamenti rasentando i muri delle

[26] La 3ª Panzergranadiere, rinforzata da reparti della 26a divisione corazzata, contava, ai primi di settembre 1943, di 15.445 uomini e disponeva di circa 460 mezzi blindati, inoltre quando fosse scattato il piano di attacco contro Roma, si sarebbero posti ai suoi ordini tutte le truppe poste nelle provincie di Livorno, Grosseto e Arezzo, cosa che portò all'8 settembre gli effettivi a circa 30.000 uomini. Vedi il Diario di Guerra della 3ª Pz. Gr. Traduzione del diario è riportata nell'articolo di FRANCO BANDINI E FERNANDO RIVARA, "Ecco perché Roma non fu difesa", in "Storia Illustrata", Milano, Arnaldo Mondadori edit., n. 286, settembre 1981, pp. 52-62. Il documento originale è altresì disponibile in visione in microfilm presso l'Istituto Storico della Resistenza in Toscana, (I.S.R.T.). I microfilm sono copie di quelli disponibili presso i National Archives-Washington (N.A.W.), Fondo German Records Microfilmed at Alexandria, Virginia-USA, Microcopy No. T. 315, Roll. 173, documento n. 000709 e documenti nn. 001160 -001185. Questo fondo è composto dai diari di guerra dei reparti germanici catturati dopo la vittoria alleata e che gli americani provvidero a microfilmare ed a conservare nei propri archivi storici. Gli originali, restituiti ai tedeschi, si trovano ora presso il Bundesarchiv Und Militärarchiv, di Freiburg, Germania Federale. D'ora in avanti questo materiale verrà citato come N.A.W., T. ..., Roll. ..., Doc. ...; la traduzione dagli originali tedeschi è di Loretta Petti. Per le mie ricerche ho potuto principalmente utilizzare i microfilms dei National Archives gentilmente messimi a disposizione dal dottor Franco Del Zanna di Poggibonsi, che ringrazio in maniera particolare e a cui devo dare atto di una grande e non comune disponibilità.

[27] La divisione "Ravenna" (3ª) era reduce dal fronte russo, dove aveva subito gravi perdite. La sua efficienza era molto ridotta e tale rimase fino all'armistizio. Gravi le deficienze in artiglieria e nella forza organica. Un terzo dei suoi uomini era stato mandato in licenza e, al settembre 1943, i reparti erano costituiti solo al 60-70 per cento. Era stata trasferita in Toscana nel giugno 1943 per costituire uno sbarramento arretrato a tergo della difesa costiera. LUCIANO CASELLA, *La toscana nella guerra di liberazione,* Carrara, La Nuova Europa Editrice, 1972, pp. 6-9. Vedi anche *Le operazioni delle unità italiane nel settembre-ottobre 1943,* Roma, Stato Maggiore Esercito, Ufficio Storico, 1975, p. 180 e anche lo studio di AA.VV., *I 45 giorni in Toscana*, da *La Resistenza in Toscana*, atti e studi dell'Istituto Storico della resistenza in Toscana, 9-10, Firenze, La Nuova Italia, 1974, p. 212. Sulle operazioni della Divisione Ravenna sul fronte Russo vedi infine: *Fronte Russo; c'ero anch'io*, a cura di GIULIO BEDESCHI, Milano, Mursia editore, 1982, pp. 416-506.

[28] I Nuclei Antiparacadutisti (NAP), erano dei piccoli reparti di pronto intervento, ideati nel 1941, per la difesa dalle azioni di commandos e sabotatori. L'armamento individuale era di fucile 91 con inoltre una dotazione di squadra composta da: due fucili mitragliatori, un autocarro, due pistole da segnalazione, un motociclo, e... due biciclette. NICOLA DELLA VOLPE, *Difesa del territorio e protezione antiaerea (1915-1943)*, Roma, Stato Maggiore Esercito, Ufficio Storico, 1986, p. 281.

[29] Testimonianza di Dino Domenichelli raccolta nel 1975. Il nucleo era formato da militari del deposito dell'83° Reggimento fanteria, divisione "Venezia".

[30] Testimonianza di Mario Mealli di Grosseto, conversazione raccolta nel 1976. Il sig. Mealli fu a Chiusi come sottotenente, comandante la delegazione trasporti allo scalo ferroviario dal 25 luglio al 12 settembre 1943.

[31] Era il comunicato del Maresciallo Badoglio. "Il governo italiano, riconosciuta la impossibilità di continuare l'impari lotta contro la soverchiante potenza avversaria, nell'intento di risparmiare ulteriori e più gravi sciagure alla nazione, ha chiesto un armistizio al generale Eisenhower, comandante in capo delle forze alleate anglo-americane. La richiesta è stata accolta. Conseguentemente, ogni atto di ostilità contro le forze anglo-americane deve cessare da parte delle forze italiane in ogni luogo. Esse però, reagiranno ad eventuali attacchi di qualsiasi altra provenienza". Cfr. LUIGI SALVATORELLI, GIOVANNI MIRA, *Storia d'Italia nel periodo fascista*, Verona, Oscar Mondadori, 1969-1972, vol. II, pp. 541-542. Cfr. anche: 1933-1945, *Le Voci della Storia,* documenti sonori, a cura di ROBERTO LEYDI, Milano, Fabbri editori, 1978, fascicolo 13.

case. Era uno spettacolo indescrivibile! Dopo neppure mezz'ora tutto l'apparato militare tedesco di Chiusi città toglieva le tende e si portava a Chiusi Scalo"[32].

Non tutti a Chiusi esultarono a quelle notizie, Don Marchetti ad esempio:

"Pochi purtroppo valutarono la situazione gravissima della nostra patria in quel momento con la Sicilia già invasa e con il resto della penisola dominato dai tedeschi invasori e padroni; pochi previdero le conseguenze dell'armistizio che avrebbe trasformato in nemico l'alleato di ieri. Perciò nel popolo ci fu un'esplosione di gioia improvvisa quasi che fosse finita la guerra ... quindi immediatamente dopo l'annunzio della radio si ebbero in città cortei, canti suono di campane, invano sconsigliato, e più tardi le campagne vicine e lontane si costellarono di fuochi di gioia"[33].

## "Ernte Einbringen"[34]

L'annuncio dell'armistizio fu dato l'otto, ma in effetti questo era stato firmato il tre settembre. La proclamazione fu forzata dal comando alleato, che non fidandosi dei capi italiani, fece dare la notizia dalla radio alleata nella giornata dell'otto. L'annuncio colse di sorpresa il governo italiano che fu così costretto ad emettere il "comunicato Badoglio", letto alla radio la sera del giorno 8 settembre. Come scrisse lo storico Chabod:

"...In quelle circostanze si assisté al panico dei capi italiani, presi alla sprovvista dalla notizia. Così all'alba del 9 settembre il Re e il maresciallo Badoglio abbandonarono Roma per giungere a Pescara, donde si portarono a Brindisi, che divenne per qualche mese il centro dello stato italiano.."

Nacque così quello che fu chiamato anche il "Regno del Sud"[35].

L'armistizio creò un cambiamento di fronte sconvolgente per i militari abituati a considerare il nemico solo e sempre da una parte. Questo cambio improvviso e repentino creò così sconcerto tra gli ufficiali del nostro esercito, impegnati fino al giorno prima a considerare i tedeschi nostri alleati. Adesso, se essi avessero operato contro di loro si sarebbe dovuto reagire, e tutto questo solo in base alla considerazione del passo terminale del "comunicato Badoglio", ..."le forze italiane..reagiranno ad eventuali attacchi di qualsiasi altra provenienza". Mancarono ordini operativi chiari, subentrò la confusione sia tra gli alti comandi che tra i gradi minori delle nostre forze armate. Tutto fu demandato alle decisioni dei singoli comandanti. La risposta all'evento divenne così confusa; alcuni reparti reagirono con le armi alle azioni germaniche, altri furono catturati in massa dai tedeschi a cui gli ufficiali si arresero senza reagire e deportati in Germania. La maggioranza dei soldati, nel caos generale, vide una sola cosa da fare: tornare a casa! Cominciò così un'anabasi con cui centinaia di migliaia di nostri militari intrapresero il viaggio di ritorno verso casa. Un racconto valga per tutti, quello di Vinicio Betti, allora ventenne militare di leva.

"Il mio reparto era incaricato di difendere i depositi viveri dell'aereonautica a Roma, ma dopo l'8 settembre nessuno tra gli ufficiali sapeva che fare. Non avevano ordini. Era scomparso l'esercito, la marina, l'aviazione, il governo, il Re. Al diavolo! Erano scomparsi tutti! L'ultimo ufficiale rimasto così ci apostrofò: – Ragazzi non so che dirvi, pigliatevi la paga e andate a casa! -. Casa, l'unica cosa che contasse allora, casa mia, la famiglia. L'unica cosa certa che restava in un mondo di confusione e incertezza. Alla Stazione Termini di Roma mi riuscì a salire su di un treno per tornare a casa. Prima di arrivare alla stazione di Chiusi, saremo stati alle 'Biffe' ed era notte, il treno si fermò, passarono i ferrovieri a dirci che c'erano i tedeschi in stazione a fermare gli 'sbandati'. Così scesi e passando per la campagna arrivai fino a Chiusi Città, dove riabbracciai mia madre"[36].

Gli eventi a Chiusi si svolsero sulla stessa falsariga degli eventi nazionali, come ricorda Dino Domenichelli.

"L'otto settembre 1943 io e gli altri del Nucleo antiparacadutisti eravamo a Chiusi, parte all'osservatorio alla Fortezza, parte in una villa posta vicino al teatro comunale, dove successivamente fu costruito l'ospedale, dove eravamo accantonati per la notte. Quella sera, d'improvviso si misero a suonare le campane e sentimmo dire che era stato firmato l'armistizio. Si può immaginare il nostro stato d'animo, tutti dicevano che era finita la guerra. A Chiusi non eravamo però soli, c'era anche un reparto di militari tedeschi attendati al 'campo della fiera', e per loro la guerra non era finita. Il mattino seguente infatti venne da noi il comandante tedesco di quel reparto che conosceva il nostro tenente e che gli disse che aveva ricevuto l'ordine di catturare tutti i militari italiani, ma che non voleva eseguire quell'ordine. Gli bastava che noi ci allontanassimo e non sarebbe successo niente. Allora si prese il camion ci caricammo tutto e si partì per Siena. Facemmo un lungo giro perché ci avevano detto che nei pressi di Acquaviva c'erano già i tedeschi che arrestavano tutti i soldati italiani. A Siena si andò dal maggiore dei carabinieri, da cui dipendevamo, che ci mandò alla caserma Lamarmora. Il giorno successivo al nostro arrivò, sarà stato il 12 settembre, però cominciammo a vedere scappare tutti; scapparono perfino le sentinelle alla porta. Tutti dicevano: – ora arrivano i tedeschi e ci ammazzano tutti! -. Nella caserma così rimanemmo solo noi. Cercammo il tenente e scoprimmo che se l'era squagliata anche lui. Eravamo rimasti soli con il sergente che disse: – andiamo da questo maggiore e sentiamo che ci dice –. Il maggiore si limitò a poche ma chiare parole: - sentite ragazzi io non so cosa fare, andate dove vi pare;

[32] Pliamo Pennecchi, *Piccola storia di una famiglia italiana*, Milano, 1977, p. 154.

[33] S. Marchetti, *La battaglia di Chiusi* cit., p. 3-4

[34] Mettete al coperto il raccolto. Frase in codice con cui il 9 settembre 1943 il comando tedesco in Italia dispose ai reparti sottoposti di attuare il Piano Asse (Fall Achse), e cioè che tutte le truppe italiane dovevano essere disarmate e occupato il territorio italiano. H. Pound, *Salerno!,* Milano, Longanesi, 1961, p. 15.

[35] Federico Chabod, *L'Italia contemporanea (1918-1948)*, Torino, Einaudi, 1961, p. 117. Vedi anche Giuliano Procacci, *Storia degli italiani*, Bari, Laterza, 1972, pp. 534-535

[36] Testimonianza di Vinicio Betti raccolta nel 1988.

basta che un giorno non mi mettiate di mezzo -. Così ognuno tornò a casa sua! Io che nel periodo di militare a Chiusi mi ero sposato con una del paese tornai lì."[37]

Il mattino del 9 settembre il comando della divisione Ravenna ebbe ordine di "occupare la stazione di Chiusi cercando di parlamentare – giustificando l'occupazione come rispondente ad esigenze di ordine pubblico – senza fare ricorso all'uso delle armi, con gli elementi tedeschi che risultavano dislocati nella zona."[38]

Furono destinati a tale compito i reparti del 37° Reggimento di fanteria che inviò quattro centurie di "arditi"[39] due del Primo e due del Terzo battaglione. Arrivati a Chiusi Scalo, ai reparti italiani, trattando, riuscì di occupare parte dei fabbricati, facendo ritirare i tedeschi dalla stazione che avevano occupato. I tedeschi però rimasero nell'abitato della stazione e nelle alture circostanti, sbarrando le vie di accesso allo Scalo[40]. Due delle centurie ebbero ordine di raggiungere Firenze a sostegno di quel presidio e si allontanarono. Una successiva operazione venne compiuta l'11 per sbloccare l'accesso alla stazione di Chiusi da Montepulciano utilizzando altri reparti del 37° fanteria rinforzati da un gruppo di artiglieria: ne derivarono scontri a fuoco che non ebbero esito favorevole. Tra l'altro il gruppo di artiglieria era privo di munizioni spolettate e di chiavi di spolettamento: fu possibile rimediare con mezzi di fortuna la notte dell'undici. I rinforzi, attesi per il pomeriggio del 12 da Siena, erano bloccati a Montepulciano dai tedeschi mentre erano in movimento[41]. Era la fine. Il 13 era occupata Siena e ogni parvenza di coordinamento dei reparti italiani andò perduta. Il Generale Bitossi, comandante il II° Corpo d'Armata da Siena, dalla sede di comando occupata, "in presenza di un generale tedesco ordinò di cedere le armi, aggiungendo che un eventuale rifiuto avrebbe provocato gravi rappresaglie". Così i reparti residui della "Ravenna" si dissolsero e la stazione di Chiusi fu definitivamente occupata dalle truppe germaniche.

Quella drammatica giornata del 9 settembre 1943 è ricordata a vivide tinte dal noto scrittore Ottiero Ottieri, che scrive nel suo romanzo *Memorie dell'incoscienza*[42]: "...nell'afa pomeridiana, verso le due dopo mezzogiorno, il paese si scosse, sussultò. Ecco cosa aveva portato quell'armistizio: la guerra. Faceva ancora un caldo di agosto, neppure un'ombra di temporale o di pioggia muoveva il cielo: le persiane di tutte le case erano serrate. Salì la voce che i tedeschi non abbandonavano Chiusi in una libertà inerme, ma che vi affluivano come il sangue al cuore e la sceglievano come roccaforte..."

Fu così che..."Il giorno 9 settembre Chiusi fu occupata da una divisione di carri armati tedeschi che però poco dopo abbandonarono il luogo trasferendosi verso il fronte meridionale lasciando qui solo il tenente Semper con un piccolo presidio locale"[43].

Su quanto accadde allora alla stazione abbiamo una testimonianza di prima mano, quella dell'allora capitano Vittorio Luoni[44] della divisione "Ravenna".

"Dopo undici mesi trascorsi ininterrottamente in prima linea nella lontana Russia, al termine dell'eterno ed estenuante periodo contumaciale svoltosi negli ameni e pittoreschi abitati di Vipiteno e Bressanone, i reduci furono destinati in Toscana per la difesa costiera... L'8 settem-

[37] Testimonianza di Dino Domenichelli raccolta nel 1975.

[38] *Le Operazioni delle unità italiane nel settembre-ottobre 1943,* Roma. Ministero della Difesa, Stato Maggiore Esercito, Ufficio Storico, 1975, pp. 194 -195 e pp. 180 -181.

[39] Le Centurie "Arditi" erano reparti di pronto impiego, formate da truppe prese dai battaglioni fanteria e dotate di automezzi per essere più mobili. L. CASELLA, *La Toscana nella guerra di liberazione* cit., p. 9.

[40] Erano i reparti blindati della 3a divisione "Panzergrenadiere" che occuparono anche Chiusi Città dove dislocarono carri armati al campo della fiera, da dove tennero sotto tiro la stazione. Inoltre interruppero le comunicazioni telefoniche da e per Chiusi, e fermarono e requisirono tutte le automobili che passavano. Nel paese non c'era più posta né corriera, né giornali; per avere notizie non era restata che la radio, infine venne imposto il coprifuoco alla popolazione civile a partire dalle ore 20. IRIS ORIGO, *Guerra in Val d'Orcia*, Firenze, Vallecchi Ed., 1968, p. 65; S. BISTARINI, *Perché gli altri non dimentichino*, manoscritto cit., p. 4; PLIAMO PENNECCHI, *Piccola storia di una famiglia italiana* cit., p. 154; testimonianza di Liliana Domenichelli raccolta nel 1975. Sulle operazioni compiute dalla 3a Panzergrenadiere in quei giorni vedi: N.A.W, T. 315, roll 173, documenti numero 000709-001160 -001178, e mappa al n. 001185. Il Generale Graeser, comandante la divisione tedesca, sinteticamente riferì: "Si riuscì a non far più nuocere consistenti forze della Divisione 'Ravenna', intenzionate a occupare Chiusi e a costringerle a ritirarsi in direzione di Siena. Vennero rimossi i piccoli presidi italiani nelle cittadine della zona, come Montepulciano e Pienza, e resa più sicura la situazione delle nostre basi logistiche, occupate solo da deboli forze. Queste basi rimasero comunque saldamente nelle nostre mani, come la stazione di Chiusi. Una divisione di complementi che si trovava a Perugia, fu obbligata a collaborare a fianco dei tedeschi dopo l'intervento da Chiusi del comandante del battaglione complemento territoriale." Le relazioni tedesche sono state pubblicate anche su: P. PAOLETTI, C. BISCARINI, V. MEONI, *1943-1944: vicende belliche e Resistenza in terra di Siena*, Siena, nuova immagine editrice, 1994, pp. 60-61 e 171-173.

[41] *Le operazioni delle unità italiane nel settembre-ottobre 1943* cit., pp. 194-195 e pp. 180-181.

[42] OTTIERO OTTIERI, *Memorie dell'incoscienza*, Torino, Einaudi Editore, 1954, pp.184-196. Ottiero Ottieri, è nato a Roma nel 1924 e nell'estate del 1943 era in vacanza a Chiusi. Ha pubblicato numerose opere fra cui ricordo le più significative quali: *Tempi stretti; Donnarumma all'assalto; L'irrealtà quotidiana; Contessa; Di chi è la colpa; I divini mondani, Il campo di concentrazione.*

[43] FEDERICO PAOLOZZI, *Note quasi semestrali ed una memoria sulla battaglia di Chiusi, 1939-1952*, fascicolo a stampa senza indicazione del luogo e della casa editrice ma presumibilmente Chiusi, 1955, pp.11-13. Inoltre vedi GIACOMO BERSOTTI, *Storia di Chiusi, dall'età comunale alla Seconda Guerra Mondiale*, Chiusi, Labirinto editrice, 1989, pp. 251 e segg.

[44] Vittorio Luoni, originario di Novara, aveva partecipato alla campagna di guerra sul fronte greco-albanese e poi a quella di Russia come tenente del 54° fanteria della Divisione "Sforzesca", distinguendosi per il suo valore. Fu sul fronte del Don e poi, durante la ritirata, a Millerovo, dove rimase assediato dai russi per un mese. Qui, Luoni ed il suo reparto, vennero improvvisamente abbandonati dai tedeschi senza alcun avvertimento, salvandosi fortunosamente dalla prigionia. Quanto accadutogli lo spronò, dopo l'8 settembre 1943, a combattere con il massimo accanimento contro i tedeschi. Pluridecorato per meriti di guerra (una medaglia d'argento e una di bronzo al valor militare, varie croci di guerra, una promozione per merito di guerra e tre encomi solenni), divenne dopo la guerra generale vice comandante la divisione fanteria "Folgore" e successivamente generale di Corpo d'Armata; oltre ad appartenere a vari ordini cavallereschi, è oggi (1995) presidente nazionale della Federazione arditi d'Italia. Cfr. VITTORIO LUONI, *Un anno sul fronte russo (diario 1942-43)*, Roma, Rivista Militare, 1990; VITTORIO LUONI, *È voinà!...*, Carate Brianza, Arti grafiche Tagliabue, 1975.

bre il Secondo battaglione del reggimento era attendato lungo i gradoni di terra prospicienti un ospizio religioso sito quasi ai piedi dell'abitato di Montepulciano ...Il comunicato radio del nuovo capo del governo venne diramato mentre gli ufficiali stavano cenando... Per la verità essendo l'auditorio composto esclusivamente da militari, ossia da uomini abituati a ricevere ordini chiari e lampanti, quasi nessuno capì perfettamente il significato dell'ultima essenziale frase. O meglio: la frase venne capita, ma non era chiara come si sarebbe voluto e poteva fare incorrere in errori di portata disastrosa. Sul fatto che la guerra era finalmente finita non vi erano assolutamente dubbi, ma nessuno esultò e sugli accoliti scese una inspiegabile cappa di piombo che fece ammutolire tutti di colpo opprimendoli con una sensazione di imminente pericolo più grande e forte di loro... Il nuovo comandante di battaglione tenente colonnello Frau, giunto da pochi giorni e proveniente dall'Africa Settentrionale, aveva riscosso subito la fiducia dei dipendenti in quanto calmo, e molte volte riflessivo... Al termine del comunicato il comandante rimase silenzioso a lungo, poi disse: – Signori ufficiali, adesso incomincia davvero la guerra! – Ma come?.. Non c'è l'armistizio?..– chiese un sottotenentino che aveva terminato il corso allievi ufficiali da non più di un mese. – No, ragazzo quel comunicato è tragico... e forse segna anche l'inizio di una guerra civile – rispose cupamente il superiore... Circa un'ora più tardi, quando le idee erano ancora confuse e fervevano le discussioni, giunse il seguente ordine dal comando di reggimento: – Il battaglione autocarrato raggiungerà Chiusi domani mattina 9 settembre, partenza ore 0600 stop - compito occupare stazione ferroviaria stop – riserva ulteriori ordini. – L'accampamento venne lasciato dove era, custodito da qualche piantone... Gli autocarri giunsero puntuali con i teloni alzati. Gli uomini li gremirono in fretta e la colonna scese rapida, lungo i colli toscani, verso Chiusi. In testa c'era la compagnia che dava più garanzie di ogni altra di assolvere il delicato compito che le era stato affidato, La comandava un giovane capitano degli arditi...(il capitano Luoni NdR). Il comandante di battaglione procedeva in testa al grosso. Raggiunte le prime case di Chiusi, avendo saputo che lo scalo ferroviario era presidiato da fanterie tedesche con due postazioni di mitragliatrici, il capitano – soprattutto per evitare un combattimento che avrebbe potuto causare gravi perdite al suo reparto e coinvolgere anche la pacifica ed inerme popolazione del luogo – agì in modo di attuare la massima sorpresa senza dare tempo ai tedeschi di aprire il fuoco e dare l'allarme. Nel frattempo, lungo la rotabile Montepulciano-Chiusi, unità naziste bloccavano il resto della colonna e catturavano il comandante di battaglione. A conoscenza però, della situazione verificatasi alla stazione di Chiusi, non avendo evidentemente a loro volta idee ben chiare sul da farsi, rilasciavano ben presto l'ufficiale superiore sperando evidentemente che risolvesse la situazione a loro favore. In verità l'ufficiale dimostrò subito di essere antinazista: elogiò l'operato del capitano e, usando il telefono della stazione, comunicò ai suoi superiori che l'obiettivo era stato occupato e saldamente mantenuto. Nel frattempo nel cielo di Chiusi scalo scoppiavano strani ordigni di tipo e provenienza sconosciuta che facevano solo molto rumore, ma non provocavano né vittime né danni. Il resto della giornata trascorse tranquillo con gli italiani che non sapevano cosa fare oltre a quanto avevano già ottenuto ed i tedeschi, dislocati a Chiusi, che a loro volta non sapevano proprio come comportarsi. Si verificò pertanto una situazione che diveniva di momento in momento più pesante, tesa e confusa. Il giorno dopo incominciarono a transitare in stazione vari treni pieni zeppi di militari sbandati che ritornavano a casa. Erano mogi. Sembrava fossero stati bastonati e guardavano il reparto in armi con stupore, senza proffferire una sola parola. Le ore trascorrevano lente: sembravano eterne. I fanti, inquadrati da tutti i loro ufficiali, mantenevano la posizione senza essere disturbati. Il rancio veniva confezionato regolarmente e... non restava da fare altro che attendere 'ordini'. Il mattino del 10 si presentarono in stazione due compiti ufficiali tedeschi del comando locale che asserendo essere finita la guerra per gli italiani, proposero di cedere le armi e ritornare tutti a casa. Aggiunsero sorridendo gentilmente che – malgrado vi fosse una divisione corazzata nazista a pochi chilometri -nulla sarebbe stato fatto per impedire alla compagnia, formata da vecchi reduci di Russia, di raggiungere i paesi di origine. I tedeschi vennero ascoltati con attenzione volutamente esagerata, trattati cortesemente e, come è logico per quanto concerneva la consegna delle armi, si espresse la più alta meraviglia sul fatto che fosse stata avanzata simile richiesta[45]. I nazisti ritornarono quindi al loro comando alquanto seccati. Lo scalo ferroviario era occupato, in quel momento da un ufficiale superiore e da una compagnia di fanteria inquadrata da un capitano e due subalterni..."

Dietro ordini da Roma, il 10 settembre 1943 il capitano Luoni con una motocicletta raggiunse da Chiusi scalo la vicina Città della Pieve e da una villa riuscì a fare scappare il Maresciallo d'Italia Ettore Bastico[46] lì trattenuto prigioniero dai tedeschi. Portato alla stazione il Maresciallo Bastico poté così partire con il primo treno per Roma, in barba ai tedeschi. "Il reparto rimasto isolato senza direttive e senza più viveri, incominciò a poco a poco a sfaldarsi. I convogli in transito che si susseguivano numerosi, erano ora gremiti in gran parte di civili i cui abiti di taglia non adatta mostravano chiaramente trattarsi di militari camuffati per sfuggire ai tedeschi. Da quei treni provenivano voci tragiche e quanto mai allarmanti su ciò che avveniva a Roma e dintorni. Gli ufficiali sempre in uniforme, con i pochi fedeli rimasti loro accanto e completamente disorientati ritornarono allora a Montepulciano dove il giorno dopo, 13 settembre, i te-

[45] Nel Diario di guerra della 3ª Divisione "Panzergrenadiere" tedesca viene riportato: "Chiusi e la stazione di Chiusi restano occupate da noi ...il colonnello italiano assicurava ripetutamente che non ci avrebbe creato difficoltà alcuna. I suoi soldati sono collocati nel settore meridionale della stazione di Chiusi, per lo più nel settore dei binari morti, e vengono da noi sorvegliati in modo rigorosissimo." Cfr. AA.VV, *1943-1944: vicende belliche e Resistenza in terra di Siena* cit., p. 172.

[46] Ettore Bastico, 1876-1972, militare di carriera. Dal 1941 fu comandante supremo delle forze italiane in Africa Settentrionale e poi governatore della Libia. Rientrò in Italia nel gennaio 1943 dove fu posto in aspettativa. B.P. BOSCHESI, *Il chi è della seconda guerra mondiale,* Milano, Mondadori edit., 1975, vol. 1, p. 36.

deschi effettuarono un rastrellamento..." Il Luoni riuscì a sfuggire alla cattura. In tale modo l'ufficiale iniziò la sua attività partigiana che, dopo peripezie di ogni genere e tragiche vicende, si concluse il 25 aprile 1945 a Novara[47].

I soldati della "Ravenna", catturati nei dintorni di Chiusi, vennero portati dai tedeschi in paese, e qui fatti schierare davanti al "Pastificio Pianigiani" vicino alla stazione. Correndo il rischio di essere scoperti dalle guardie, due cittadini di Chiusi: Pietro Rinaldini e Vezio Bartoli, si avvicinarono ad un gruppetto di quattro soldati e li incitarono a scappare. Ma solo alcuni accettarono l'aiuto e vennero nascosti dietro al pastificio, nella fornace. Poi furono accompagnati da Pasquale Andreucci per la campagna lontano da Chiusi[48]. Sull'apatia di questi soldati c'è anche la testimonianza di Pliamo Pennecchi che ricorda:

> "...incontrammo una lunga serie di autocarri – parecchie decine – carichi di soldati italiani disarmati e rappresentanti la piazzaforte di Montepulciano, arresasi a qualche decina di tedeschi. Mi diressi verso uno dei camions... – Cosa fate qui? – Mah! Aspettiamo – Non vedete che ci sono soltanto cinque tedeschi di guardia all'intera autocolonna? – Perché non ve la squagliate? – Perché ci hanno detto che ci portano a Firenze e così ci avviciniamo a casa"[49].

Il 12 settembre 1943 Mussolini fu liberato dai tedeschi. Dopo un incontro con Hitler fu concordata tra i due dittatori la rinascita di un governo fascista italiano, formalmente autonomo, ma praticamente sottoposto completamente agli ordini dei tedeschi, veri padroni dell'Italia. Questi ultimi provvidero subito a far entrare in vigore sul territorio Italiano le "leggi di guerra germaniche"[50]. La proclamazione ufficiale del neonato governo fascista avvenne però solo il 23 settembre 1943. Il nome che ufficialmente si dette fu quello di Repubblica Sociale Italiana (R.S.I.) ma visto che Mussolini, di fatto, ne stabilì la capitale a Salò[51], venne comunemente soprannominata "Repubblica di Salò" o più spregiativamente "Repubblichina"[52]. In zona la ricostituzione degli organismi fascisti fu rapida, anche perché stimolata da un fascista di Chianciano. Questi, tale Naldini, in collegamento con i tedeschi del comando di Chiusi, il 18 settembre incaricò il "fascista"Ducci Wladimiro della ricostituzione del Fascio di Chiusi[53]. La prima cosa di cui si preoccuparono i tedeschi fu quella di far proseguire il regolare funzionamento delle linee ferroviarie, a qualunque costo. Come ricorda Giovanni Giulietti, allora frenatore delle ferrovie:

> "Per noi ferrovieri del personale viaggiante, che dovevamo provvedere alla scorta dei treni militari tedeschi, erano momenti molto brutti, perché si doveva viaggiare sempre sotto la minaccia dei fucili nazisti che ci obbligavano a partire anche sotto i bombardamenti americani, si partiva da casa senza sapere né quando si tornava né se si fosse tornati dato che non si poteva abbandonare il treno neppure sotto i bombardamenti"[54].

Per capire cosa fosse l'occupazione tedesca bastò vedere transitare i treni carichi di prigionieri e deportati; come ebbe a ricordare Paolo Paolucci, allora bambino.

> "Un lungo convoglio di carri ferroviari sostava da circa un'ora nella nostra stazione per dare la precedenza alle tradotte militari. ...In ogni carro erano ammassati un centinaio di deportati che venivano da Cassino, diretti in Germania. Era tutta gente rastrellata dai tedeschi... Mese di settembre 1943, il caldo era ancora soffocante e dentro quei vagoni con tanta gente ammassata gli uni sugli altri, era insopportabile. Questi disgraziati si dibattevano per procurarsi un posto accanto al finestrino del carro... Quelli che erano aggrappati alle sbarre del finestrino ci chiedevano l'acqua: – Acqua! Acqua! Per carità acqua! – Noi non potevamo portare a loro dell'acqua. Le sentinelle non volevano, vigilavano. Gli sportelli erano chiusi all'esterno. Io che ero piccolo e avevo appena sei anni, tenevo per mano il babbo. Assistendo a quella scena un nodo di pianto mi serrava la gola... Giunse in stazione una tradotta di soldati tedeschi. Come i soldati scesero a terra, vi fu un pò di confusione. Ma il ferroviere Volpi..che era di servizio al treno approfittò del momento e alzò il gancio dello sportello di un vagone. Lo sportello neanche a dirlo, spinto dal di dentro, si aprì e in un attimo il carro si vuotò della gente che era dentro. I tedeschi del convoglio con l'aiuto della polizia di stazione cercarono di riacciuffare i fuggitivi e per dire la verità furono ripresi quasi tutti, meno due giovani. Questi, scalzi e laceri, si avvicinarono al babbo. Il babbo mi disse: – Paolo al garage! – I giovani mi seguirono, li chiusi dentro e tornai in stazione. Il treno sostò ancora un pò, il conto dei prigionieri non tornava. I tedeschi si dettero pace e fu dato il via al treno che si mise in moto. A sera inoltrata, calzammo i due giovani, li vestimmo alla meglio, consegnammo loro i viveri per due giorni, facemmo alcune raccomandazioni e indicammo loro la via..."[55].

Dai treni in transito scapparono, o furono aiutati a scappare diversi prigionieri dei tedeschi, tra cui, come ricorda Indo Margheriti, anche tre russi: Vladimiro, Vassili e Alessio. Mentre il primo fu nascosto al Colle gli ultimi due trovarono rifugio presso la famiglia di Agostino Andreucci a Montevenere[56].

[47] Da un articolo di Vittorio Luoni, pubblicato su "Historia", mensile illustrato di Storia. Milano, Industrie Grafiche Cino del Duca spa, n. 177 del settembre 1972, pp. 26-33.

[48] S. Bistarini, *Perché gli altri non dimentichino*, manoscritto cit., p. 4.

[49] Pliamo Pennecchi, *Piccola storia di una famiglia italiana* cit., p. 155.

[50] "*La Nazione*", quotidiano, edito a Firenze, 14 settembre 1943.

[51] Salò, comune sul Lago di Garda in provincia di Brescia.

[52] La RSI fu in un certo senso una repubblica presidenziale, in quanto Mussolini ricoprì il doppio incarico di capo dello Stato e di capo del governo. Su tutto quanto attiene la costituzione della RSI vedi: Frederick W. Deakin, *Storia della Repubblica di Salò*, Torino, Einaudi, 1963, due volumi; F. Enrico Accolla, *Lotta su tre fronti, introduzione alla storia della Repubblica Sociale Italiana,* Milano, Greco & Greco editori, 1991.

[53] Da una lettera del Naldini del 23.9.1943 che si trova in AAVV, *Chianciano Terme, 1900-1945, cronache, documenti, testimonianze,* Comune di Chianciano Terme, Siena, Tip. Pericciolì, 1984, pp. 382-383.

[54] Giovanni Giulietti, *Le mie memorie,* Chiusi, Tip. Del Buono, 1990, p. 154.

[55] Articolo di Paolo Paolucci in "La Libertà", numero unico "pel sesto anniversario della liberazione di Chiusi", 26 giugno 1950, direttore responsabile Loris Scricciolo, Chiusi, Tip. Gentilini.

[56] I tre russi rimasero nascosti presso queste famiglie fino al passaggio del fronte, e in quei frangenti uno rimase ucciso in un bombardamento di

Quanto valesse "fare i Giuda", la gente lo comprese dai primi manifesti, che apparvero appesi ai muri di Chiusi in quel triste settembre del 1943. In questi "il Comando Germanico" offriva una taglia di 1.800 lire "per ogni prigioniero di guerra catturato o per informazioni sulla loro dislocazione" [57].

Intanto continuò l'organizzazione della RSI in provincia di Siena. Il 22 ottobre 1943 venne nominato a ricoprire la carica di nuovo prefetto della provincia di Siena, Giorgio Alberto Chiurco [58]. Questi, "fascista della prima ora e squadrista", era convinto assertore della nuova RSI, si impegnò a fondo nell'opera di organizzazione che altro non voleva dire che affiancarsi ai tedeschi, veri padroni della situazione. Il suo primo impegno fu di riorganizzare il partito fascista che assunse la nuova denominazione di Partito Fascista Repubblicano (PFR). Il Chiurco che era contemporaneamente "Capo della provincia" e "Federale del Fascio", ebbe così a sintetizzare le sue direttive: "clemenza con le popolazioni", "intransigenza contro ogni deroga alla disciplina", "necessità di sviluppare l'azione assistenziale" [59]. Nel mese di novembre si costituì ufficialmente nella nostra zona il PFR. A Chiusi segretario del fascio divenne Elio Agnoloni: "persona non sgradita agli antifascisti che lo conoscevano come politicamente poco impegnato e capace di lasciar correre e chiudere un occhio" [60].

Il 16 ottobre 1943 il ministero della difesa della RSI preannunciò la chiamata alle armi dei giovani dell'ultimo scaglione del 1924 e dell'intera classe 1925. L'annuncio fu diffuso per radio alle 14,50 e ripetuto ogni ventiquattr'ore, sempre alla stessa ora. Il 9 novembre, infine, venne pubblicato l'ordine di chiamata alle armi. I manifesti affissi ai muri annunciarono perentoriamente che dovevano presentarsi tra il 15 e il 30 novembre:

> a) tutti gli appartenenti alla leva di terra 1925; b) tutti i militari dell'esercito appartenenti alle classi 1924 e 1923 in congedo provvisorio; c) i giovani nati nel secondo e terzo quadrimestre del 1924, compresi quelli che erano già sotto le armi all'8 settembre 1943 e che erano tornati a casa [61].

Anche le forze antifasciste, per quanto confuse dal rapido evolversi degli avvenimenti presero a reagire ed in tutta Italia cominciarono a sorgere gruppi di lotta clandestina. A Chiusi, la prima scintilla di lotta venne da una riunione fatta il 18 settembre 1943 da Orlando Rapi, capostazione, Giovacchino Rossi (detto Nino), sottotenente del Regio Esercito, tornato a casa dopo lo sbandamento generale, e Libero Betti. Venne deciso di costituire un gruppo armato per sabotare, per quanto possibile, i tedeschi. L'idea ovvia era di colpire i tedeschi nella stazione [62]. Così a partire dall'ottobre 1943 e per tutti i mesi successivi fino al maggio 1944, quando le ferrovie furono rese inutilizzabili dai bombardamenti aerei, vennero realizzati atti di sabotaggio come:

> "1) asportazione o danneggiamento continuo dei tubi del freno sul materiale rotabile; 2) asportazione dell'olio dalle boccole del materiale rotabile per provocarne il riscaldo; 3) lunghe fermate dei treni ai posti di blocco ed ai semafori di stazione; 4) ostruzione e lentezza da parte di tutto il personale nel disimpegno delle proprie mansioni. Nella stazione di Chiusi, l'ostruzionismo era tale, che solo un terzo dei treni riuscivano ad arrivare o partire" [63].

La linea ferroviaria in quei giorni rappresentò una linea diretta con il resto d'Italia. Non solo perché i treni portavano i giornali e la posta e con essi le notizie, ma anche perché dalla visione dei treni in transito la gente semplice poté comprendere e vedere di prima persona quanto inumana fosse la guerra, e come ormai colpisse tutti senza distinguere tra militari e civili. I ferrovieri di Chiusi furono i primi testimoni di quei miseri carichi e ci fu chi tenne un promemoria:

> "28 settembre 1943. Piove a dirotto, dalla stazione di Chiusi transita una tradotta proveniente dal Sud, carica di ragazzi fra i 16 e i 18 anni che i tedeschi avevano rastrellato a Castellamare e li inviavano nei campi in Germania.
>
> 30 settembre... sosta alla stazione di Chiusi per 12 ore un treno, è carico di donne e di bambini terrorizzati che fuggivano da Napoli verso il Nord, e non avevano la più pallida idea di dove andassero effettivamente.
>
> 9 ottobre ... passa un treno carico di carabinieri prigionieri che venivano deportati in Germania" [64].

Tanti altri treni transitarono, inutile è elencarli; ne ricordiamo uno per tutti, quello del 18 ottobre 1943. Nel tardo pomeriggio di quel giorno passarono dalla stazione 18 carri bestiame in cui erano stipati gli ebrei, rastrellati dal famigerato colonnello delle SS Herbert Kappler nel ghetto di Roma. Erano 1.022 persone, uomini, donne, vecchi e bambini: destinazione il campo di sterminio na-

artiglieria. Dopo la liberazione i rimanenti due furono portati via da altri russi. Testimonianza di Indo Margheriti raccolta da Renato Nenci il 28.12.1995.

[57] IRIS ORIGO, *Guerra in Val d'Orcia* cit., p. 79.

[58] CHIURCO GIORGIO ALBERTO, 1895-1974, originario di Rovigno d'Istria, laureato in medicina e libero docente nell'Università diSiena. Fu tra i fondatori del fascismo a Siena nel 1921 e ne fu esponente di spicco per tutto il regime. Come "Capo della Provincia di Siena" si impegnò nell'organizzazione della RSI. Partecipò alle azioni di repressione del movimento partigiano, che si concretizzarono con gli eccidi di Scalvaia e Montemaggio del marzo 1944. Lungamente processato dopo la guerra e condannato a morte in prima istanza, fu poi assolto in appello e reintegrato in tutti gli incarichi ricoperti prima della guerra. Fu autore di una monumentale opera sulla storia della presa del potere del fascismo: G.A. CHIURCO, *Storia della rivoluzione fascista*, Firenze, 1929; ID., *Fascismo senese*, Siena, 1923. Vedi: ALESSANDRO ORLANDINI, GIORGIO VENTURINI, *I giudici e la resistenza, dal fallimento dell'epurazione ai processi contro i partigiani, il caso di Siena*. Milano, La Pietra, 1983; G. PISANÒ, *Storia della Guerra Civile in Italia*, Milano, F.P.E., 1966, pp. 361-380.

[59] TAMARA GASPARRI, *La Resistenza in Provincia di Siena* cit., pp. 64-66.

[60] ROSALIA MANNO, *Le Bande Simar* cit., p. 10.

[61] GIAMPAOLO PANSA, *L'esercito di Salò*, Verona, Mondadori, 1970, pp. 31-32

[62] S. BISTARINI, *Perché gli altri non dimentichino*, manoscritto cit.

[63] *Relazione Partigiana del Nucleo comunale di Chiusi*, senza data ma presumibilmente del luglio 1944, redatta da Orlando Rapi e Giovacchino Rossi, giacente presso l'archivio della Sez. ANPI di Chiusi.

[64] IRIS ORIGO, *Guerra in Val d'Orcia* cit., pp. 83-86-91.

zista di Auschwitz-Birkenau[65]. Come scrive Giacomo Debenedetti, quel tragico convoglio effettuò alla stazione di Chiusi una breve fermata: "per scaricare il cadavere di una vecchia, deceduta durante il viaggio"[66].

I tedeschi nell'occupare l'Italia non si limitarono a controllarla militarmente, ma si preoccuparono di creare un apparato amministrativo per organizzare e sorvegliare lo sfruttamento economico del paese. L'Amministrazione Militare tedesca in Toscana si concretizzò nell'insediamento di una serie di "Militärkommandantur" o comandi militari territoriali di cui facevano parte dei gruppi amministrativi[67]. La Militärkommandantur 1.003, insediatasi a Firenze nell'ottobre 1943, aveva giurisdizione anche sulle provincie di Siena e Arezzo. Lo sfruttamento dell'economia italiana si mosse essenzialmente lungo due linee: ottenere il trasferimento in Germania di ogni genere di merce, materie prime e impianti industriali; assicurare il funzionamento dell'economia italiana utile ai tedeschi ai fini bellici. In questa opera di riorganizzazione delle attività economiche italiane, i tedeschi utilizzarono le strutture dell'amministrazione italiana come mere esecutrici di ordini senza alcuna autonomia. Per la provincia di Siena, dato il carattere prevalentemente agricolo, il controllo tedesco fu diretto a verificare le attività di semina e le coltivazioni, senza alcun intervento sulla scelta delle colture. Ben diverso fu il discorso sulle destinazioni dei raccolti. Gli interventi maggiori furono sulla produzione vinicola e sulla fornitura di capi di bestiame. Nel dicembre 1943 venne infatti bloccata la libera vendita del vino, con lo scopo di acquisirne grosse partite a prezzi contingentati. Nel novembre 1943 i tedeschi fecero macellare varie centinaia di capi di bestiame per assicurarsi delle scorte di carne congelata; scorte che vennero concentrate in un magazzino a Torrita di Siena[68]. Questa pianificata politica di spoliazione di beni non poteva non provocare dei deficit nei rifornimenti alimentari per la popolazione civile e l'avvio di una spirale di aumento dei prezzi del mercato nero. Di converso il contenimento dei salari fu uno dei compiti primari di questi comandi amministrativi, il costo della mano d'opera doveva essere basso, per contenere i costi delle merci da inviare in Germania. Chi aderì al neonato fascismo di Salò si ritrovò così a collaborare alle razzie compiute in Italia dai tedeschi. Le forze della resistenza continuarono intanto ad organizzarsi.

Il 22 ottobre 1943, avvenne il primo incontro, in aperta campagna, tra il colonnello Silvio Marenco[69], che si disse incaricato dell'organizzazione delle bande armate intorno al massiccio del Cetona, con Giovacchino Rossi e Orlando Rapi. In seguito a questo colloquio il gruppo partigiano di Chiusi accettò di passare alle dipendenze del Marenco[70]. Questi stava organizzando le bande partigiane poi denominate SIMAR, dall'unione delle prime lettere del nome e cognome del suo comandante, e che furono poi inquadrate come Raggruppamento Monte Soratte e Cetona – Gruppo Bande SIMAR. Caratteristiche fondamentali della Simar furono quelle di una formazione volutamente aliena da qualificazioni partitiche e guidata da un ufficiale di carriera dell'esercito italiano, costantemente allineato su posizioni di intransigente attesismo[71]. Il gruppo partigiano nacque a Sarteano, ma, come scrive la Manno, trovò poi contatti importanti a Chiusi con gli esponenti del comitato antifascista nato dopo il 25 luglio. "Cominciò così un'azione comune rivolta a dare una struttura al movimento che stava sorgendo, mediante la costituzione – nei centri abitati – di nuclei organizzativi che si chiamarono nuclei comunali. Questi dovevano essere – spiega Silvio Marenco nella sua relazione 'Il nocciolo intorno a cui raccogliere via via tutte le forze politico-militari che vo-

[65] Di quegli infelici solo 15 tornarono alla fine del conflitto: 14 uomini e una donna. Vedi FAUSTO COEN, *16 ottobre 1943, la grande razzia degli ebrei di Roma*, Firenze, Editrice La Giuntina, 1993; inoltre anche *Ebrei in Italia: deportazione, resistenza*, a cura del CENTRO DI DOCUMENTAZIONE EBRAICA CONTEMPORANEA DI MILANO, Firenze, Tip. Giuntina, 1974, p. 11.

[66] GIACOMO DEBENEDETTI, *16 ottobre 1943*, Milano, Il Saggiatore, 1959, ristampa del 1961, p. 64. Vedi anche ID., *16 ottobre 1943, otto ebrei*, Roma, Editori Riuniti, 1978, p. 63 Le ricerche effettuate presso l'anagrafe del Comune di Chiusi non consentono di dare un nome a questa povera vittima. Evidentemente fu sepolta come ignota non avendo a disposizione documenti di sorta e nessun parente superstite è tornato dal campo di sterminio per reclamarne la salma dopo la guerra. FAUSTO COEN nel suo libro: *16 ottobre 1943, la grande razzia degli ebrei di Roma*, sopra citato, ricostruisce quei tragici momenti e quando scrive del "*viaggio*" parla di una vecchia di 90 anni, di nome Rothschild, che fu tra le prime vittime. Anche IRIS ORIGO, nel suo *Guerra in Val d'Orcia*, a pag. 108, riporta la notizia di questo treno e della sua fermata a Chiusi per scaricare un vecchio deceduto durante il viaggio.

[67] Su questo argomento vedi: ENZO COLLOTTI, *L'amministrazione tedesca dell'Italia occupata, 1943-45*, Studio e documenti, Milano, Lerici editore, 1963; LUTZ KLINKHAMMER, *L'occupazione tedesca in Italia, 1943-1945*, Torino, Bollati Boringhieri, 1993; infine PETTI LORETTA, *L'amministrazione militare tedesca in Toscana e lo sfruttamento delle risorse della regione (1943-1944)*, Tesi di Laurea, Università di Firenze 1977-1978.

[68] In questi locali, nel novembre 1943, furono immagazzinate ben 11 tonnellate di carne di manzo surgelata. PETTI LORETTA, *L'amministrazione militare tedesca in Toscana e lo sfruttamento delle risorse della regione (1943-1944)*, Tesi di Laurea, Università di Firenze 1977-1978.

[69] Silvio Marenco, 1893-1970. Colonnello in pensione del Regio Esercito. Aveva acquistato prima della guerra dei poderi a Sarteano dove aveva stabilito la sua residenza. Nel settembre 1943 venne avvicinato da un gruppo di giovani di Sarteano intenzionati a creare un'organizzazione di tipo militare per reagire all'occupazione tedesca. Il Marenco, "per la sua esperienza militare e le sue affermazioni di sapore antifascista" sembrò l'uomo adatto per guidare il gruppo in fase di costituzione. Nei primi giorni dopo il passaggio del fronte svolse l'incarico di Sindaco di Sarteano su delega del governatore alleato. In seguito, dato il suo orientamento politico di stampo monarchico e conservatore, si mise in contrasto con le forze politiche di sinistra locali e si dimise. Il fatto presumibilmente provocò, tra l'altro, l'uscita della DC e del Pli dal CLN di Sarteano. aderì al Partito Liberale Italiano (PLI) divenendone esponente per le correnti di destra e presidente provinciale. Partecipò, nel novembre 1945, al primo congresso regionale toscano del PLI. Nel 1946 si spostò su posizioni sempre più di destra divenendo segretario provinciale del "Fronte dell'Uomo Qualunque". Negli ultimi anni di vita realizzò però, paradossalmente, un grosso cambiamento di opinioni, tanto da iscriversi al Partito Socialista Italiano. Sulla figura del Marenco vedi: ROSALIA MANNO, *Le Bande Simar* cit.; TAMARA GASPARRI, *La Resistenza in Provincia di Siena* cit.; infine: A.Cm. Sarteano, Carteggio 1944.

[70] *Relazione partigiana del Nucleo comunale di Chiusi* cit., p. 1.

[71] Attesismo o Attendismo. Atteggiamento di quanti, dopo l'8 settembre, sostenevano che si dovesse attendere più o meno passivamente gli angloamericani. In sostanza si prevedeva di attendere, armi alla mano ma senza agire, "il momento ideale" in cui attaccare i tedeschi anche per evi-

lessero agire con noi. Nessuna esclusione di partiti o tendenze; tutti i liberatori dovevano avere un fronte unico: antifascista e antinazista.' I nuclei comunali sostituirono i CLN, ma non ci fu all'interno di essi una distinzione in partiti o gruppi politici..."[72].

L'indirizzo politico del Marenco era riassumibile nel termine di "Badogliano", cioè il riconoscere il governo Badoglio del Sud come l'unico legale anche perché fedele al Re, e nel non riconoscere importanza ai partiti. Il CLN di Chiusi, per quanto embrionale dovette così sottoporsi interamente ai voleri del Marenco, e cambiare denominazione in nucleo comunale. D'altronde i partiti che lo componevano erano troppo immaturi per poter eliminare "il colonnello" dall'organizzazione della lotta armata. Ai due nuclei di Chiusi e Sarteano si unì poi quello di Cetona, cui seguirono durante la lotta di liberazione diversi altri, posti anche nelle provincie di Perugia e di Terni[73]. Nell'organizzazione della rete resistenziale fondamentale fu il ruolo svolto dal nucleo di Chiusi, sia per il materiale che poteva essere reperito alla stazione nei treni militari in transito, sia per i contatti che tramite i ferrovieri era possibile avere con Roma, Perugia e oltre. Il Rapi, personalmente, poi si incaricò di fornire ad un componente del fronte della resistenza di Roma informazioni sul passaggio e la destinazione dei trasporti militari tedeschi. Inoltre tramite l'ingegnere Riccioni della Soc.Terni che dirigeva la sottostazione elettrica di Chiusi scalo, furono passate alle organizzazioni resistenziali romane informazioni sui depositi di munizioni e carburante presenti nella zona e sui campi di aviazione tedeschi in efficienza nell'Italia centrale[74].

### Nasce la lotta alla macchia

I bandi di chiamata alle armi delle classi 1924-1925[75] e il richiamo della classe 1923, crearono molta attività: da parte fascista per stimolare a presentarsi, magari per farsi arruolare nei corpi scelti della RSI; da parte del movimento clandestino per convincere i giovani a non presentarsi. La presentazione fu minima, non è possibile dire se per merito della propaganda clandestina o se per intima convinzione delle reclute e delle loro famiglie per le quali presentarsi a continuare la "guerra fascista" era, non solo tragicamente inutile ma soprattutto criminale. Tutti erano convinti che la guerra continuava solo per difendere gli interessi di Hitler e della Germania, non certo per quelli dell'Italia. Il 19 novembre scadeva il termine di presentazione dei giovani di leva nel comune di Chiusi[76]: solo quattro si presentarono[77].

Posto davanti alle pessime notizie che pervenivano dai comuni della provincia, Chiurco emanò una serie di disposizioni, che divennero sempre più drastiche con il passare dei giorni, per colpire i renitenti e le loro famiglie. Il grosso della renitenza proveniva da un mondo contadino che non voleva più dare braccia per una guerra inutile, e non era solo una protesta dei singoli, ma coinvolgeva le famiglie. Erano i genitori, spesso, che "sconsigliavano" i figli a raggiungere le caserme; coinvolgere le famiglie dei renitenti sembrò il metodo più sicuro per scoraggiare il fenomeno. Dopo aver tentato la solita "attiva opera di persuasione", carabinieri e milizia sarebbero passati ad arrestare i capifamiglia delle reclute non presentatisi. Se questo non fosse bastato sarebbero stati tolti i sussidi e ritirate anche le carte annonarie dei nuclei familiari in cui erano presenti renitenti alla leva[78]. Le autorità della RSI cercarono di coinvolgere anche il clero nella loro opera di "persuasione dei riottosi". Il manifesto di chiamata alle armi e tutti i vari bandi che seguirono furono inviati alle varie parrocchie perché fossero affissi, o meglio ancora letti dall'altare. La risposta a tale richiesta fu un parziale rifiuto, il vescovo di Chiusi e Pienza Baldini, impose infatti di leggere in chiesa solo i documenti vescovili e di affiggere all'esterno i comunicati e i bandi inviati dalla prefettura e ricordò inoltre ai sacerdoti che il loro comportamento doveva attenersi a criteri di "apoliticità ... al di sopra di ogni entusiasmo sia repubblicano che partigiano"[79].

Il termine di presentazione delle reclute fu fatto slittare al 15 dicembre, e pressioni e minacce ebbero il loro effetto. Il numero dei renitenti scese a livello provinciale al 40% del numero complessivo degli iscritti alle liste[80]. Chiaramente basso era apparso però il livello di legittimità attribuito dalla popolazione alla neonata Repubblica di Salò.

I renitenti presero così a vivere, in uno stato di semiclandestinità, sotto il rischio costante dell'arresto da parte dei militi della GNR[81]. Fernando Fanciulli, fu tra i renitenti, e così ricorda quei giorni:

> "Abitavo allora in un podere chiamato Peraio situato vicino a Chiusi, dove mio padre era mezzadro. ... Quando ci fu la chiamata alla leva della mia classe, quella del 1925, ci furono delle discussioni in famiglia. Fin da quando capivamo mio padre aveva parlato delle cose im-

tare inutili rappresaglie nazifasciste. Vedi: *Enciclopedia dell'antifascismo e della Resistenza*, vol. 1, Milano, La Pietra editore, 1968, p. 167.

[72] ROSALIA MANNO, *Le Bande Simar* cit., p. 9.

[73] Tra l'altro nell'aprile del 1944 confluì nella Simar anche il Cln di Orvieto.

[74] *Relazione partigiana del Nucleo comunale di Chiusi* cit.

[75] Per molti giovani delle classi 1924-1925 più che un bando di chiamata fu un richiamo alle armi, infatti, a partire dall'aprile 1943, i giovani dei primi contingenti erano già stati incorporati nelle forze armate dietro invio delle "cartoline precetto". Con lo sbandamento generale dell'8 settembre erano però tornati a casa.

[76] TAMARA GASPARRI, *La Resistenza in provincia di Siena cit.*, p. 76.

[77] *Relazione partigiana del Nucleo comunale di Chiusi* cit.

[78] A.Cm.Sarteano, Carteggio 1944, Circolare del Capo della Provincia ai Podestà del 18.2.1944; inoltre AA.VV, *Chianciano Terme, 1900-1945 cit.* pp. 387-388. Togliere i sussidi e le tessere annonarie alle famiglie con "figli renitenti e disertori" fu sicuramente un passo odioso, perché costrinse dei genitori a fingere di disapprovare i figli per evitare l'accusa di "connivenza".

[79] Saggio di IVO PETRI, *La guerra a Chiusi e Pienza*, si trova in: *Chiese toscane, Cronache di guerra, 1940-1945*, a cura di GIULIO VILLANI e FABRIZIO POLI, pubblicazione edita dalla Conferenza Episcopale Toscana, Libreria Editrice Fiorentina, S. Casciano V. di Pesa-Firenze, Off. Grafiche Stianti, 1995, p. 408.

[80] TAMARA GASPARRI, *La Resistenza in provincia di Siena* cit., pp. 76-77

[81] GNR, Guardia Nazionale Repubblicana. Fu la sigla che assunse, a par-

portanti con me e i miei fratelli, così si discusse se dovevo o no andare a fare il militare coi fascisti. Ero cresciuto nel regime fascista ma non lo approvavo e la vicinanza di mio padre vecchio socialista, mi aveva aiutato a capire la falsità del regime e l'inutilità di questa guerra. Così decisi, in pieno accordo col resto della famiglia, che non mi sarei presentato e sarei rimasto a casa. Come me fecero altri giovani contadini che disertarono la leva. Ci mandarono la cartolina tre volte, dopo la terza vennero i carabinieri. Non mi presero e mi nascosi con altri al bosco. I carabinieri arrestarono però mio padre e altri quindici 'capoccia' [82] e li portarono in caserma a Chiusi Città. Dopo due giorni di fermo li rilasciarono. Dopo questo fatto decidemmo di nasconderci nella macchia. Scavammo delle buche che poi coprivamo di fascine di giorno e qui stavamo di giorno uscendo solo di notte, ma così non poteva durare. Fu allora che cominciammo a sentire parlare di partigiani, dicevano che erano sul Monte Cetona e che erano centinaia, e cominciai a pensare di raggiungerli..." [83].

Nell'ultimo scorcio del 1943 l'attività dei nuclei comunali si limitava alla ricerca di armi e di nuovi aderenti. Per le armi la principale fonte di rifornimento erano i treni di passaggio alla stazione ferroviaria di Chiusi, dove i ferrovieri collaboravano attivamente con i partigiani [84].

È appunto del novembre 1943 l'azione con cui tre uomini del nucleo partigiano di Cetona, con l'aiuto di un ferroviere e nonostante la presenza di truppe tedesche, riuscirono a sottrarre tre mitragliatrici pesanti tipo "Breda" per carro armato [85], da un vagone in sosta alla stazione ferroviaria di Chiusi. Sempre nel novembre vennero portati via da una fabbrica di Chiusi Scalo, di proprietà di fascisti, dei muli che furono inviati in montagna [86].

Infine, il 27 novembre 1943, fu realizzata dai ferrovieri di Chiusi una interruzione del traffico alla stazione, durata 24 ore, mediante sabotaggio [87].

tire dal dicembre 1943 la maggiore forza di polizia della RSI. Nacque dalla fusione dei militi fascisti con i carabinieri, di cui i fascisti non si fidavano. In provincia di Siena si costituì così il 644° Comando provinciale della Gnr, già 97ª Legione della Mvsn. GIAMPAOLO PANSA, *L'esercito di Salò* cit. Vedi anche G. PISANÒ, *Storia delle forze armate della RSI*, Milano ed. FPE, 1967-1969, pp. 2115-2117, vol. III.

[82] Capoccia, così erano indicati i capofamiglia nei nuclei familiari contadini.

[83] Testimonianza di Fernando Fanciulli raccolta nel 1977. Il Fanciulli assieme ad altri contadini, renitenti come lui, raggiunse poi i partigiani della Simar sul finire dell'aprile 1944.

[84] ROSALIA MANNO, *Le Bande Simar..* cit., p. 11

[85] Queste mitragliatrici di calibro 8 millimetri erano prive di treppiede e poiché erano molto pesanti, circa 16 chili, non potevano essere facilmente usate. I partigiani per poterle utilizzare dovettero successivamente farsi costruire dei supporti artigianali da un fabbro di Chiusi. Testimonianza di Dino Faleri raccolta nel 1994.

[86] S. BISTARINI, *Perché gli altri non dimentichino*, manoscritto cit., anche ROSALIA MANNO, *Le Bande Simar* cit., p. 41, e infine *Relazione partigiana del Nucleo comunale di Chiusi* cit., che ricorda: "l'attività maggiore in tale operazione, fu data dal ferroviere Volpi Vito." Questo ferroviere successivamente collaborò anche all'attività della formazione partigiana che poi divenne la "Brigata Risorgimento"; e fu riconosciuto partigiano di tale formazione. Vedere al riguardo: SACCO SOLISMO, *Storia della Resistenza nella zona sud-ovest Trasimeno*, Quaderni Regione dell'Umbria, numero speciale, Stab. tipografico "Pliniana", Selci-Lama, Perugia, 1991; alle pp. 80 e 222.

[87] ROSALIA MANNO, *Le Bande Simar* cit., p. 41.

# II. TRA BOMBE E BORSA NERA

*"Non fu un sogno. E pareva di sognare.*
*La città, la campagna, e tutto il mondo*
*era in preda al terrore e al tradimento.*
*L'incubo dentro l'incubo: era questo*
*il più terribile e infernal tormento.*
*La notte intera si invocava il giorno;*
*e il giorno era più torvo della notte."*
Corrado Govoni (1884-1965)

## "Target Chiusi" [1]

Ora di pranzo, domenica 21 novembre 1943, stazione ferroviaria di Chiusi. Presso l'ufficio della milizia ferroviaria della stazione si trovava il milite Gino Nasorri, che rispose ad una telefonata: dall'altro capo del filo una voce affannata urlò all'apparecchio – attenzione, abbiamo visto una grossa formazione di aerei che si dirige verso Chiusi, eccoli, vengono a bombardare voi! – Riattaccando il Nasorri corse fuori ad avvertire del pericolo, gridando con quanto fiato aveva in gola – Scappate, scappate, eccoli, arrivano, arrivano! Corse da un capo all'altro della stazione urlando a quanti incontrava di mettersi al riparo e poi cercò anche lui di scappare. Gli aerei erano ormai sopra alla stazione: si cominciarono a sentire cadere le bombe e lui corse per uscire dalla stazione verso il piazzale esterno, ma, all'altezza dell'ufficio bagagliaio, qualcuno lo prese per il braccio e lo tirò dentro all'ufficio, dicendogli – è troppo tardi per scappare ! – Infatti nel piazzale, proprio dove sarebbe dovuto passare, scoppiò una bomba. Erano le 13,50, l'edificio della stazione venne colpito in pieno dalle bombe e crollò tutto tranne l'arco della porta del bagagliaio sotto il quale, dentro un armadio, il Nasorri e quello che l'aveva trattenuto, rimasero miracolosamente illesi [2]. Il bombardamento fu fatto da 18 bombardieri statunitensi B 26 "Marauder" [3] del 17° Bomber Group – Gruppo Bombardieri, con scorta di caccia, gli aerei sganciarono ventisette tonnellate di bombe con effetti disastrosi per la la stazione [4].

L'incursione colse tutti di sorpresa, come ricorda Fulco Biagini:

> "Si vedevano e si sentivano passare tutti i giorni questi aerei americani, andavano verso il nord a bombardare...molte volte passarono e via, invece quel giorno il rumore si fece sempre più persistente e senza aspettarselo cominciarono a cadere le bombe. Gli alleati inoltre scelsero proprio il momento che in stazione si trovavano dei carri cisterna tedeschi pieni di olio minerale [5], furono i fuochi artificiali! Passarono tre ondate di bombardieri" [6].

Eugenio Manini, ferroviere, era alla stazione quel giorno:

> "Il 21 novembre 1943, era domenica. Saranno state le 13 e mezzo circa, ora di pranzo, io ero macchinista allora e stavo facendo manovra con una locomotiva per riportarla in rimessa. D'improvviso al rumore di questa si aggiunse un sibilo strano che si trasformò in un fragore assordante. Erano le bombe che cadevano dritte sulla stazione! Cominciò a urlare anche una sirena d'allarme ma si zittì quasi subito anche perché il rumore agghiacciante che si sentiva più forte era il detonare delle esplosioni. Ebbi la visione degli edifici della stazione scomparire sotto ad una nuvola di polvere, e calcinacci volare ovunque. Poi la locomotiva in cui mi trovavo fu rovesciata dallo spostamento d'aria di una esplosione. E allora vidi tutto buio."

Il Manini, ferito, fu scagliato lontano di almeno quattro metri dalla locomotiva che venne distrutta nel bombardamento [7]. Vinicio Betti vide il bombardamento da Chiusi città:

> "Era l'ora di pranzo quando cominciammo ad udire

[1] *Target*, letteralmente obiettivo. Cominciavano così i rapporti informativi consegnati agli aviatori alleati riguardo ai centri da colpire nelle incursioni.

[2] Testimonianza di Zelinda Nasorri raccolta nel 1988 che ricorda come la telefonata di allarme fu fatta da una stazione ferroviaria vicina, forse Castiglion del Lago, da dove avevano visto i bombardieri alleati abbassarsi. Questo provvidenziale allarme consentì di far partire d'urgenza il treno passeggeri appena giunto da Firenze, riducendo così il numero delle vittime. Sul bombardamento della stazione cfr. anche S. MARCHETTI, *La battaglia di Chiusi* cit., p. 5. Non fu quello il primo bombardamento del territorio comunale in assoluto, era stato preceduto il 30 ottobre 1943 da "un lancio di bombe" da parte di aerei di passaggio sul lago di Chiusi, con nessuna vittima, eccettuati i pesci del lago. Cfr. A.cm.C.Chiusi, Registri delle Delibere comunali, Registro n. 544, Delibera del 14 febbraio 1944.

[3] Martin B 26 G Marauder, bimotore da bombardamento di costruzione statunitense, addetto al bombardamento tattico. Caratteristiche: due motori Pratt & Whitney di 1920 HP; armamento 11 mitragliatrici da 12,7 mm; Carico trasportabile fino a 1814 Kg. di bombe; Velocità 455 Km/h.; Autonomia 1770 Km.; apertura alare 21,64 m.; lunghezza 17,09 m.; Equipaggio sette uomini.

[4] FRANCO DEL ZANNA, *Le operazioni aeree alleate in Toscana durante la Seconda Guerra Mondiale.* Comunicazione fatta al convegno "La Toscana nella seconda Guerra Mondiale", Firenze 31 gennaio-2 febbraio 1985. I dati su cui si basa il lavoro sono tratti dalle relazioni ufficiali dell'aviazione statunitense archiviate in microfilm presso lo "Albert F.Simpson Historical Research Center" di Maxwell-Alabama (U.S.A). Nei rapporti alleati Chiusi era indicata essere a 43 gradi e zero primi longitudine nord e 11 gradi e 57 primi latitudine est, mentre nella mappa del Nord Italia, Chiusi Città era indicata con il riferimento W 3382 e Chiusi scalo W 3482.

[5] L'olio uscito dalle cisterne allagò i sottopassaggi sorprendendo e annegandovi alcune persone che vi si erano rifugiate per ripararsi dalle bombe. Cfr. GIOVANNI GIULIETTI, *Le mie memorie cit.*, p. 160.

[6] Testimonianza di Fulco Biagini raccolta nel 1976

[7] Testimonianza di Eugenio Manini raccolta verbalmente dall'autore nel 1973.

scoppi lontani e i vetri presero a tintinnare, allora corsi in terrazza e vidi alti nel cielo degli aerei bimotori che sganciavano bombe sulla stazione. Venivano dalla parte del lago e passavano proprio sopra casa mia prima di sganciare. Volavano a gruppi di quattro e ne contai sedici" [8].

Il tragico era che alla stazione di Chiusi non si trovavano veri e propri rifugi antiaerei ma, come in tutte le altre stazioni ferroviarie italiane, erano state adattati, rinforzando le volte e le pareti con travi di legno, i vari interrati, le sale di attesa e soprattutto i sottopassaggi. Agli ingressi di quei precari rifugi erano stati affissi cartelli con la scritta: "Rifugio antiaereo" [9]. Zelinda Nasorri ricorda:

"A Chiusi città cominciammo a sapere che avevano bombardato la stazione e vedemmo arrivare i feriti, li portarono all'ospedale con un motofurgone scoperto. Mio padre era al lavoro in stazione quel giorno ed io e mia madre eravamo terrorizzate da quello che poteva essere successo, perché non si vedeva. Tornò a buio, scioccato e tutto sporco" [10].

Quello fu il primo concreto impatto con la guerra, e l'effetto fu rude come è facile immaginare. I danni maggiori furono per gli edifici adiacenti alla stazione ferroviaria. Il piazzale Dante Alighieri fu sconvolto nel suo assetto; il palazzo viaggiatori delle FFSS fu infatti raso al suolo, costretti a trovare altro alloggio le quattro famiglie di ferrovieri che l'abitavano, ma anche altre abitazioni furono colpite e lesionate. Diverse furono le famiglie che dovettero provvedere a sistemazioni d'emergenza presso amici e conoscenti. I più sfortunati perdettero anche tutto il mobilio assieme alla casa [11]. Tra gli altri edifici fortemente danneggiati dall'incursione aerea ci furono anche i locali del "Pastificio Pianigiani", conseguentemente vennero licenziati tutti gli operai: 47 persone rimasero senza lavoro [12]. Le perdite maggiori furono però quelle umane; furono otto i morti di quella giornata [13]. Per alcuni la morte fu immediata. La loro vita si fermò alle 13,55 di quel 21 novembre; come registrarono burocraticamente i documenti ufficiali. Per altri sopraggiunse, dopo alcune ore o giorni di agonia, all'ospedale di Chiusi. Per altri ancora la morte fu ancora più tragica. Ben due di quelle povere vittime "scomparvero" durante il bombardamento; come il ferroviere Crezzini, che uscito di casa quella tragica mattina per fare il suo turno di servizio dalle 6 alle 14, non fece più ritorno. I familiari, disperatamente, lo cercarono fra i feriti ed i morti senza trovarlo. Cosa era successo? La risposta venne diverso tempo dopo, il 24 dicembre 1943, quando, rimosse le macerie ed il terriccio smosso dal bombardamento da sopra la trincea in cui veniva rovesciata la cenere delle locomotive, vennero trovati i miseri resti del ferroviere. Eugenio Manini ricorda:

"il Crezzini era intento a svuotare una locomotiva dalla cenere che gettava dentro ad un trincerone di venti metri posto vicino al deposito locomotive. Quando iniziò il bombardamento si gettò dentro alla trincea, purtroppo le bombe esplosero esattamente sulle rotaie e lo spostamento d'aria rovesciò la locomotiva ed una massa di terriccio addosso alla trincea intrappolandolo. Quando tempo dopo fu scavato venne ritrovato il corpo del povero Crezzini o meglio quello che ne rimaneva, visto che furono recuperate solo le ossa, spolpate dai topi" [14].

Un altro "disperso" fu un certo Borsetti, commerciante di Sorano (Grosseto), il quale, di passaggio per la stazione, fu coinvolto nel bombardamento. Rimase schiacciato dalle cisterne sventrate dalle bombe sotto il terzo binario. Solo il 20 marzo 1944 venne ritrovato il corpo, ben cinque mesi dopo il fatto! [15] Essendo stata interrotta la linea ferroviaria verso Roma, Chiusi divenne l'ultima città collegata con i treni dalla parte di Firenze. Si ebbe perciò alla stazione un ingorgo di militari germanici e di civili italiani i quali non potevano procedere oltre. Fu mandato, al fine di regolarne il deflusso, un reparto di polizia tedesca da campo comandata dal capitano Knipp [16]. Il 27 novembre 1943 venne bombardato Giovancorso, senza vittime [17]. Le operazioni di bombardamento continuarono con il nuovo anno, anche perché nel 1944 prese il via l'Operazione "Strangle" [18]. Questa fu una offensiva aerea lanciata dagli alleati nella primavera del 1944 contro le vie di comunicazione dell'Italia Centrale, il suo fine consisteva nel ridurre il più possibile l'afflusso di rifornimenti tedeschi verso il fronte di Cassino. A partire dal 24 marzo 1944 le vie di comunicazioni da Firenze a Roma verso il fronte di Cassino e di Anzio furono battute da giornaliere incursioni aeree. L'opera di interdizioni effettuata dagli aeroplani della MAAF (Mediterranean Allied Air Force-Forza aerea alleata del Mediterraneo) fu minuziosa e praticamente riuscì a paralizzare quasi del tutto le co-

[8] Testimonianza di Vinicio Betti raccolta nel 1988

[9] CAMILLO LACCHÉ, *Ferrovie italiane, gli anni della distruzione, gli anni della ricostruzione*, Roma, Editrice Agnesotti, 1990, p. 39.

[10] Testimonianza di Zelinda Nasorri raccolta nel 1988.

[11] A.Cm.C. Chiusi, Fascicolo 600, carteggio 1944, atti vari, categorie I-V; relazione dell'ingegniere Flaminio Betti al Podestà Piero Galeotti del 22 novembre 1943.

[12] I A.Cm.C. Chiusi, Fasc. 606, atti, documenti e carteggi relativi al Servizio Annonario, Cat. XI, Anno 1944, lettere al Podestà di Chiusi del 15.12.1943 e 8.2.1944.

[13] Tra la popolazione civile si sparse allora la voce che i tedeschi, temendo quel bombardamento, avevano "fatto sloggiare le truppe che erano nelle vicinanze, senza avvertire la popolazione civile". La voce è riportata da IRIS ORIGO, *Guerra in Val d'Orcia* cit., p. 114. Comunque durante il bombardamento morirono anche numerosi soldati tedeschi.

[14] Testimonianza di Eugenio Manini citata.

[15] A.cm.C. Chiusi, Archivio ufficio anagrafe, Registri atti di morte, anni 1943-1944, ed inoltre A.cm.C. Chiusi, Fascicolo 600, Carteggio 1944, atti vari, categorie I-V.

[16] FEDERICO PAOLOZZI cit., pp.11-13. Erano le SS della terza compagnia del Primo battaglione del Quindicesimo Reggimento Polizia SS (SS-Polizei Reggiment 15), che dal 26 ottobre 1943 erano stati schierati a controllo del tratto ferroviario Montevarchi-Chiusi. N.A.W., T.312, Roll 480, doc. 00882

[17] A.cm.C. Chiusi, Fascicolo 600, carteggio 1944, atti vari, cat. I-V, elenco incursioni aeree e azioni di guerra nel territorio di Chiusi.

[18] Operazione Strangle-Strangolamento. AA.VV., *Storia dell'aviazione*, vol. 4., Milano, F.lli Fabbri editori, 1973, p. 673.

municazioni stradali e ferroviarie nell'Italia centrale. Formazioni di bombardieri medi e pesanti colpirono nodi stradali e ferroviari, depositi militari e ponti. A questa azione massiccia effettuata da centinaia di aerei, si aggiunsero le continue, irritanti incursioni di cacciabombardieri che attaccavano gli obiettivi più piccoli e non disdegnavano di mitragliare e bombardare non soltanto treni e veicoli in movimento, ma perfino i pedoni e i carri agricoli e qualunque altra cosa avessero incontrato nei loro voli. L'Italia centrale divenne così una zona in cui militari e civili erano costretti a muoversi soltanto di notte. In questa sequenza operativa rientrano i bombardamenti di aprile e maggio del 1944 contro Chiusi e dintorni. Le incursioni dei cacciabombardieri nella zona di Chiusi, furono portate dagli aerei P 47 "Republic Thunderbolt" [19] del 57° Gruppo caccia statunitense che operavano partendo dalle proprie basi in Corsica. Gli apparecchi alleati partivano all'alba senza obiettivi prefissati da colpire, praticamente agivano liberamente nelle zone assegnate, attaccando tutto quanto fosse ritenuto utile colpire. Ogni apparecchio portava due bombe e una volta sganciato continuava la missione, che durava circa due ore, attaccando con le mitragliatrici di bordo. La linea ferroviaria rimaneva comunque un obiettivo importante da colpire, il primo attacco avvenne l'11 aprile 1944 quando fu bombardata proprio la stazione ferroviaria di Chiusi con tre morti [20]. Zelinda Nasorri ricorda così quel bombardamento.

"Era mattina, le 11 circa, d'un tratto si videro passare dei piccoli aerei, volavano bassi, tanto che vidi anche le teste dei piloti. Venivano dalla parte del lago, sfiorarono i tetti delle case di Chiusi e poi si buttarono in picchiata sulla stazione. Dopo sganciato li vedemmo risalire, si vedevano i grappoli delle bombe cadere. Bombardavano gli scambi ferroviari sul lato verso Roma, nella zona delle Biffe. Ricordo che gli aerei cominciavano a sganciare proprio mentre erano sopra a Chiusi Città. Ricordo vividamente quel bombardamento perché mia zia abitava in una casa cantoniera situata proprio vicino agli scambi e quando iniziò il bombardamento era a casa nostra, andammo così all'orto del vescovo per vedere cosa era successo. Quando fummo lì, lei mi ricordo disse – Oddio, la mi'casa non c'è più! – La cantoniera, gli scambi, non c'era più niente, li avevano presi in pieno!" [21]

Da quel momento sempre più spesso il lugubre suono delle sirene o il frenetico suono della campana comunale suonata a martello furono udite dai cittadini di Chiusi [22]. Il 12 aprile fu colpita con mitragliamenti e spezzonamenti la fattoria di Marcianella [23]; Il 22 aprile, 36 bombardieri USA tipo B 25 "Mitchell" [24], bombardavano la località di "Passo alla Querce", vennero distrutte tre case coloniche e rimasero uccisi alcuni civili [25]; il 23 aprile, furono mitragliate e spezzonate Chiusi Scalo e Montallese compresa la vicina "stazione di Chianciano" [26]; il 28 aprile fu nuovamente mitragliata e colpita da spezzonamenti Chiusi Scalo [27]; il 29 aprile, in un punto della strada statale fra Chiusi e Chianciano, furono attaccati e mitragliati circa 30 autocarri [28]; il 30 aprile venne nuovamente mitragliata Chiusi scalo; l'11 maggio, Montallese venne nuovamente mitragliata e colpita da spezzonamenti; il 12 maggio fu ancora la volta della stazione di Chiusi che venne mitragliata e colpita da spezzonamenti, un

[19] Republic P 47 Thunderbolt: cacciabombardiere monomotore statunitense, uno dei migliori aerei monomotori alleati della seconda guerra mondiale. Estremamente pesante, circa cinque tonnellate a vuoto, l'aereo per la sua eccezionale efficienza e solidità, si guadagnò la fiducia dei piloti. Fu utilizzato su tutti i fronti di guerra, e dopo la guerra fu anche in dotazione all'Aereonautica Militare Italiana. Caratteristiche: armamento -8 mitragliatrici da 12,7 mm.; carico trasportabile – 1134 Kg. di bombe; velocità – 689 Km/h.; autonomia a pieno carico – 227 Km.; apertura alare – 12,421 m.; lunghezza – 10,998 m.

[20] Quel giorno fu colpita esclusivamente la zona di Via Nazzario Sauro. Furono lesionate o distrutte in un colpo solo diciannove abitazioni, ponendo nella non invidiabile situazione di "*sinistrati*" ben sessantanove persone. Cfr. A.cm.C. Chiusi, fascicolo 600, Carteggio 1944, atti vari, categorie I-V., Elenco nominativi per il Podestà del 26 aprile 1944. Vedi anche in A.cm.C. Chiusi, fasc.600, Cit., Elenco incursioni aeree e azioni di guerra nel territorio di Chiusi.

[21] Testimonianza Zelinda Nasorri raccolta nel 1988 e anche testimonianza Raffaello Rubechi raccolta nel 1988

[22] Fin dal 1940 il Ministero della guerra aveva stabilito le modalità di comportamento in caso di allarme aereo: "Il segnale di allarme consiste in sei riprese consecutive di suono delle sirene della durata di 15 secondi ciascuna intervallate pure di 15 secondi, e del suono a martello delle campane per la stessa durata di tempo. In caso di segnalazione d'allarme occorre: innanzi tutto mantenere la calma; socchiudere i portoni; abbassare completamente le saracinesche dei locali pubblici. Di notte, spegnere ed occultare ogni luce. "CAMILLO LACCHÈ, *Ferrovie italiane* cit., p. 43.

[23] Vennero colpiti 4 automezzi tedeschi carichi di benzina. ROSALIA MANNO, *Le Bande Simar* cit., p. 38, allegati. e anche Mons. S. MARCHETTI, *La battaglia di Chiusi cit.*, p. 5 e anche A.Cm.C. Chiusi, fasc. 600, carteggio 1944, atti vari, Cat. I-V, Elenco incursioni aeree, citato.

[24] North American B 25 Mitchell, bimotore da bombardamento tattico statunitense, molto usato sul fronte italiano. Caratteristiche tecniche: due motori Wright da 1724 HP; armamento 5 mitragliatrici da 12,7 mm.; carico trasportabile 1633 Kg.; velocità massima 483 Km/h.; autonomia 4667 Km.; apertura alare 20,599 m.; lunghezza 16,129 m.; equipaggio 7 uomini.

[25] A.Cm.C. Chiusi, fascicolo 600, Carteggio 1944, atti vari, cat. I-V, Elenco incursioni aeree cit. Vedi anche F. DEL ZANNA, *Le operazioni aeree alleate in Toscana* cit. Gli aerei attaccanti sganciarono 58 tonnellate di bombe; il loro obiettivo era il ponte ferroviario sul Passo alla Querce.

[26] A.Cm.C. Chiusi, fascicolo 600, Carteggio 1944, atti vari, Cat. I-V, Elenco incursioni aeree cit., e anche Mons. S. MARCHETTI, *La battaglia di Chiusi* cit., p. 5 e infine PLIAMO PENNECCHI, *Piccola storia di una famiglia italiana* cit., p. 172.

[27] I rapporti alleati ricordano questo bombardamento come portato a partire dalle ore 7,55 da 12 P 47 della 66ª squadriglia del 57mo Gruppo. Furono sganciate 24 bombe da 500 libbre. Lo stesso rapporto riferisce come sullo scalo ferroviario furono contati 25 carri ferroviari e nessuna attività. Sei bombe andarono a segno. Comando 57° Gruppo Caccia USA – Riassunto operativo e informativo n. 340 del 28 aprile 1944. HQ 57° Fighter Group – Op. & Intelligence Summary – Bobina Microfilm B 0153. Riproduzione microfilmata di documenti dell'aviazione USA conservati presso lo "Albert F. Simpson Historical Research Center" di Maxwell-Alabama (U.S.A).

[28] Nel rapporto conclusivo dell'operazione, fu curiosamente riportato che almeno un terzo di tali autocarri, contrassegnati in giallo, avevano la parola "Vatican" scritta sui teloni di copertura. Gli altri automezzi senza contrassegni avevano invece l'usuale mimetizzazione militare tedesca. Comando 57° Gruppo Caccia USA – riassunto oper. e informativo n. 341 del 29 aprile 1944. HQ 57° Fighter Group-Op. & Intelligence Summary-Bobina Microfilm B 0153.

morto [29]; il 25, il 26 e il 27 maggio, la stazione di Chiusi fu ancora una volta bombardata e mitragliata a bassa quota da aerei alleati [30]. Dopo il 27 maggio, cominciò la ritirata tedesca, e tutte le strade del comune interessate al deflusso delle colonne tedesche vennero giornalmente bombardate e mitragliate dai cacciabombardieri alleati [31]. Essendo stata interrotta la linea ferroviaria Firenze-Roma in più punti, i tedeschi ritennero difficile ripristinarla. Preferirono creare dei capolinea di scarico delle linee dal Nord. Così fu per Montallese sulla linea da Siena e Panicale su quella da Arezzo. I treni si fermavano ed erano scaricati del materiale che, su autocarri, proseguiva fino alla stazione di Ponticelli (Città della Pieve) e da qui, ricaricato su treni, proseguiva per Roma e il fronte sud. Se la linea ferroviaria era bloccata, come quando nel febbraio 1944 venne distrutto il ponte di Allerona nel Ternano, i convogli di autocarri proseguivano per strada. La stazione di Montallese, essendo su di una linea meno bombardata, fu operativa per un tempo maggiore. Nel vicino bosco di Poggio alla Sala (Comune di Chianciano), i tedeschi crearono un grosso deposito di munizioni sistemato tutto attorno al poggio tra Argiano e le Montallese. Un altro deposito fu creato lungo la strada che da Panicarola costeggia la sponda sud del Lago Trasimeno, nel Comune di Castiglion del Lago [32]. I partigiani della Simar, avvertirono il comando militare clandestino di Roma e di conseguenza gli alleati, della dislocazione dei depositi [33]. Le incursioni aeree alleate colpirono così sia Montallese che il deposito di Poggio alla Sala che infine, preso in pieno, esplose in aria con effetti apocalittici il 12 aprile 1944; tra gli operai civili che vi lavoravano ci furono 4 morti e 17 feriti [34].

Per contrastare le incursioni alleate i tedeschi installarono nell'aprile 1944 una batteria antiaerea nella zona di Chiusi Scalo [35]. Questa batteria era servita oltre che da militari tedeschi anche da un distaccamento di soldati italiani di leva che erano impiegati come inservienti ai pezzi [36]. Il pronto soccorso dei feriti delle numerose incursioni aeree fu svolto, in quei drammatici frangenti, dall'autolettiga della "Venerabile Confraternita di Misercordia", che si trovò tra l'altro ad affrontare problema della carenza di benzina [37]. D'altronde allora ci fu anche chi approfittò di quei momenti con saccheggi nelle case colpite dai bombardamenti. L'8 maggio 1944 era così affisso un manifesto del "Capo della Provincia" Chiurco, che ordinava la "fucilazione sul posto" di "chiunque sia trovato a saccheggiare, rubare, o depredare zone colpite da bombardamenti aerei" [38]. Il 9 maggio 1944, il Comune di Chiusi, considerando il protrarsi dei bombardamenti aerei, decise di far costruire alcuni rifugi "per la protezione antiaerea": alla Fortezza, in località "Labirinto"; in Via Garibaldi; al Campo della Fiera; infine la grotta di "Santa Caterina", a Chiusi Scalo, fu adattata come rifugio. La spesa prevista per i lavori di adattamento, fu complessivamente di lire 239.101,02 [39].

[29] Quel giorno venne colpita tutta l'area tra Chiusi e Castiglion del Lago. Le incursioni vennero effettuate tra le sette di mattina e le 16,45 del pomeriggio da 15 P 47: undici erano americani della 66a squadriglia e quattro francesi della 2/5 squadriglia "Francia Libera". Il rapporto conclusivo della giornata riferì era stato colpito un ponte ferroviario; un locomotore ferroviario elettrico, che si incendiò e che trenta vagoni erano stati mitragliati; furono inoltre colpiti e incendiati diversi automezzi, tra cui due autocarri a Chiusi Città. Comando 57° Gruppo Caccia USA -riassunto oper. e informativo n. 354 del 12 maggio 1944. HQ 57° Fighter Group-Op. & Intelligence Summary -Bobina Microfilm B 0153.

[30] A.Cm.C. Chiusi, fascicolo 600, Carteggio 1944, atti vari cit. Nei rapporti americani fu registrato inoltre la presenza di fuoco contraereo tedesco nell'area di Chiusi. Comando 57° Gruppo Caccia USA -Riassunti oper. e informativi nn.367-368 del 26 e 27 maggio 1944. HQ 57° Fighter Group-Op. & Intelligence Summary-Bobina Microfilm B 0153.

[31] A.Cm.C.Chiusi, fasc.600, carteggio 1944, atti vari cit. In quel periodo i partigiani di Chiusi inaugurarono un'altra forma di sabotaggio, quella di gettare lungo le strade carrozzabili, "specialmente nelle curve, chiodi appositamente costruiti, fondi di bicchieri e bottiglie e altri oggetti di vetro di qualsiasi genere atti a produrre la rottura delle gomme." Relazione partigiana del Nucleo comunale di Chiusi cit.

[32] Rosalia Manno, *Le Bande Simar* cit., p. 38 e 68. Nel marzo 1944, ad esempio, tutti i vagoni destinati all'approvvigionamento della città di Roma furono bloccati a Chiusi dai bombardamenti aerei e le merci dovettero essere trasferite con i camions. Secondo le relazioni tedesche, quotidianamente da Roma partivano cento autocarri. Bundesarchiv und Militärarchiv, Freiburg, R.F.T, RH 36/466, MK 1003, Monatlicher lagebericht, Florenz, den 13.4.1944, citata in: *L'amministrazione militare tedesca in Toscana e lo sfruttamento delle risorse della regione (1943-1944)*, tesi di laurea di Loretta Petti, Università di Firenze 1977-1978; Enzo Collotti, *L'amministrazione tedesca dell'Italia occupata 1943-1945*, Milano, Lerici ed., 1963, pp. 331-333; Lutz Klinkhammer, *L'occupazione tedesca in Italia, 1943-1945*, Torino, Bollati Boringhieri, 1993, p. 191.

[33] Il Podestà di Chiusi, Piero Galeotti, fu sempre convinto che la precisione dei bombardamenti aerei alleati era dovuta alle informazioni trasmesse da una radio partigiana; radio che fu tanto cercata ma mai trovata. Testimonianza Piero Galeotti, conversazione raccolta nel 1973. È doveroso inoltre annotare anche la notizia che segnala la presenza a Chiusi di una donna, che, dopo il passaggio del fronte, si presentò al comando alleato accreditandosi come agente del servizio segreto britannico. Testimonianza Plinio Mannucci raccolta il 17.10.1986 da Renato Nenci.

[34] Venne distrutto un terzo del deposito con un effetto spettacolare, come ricorda Pliamo Pennecchi: "...vedendo apparire all'orizzonte alcune squadriglie veloci, immaginammo di che si trattava: dopo solo qualche minuto si udirono le prime raffiche di mitragliatore a cui seguirono grappoli di bombe. Indi le prime esplosioni che a poco a poco aumentarono di intensità, mentre una grossa nuvola di polvere nero bluastra saliva in cielo rimanendo ferma ad una altezza di circa duecento metri dal suolo; rassomigliava stranamente al fungo atomico che poi tutti poterono osservare sulle foto dell'anno seguente dopo il bombardamento inumano di Hiroshima e Nagasaki." Pliamo Pennecchi, *Piccola storia di una famiglia italiana* cit., p. 162. Vedi inoltre: Rosalia Manno, *Le Bande Simar* cit., p. 38; Mons. S. Marchetti, *La battaglia di Chiusi* cit., p. 5; AA.VV, *Chianciano Terme, 1900- 1945 cit.*, p. 406.

[35] La batteria fu istallata al Poggetto della Boncia. Testimonianza di Ciro Valdambrini raccolta nel 1976.

[36] Cm.C.Chiusi, Fasc. 599, atti vari del CLN di Chiusi, anni 1944-1946, lettera del CLN di Chiusi al CLN di Inverigo (Como) del 22.11.1945.

[37] A.Cm.C.Chiusi, Fasc. 606, atti, documenti e carteggi relativi al Servizio Annonario, Cat. XI, Anno 1944.

[38] A.Cm.C.Chiusi, Fasc. 606, atti, documenti e carteggi relativi al Servizio Annonario, Cat. XI, Anno 1944. Manifesto dell'8.5.1944.

[39] A.Cm.C.Chiusi, Registri delle Delibere comunali, Registro n. 544, Delibera n. 29 del 9 maggio 1944. Considerata l'urgenza i lavori furono appaltati "col sistema della trattativa privata anziché all'asta pubblica". Al Campo della Fiera, furono utilizzati i cunicoli detti "tombe

**Pane e sapone**

La guerra, per il "fronte interno", non fu solo bombe e cartoline precetto, fu anche e soprattutto razionamento. Il blocco dei prezzi dei generi alimentari ed il loro contingentamento cominciò con l'ottobre del 1940 ma divenne sempre più restrittivo con il passar del tempo [40]. Praticamente tutti gli alimenti vennero via via razionati. Farina, pane, pasta, patate, riso, legumi, zucchero, burro, lardo, formaggio, marmellata. Poi dai generi alimentari il razionamento si ampliò ai vestiti [41], alle scarpe, infine anche al sapone. Introvabile ormai fin dal 1941, il caffé fu malamente sostituito con i famigerati "surrogati". L'impossibilità di importare materie prime costrinse a vietare la circolazione delle auto a benzina che furono così riconvertite a metano o a "gasogeno" [42], inoltre, dal novembre 1942, fu limitata la circolazione, fuori del comune di residenza, a coloro muniti di appositi permessi di circolazione forniti dai Podestà o dalle autorità di pubblica sicurezza. Fu disciplinato e ristretto anche il consumo della carta. Altri risparmi furono programmati sul consumo di energia elettrica introducendo l'ora legale e facendo chiudere i pubblici esercizi alle 22 ed i cinema alla 23,30 [43]. Per poter accedere ai viveri e a tutto quello che ormai non si trovava più in libera vendita, furono consegnate delle "carte annonarie individuali", subito ribattezzate "tessere per il pane", che dovevano consentire: prima la "prenotazione" [44] e poi "l'acquisto" del genere razionato... sempre che fosse stato disponibile. Le tessere erano ovviamente personali, non cedibili e dovevano essere riconsegnate in caso di decesso del titolare. Venivano consegnate a tutti i componenti le famiglie, compresi i bambini [45].

Alla base di tutto stavano gli ammassi obbligatori, i produttori agricoli dovevano obbligatoriamente consegnare ai magazzini del Consorzio Agrario Provinciale i vari raccolti: grano [46]; granoturco; tabacco; orzo; olio; patate e via di seguito. Il bestiame fu totalmente censito [47] e anche il vino, alla fine del 1943, fu contingentato [48]. Particolarmente complesso appariva il sistema di raccolta e distribuzione creato dal regime. Avevamo infatti gli ammassi gestiti dai Consorzi Agrari a cui andava il raccolto agricolo, i consorzi inviavano il prodotto agli impianti di trasformazione come ad esempio i molini per il grano. L'Ufficio distribuzione Cereali Farina e Pasta (UCEFAP) provvedeva ad indirizzare il grano macinato ai Servizi Provinciali di Alimentazione (SEPRAL), dipendenti direttamente dai Prefetti ma facenti parte del Ministero dell'Agricoltura e foreste. La Sepral però non distribuiva direttamente ai commercianti, questo lo faceva la sede provinciale di una Società per Azioni, il Consorzio Nazionale Alimentazione (CONAL) dietro controllo di un ente statale: l'Ufficio distribuzione approvvigionamenti (UDIS). La Conal, essendo una ditta privata, naturalmente guadagnava una commissione sugli approvvigionamenti consegnati [49]. Tale complicato sistema di razionamento necessitava di un sistema di amministrazione [50] e di con-

del Pulcino", che furono adattati alla meglio. A.Cm.C. Chiusi, Fasc. 600, carteggio 1944, Pro memoria per il Podestà di Chiusi. La grotta "Santa Caterina", fu affittata a 200 lire mensili. A.Cm.C. Chiusi, Registri delle Delibere Comunali, Registro n. 594, Delibera n. 55 del 13.2.1945.

[40] Nel corso del 1942, ad esempio, la razione base giornaliera del pane fu fissata in 150 grammi a persona (250 grammi agli operai); quella settimanale della carne in 150 grammi e quella del formaggio in 200 grammi, quella mensile in 600 grammi di pasta, 500 grammi di zucchero, 1.400 grammi di riso, 500 grammi di marmellata, 200 grammi di burro, 200 grammi di olio. La razione mensile di sapone era di 100 grammi. La razione di sigarette era di tre al giorno. AMEDEO MONTEMAGGI, *L'offensiva della Linea Gotica: autunno 1944*, Bologna, Guidicini e Rosa editori, 1980, p. 55.

[41] Nell'ottobre 1941 fu introdotto il tesseramento anche per l'acquisto del vestiario e delle scarpe. Era basato sui punti: ogni adulto aveva a disposizione 120 punti all'anno; ogni ragazzo, di età superiore a cinque anni, aveva 96 punti.

[42] Il gasogeno è un apparecchio che serve a convertire i combustibili solidi in combustibili gassosi. In altri termini erano forni verticali, posti sul retro degli autoveicoli, in cui erano fatti bruciare legno o carbone di legna e la cui combustione originava gas che muoveva il motore.

[43] LUIGI SALVATORELLI, GIOVANNI MIRA, *Storia d'Italia nel periodo fascista* cit., vol. 2, pp. 489 e 511. Allora c'era il cinema "Savoia" a Chiusi Scalo e il cinema "Impero" a Chiusi Città. A.Cm.C.Chiusi, Carteggio 1943, Fasc. 592, Cat. X -XV.

[44] Presso le macellerie ed i fornai furono creati dei registri dei clienti abituali che dovevano iscriversi e prenotare la merce, potevano comprarne comunque solo in proporzione alla quantità disponibile.

[45] Le carte annonarie venivano emesse a seconda della fascia di età di appartenenza dell'iscritto, questo dato ci consente anche una valutazione di massima sulla composizione per fascia di età della popolazione di Chiusi in quel periodo. Infatti per l'anno 1944 il comune richiese 8.800 tessere di cui: fino a 3 anni n. 650; da 4 a 18 anni n. 2.400; da 19 a 65 anni n. 5.200; oltre i 65 anni n. 650. Cfr. A.Cm.C.Chiusi, Fasc. 606, Atti, documenti e carteggi relativi al servizio annonario, cat. XI, anno 1944, lettera del comune di Chiusi del 18.1.1944.

[46] Ai contadini era riconosciuto il diritto di trattenere annualmente due quintali di grano prodotto per ogni componente il nucleo familiare. Era una quantità insufficiente che veniva aumentato "trattenendo" in vario modo parte del grano destinato all'ammasso. Cfr. AA.VV, *1943-1944, Buonconvento ricorda...*, Sovicille, Arti grafiche Ticci, 1994, p. 23.

[47] Il bestiame era censito facendolo radunare periodicamente presso il "campo della fiera". Al 31.10.1943, ad esempio, risultarono censiti 2.172 capi di bestiame nel territorio del comune di Chiusi. Cfr. A.Cm.C.Chiusi, Fasc. 606, Atti, documenti e carteggi relativi al servizio annonario, cat. XI, anno 1944, Ordine del giorno degli allevatori della provincia di Siena del 10 agosto 1944.

[48] La produzione 1943-1944 fu contingentata per il 60% nel seguento modo: a) il 20% per le forze armate italiane; b) il 20% per la popolazione civile; c) il 20% per le truppe tedesche. Il restante 40% era di libera vendita, ma solo entro il territorio provinciale. A.Cm.C.Chiusi, Fasc. 606, Atti, documenti e carteggi relativi al servizio annonario, cat. XI, anno 1944, Circolare SEPRAL del 20.11.1943

[49] Questo sistema di distribuzione apparve complicato e caotico addirittura alle stesse strutture militari tedesche addette alla loro supervisione dopo l'8 settembre 1943. Cfr. LUTZ KLINKHAMMER, *L'occupazione tedesca in Italia, 1943-1945*, Torino, Bollati Boringhieri, 1993, pp. 185-186.

[50] Gli uffici annonari, creati in ogni comune, facevano parte di questo "baraccone" amministrativo. Per comprendere l'ampiezza di tale burocrazia si consideri che a Chiusi, "l'Ufficio Annona", nel 1943, era composto da nove addetti su di un totale di 43 dipendenti comunali. A.Cm.C.Chiusi, Fasc. 591, carteggio 1943, cat. I, elenco nominativo personale dipendente al 17.3.1943.

trollo notevole, che spesso dette pochi frutti e servì solo a far crescere la corruzione.

A partire dall'autunno 1943 l'approvvigionamento della popolazione si fece sempre più difficile. Le razioni furono ridotte ulteriormente e spesso divennero aleatorie, per questo la popolazione fu sempre più costretta a ricorrere al mercato nero. A Chiusi, come in tutte le zone di produzione agricola, il problema fu infinitamente meno disastroso che nelle città ma ugualmente difficile, poiché spesso vennero consegnati in ritardo i quantitativi alimentari previsti per il comune. Nel febbraio 1944, ad esempio, a fronte di un fabbisogno mensile di 4899,27 chili di pasta furono inviati solo 2484 chili e la differenza arrivò solo a marzo [51].

Abbiamo già visto il complicato sistema di assegnazione dei generi alimentari ma per la carne il sistema non era più semplice. Un ente per la zootecnia organizzava la fornitura di bestiame secondo un calendario da esso fissato, rispettando le quote decise dal ministero. L'associazione dei consorzi provinciali macellai (Consocarni), organizzava la distribuzione del bestiame alle varie provincie. Il consorzio provinciale macellai (Coproma) prendeva il bestiame, lo distribuiva ai singoli macellai e sorvegliava il prezzo d'acquisto presso l'ente economico [52]. I macellai dovevano poi provvedere alla macellazione ed alla vendita delle carni in giorni ed orari ben stabiliti, solo ai propri clienti e dietro presentazione delle carte annonarie, con stacco della cedola di "prenotazione" e di quella per il "prelevamento". Ovviamente si poteva acquistare solo la "razione individuale" che, ad esempio, nel marzo 1944, fu stabilita in 70 grammi a persona settimanali. La terza settimana di marzo la vendita della carne fu comunque sospesa [53].

Sempre nel marzo variarono i prezzi ufficiali dello zucchero: lire 12 al Kg; dell'olio d'oliva: lire 17,45 al Kg. quello "sopraffino, lire 15,85 al Kg. quello "comune" [54]. Il prezzo del pane fu invece confermato quello dell'ottobre 1943, che era L.2,50 al Kg, "per le ordinarie forme da 450 grammi ciascuna" [55]. Un'altra necessità della popolazione fu quella di procurarsi combustibile per l'inverno, i comuni fecero fronte alle necessità facendo anche abbattere gli alberi dei viali, a Chiusi vennero così tagliati degli alberi di gelso al campo delle fiera e la cosa provocò un richiamo da parte del "Capo della Provincia" per i danni che tale tipo di interventi creava al "patrimonio boschivo" [56].

I viveri continuarono a giungere insufficienti a Chiusi per tutto il mese di marzo e così il 18 aprile 1944 il Podestà Galeotti si trovò costretto a protestare con la SEPRAL di Siena. La lettera che scrisse ci consente di conoscere l'entità della popolazione di Chiusi allora:

| | | |
|---|---|---|
| Popolazione residente | n. | 8.614 |
| Sfollati di altri comuni | n. | 700 |
| Collegio Figli italiani all'estero | n. | 200 |
| Collegio "*Strozzi*" | n. | 50 |
| Ospedale civile | n. | 60 |
| Guardia Nazionale Repubblicana | n. | 100 |
| Totale | n. | 9.724 |

A quanto indicato sopra, continuava il Podestà, bisognava poi aggiungere i militari di passaggio ed i ferrovieri tedeschi alla stazione, il che portava il totale della popolazione di Chiusi, a diecimila abitanti [57]. Gli sfollati presenti a Chiusi allora provenivano da varie regioni d'Italia, la maggior parte venivano da Roma, ma c'erano diversi siciliani e campani, molti infine erano giunti dalla provincia di Littoria [58].

Con questa situazione di presenze, per il mese di maggio 1944, a Chiusi vennero assegnati 94 capi ovini adulti da macellare. Il prezzo di vendita della carne, fin dall'aprile, era stato fissato in 40 lire al Kg per il coscio, 38 lire al Kg. per la spalla, 30 lire al Kg. per la caratella e infine 10 lire per ogni testa [59]. A maggio erano rivisti anche i prezzi delle calzature: un paio di scarpe da uomo in pelle di tipo "A" Lire 256; un paio di scarpe da donna in pelle di tipo "A" Lire 230 [60].

Grosso problema per i trasporti era rappresentato dalla carenza di carburante, spettava ai comuni infatti ridistribuire a seconda delle esigenze la quota mensile di benzina assegnata. Per Chiusi, ad esempio, nel mese di maggio 1944 fu assegnato un quantitativo di 230 litri che fu insufficiente a coprire tutte le necessità, sia dei trasportatori alimentari sia delle ambulanze; costringendo alla terribile scelta se andare a soccorrere i feriti o fare i viaggi di prelievo dei viveri a Siena [61]. Molti tornarono allora a fare i trasporti usando i vecchi carri a "trazione animale", su cui, però, si doveva pagare l'ap-

[51] Cfr. A.Cm.C.Chiusi, Fasc. 606, Atti, documenti e carteggi relativi al servizio annonario, cat. XI, anno 1944, lettera del comune di Chiusi alla SEPRAL di Siena del 18.2.1944. I consumi complessivi della popolazione del comune di Chiusi nel gennaio furono di 5.102 chili di pasta e 1.490 chili di riso.

[52] LUTZ KLINKHAMMER, *L'occupazione tedesca in Italia* cit., p. 186.

[53] A.Cm.C.Chiusi, Fasc. 606, Atti, documenti e carteggi relativi al servizio annonario, cat. XI, anno 1944, disciplina di vendita delle carni del 3 marzo 1944 e comunicazione del 17 marzo 1944.

[54] A.Cm.C.Chiusi, Fasc. 606, Atti, documenti e carteggi relativi al servizio annonario, cat. XI, anno 1944, listino prezzi del 7 marzo 1944

[55] A.Cm.C. Chiusi, Fasc. 592, Carteggio 1943, Cat. X-XV.

[56] A.Cm.C.Chiusi, Fasc. 606, Atti, documenti e carteggi relativi al servizio annonario, cat. XI, anno 1944, lettera al Podestà del 5 aprile 1944.

[57] A.Cm.C.Chiusi, Fasc. 606, Atti, documenti e carteggi relativi al servizio annonario, cat. XI, anno 1944.

[58] La popolazione della provincia di Littoria, oggi Latina, fu fatta sfollare in maniera coatta dai tedeschi. Tale evacuazione interessò una massa di circa 60.000 persone tra la fine del 1943 ed il gennaio 1944. Cfr. PIER GIACOMO SOTTORIVA, *I giorni della guerra in provincia di Littoria*, Latina, Cipes, 1974.

[59] A.Cm.C.Chiusi, Fasc. 606, Atti, documenti e carteggi relativi al servizio annonario, cat. XI, anno 1944.

[60] A.Cm.C.Chiusi, Fasc. 606, Atti, documenti e carteggi relativi al servizio annonario, cat. XI, anno 1944. Per fare un raffronto si consideri che in quel periodo un operaio specializzato prendeva 70-90 lire al giorno, ed un bracciante agricolo tra le 20 e le 30 lire.

[61] A.Cm.C.Chiusi, Fasc. 606, Atti, documenti e carteggi relativi al servizio annonario, cat. XI, anno 1944. Relazione del Podestà del 3.6.1944,

posita tassa di circolazione[62]. Anche i cavalli erano però sottoposti ai rigori del razionamento, i chiodi per ferratura dei cavalli erano infatti contingentati[63].

A maggio cominciarono a manifestarsi assenze di alimentari in maniera sempre più grave. La marmellata fu la prima a scomparire, poi a ruota seguì il sapone e nonostante che il prezzo contingentato di listino fosse "salito a lire 1,05 al pezzo di 100 grammi".

La guerra fu dura con tutti ma particolarmente con i bambini, infatti non solo dal giugno 1943 era stata vietata la produzione di caramelle ma soprattutto, ed anche incomprensibilmente, dall'ottobre 1942 fu vietata la fabbricazione di giocattoli [64]. Solo vicino alle feste natalizie, quei mesti natali di guerra come quello del 1943, veniva consentito vendere quei pochi giocattoli ancora disponibili nei magazzini. Era proprio vero che la guerra e la stupidità degli uomini voleva distruggere tutto, compreso i sorrisi e la voglia di giocare dei bambini.

Il "mercato nero" non poteva essere che fiorente in queste condizioni e tutti dovettero più o meno farvi ricorso per acquistare quei viveri necessari a sopravvivere. Fortunatamente Chiusi era un comune dove l'attività agricola era la principale[65], e questo rese più facile la situazione. Il mercato nero nasceva anche da una situazione contraddittoria dove l'agricoltore doveva vendere il prodotto a prezzi fissi molto bassi, mentre doveva comprare i prodotti industriali necessari alla produzione a prezzi esorbitanti perché non sottoposti a controllo. Enorme era anche il divario, tra il prezzo pagato ai produttori dagli ammassi obbligatori e quelli praticati dagli stessi ammassi quando rivendevano il prodotto sul mercato all'ingrosso [66]. Questo rendeva comprensibile l'evasione degli ammassi e i tentativi di vendere direttamente a mercato nero i propri prodotti, inoltre i "borsaneristi", che da Roma e da altre città si spingevano fino alle campagne per comprare direttamente dai contadini, favorivano tale comportamento [67]. L'attività di "polizia annonaria" si fece incalzante e talune volte giunse a segno con sequestri di generi alimentari [68]. I carabinieri di Chiusi Scalo furono inoltre costretti, a sorvegliare attentamente i magazzini del Consorzio Agrario, dopo che, nel dicembre 1943, "sconosciuti" cercarono di forzarne le porte per asportare i generi alimentari contenuti[69].

Per giustificare la continuazione di quella guerra impopolare, al regime "repubblichino" occorreva utilizzare l'arma della propaganda, e per questo lavoro la radio era l'arma migliore. Per evitare che la popolazione ascoltasse Radio Londra o le altre radio di propaganda alleate, sul finire del 1943 fu emesso un bando del "Capo della Provincia" che disponeva il "bloccaggio" degli apparecchi radio, come ricorda Vinicio Betti:

> "Tutti i possessori di apparecchi radio vennero avvisati che dovevano portare le radio a far bloccare; si poteva ricevere solo una stazione radio a onde medie, o Roma o Monaco di Baviera, che trasmetteva ovviamente solo le notizie del governo fascista. La spesa per il bloccaggio era a carico del proprietario della radio e consisteva nell'apposizione di un sigillo sulla manopola della ricezione; io però avevo scoperto come cambiare la frequenza della radio agendo con una matita dal retro dell'apparecchio, così continuammo a sentire Radio Londra". [70]

sull'utilizzo della benzina. Questa relazione ci consente di conoscere l'entità ed il tipo dei veicoli a benzina ancora in circolazione in quel momento. Erano ventuno veicoli di cui: 1 autolettiga della Confraternita di Misericordia; 6 camion per trasporti alimentari del Comune di Chiusi; 1 camion della sotto-stazione elettrica; 2 automobili dei medici; 2 autocarri, 8 automobili ed un motocarro di privati.

[62] A.Cm.C.Chiusi, Fasc. 592, Carteggio 1943, Cat. X-XV.

[63] A.Cm.C.Chiusi, Fasc. 606, Atti, documenti e carteggi relativi al servizio annonario, cat. XI, anno 1944. Circolare dell'Ufficio Distribuzione prodotti industriali di Siena ai Podestà del 26.2.1944. In questa occasione vennero censiti gli "equini" presenti nel territorio del comune, che risultarono essere 26; il Podestà Galeotti richiese comunque una assegnazione per 50 cavalli!

[64] A.Cm.C.Chiusi, Fasc. 592, Carteggio 1943, Cat.X-XV, Circ. n. 195 del 15.12.1943, dal Capo della Provincia ai Podestà.

[65] Alla data del 23.3.1944 il Comune di Chiusi compì un censimento dei lavoratori agricoli registrando così: 397 coloni mezzadri; 83 operai agricoli salariati; 23 "conduttori non lavoratori", cioè i proprietari terrieri; 37 impiegati e dirigenti in aziende agricole. A.Cm.C.Chiusi, Fasc. 606, Atti, documenti e carteggi relativi al servizio annonario, cat. XI, anno 1944.

[66] Ad esempio, nel periodo 1942-1943, il grano tenero all'ammasso era pagato al produttore 215 lire al quintale, mentre poteva essere rivenduto sul mercato all'ingrosso ad un prezzo variabile tra le 622 e le 834 lire. Nel successivo 1943-1944, a fronte di un aumento dell'82 per cento del primo prezzo, si ebbe un aumento del 1800 per cento del secondo. Analoghe situazioni, se non peggiori, si ritrovano per tutti gli altri prodotti agricoli.

[67] LUTZ KLINKHAMMER, *L'occupazione tedesca in Italia* cit., pp. 179-180.

[68] A.Cm.C.Chiusi, Fasc. 606, Atti, documenti e carteggi relativi al servizio annonario, cat. XI, anno 1944. A marzo '44 furono sequestrati alcuni quintali di formaggio e ad aprile 90 chili di farina.

[69] A.Cm.C. Chiusi, Fasc. 592, Carteggio 1943, Cat. X-XV, Lettera del Podestà del 3.12.1943.

[70] Testimonianza di Vinicio Betti raccolta nel 1988.

# III. I RIBELLI

*"Signore che fra gli uomini drizzasti la Tua Croce segno di contraddizione, che predicasti e soffristi la rivolta dello spirito contro le perfidie e gli interessi dei dominanti, la sordità inerte della massa, a noi oppressi da un gioco numeroso e crudele che in noi ha calpestato*
*Te fonte di libere vite, dà la forza della ribellione.*
*...Sui monti ventosi e nelle catacombe delle città, dal fondo delle prigioni, noi ti preghiamo: sia in noi la pace che Tu solo sai dare.*
*Dio della pace e degli eserciti, Signore che porti la spada e la gioia, ascolta la preghiera di noi ribelli per amore."*

Teresio Olivelli

## Sul Monte Cetona

I risultati del decreto di chiamata alle armi del novembre, se non disastrosi, furono nettamente deludenti; pochi giovani si presentarono ai distretti militari, inoltre l'emorragia delle reclute continuò. Nel gennaio 1944, infatti, molti giovani pur presentandosi ai carabinieri dei paesi di origine per essere avviati al distretto di Siena spesso non vi arrivarono, "perdendosi per strada"[1]. Altri, dopo essersi presentati, disertarono mentre erano avviati al nord[2]. Il 4 febbraio 1944, per completare il quadro dei richiami alle armi, il governo fascista emanò un secondo bando di richiamo, riguardante tutti i giovani delle classi 1922-1923 e del primo quadrimestre del 1924. "Termine ultimo per la presentazione il 25 febbraio!"

Per far comprendere a chi era fuggito e a chi doveva ancora presentarsi, che rischi correva nel non adeguarsi ai nuovi bandi di richiamo, il 18 febbraio venne promulgato il famigerato "Bando Graziani", che stabiliva:

"Art. 1 Gli iscritti di leva arruolati ed i militari in congedo che, durante lo stato di guerra e senza giustificato motivo, non si presenteranno alle armi nei tre giorni successivi a quello prefisso, saranno considerati disertori di fronte al nemico, ...e puniti con la morte mediante fucilazione nel petto; Art. 2 La stessa pena verrà applicata anche ai militari delle classi 1923-24-25, che non hanno risposto alla recente chiamata o che, dopo avere risposto, si sono allontanati arbitrariamente dal reparto." Termine ultimo, "improrogabile", per presentarsi: l'8 marzo 1944[3].

Gli arresti dei renitenti avevano già provocato proteste popolari a Cetona e a Sarteano[4], ma ora non si trattava più di protestare, ormai i fascisti nella loro volontà di servire i tedeschi avevano scoperto le carte. Per raggiungere il loro fine erano pronti ad uccidere. La situazione, per renitenti e disertori inermi nelle proprie case si faceva adesso difficile, agli occhi di tutti appariva improrogabile la necessità di rifugiarsi in montagna. Il 28 febbraio 1944 "...alcuni giovani di Sarteano, che avrebbero dovuto presentarsi al distretto militare di Chiusi, si rifugiarono a Fonte Vetriana, un gruppo di case coloniche a mezz'ora di cammino dalla vetta del Monte Cetona, dove furono ospitati dai contadini. Altri giovani, a Chiusi, Cetona, San Casciano dei Bagni, abbandonarono le loro case e raggiunsero la montagna"[5].

Dopo quattro mesi di attività clandestina nasceva il primo nucleo partigiano alla macchia, che comportava non pochi problemi organizzativi per chi, rimasto nei paesi, doveva fornire armi e viveri a quei giovani che nel marzo raggiunsero il numero di cinquanta. La formazione dovette assumere una struttura decentrata, sia per opportunità militari, che per non gravare troppo sulle misere economie dei contadini del luogo. A Fonte Vetriana si affiancarono presto i distaccamenti di Fastelli e Casa Bebi, già operativi sulle pendici occidentali del Monte Cetona. I partigiani mantenevano i contatti con le famiglie e con i nuclei comunali mediante staffette, che portavano dai paesi informazioni, armi e viveri. Da

[1] Le giovani reclute si presentavano alla GNR del paese, in modo che i militi li sapessero partiti, poi, prima di arrivare a Siena, tornavano indietro, a casa dove si nascondevano. Il risultato era duplice: prima di tutto i familiari potevano dire di sapere il parente partito ed evitavano rappresaglie nei propri confronti; secondariamente il diretto interessato, se scoperto, poteva sempre sperare di non essere considerato disertore perché non era scappato, "semplicemente non era riuscito" a presentarsi! In questo i giovani furono molto aiutati in quei giorni del gennaio 1944 dal bombardamento della stazione di Siena che sconvolse le comunicazioni con la provincia. Il sistema fu utilizzato da giovani di Sarteano ma, probabilmente, anche da altri dei paesi limitrofi. Testimonianza di Alma Faleri raccolta nel 1988 e testimonianza di Dino Faleri raccolta nel 1994, vedi anche IRIS ORIGO, *La guerra in Val d'Orcia* cit., p. 113.

[2] Il 12 febbraio 1944, ad esempio, 340 militari fuggirono dal battaglione "Siena" in trasferimento a Vercelli. GIAMPAOLO PANSA, *L'esercito di Salò cit.*, p. 44.

[3] GIAMPAOLO PANSA, *L'esercitò di Salò* cit., pp. 47-49.

[4] A Sarteano, il 23 dicembre 1943, quattro donne "armate di bastoni, coltellacci e scuri" aggredirono il comandante della stazione dei carabinieri, per ottenere il rilascio dei loro congiunti: vennero arrestate. A Cetona, il 9 gennaio 1944, a seguito dell'arresto di due renitenti, una trentina di persone manifestano contro la caserma della GNR. All'indirizzo dei militi partirono grida, sassi, e infine due colpi di pistola. Dall'interno si rispose con i mitra: nessun ferito. GIAMPAOLO PANSA, *L'esercito di Salò cit.*, p. 38; TAMARA GASPARRI, *La Resistenza in provincia di Siena cit.*, pp. 83 e 92.

[5] ROSALIA MANNO, *Le Bande Simar* cit., p. 15-16.

Chiusi questo importante compito di portare il materiale in montagna, fu svolto da Bruno Radici detto "Bombò", che, col suo motofurgone coperto da un misero telone, trasportò a rischio della vita, partigiani e materiale, da e per Fonte Vetriana. Parte del vettovagliamento fu procurato dal nucleo comunale di Chiusi mediante sottoscrizioni, precedute da propaganda, ma il grosso proveniva dalla solita via della sottrazione dai carri merci tedeschi alla stazione. In questa attività meritano menzione Carlo Rossi, Goffredo Pucci, Armando Bistarini, e il diciassettenne Lino Talozzi[6]. I carabinieri e gli altri militi della GNR ebbero sentore di quei viaggi e infatti un giorno perquisirono la casa di Domenico Nenci, conosciuto come antifascista, alla ricerca di armi che non trovarono. Il Nenci, che effettivamente collaborava con il Nucleo Comunale della Simar alla raccolta del materiale, dopo quel fatto decise di allontanarsi alcuni giorni dal paese[7]. Non fu quella la sola perquisizione, un'altra fu fatta dai militi della GNR presso la chiesa di San Francesco, al convento dei francescani. Qui, alcuni giovani si riunivano per fare le prove in un teatrino di dilettanti costruito nella grotta di tufo posta proprio sotto alla chiesa. I ragazzi avevano alcune armi, bombe a mano e coperte che erano state rubate dai carri ferroviari in sosta alla stazione e che poi erano state nascoste nella grotta. La perquisizione non portò però alla scoperta del materiale che fu invece consegnato al Radici per essere mandato sul Monte Cetona[8].

Altri renitenti alla leva raggiunsero il Monte Cetona con marce notturne, come ricorda Domenico Fiorini, che era allora componente del nucleo partigiano di Chiusi:

> "C'erano quindici giovani che volevano raggiungere la montagna per sfuggire ai temuti rastrellamenti dei renitenti, così noi del Nucleo partigiani di Chiusi decidemmo di accompagnarceli. Il luogo di appuntamento era sull'aia dei Benicchi, al podere Casanuova, vicino ad alcuni cipressi. Ricordo anche che avevamo detto a tutti la sera prima: 'appuntamento al cipresso.' I primi quindici giovani partirono da lì, alle tre del mattino. Fu il primo di quattro viaggi che feci da e per la montagna, fino a Fonte Vetriana ... Erano giovani di Chiusi e dintorni, e anche alcuni sbandati che non sapevano dove andare"[9].

Ovviamente non tutti i renitenti parteciparono alla resistenza, perché come ricorda Eraldo Morgantini:

> "... era facile sottrarsi alle ricerche dei carabinieri, e spesso i genitori influivano negativamente sui figli che pure avrebbero voluto venire con noi... La mia attività partigiana ebbe inizio nel mese di febbraio 1944. Il compagno 'Bombò', mai dimenticato, ci accompagnò partendo dalla località Croce, eravamo undici, i primi undici partigiani, col suo camioncino fino a Fonte Vetriana. Mi piace ricordare quel primo viaggio notturno anche perché fu in quell'occasione che conobbi Ermanno Baldetti, che era poi l'unico di noi armato di fucile[10]. Altri viaggi seguirono, e non solo da Chiusi, e presto nei distaccamenti di Fastelli e Casa Bebi raggiungemmo il numero approssimativo di quasi un centinaio di giovani. A Fonte Vetriana trovammo quattro o cinque mitraglie Breda e un mucchio di pallottole sfuse, ancora sporche di terra, moschetti, pistole, qualche bomba a mano. Iniziò il periodo di addestramento alle armi e al tiro, trattandosi di giovani privi di addestramento, in massima parte almeno. Conobbi al comando di Fonte Vetriana il tenente Cluczine[11]. Nel primo periodo (marzo 1944 NdR), non avendo ancora Marenco preso direttamente il comando sul posto, il Polacco Cluczine lo sostituì risiedendo con noi al comando di Fonte Vetriana. Era un ragazzo semplice, allegro, e fummo amici subito, come se ci fossimo conosciuti da tanto tempo... montammo di sentinella assieme più di una volta e mi raccontò fra l'altro di quando a Varsavia nel 1939 mettevano lo zucchero nei serbatoi della benzina dei camion tedeschi. Era stato nascosto a lungo in Fontebranda (a Chiusi NdR) e ricordava con gratitudine e nostalgia la signora che l'aveva nascosto in casa sua"[12].

[6] Stefano Bistarini, *Perché gli altri non dimentichino* cit.; *Relazione partigiana del Nucleo comunale di Chiusi* cit., p. 2; infine testimonianza di Domenico Nenci detto "Bengasi", raccolta nel 1976.

[7] Testimonianza Domenico Nenci. Il Nenci (1912-1977), di professione manovale, era stato assegnato nel giugno del 1938 al confino di polizia a Bisaccia (Avellino), perché sorpreso mentre "inneggiava al comunismo"; era rientrato a Chiusi solo poco tempo prima del 25 luglio 1943. Cfr. Celso Ghini e Adriano Dal Pont, *Gli antifascisti al Confino*, Roma, Editori Riuniti, 1971. Vedi anche Deliberazione n. 35612 del 20 gennaio 1970, della "Commissione presso la Presidenza del Consiglio dei Ministri per le provvidenze ai perseguitati politici antifascisti o razziali". Infine Rineo Cirri, *L'antifascismo senese nei documenti della Polizia e del Tribunale Speciale, (1926-1943)*, Siena, Nuova Immagine Editrice, 1993, p. 56.

[8] Testimonianza di Paolo Barni raccolta nel 1976. Del gruppo di giovani faceva parte anche Stelvio Barni, che poi andò in montagna nella Simar e fu partigiano nel distaccamento di Casa Bebi. Lo stesso Paolo Barni, pur essendo allora un ragazzo di solo 12 anni, sottrasse materiale dai carri ferroviari tedeschi.

[9] Testimonianza di Domenico Fiorini raccolta nel 1976.

[10] Vinicio Betti, che ha conosciuto Ermanno Baldetti ha cercato di tracciarne un ritratto: "Conoscevo bene Ermanno, detto 'Bibi', anche perché eravamo nati lo stesso giorno, il 29 giugno: lui nel 1923, io nel 1922. Quando ci incontravamo ci facevamo sempre gli auguri a vicenda. Era molto idealista, e come molti giovani della sua età era sempre pronto ad esporsi in prima persona. Era militare in marina durante la guerra e dopo l'8 settembre 1943 cercò in tutti i modi di agire contro i tedeschi, così andò con i partigiani pur potendo nascondersi a casa sua. La madre mi raccontò poi, che si era procurato anche l'arma per andare in montagna, aveva 'scavitolato' chissà dove un vecchio fucile del 1880, un modello Vetterli monocolpo, un catenaccio buono solo per un museo." Testimonianza di Vinicio Betti raccolta nel 1988.

[11] Questo tenente polacco disse chiamarsi Joseph Klucine o Cluczine oppure Kluczinii, il nome non è stato mai chiarito del tutto, anche per la difficoltà della grafia polacca per noi italiani. Era un disertore dell'esercito tedesco. Disse di avere 27 anni e parlava sette lingue, era reduce della guerra d'Africa dove raccontava di aver combattuto ad El Alamein. Dopo disertato, il "Polacco" o "Beppe" o "il Tenente polacco Giuseppe", come venne via via chiamato, arrivò a Chiusi e da qui fu inviato dal nucleo comunale a Fonte Vetriana. Per la sua forte personalità, la prestanza fisica, e le capacità militari che dimostrava, era tra l'altro un abilissimo lanciatore di coltello, divenne automaticamente il comandante in assenza del Marenco. Agli occhi dei giovani partigiani, pieni di speranze e di confuse idee politiche, questo "Rambo ante litteram" non poteva non rappresentare quell'eroe romantico, audace e coraggioso cui tutti i giovani aspirano assomigliare. Appariva come l'esatto contrario di Marenco: riflessivo; anziano; moderato; cauto nell'azione fino all'eccesso. Inevitabile apparve la spaccatura tra i due che poi avvenne puntualmente. Vedi: Stefano Bistarini, *Perché gli altri non dimentichino* cit. e testimonianze di Deo Totini, raccolta nel 1976, e di Domenico Nenci detto "Bengasi", raccolta nel 1976.

[12] Testimonianza Eraldo Morgantini, raccolta nel 1982 da Ilario Rosati e

Il primo combattimento avvenne il 3 aprile 1944. La mattina del 3 una pattuglia di sei militi della GNR, mosse da Sarteano verso Fonte Vetriana, "per sorprendervi i ribelli". I partigiani, otto in tutto [13], avvertiti dai contadini, riuscirono a respingere la pattuglia verso la strada Sarteano-Radicofani, dove i militi fermarono una autocorriera di passaggio e cercarono di fuggire. I partigiani, però, rinforzati dall'arrivo dei distaccamenti vicini con una mitragliatrice, sbarrarono la strada e fermarono il veicolo. I sei, cercarono allora di fuggire per la campagna ma ad un podere vennero accerchiati e costretti alla resa. Con loro fu catturato un settimo milite che viaggiava sull'autocorriera. Comandante della formazione era il "polacco", anche perché il Marenco era partito proprio quel giorno per raggiungere Roma e contattare il Comando Militare Badogliano.

Il partigiano Eraldo Morgantini, che partecipò a quell'azione ricorda:

> "Vennero catturati i sette militi...una volta disarmati, com'era solito allora, avevamo già deciso di rimandarli a Sarteano in mutande, quando ci giunse l'ordine del polacco di farli prigionieri. Si trattava di scambiarli con giovani renitenti alla leva catturati. Nel frattempo essendo stato annunciato un rastrellamento, ci spostammo al completo conducendo con noi i prigionieri, in condizioni di gravissimo disagio dormendo in un bosco. In seguito, e precisamente il giovedì prima di Pasqua ci portammo a Monticchiello per unirci alle forze partigiane del posto assalite... [14] Inutilmente in quanto il percorso essendo lungo e a piedi giungemmo sul posto quando ormai non c'era più nessuno. Ritornati a Fonte Vetriana, il sabato santo, il Cluczine... si presentò e ci espose la serietà della situazione creatasi con la necessità di impegnare costantemente un corpo di guardia per i prigionieri, nonché il pericolo incombente di un 'rastrellamento', appena preannunciato da una staffetta proveniente da Chiusi. Conoscendo i prigionieri, per essere vissuti in mezzo a noi, ogni particolare della nostra situazione militare, delle reali forze partigiane esistenti sul Cetona non potevamo liberarli. Avendo deciso di sottrarci al nemico sparpagliandoci nei dintorni a gruppetti, non potevamo più portarceli dietro. Non fu quindi possibile obiettare, né evitare... l'inevitabile" [15].

L'8 aprile 1944 vennero così fucilati in località Scarpetta presso Radicofani due carabinieri e tre militi [16]. I rimanenti due carabinieri, già in servizio a Sarteano, conosciuti da alcuni partigiani del paese ebbero salva la vita con la promessa di tacere e di non ripresentarsi in servizio. In particolare Dino Faleri, partigiano della Simar, garantì per uno loro. Il comportamento del gruppo partigiano può apparire spietato; si può comprenderlo solo facendo un quadro della situazione che si era creata in quei giorni in provincia. Nel passato mese di marzo si erano svolti già vari rastrellamenti fascisti terminati regolarmente con eccidi di partigiani catturati dai militi della GNR [17]. Già questo poteva bastare per giustificare una cruda e semplice rappresaglia in una guerra che appariva senza quartiere, ma a questi si aggiunsero motivi di ordine diverso. Accadde che in quel momento la situazione dei partigiani sul Cetona apparisse precaria: lo scontro di Monticchiello aveva dimostrato che ora le autorità fasciste puntavano a rastrellare le zone "partigiane" a sud della provincia e i movimenti fascisti potevano far presumere prossimo un rastrellamento proprio sul Monte Cetona. La staffetta proveniente da Chiusi aveva portato un confuso messaggio su un rastrellamento in zona [18], che sembrò confermare quanto temuto. Le regole dalla lotta partigiana imponevano al gruppo di disperdersi piuttosto che farsi sorprendere e distruggere. Comprensibile che, in quella situazione, non si potesse considerare di custodire prigionieri, sulla cui lealtà ed innocuità, non solo nei propri confronti ma anche nei confronti delle famiglie dei partigiani, non si poteva contare [19].

> "Avendo da fare con un nemico che massacrava senza pietà e senza esitazione diecine di prigionieri inermi, era un diritto di legittima difesa eliminare ogni elemento di

anche ROSALIA MANNO, *Le Bande Simar* cit., p. 20.

[13] Tra quei partigiani si trovava anche Libero Betti, staffetta del Nucleo di Chiusi, che si era recato in montagna a consegnare del materiale per la formazione, compreso un fucile che aveva personalmente sottratto ad un militare fascista alla stazione di Chiusi. DINO FALERI e UGO SEVERINI (a cura di), *Movimento di liberazione nell'Italia Centrale, Raggruppamento Monti Soratte e Cetona, Brigata Simar, Memorie, Documenti, Testimonianze*, Edizione ANPI di Sarteano, Città della Pieve, 1995, p. 37.

[14] Il 6 aprile 1944 a Monticchiello, frazione del Comune di Pienza, circa 200 militi della GNR, guidati personalmente dal Chiurco, attaccarono i partigiani della banda del tenente Walter Ottaviani. Dopo una giornata di scontri, i fascisti, partiti baldanzosamente all'attacco, erano clamorosamente battuti. Quello scontro rappresentò la fine di tutte le speranze fasciste di controllare la lotta antipartigiana senza l'aiuto tedesco. Da allora tutte le successive azioni furono condotte sotto il controllo dei tedeschi. VITTORIO MEONI, *Una vittoria partigiana (Monticchiello-6 aprile '44)*, Siena, ANPI, 1978; TAMARA GASPARRI, *La Resistenza in provincia di Siena* cit., pp. 177-183.

[15] Testimonianza Eraldo Morgantini, raccolta nel 1982 da Ilario Rosati.

[16] Erano le guardie repubblicane Dante Alicciati, Silvio Morviducci, Battista Sbrilli, il brigadiere dei carabinieri Arrigo Drovandi e il carabiniere Lorenzo De Martino.

[17] L'11 marzo c'era stato il rastrellamento di Monte Quoio a Monticiano con la fucilazione "sul posto" a Scalvaia di 10 partigiani catturati; il 13 marzo, quattro partigiani, disertori dell'esercito di Salò, erano stati fucilati alla Caserma Lamarmora a Siena, con grande pubblicità in provincia; il 17 marzo, due partigiani erano stati uccisi in un rastrellamento nel comune di San Gimignano; il 28 marzo era avvenuta la strage di Montemaggio nel comune di Monteriggioni, dove erano stati uccisi dopo la resa ben 18 partigiani; lo stesso 6 aprile precedente, a Monticchiello, un partigiano catturato era stato ucciso con un colpo di pistola sparato a bruciapelo alla testa. Un elenco impressionante di sangue che non dava dubbi ai partigiani della Simar di quale sarebbe stata la loro fine se fossero stati catturati e su chi fossero stati i primi ad innescare quella tragica spirale di sangue. Cfr. TAMARA GASPARRI, *La Resistenza in provincia di Siena* cit.; *Criminali alla sbarra, il processo di Montemaggio*, a cura dell'ANPI di Siena, Siena, La Poligrafica, 1948.

[18] Giovacchino Rossi, in dichiarazioni rilasciate subito dopo la guerra sostenne che egli aveva inviato comunicazione al gruppo in montagna, non di un rastrellamento che doveva verificarsi, bensì di uno già avvenuto (quello di Monticchiello appunto). ALESSANDRO ORLANDINI-GIORGIO VENTURINI, *I giudici e la Resistenza, dal fallimento dell'epurazione ai processi contro i partigiani: il caso di Siena*, Milano, La Pietra, 1983, p. 188.

[19] Tra l'altro proprio il brigadiere Drovandi, della stazione di Sarteano,

rischio ed era pericoloso cedere alle ragioni del sentimento"[20].

Lascio il commento finale ad Eraldo Morgantini, che visse personalmente quella tragica scelta:

> "Se il Faleri, nella circostanza, come già per i due carabinieri da lui ben conosciuti perché del suo paese, avesse parimenti potuto garantire del loro silenzio e sulla loro collaborazione, diciamo nel segno di una grazia ricevuta, quasi certamente anche i cinque 'militi' sarebbero stati rilasciati. ...Se solo li avessimo potuti rimandare in paese in mutande."[21]

Non fu possibile, e così i cinque vennero fucilati da un plotone di esecuzione improvvisato[22]. Come altri eventi bellici, anche questa fucilazione ebbe un seguito dopo la guerra, quando nel 1947 fu iniziato un procedimento penale a carico dei partigiani che avevano preso parte ai fatti. Nel novembre 1947 vennero così arrestati quattro partigiani della Simar: Fabietti; Laurini; Chierchini e Giometti, unici superstiti di quel plotone d'esecuzione[23]. Gli arresti provocarono ampie manifestazioni popolari nei paesi degli arrestati, ed in particolare a Chiusi dove ebbe luogo una manifestazione che durò l'intera notte fra il 14 e il 15 novembre 1947. La tensione fu altissima con posti di blocco improvvisati sulla strada ed il rischio concreto di scontri violenti con le forze dell'ordine. La piazza del comune di Chiusi fu presidiata per l'intera notte. La mattina del 15 avvennero incontri tra i dirigenti provinciali del PCI e dell'ANPI con il magistrato di Montepulciano che aveva emanato gli ordini di cattura. Dopo una trattativa difficile il giudice decise di revocare gli arresti[24]. Negli anni 1952-1953 venne però riaperto il processo, nel quale vennero implicati gli stessi partigiani arrestati nel 1947. Gli interessati dovettero subire una lunga fase istruttoria, al termine della quale riportarono una grave condanna a quindici anni di carcere, emessa dalla corte di Assise di Siena. Nel 1954 questa venne annullata per altro in Corte d'Assise d'appello a Firenze, con la formula di "non luogo a procedere", trattandosi di azione di guerra avvenuta in periodo bellico e pertanto non perseguibile penalmente[25].

Il Marenco tornò nella zona del Monte Cetona da Roma nella seconda metà del mese di aprile, e, venuto a conoscenza dell'accaduto, lo giudicò inopportuno e ne ritenne responsabile il tenente polacco. Da quel momento cessò la fiducia che il colonnello aveva accordato al giovane disertore dell'esercito tedesco e subentrò a poco a poco, un acuto sospetto nei suoi confronti. Joseph Klucine riscuoteva d'altra parte, la viva simpatia di alcuni partigiani che trovavano in lui, animato da un profondo rancore verso i tedeschi, un coraggioso e pronto impegno nella lotta e una non comune capacità nell'uso delle armi[26]. Il 16 aprile 1944 il Klucine, assieme ad un partigiano, disarmava di pistola e mitra, nel bar centrale di Sarteano, un sergente del battaglione fascista "San Marco" in licenza. Questa azione, anche per le modalità con cui fu condotta (fu sparata una raffica di mitra intimidatoria che poteva causare vittime innocenti), spinse il Marenco a decidere per un allontanamento temporaneo del polacco dalla zona[27]. Il 24 aprile il Klucine era così inviato a Chiusi, perché il nucleo comunale pensasse a farlo "stare giù"[28]. La lotta continuò ed un importante salto di qualità fu rappresentato dall'attacco, condotto dalla Simar contro la terza compagnia del CXXXVI battaglione genio dell'esercito repubblicano[29], avvenuto nella notte del 24 aprile 1944. L'azione era stata decisa dopo che alcuni disertori del reparto avevano raggiunto la formazione partigiana. Saputo della volontà di fuga dei giovani venne organizzata l'azione che venne condotta approfittando della notte. Il reparto del genio era stato accantonato nelle scuole elementari di Fabro comune della limitrofa provincia di Terni, e una volta sopraffatti i tedeschi di guardia, i partigiani raggrupparono tutti i giovani che accettarono di fuggire e li indirizzarono verso il Monte Cetona. Avvertiti telefonicamente del fatto intervennero però i fascisti ed i tedeschi di Orvieto: si accese una sparatoria che non impedì ai partigiani di allontanarsi. L'azione permise la fuga di 120 soldati italiani, 50 dei quali si unirono alla Simar. In una sua relazione il Marenco riassunse i risultati dell'azione nel seguente modo: "..uccisi 4 tedeschi e 12 fascisti; feriti 2 tedeschi e 6 fascisti. Nostre perdite 2 feriti e 1 disperso che però ora risulta in mano ai tedeschi. Abbiamo catturato 10 cavalli, 4 carrette e materiali vari"[30]. Il partigiano fatto prigioniero dai fascisti a Fabro altri non era

aveva provveduto ad arrestare vari collaboratori e partigiani della Simar a Sarteano nel marzo 1944. Vedi ALESSANDRO ORLANDINI – GIORGIO VENTURINI, *I giudici e la Resistenza* cit., p. 156.

[20] Da *Il processo di Sarteano*, opuscolo senza data ma del 1952, stampato a cura del Comitato Provinciale dell'ANPI di Siena.

[21] Testimonianza Eraldo Morgantini, raccolta nel 1982 da Ilario Rosati.

[22] Negli atti processuali contro i partigiani che avevano preso parte alla fucilazione, così venne ricostruita la composizione di quel plotone di esecuzione: Zelindo Chierchini di Sarteano, Alberto Laurini di Chiusi, Mario Fabietti e Alfredo Giometti di Cetona, Ermanno Baldetti di Chiusi, Remo Cacioli di Cetona, e il polacco Joseph Klucine. ALESSANDRO ORLANDINI-GIORGIO VENTURINI, *I giudici e la Resistenza* cit., p. 188.

[23] Klucine, Baldetti, e Cacioli morirono nel proseguio della lotta partigiana.

[24] Su quanto accadde quella notte abbiamo la testimonianza di Vittorio Bardini, allora dirigente comunista che ne parla in un libro e scrive: "A Chiusi Città... nella piazza del comune, c'erano migliaia di persone che non intendevano abbandonarla, finché non fossero stati liberati i partigiani." VITTORIO BARDINI, *Storia di un comunista*, Firenze, Guaraldi editore, 1977, pp. 97-98; anche A.Cm.C. Chiusi, fascicolo 613, Cln di Chiusi, atti relativi alla liberazione, 1944-1945, che contiene manifesti, volantini e lettere su quanto accadde.

[25] Quei processi rientrarono in una serie più ampia di processi intentati a livello provinciale e nazionale contro elementi partigiani per azioni compiute durante il periodo resistenziale. ALESSANDRO ORLANDINI-GIORGIO VENTURINI, *I giudici e la Resistenza* cit., pp. 152-191.

[26] ROSALIA MANNO, *Le Bande Simar* cit., p. 22.

[27] DINO FALERI e UGO SEVERINI (a cura di), *Movimento di liberazione nell'Italia Centrale, Raggruppamento Monti Soratte e Cetona, Brigata Simar* cit., p. 59; Cfr. anche ROSALIA MANNO, *Le Bande Simar* cit., p. 42.

[28] ROSALIA MANNO, *Le Bande Simar* cit., pp. 39-40 e p. 50

[29] Questo battaglione del genio, formato da giovani coscritti del nord-Italia delle classi 1924-1925, era stato dislocato tra Orvieto e Chiusi per riparare i danni e mantenere in efficienza la linea ferroviaria Chiusi-Roma. Più che soldati erano lavoratori forzati agli ordini dei tedeschi. Testimonianza di Espedito Pasin, raccolta nel 1975.

[30] ROSALIA MANNO, *Le Bande Simar* cit., pp. 22-24 e p. 43; GIAMPAOLO

che Ermanno Baldetti, il quale, divenuto comandante del distaccamento di Fastelli, come ricordò il comandante Marenco in una sua lettera:

"...Non era compreso fra i partenti... si presentò a questo comando chiedendo che lo si lasciasse partire in sostituzione di un altro partigiano molto più vecchio e padre di parecchia prole. Insistette tanto che fu accontentato. Il combattimento di Fabro ebbe luogo dalle 17 alle ore 23. I nostri si comportarono magnificamente e tutti gli scopi della spedizione furono raggiunti e mentre avemmo solo due feriti avemmo un disperso e precisamente il Baldetti. Era stato visto durante l'azione spingersi avanti audacemente in una delle vie del paese di Fabro ma poi al ritorno più nessuno l'aveva visto. Parecchi giorni dopo mediante nostri informatori sguinzagliati un pò ovunque, venimmo a sapere che era caduto in mano dei tedeschi e portato nelle carceri di Orvieto. Da Orvieto, quando già avevamo preparato un piano per farlo evadere, veniva improvvisamente trasferito alle carceri di Perugia. Perdevamo così molte speranze e quasi ogni possibilità di salvarlo dalla certa fucilazione; ma non veniva in compenso a mancare il saldo animo al Baldetti che messosi d'accordo con due austriaci con i quali era recluso, in una notte sui primi di maggio, con una fuga delle più audaci e romanzesche, riusciva ad evadere con i suoi due compagni di pena e giungere sano e salvo a Chiusi da dove quasi subito, proseguiva per la montagna" [31].

La fuga del Baldetti dal carcere di Perugia fu veramente rocambolesca anche se fu aiutato dalla disorganizzazione dei suoi carcerieri. Infatti venne rinchiuso, assieme ai due austriaci, disertori dell'esercito tedesco, in un ex-ripostiglio degli attrezzi adattato a cella in maniera sommaria, cella che era inoltre posta in un cortile interno del carcere il cui muro perimetrale confinava con una casa posta all'esterno della prigione e salendo sul muro stesso si poteva facilmente arrivare ad un balcone e da lì alla libertà: troppe coincidenze favorevoli per non tentare la fuga. Una notte i tre misero in atto il loro piano e, forzata la porta ed evitate le guardie, scalarono il muro raggiungendo il balcone. Qui si accorsero che nella stanza della casa da attraversare si trovava una persona intenta a lavorare: era il direttore del carcere! Si può facilmente immaginare lo sgomento, la fuga sembrava compromessa, ma proprio in quel mentre il direttore, avendo evidentemente finito il proprio lavoro, si alzò e andò a dormire, lasciando così via libera alla fuga [32].

## Il Contrasto Marenco-Klucine

Il Klucine era tornato a Chiusi. Ufficialmente era per evitare azioni avventate, in realtà era invece perché il Marenco aveva in corso una trattativa con emissari del Chiurco e non voleva intromissioni pericolose. Era successo infatti che, sul finire del mese di aprile, il Chiurco aveva inviato a Sarteano degli incaricati "per trovare un modus vivendi" con le forze partigiane locali. Il Marenco accettò di trattare [33]. La trattativa appariva favorevole ad entrambi le parti: per il Marenco significava rinviare il pericolo di un rastrellamento tedesco; ai fascisti, posti davanti all'impossibilità di far fronte al movimento partigiano all'attacco ormai ovunque, una trattativa pacificatrice consentiva di congelare la situazione in attesa di momenti migliori [34]. I contatti fra il Marenco e gli emissari di Chiurco non approdarono comunque a risultati di sorta ma in tutta questa "diplomazia", l'irruente attività del Klucine avrebbe potuto essere pericolosa. In effetti questi, appena giunto a Chiusi, si mise in azione. Venuto a sapere che un fascista, tale Vittorio Cacioli [35], probabilmente aveva compilato una lista di nominativi, di presunti antifascisti di Chiusi, ad uso del comando tedesco della zona [36], entrò in azione catturandolo e ucci-

Pansa, *L'esercito di Salò* cit., p. 82, che parla di diserzioni avvenute dallo stesso reparto il 22 aprile 1944.

[31] Silvio Marenco, *Rapporto informativo sul servizio prestato nel raggruppamento Bande Simar dal Patriotta Ermanno Mario Baldetti*, Sarteano, 2 febbraio 1945. In archivio della Sez. ANPI di Chiusi.

[32] Testimonianze di Betti Vinicio e Eraldo Morgantini

[33] Trattative tra partigiani e fascisti furono intavolate anche da altre formazioni della Provincia di Siena come a Pienza dalla formazione "*Mencattelli*" del tenente Ottaviani, che trattò una tregua di sette giorni (dal 26 aprile al 2 maggio 1944), per lo scambio di prigionieri. Vittorio Meoni, *Una vittoria partigiana* cit., p. 74; Sull'intera questione vedi: AA.VV, Vittorio Meoni, *1943-1944: vicende belliche e Resistenza in Provincia di Siena* cit., pp. 144-148.

[34] Il primo maggio 1944 il Marenco aveva ad esempio scritto al nucleo di Chiusi: "...i fascisti locali sono stati dal Prefetto ed hanno chiesto che in modo assoluto non venga fatto alcun rastrellamento e che comunque i tedeschi non siano tirati in ballo. Il prefetto ha accondisceso ed è disposto a trattare personalmente con noi e ad occuparsi dei nostri arrestati purché noi non si combini più nulla contro i fascisti.... quindi raccomando la massima calma e ordino che nessuna azione, anche la più piccola, sia intrapresa senza la mia autorizzazione." Messaggio n. 31 spedito al Nucleo Comunale di Chiusi, si trova negli allegati del lavoro di Rosalia Manno, *Le Bande Simar* cit. pp. 63-64. Vedi anche Alessandro Orlandini e Giorgio Venturini, *I giudici e la resistenza* cit., p. 161.

[35] Vittorio Cacioli detto il "Brollo", era "un fascista della prima ora", fu infatti tra i 48 che formarono il Fascio di combattimento di Chiusi il 15 febbraio 1921, fu quindi squadrista e partecipò alla "Marcia su Roma", per questo si fregiava della dizione di "sciarpa littorio". Fu anche un personaggio discusso. Da note informative del tempo risulterebbe essere stato denunciato più volte: nel gennaio 1921 quale sospetto autore di furto qualificato; nell'aprile 1924 quale sospetto autore di ferimento, e infine il 16.9.1924 fu arrestato per tentato omicidio e condannato il 27.1.1925 a 45 giorni di reclusione e 600 lire di multa. Nel 1927 richiese di essere arruolato nella Milizia Volontaria Sicurezza Nazionale, ma la domanda non fu accolta perché, come appare scritto in una relazione dell'epoca in possesso dell'autore, fu ritenuto "ozioso e vagabondo, baro nel gioco che esercita abitualmente, specie in altri paesi". Emigrato per lavoro all'estero, in Argentina, durante il regime fascista, era tornato a Chiusi prima della guerra. Quando fu ucciso venne registrato come "possidente", ma si dice che vivesse facendo "il giocatore di professione". Aveva 57 anni quando fu ucciso. L'originale dell'atto costitutivo il "Fascio di Combattimento di Chiusi" con le firme di coloro che lo costituirono è nell'archivio privato dell'autore. Testimonianza di Margherita Moretti Betti raccolta nel 1969, Testimonianza Giuseppe Masci raccolta nel 1976, e testimonianza Deo Totini raccolta nel 1976. Cfr. infine Dino Faleri e Ugo Severini, *Movimento di liberazione nell'Italia Centrale, Raggruppamento Monti Soratte e Cetona, Brigata Simar, Memorie, Documenti, Testimonianze* cit., p. 65; Tamara Gasparri, *La Resistenza in provincia di Siena* cit., p. 322.

[36] I tedeschi, fin dall'8 settembre 1943, mantennero un presidio militare a Chiusi Città nella ex-villa Bonci Casuccini, posta nella zona dei Forti dietro il teatro "Mascagni" e nell'allora Casa del Fascio, mentre il comando era a Casa Paolozzi, in Fortezza. Dal gennaio 1944 a Chiusi si trovava un

dendolo il 27 aprile 1944 a Fonte dell'Aia nel comune di Chiusi. Il Marenco pur non essendo certo se fosse stato il polacco, lo ritenne ugualmente colpevole, giudicando il fatto come "un gesto di gratuita violenza" [37]. I tedeschi ritennero l'uccisione un'azione contro di loro, e presero in considerazione eventuali rappresaglie contro i capofamiglia inseriti nella presunta "lista Cacioli". Fortunatamente intervenne il Vescovo Carlo Baldini [38], che riuscì, "con tatto ed energia", ad evitare la rappresaglia [39]. Così ricordò quei momenti il vescovo Baldini in una sua *Relazione sul passaggio della guerra per le diocesi di Chiusi e Pienza*, scritta il 1° ottobre 1944:

> "Gli ultimi giorni dell'aprile 1944 venne ucciso in Chiusi un fascista. Come rappresaglia il comando tedesco, interessato dal locale fascio repubblicano, chiese trenta nomi di uomini per trasportarli in Germania e in parte passarli per le armi. Il mio intervento ... poté chiarire come la figura dell'ucciso ... escludeva il movente politico del delitto, e dopo varie difficoltà potei ottenere il ritiro dell'ordine già dato ... fu questa l'unica occasione in cui presi contatto con le autorità tedeschi in Chiusi" [40].

Decisiva alla conclusione positiva della questione, fu anche la versione del fatto che avallarono i militi della GNR, e cioè che l'uccisione del Cacioli non aveva moventi politici, ma che era avvenuta "a scopo di furto" [41]. A spiegare perché fu avallata questa versione da parte dei militi, giova ricordare che nella lista di nomi sembra che fossero stati inseriti anche nomi di noti cittadini chiusini, aggiunti probabilmente, più per astio personale che per reale attività antifascista. Dunque a tutti interessava che la cosa finisse senza ulteriore spargimento di sangue innocente. Il concreto rischio di rappresaglie corso a Chiusi per quel fatto, dette più forza al Marenco e alle sue tesi e venne a cadere in un momento in cui il Nucleo di Chiusi, in rapporti tesi con lui circa l'inattività delle Bande dovute alle trattative con i fascisti, lo accusava di attendismo [42]. Un momento che il Klucine stava cercando di sfruttare per spingere i partigiani di Chiusi a staccarsi dalla Simar ed a costituire una formazione autonoma, ma il tentativo non riuscì e fu chiamato sul Monte Cetona per rendere conto della sua attività. Qui, intanto, nei confronti dei partigiani di Chiusi che sembravano condividere la posizioni di sfrenato attivismo del polacco, veniva messa in atto una pressione psicologica in modo che essi "volontariamente", lasciassero la formazione. Alcuni si lasciarono convincere e andarono a Ficomontano presso dei contadini che aiutavano i partigiani. Il 6 maggio il polacco risalì sul Monte Cetona ed ebbe una dura discussione con il Marenco a cui cercò inutilmente di chiarire la propria posizione. Tornò perciò a sera a Chiusi seguito da due uomini del distaccamento di Casa Bebi: Alberto Laurini e Francesco Stendardi. Contemporaneamente il nucleo di Chiusi era stato avvisato di tenere d'occhio i "dissidenti" e impedire loro ogni e qualsiasi azione. Il polacco aveva accettato di lasciare immediatamente il territorio della Simar assieme ai suoi pochi uomini. Ben presto però si sparse la notizia che il gruppo si era fermato a Sarteano. Il 9 maggio il Klucine tornò sul Monte Cetona e senza autorizzazione del Marenco raggiunse Casa Bebi, dove contattò i partigiani del distaccamento della Simar. Molti erano qui gli uomini che non condividevano i metodi ritenuti rinunciatari del comandante. Vista la piega presa dagli eventi il 10 maggio, Gabriele Brogi, vice-comandante della Simar, assieme a Dino Faleri raggiunsero Casa Bebi e intavolarono una trattativa con il gruppo dissidente. Al polacco fecero presente la gravità della situazione e la necessità di impedire uno scontro armato tra partigiani. Cercarono di convincerlo, lui ed i suoi, ad abbandonare la zona, venne loro proposto di raggiungere Gubbio. Il polacco accettò e lasciò Casa Bebi seguito da otto partigiani. Tuttavia il gruppo invece di partire per Gubbio, si fermò a Sarteano, suscitando le ire del Marenco [43]. La scarsa adesione dei giovani partigiani alla "scissione" nella Simar, dimostrò in fondo, come limitato fosse l'entusiasmo per il Klucine, anche perché, come scrive la Manno, gli veniva rivolta l'accusa di "incapacità di comprendere la concreta realtà della situazione in cui si trovava ad operare" [44]. In effetti il Klucine era uno "straniero", svincolato da tutti quei legami e responsabilità che legavano e condizionavano un "locale" alle popolazioni del posto. Inoltre al Klucine mancava una concreta prospettiva politica da opporre al rigido e grigio militarismo del Marenco. Il Gruppo

reparto del genio tedesco, comandato dapprima dal tenente Asmus e poi dal capitano Tilgner. FEDERICO PAOLOZZI cit., pp. 1113.

[37] ROSALIA MANNO, *Le Bande Simar* cit., pp. 50-51. Sul fatto che fosse stato proprio il polacco ad uccidere il Cacioli, esiste la testimonianza di Giuseppe Masci, raccolta nel 1976.

[38] Monsignor Carlo Baldini, 1901-1970. Vescovo di Chiusi e Pienza, amministratore apostolico *pro tempore* di Montepulciano e Montalcino. Ordinato sacerdote il 12 luglio 1925, venne consacrato vescovo della diocesi nell'ottobre 1941 in sostituzione di Mons. Giuseppe Conti. Giunse a Chiusi il 26 ottobre 1941 ed i giornali dell'epoca lo definirono "il vescovo più giovane d'Italia". Alla sua morte venne sepolto nella cattedrale di San Secondiano Martire a Chiusi. Cfr.: ARCHIVIO DELLA DIOCESI DI CHIUSI E PIENZA; *Lettere pastorali dei Vescovi della Toscana*, a cura di BRUNA BOCCHINI CAMAIANI e DANIELE MENOZZI, Genova, Marietti, 1990. Sulla figura del Vescovo Baldini si può inoltre vedere: CARLO BOLOGNI, *Eco della gioventù-come eravamo,* Chiusi, 1991.

[39] SERAFINO MARCHETTI, *La battaglia di Chiusi* cit., p. 51. Il fatto fu ricordato dallo stesso Vescovo Baldini in un discorso pubblico tenuto nel giugno 1964, in occasione del ventennale dalla fine della guerra. Cfr. G.BERSOTTI, *Storia di Chiusi* cit., p. 254.

[40] Saggio di IVO PETRI, *La guerra a Chiusi e Pienza*, si trova in: *Chiese Toscane, cronache di guerra, 1940-1945*, a cura GIULIO VILLANI e FABRIZIO POLI, pubblicazione edita dalla Conferenza Episcopale Toscana, S. Casciano V. di Pesa, Off. Grafiche Stianti, 1995, pp. 407-410.

[41] A.Cm.C. Chiusi, Ufficio Anagrafe, atti di morte 1944, parte II, serie C, atto n. 5. Tra l'altro il corpo fu rinvenuto solo il 4 maggio 1944.

[42] Il 7 maggio il Marenco scriveva al nucleo di Chiusi che le azioni non c'erano state perché non c'erano armi e che aveva formato le bande armate solo per "le pressioni del nucleo di Chiusi". Concludeva dicendo "... La parola d'ordine di oggi per tutti è questa: STARE FERMI." Lettera scritta dal Marenco a Lisi Lido di Chiusi. ROSALIA MANNO, *Le Bande Simar* cit. p. 51.

[43] STEFANO BISTARINI, *Perché gli altri non dimentichino,* manoscritto cit., p. 8.

[44] ROSALIA MANNO, *Le Bande Simar.* cit., pp. 50-51. Come del resto afferma anche Eraldo Morgantini: "...dare il comando ad uno straniero, ad

del Klucine visse così in autonomia per un mese tra Sarteano e Chiusi. Alcuni furti e razzie nei poderi della zona gli vennero attribuiti dal Marenco. Finché il primo di giugno il Klucine, venuto a conoscenza che i partigiani della Simar avevano catturato un possidente terriero di Sarteano ed il suo fattore, ritenuti fascisti, intervenne per farli liberare. Il Klucine motivò l'intervento affermando che il possidente terriero aveva provveduto fino ad allora a fornirgli cibo ed alloggio. Il Marenco pur essendo pronto anch'egli a liberare il possidente colse l'atto come una provocazione e ordinò la cattura dei partigiani della "banda" del Klucine. I partigiani che avevano seguito il polacco lo abbandonarono e si ripresentarono alla Simar, chiedendo di rientrare in formazione; uno solo rimase con lui. Il 6 giugno i due furono catturati da partigiani della Simar ed il tenente polacco venne fucilato. Rosalia Manno così commenta:

> "Terminava così la sua vicenda nella Simar, vicenda piena di contraddizioni ed ambiguità, contraddittori sono ancor oggi i giudizi che ne danno coloro che lo conobbero. Alcuni lo descrivono, infatti, come un violento avventuriero, altri ne ricordano invece il generoso spirito combattivo. Del resto anche la sua identità rimane avvolta nell'ombra. Da una inchiesta condotta dalla polizia polacca è risultato, che il Klucine non era di nazionalità polacca" [45].

Dopo la guerra venne intentato un procedimento penale contro il Marenco per quella fucilazione, procedimento che si concluse nel 1954 con la sua assoluzione [46].

### Il momento della riscossa

Lo scontro intestino in atto nella Simar nel maggio, non deve far comunque pensare che l'attività partigiana fosse scomparsa. Nonostante le trattative del Marenco, ad iniziativa personale di alcuni partigiani, vennero infatti compiuti alcuni colpi di mano contro fascisti e tedeschi. Non staremo a fare elenchi ma ci limiteremo a ricordare i fatti avvenuti a Chiusi o nelle sue immediate vicinanze.

Fin dal mese di aprile aveva preso contatto con il Marenco, tramite il Nucleo di Chiusi, Alfio Marchini, 'Luca' [47] che si presentò come inviato della giunta militare del CLN centrale di Roma, delegato a coordinare la lotta partigiana nella zona tra il Lago Trasimeno, Chiusi, Orvieto, fino alla Val d'Orcia. Scrisse poi il Marchini:

> "L'incarico assegnatomi era di collegare vari gruppi partigiani della zona, costituiti in raggruppamenti organici, e formare quindi delle brigate che riunite fra loro avrebbero dovuto costituire una divisione come quella già in funzione nelle Marche. Impartire direttive per uniformarle alle Divisioni Garibaldine dell'Italia settentrionale e spronare i vari gruppi all'azione immediata."

I colloqui non ebbero il risultato sperato per il Marchini, che infatti ebbe contatti con esponenti della brigata Spartaco Lavagnini e del Gruppo Mencattelli, i quali non si dissero contrari al progetto, ma l'ostacolo maggiore si rivelò proprio il Marenco. Quest'ultimo "fece comprendere che lo Stato Maggiore clandestino di Roma (di ispirazione badogliana NdR) aveva affidato a lui il comando di varie provincie: Siena, Perugia, Grosseto, Terni, Arezzo... quindi non rimaneva che convincere gli altri gruppi a riconoscere lui come comandante". Davanti a queste affermazioni al Marchini non rimase che far presente al Marenco che in quelle provincie esistevano già da tempo formazioni che non dipendevano affatto da lui e tanto meno dallo Stato Maggiore clandestino di Roma. Invitato il Marenco a farsi dare più precise istruzioni, Marchini rimandò ad ulteriori incontri la concretizzazione dei suoi progetti [48]. Nell'attesa si dedicò all'organizzazione dei gruppi partigiani posti nella zona di Città della Pieve-Castiglion del Lago, gruppi che divennero poi la Brigata Risorgimento [49]. Forte della presenza in zona del

un polacco, in una lotta armata di liberazione nazionale sarebbe stato oltre tutto un segno di scadimento morale e civile immeritato".

[45] ROSALIA MANNO, *Le Bande Simar* cit., p. 57. Ho voluto ricostruire nei particolari questi fatti, perché molti a Chiusi, pur avendone sentito parlare, non li conoscono.

[46] Vedi: ALESSANDRO ORLANDINI-GIORGIO VENTURINI, *I giudici e la Resistenza* cit., pp. 157-162. Nel corso del dibattimento processuale apparve chiaro dalle testimonianze che il contrasto Marenco Klucine era avvenuto prevalentemente sulla condotta militare da seguire e non per ragioni di furti o altro. Il partigiano Dino Faleri, ad esempio, disse che: "Le cause dell'attrito fra Marenco e il polacco risiedevano nel diverso concetto che i due avevano della guerriglia: per il primo, data la scarsità di munizioni e di uomini, ci si doveva limitare ad azioni difensive, mentre per il secondo era necessario attaccare i tedeschi ed i fascisti senza preoccuparsi troppo delle conseguenze".

[47] Alfio Marchini aveva partecipato alle azioni dei GAP (Gruppi di Azione Patriottica) romani dalla fine del 1943 fino al marzo 1944, assumendone anche il comando per un breve periodo. Dopo la guerra Alfio Marchini assunse incarichi dirigenziali nel PCI; venne tra l'altro incaricato di acquistare e adattare a sede della Direzione Nazionale del partito il palazzo di Via delle Botteghe Oscure a Roma. Successivamente, abbandonata l'attività politica, riscosse un notevole successo economico nel settore dell'edilizia insieme al fratello Alvaro. MIRIAM MAFAI, *Botteghe Oscure addio, com'eravamo comunisti*, Milano, Mondadori editore, 1996, pp. 9-10. Cfr. PAOLO SPRIANO, *Storia del Partito Comunista Italiano, la resistenza, Togliatti e il partito nuovo*, vol. Quinto, Torino, Einaudi editore, 1975, p. 185; SOLISMO SACCO, *Storia della Resistenza nella Zona sud-ovest del Trasimeno* cit., p. 134; GIORGIO BOCCA, *Storia dell'Italia partigiana*, Milano, Arnoldo Mondadori editore, 1995, p. 288; ROSARIO BENTIVEGNA, *Achtung banditen*, Milano, Mursia, 1982.

[48] Relazione riepilogativa sull'attività della "Brigata Risorgimento" a firma Marchini Alfio del 5 luglio 1944, in *La Brigata Risorgimento: antifascismo e lotta armata nel Pievese e nel Castiglionese*, a cura di SERGIO BOVINI, Quaderni della Resistenza, edizioni dell'Istituto Umbro studi e ricerche "Pietro Farini", Perugia, Giugno, 1965, pp. 20-28.

[49] Questi gruppi di Città della Pieve e Castiglion del Lago ebbero contatti con il Marenco inizialmente, tanto che diversi giovani renitenti furono inviati alla Simar sul Monte Cetona. In seguito, in parte, aderirono alla nuova formazione, senza perdere contatti con la Simar a cui probabilmente continuarono a fornire notizie sull'attività. Questo "doppiarsi" dei rapporti portò in taluni casi alla duplice rivendicazione di azioni sia nella relazione della Simar che in quella della "Risorgimento", come giustamente è stato notato da GIOVANNI VERNI nel suo *Appunti per una ricerca sulla Resistenza fra Umbria e Toscana*, in *Politica e società in Italia dal fascismo alla resistenza*, Bologna, Il Mulino, 1978, pp. 416-417. SOLISMO SACCO nel suo libro: *Storia della Resistenza nella Zona sud-ovest del Trasimeno* cit., pp. 144-146, spiega questa presunta confusione con una "grande manovra" del Centro Militare (monarchico), attuata "nel tentativo di manipolare, in questa zona la Resistenza, cambiandone i connotati." Manovra che, nel tentativo di de-

Marchini, che portava le credenziali del Comitato di Liberazione Nazionale di Roma, il Marenco fece comunque una riunione con i componenti del CLN di Chiusi per far sciogliere definitivamente il Comitato. Come ricorda Loris Scricciolo:

> "Dopo l'8 settembre noi del CLN ci eravamo affidati al comando militare partigiano, quello di Marenco, che, per disposizioni generali del CLN nazionale, doveva prevalere su noi politici perché eravamo in un regime di guerra partigiana. Noi dovevamo effettuare una funzione di supporto, di vettovagliamento, di direttiva politica generale, ma sotto l'autorità del comando militare del Marenco e di Brogi suo vicecomandante. Questo ce lo disse l'emissario del CLN nazionale, venne uno da fuori, e precisamente il Marchini Alfio, che venne e ci portò gli ordini da Roma. Ci fece un discorso che potremmo sintetizzare con le parole: accettate il Marenco perché così vuole il comando generale del CLN nazionale, ma diffidate di lui. Venne verso aprile 1944, e forse anche prima. ...L'incontro avvenne in un podere a Fonte Pinella in campagna attorno a Chiusi. C'eravamo noi del CLN di Chiusi, o meglio una parte, non tutti, e inoltre vennero il Marenco e Brogi, vicecomandante della SIMAR. Al termine della riunione, l'ordine che diede il Marenco fu che ognuno di noi assumesse un posto nei nuclei di resistenza che lui aveva costituito. Io fui assegnato al nucleo del Monte Pausillo. Nucleo che allora apparteneva alla Simar, e che dopo, con la presenza in loco del Marchini, si staccò e diventò autonomo divenendo la brigata Risorgimento. Inoltre il Marchini cercò di togliere dal comando il Marenco ma questo evidentemente non gli riuscì" [50].

Frattanto il governo della RSI fece l'ennesimo tentativo per convincere i renitenti a presentarsi. Lusinghe e minacce avevano fallito, mentre le maniere dure erano servite solo a potenziare la lotta partigiana. Fu così che fu tentata dai fascisti una nuova strada con il Decreto 145 del 18 aprile 1944, ma che divenne più famoso come "bando del perdono". Tentarono dunque la sempre valida politica del "bastone e della carota". Come scrive Giampaolo Pansa, dopo la solita minaccia di "fucilazione alla schiena" per "tutti i partecipanti alle azioni delle bande", veniva offerto il ramo d'olivo del "perdono" per chi si fosse presentato entro il 25 maggio 1944 [51]. Il bando venne pubblicizzato da numerosi manifesti ma nullo fu ugualmente il risultato, anche perché con l'estate ormai prossima appariva ovvio a tutti, tranne che ai fanatici, che le ore del "fronte di Cassino" erano contate.

Il 23 maggio come scrisse il questore di Siena alle direzione generale di Pubblica Sicurezza, venne ritrovato... "...affisso nell'albo delle pubbliche affissioni nel comune di Chiusi, un manifesto scritto a stampatello con matita copiativa, così concepito: 'Attenzione. Noi passeremo a qualunque ora; presto faremo vedere a cosa sono capaci di fare i partigiani, occhio per occhio ai caporioni' disegnandovi in calce una croce'" [52].

Fu in quei giorni che venne a costituirsi, ad iniziativa di Ilio Santoni, Gino Pagliai ed Arnaldo Betti, una prima cellula di quella che divenne poi la sezione di Chiusi del Partito Comunista Italiano. La riunione avvenne nei locali del cimitero, grazie alla collaborazione di Adelfo Patrizi, che ne era il custode [53].

Sempre in quella fine maggio 1944 veniva diramata una circolare ai Podestà che prescriveva il giuramento degli impiegati comunali alla Repubblica Sociale [54].

In previsione di rastrellamenti temuti per fine maggio, alla scadenza del bando, il comando della Simar si spostava da Fonte Vetriana. Prima verso Spineto e poi nel podere Le Nute nel comune di Sarteano. Il fatidico 26 maggio però trascorse senza che nulla avvenisse. Approfittando della collaborazione dei carabinieri rimasti nella GNR, i partigiani disarmarono le caserme di San Casciano de'Bagni, Radicofani, e, nella notte del 4 giugno, anche quella di Chiusi Scalo. Anche nelle strade intorno al Monte Cetona avvenivano la cattura ed il disarmo di piccoli nuclei di militari tedeschi in transito. Tutti i prigionieri erano portati in montagna, dove erano trattenuti. Come ricorda Eraldo Morgantini:

> "Le nostre formazioni negli scontri con le truppe tedesche in ritirata si permettevano il lusso di far prigionieri e di inviarceli di lontano per il semplice fatto che gettavano le armi e si arrendevano ... gli ordini del colonnello trasmessimi dalla macchia erano di tenerli prigionieri e di trattarli come 'prigionieri di guerra'" [55].

I prigionieri furono concentrati vicino a Fonte Vetriana. Un caso a parte fu l'occupazione del paese di Cetona e la cattura di venticinque fascisti locali portati poi prigionieri sul Monte Cetona. Tutto accadde nei giorni immediatamente successivi alla liberazione di Roma come ricorda Deo Totini:

> "Io ero partigiano nel distaccamento della Simar del Varco vicino a Cetona; il distaccamento era stato formato esclusivamente con giovani partigiani tutti di 18-20 anni, fra cui alcuni di Chiusi. Eravamo sotto il comando di un maresciallo dei carabinieri che era fuggito dalla stazione di Castiglion del Lago. Una notte dei primi di giugno

classare o eliminare, in fase di riconoscimento delle qualifiche partigiane, la "Risorgimento", favoriva il Marenco perché gli doveva consentire l'assorbimento nella SIMAR di qualche "banda umbra".

[50] Testimonianza di Loris Scricciolo raccolta nel 1988.

[51] Giampaolo Pansa, *L'esercito di Salò* cit., p. 94. Pubblicato il 25 aprile 1944 dalla "Gazzetta Ufficiale" della RSI con il titolo di "Sanzioni penali a carico di militari o di civili unitisi alle bande operanti in danno delle organizzazioni militari o civili dello stato" questo decreto era stato previsto per "i militari e i civili ribelli" che si fossero costituiti entro 30 giorni dalla pubblicazione del decreto. Cfr: Enzo Collotti, *L'amministrazione tedesca dell'Italia occupata 1943-1945* cit., p. 322.

[52] Rosalia Manno, *Le Bande Simar* cit., pp.76-77, e Tamara Gasparri, *La Resistenza in provincia di Siena* cit., p. 333.

[53] Testimonianza di Giuseppe Masci raccolta nel 1976. Nei sotterranei del cimitero si svolsero inoltre alcune riunioni del CLN di Chiusi. Testimonianza di Virginio Patrizi raccolta nel 1994.

[54] A.Cm. Sarteano, carteggio 1944, Circolare del 18 maggio 1944. Questo il testo del giuramento: "Giuro di servire lealmente la RSI nelle sue istituzioni e nelle sue leggi, e di esercitare le mie funzioni per il bene e per la grandezza della Patria. Giuro altresì che non appartengo né apparterrò ad associazioni o partiti la cui attività non si concili con i doveri derivanti dalle mie attribuzioni".

[55] Testimonianza di Eraldo Morgantini, resa nel 1982 a Ilario Rosati

disarmammo la caserma dei carabinieri di Cetona, i carabinieri erano d'accordo con noi e appena arrivati ci consegnarono tutte le armi. Il giorno dopo occupammo il paese in forze. Sfondammo l'ingresso della casa del fascio e distruggemmo tutto quello che c'era dentro. furono poi catturati tutti i fascisti più compromessi, per portarli sul Monte Cetona. Mentre eravamo in paese arrivò improvvisamente un camion di fascisti con un partigiano prigioniero a bordo. L'avevano catturato e lo portavano, insanguinato e legato su di una sedia, in giro per i paesi per farlo vedere come monito alla popolazione. Noi partigiani lasciammo subito il paese e tornammo al Varco con i fascisti catturati" [56]. I prigionieri furono poi rilasciati dopo una trattativa con un ufficiale tedesco di un reparto di guastatori che si trovava allora in zona [57].

Nei primi giorni di giugno, il nucleo partigiano di Chiusi, rinforzato da sei partigiani della banda di Giuseppe Bianchi di Chianciano provvedeva a disarmare parecchi militi fascisti in movimento lungo la statale. Erano per lo più militi dei battaglioni Barbarigo, S. Marco e Nembo in ripiegamento da Roma [58]. I disarmi erano motivati dalla necessità di reperire armi, anche se si attendeva da un momento all'altro l'aviolancio di armi spesso promesso dal "comando di Roma" al Marenco. La sera del 12 giugno Radio Londra trasmise i messaggi convenuti di preavviso: "la semplicità è tutto" e "le pere cadono". La notte del 13 giugno nei prati vicino a Fonte Vetriana i partigiani accesero i fuochi e un aereo alleato lanciò 38 pacchi. Nonostante che il forte vento avesse sparso i contenitori su una vasta area i partigiani riuscirono a recuperarli tutti e grazie a carri trainati da buoi provvidero a portarli al sicuro nel podere di Palazzo La Nuta. Qui, nel timore che la notizia dell'aviolancio avesse potuto raggiungere i tedeschi e provocare rastrellamenti, il Marenco aveva ordinato di spostare il grosso della formazione. I contenitori contenevano esplosivo, vestiario, viveri, ma poche armi. Queste armi, chiamate dai partigiani "parabellum" [59], erano in numero non superiore a 15 [60]. Sul numero delle armi paracadutate abbiamo comunque solo le dichiarazioni del Marenco perché non fu possibile stilare un elenco del materiale, infatti il 15 giugno si sviluppò un attacco tedesco al comando della formazione alle Nute da parte dei paracadutisti tedeschi della 4ª divisione del colonnello Trettner. I partigiani dovettero sganciarsi e abbandonare il podere in mano ai tedeschi che, incendiandolo, fecero saltare tutti i contenitori con il materiale. L'attacco tedesco alle Nute, riuscì a sconvolgere completamente i progetti operativi del colonnello Marenco che aveva ideato delle azioni contro i tedeschi in ripiegamento, ma con la consueta prudenza. Scriveva infatti il 9 e il 10 giugno: "Tenete presente che gli alleati, a quanto mi pare è previsto, vanno molto piano e sono molto indietro, quindi nessuna azione che disturbi il paese. Colpi di mano sicuri contro gli sbandati isolati e non altro, agiremo quando gli inglesi saranno vicini a noi" [61].

Tutti i piani furono però sconvolti da quell'attacco! Marenco riuscì a salvarsi, ma si ritrovò isolato senza poter contattare i nuclei comunali che dovettero operare così in totale autonomia, ma di questo avremo modo di riparlarne. L'attacco fu sicuramente motivato dal fatto che l'attività di disturbo dei partigiani della Simar lungo le rotabili attorno al Monte Cetona, si era resa molto fastidiosa per il comando tedesco. Infatti il 13 giugno la zona del Monte Cetona era stata segnalata al comando tedesco come "Bandengebiet" cioè "territorio controllato dalle bande" [62], come appare anche da una mappa compilata dai servizi di informazione tedeschi per il comando della Quattordicesima Armata germanica [63].

In caso di cattura la sorte per i partigiani era certa, come accadde al comandante del distaccamento della Simar di Radicofani, il brigadiere dei carabinieri Vittorio Tassi di 41 anni, fucilato il 17 giugno 1944 assieme al partigiano Renato Magi di 19 anni. Il Tassi era stato catturato da un reparto della 4ª divisione paracadutisti assieme a sei elementi della sua banda; nell'intento di salvarli il Tassi si presentò al comandante te-

[56] Testimonianza di Deo Totini raccolta nel 1976 e testimonianza di Anna Battilana Fanelli raccolta nel 1975. Il partigiano ferito, portato legato sul camion, era Sirio Testa. Questi, componente della Simar, era stato catturato il 4 giugno 1944 dopo uno scontro a fuoco nei pressi di San Casciano dei Bagni, dai militi del battaglione "M", formato da allievi ufficiali GNR, in ripiegamento da Orvieto verso il nord. Il Testa, ferito alle gambe, era stato portato a S. Casciano per essere fucilato nella piazza, ma fu salvato dall'imprevista reazione delle donne di S.Casciano che incominciarono ad inveire contro i fascisti. I militi caricarono così il prigioniero sul camion e lo portarono con loro a Cetona. Quì si fermarono per riposarsi e approfittando di un momento di disattenzione il medico condotto, dottor Della Corte, anch'essi componente della Simar, riusciva a portarlo via e a farlo ricoverare all'ospedale Umberto I di Chiusi. I dottori dell'ospedale "coprirono" il partigiano, facendolo risultare ferito "a causa di un mitragliamento aereo mentre era al lavoro per i tedeschi". Fu così che il partigiano Sirio Testa ebbe salva la vita. SOLISMO SACCO, *Storia della Resistenza nella Zona sud-ovest del Trasimeno* cit., pp. 154-156; MARIO VILLANI, *Antifascismo e Resistenza (appunti di storia pievese)*, Città della Pieve, Tip. Dante, 1965, pp. 51-53.

[57] ROSALIA MANNO, *Le Bande Simar* cit., p. 58.

[58] *Relazione partigiana del Nucleo comunale di Chiusi* cit.

[59] Non erano i famosi mitra russi, bensì si trattava di pistole mitragliatrici Sten di costruzione inglese. Nata nel 1940 la sua semplicità di uso e di manutenzione ne aveva fatto l'arma preferita dai "commandos" alleati, poi, quando si rese necessario armare i gruppi resistenziali nell'Europa occupata, gli alleati l'avevano più volte aviolanciata ai partigiani. Caratteristiche: calibro 9 mm. Parabellum (da cui avevano preso il nome i partigiani fraintendendo); lunghezza 762 mm.; peso 3,7 Kg.; caricatore ad astuccio da 32 colpi. A. J. BARKER, *Armi delle fanterie inglese e americana nella seconda guerra mondiale*, Parma, Ermanno Albertelli editore, 1972, pp. 35-36.

[60] Anche testimonianza Eraldo Morgantini che ricorda come i mitra avessero pochissime munizioni in dotazione. "fu presto chiaro che gli alleati non si fidavano di noi" è lo sconsolato commento. Sull'aviolancio anche: ROSALIA MANNO, *Le Bande Simar* cit., p. 60.

[61] ROSALIA MANNO, *Le Bande Simar* cit., p. 59.

[62] I tedeschi collocarono lungo le strade anche cartelli con le scritte che invitavano a fare attenzione ai "banditi". Testimonianza di Bruno Fiorini raccolta nel 1976.

[63] N.A.W., T.312, Roll. 487, Doc. nn. 8079624-9625 sulla "situazione nel periodo 9-21/giugno/1944", vedi anche l'articolo di TAMARA GASPARRI, *Un documento della Wehrmacht sulla resistenza in Toscana dal Bundesarchiv-Militärarchiv di Friburgo,* in "Ricerche Storiche-Rivista semestrale del Centro Piombinese di Studi Storici", A. IV, n. 1 (gennaio-giugno), Firenze, Olschki edit., 1974, pp. 65-73.

desco assumendosi la responsabilità di essere un comandante partigiano ed escludendo che gli altri sei prigionieri fossero partigiani. Riuscì solo in parte nel suo nobile scopo in quanto il giovane Magi, trovato in possesso di due bombe a mano, fu condannato anch'esso alla fucilazione mentre gli altri vennero lasciati in libertà. Furono fucilati nei pressi della cantoniera detta Vittoria lungo la via Cassia, vicino a Radicofani. Un cappellano militare tedesco, presente alla fucilazione, raccolse le confessioni religiose dei dei due e consegnò le loro toccanti lettere di addio per le famiglie al Vescovo della diocesi di Chiusi e Pienza, Monsignor Baldini [64]. Al Tassi venne poi decretata la medaglia d'oro al valor militare mentre al Magi quella di bronzo [65].

Quando il fronte si avvicinò, il 13 giugno, otto partigiani, divisi in due pattuglie, furono inviati verso il fronte con l'incarico di attraversare le linee tedesche e prendere contatto con le avanguardie alleate. Un solo gruppo [66] riuscì nel suo compito e prese contatto con le truppe francesi vicino ad Acquapendente. L'incarico affidato era quello di comunicare alle truppe alleate avanzanti che il Monte Cetona era tenuto dai partigiani e quali strade seguire. Grazie a questi contatti che indicarono i percorsi più sicuri, l'avanzata francese da San Casciano dei Bagni verso Fonte Vetriana fu rapida. Dal 15 al 18 giugno 1944, attraverso strade secondarie note solo alla gente del posto e ai partigiani, i francesi raggiunsero i contrafforti di casa Bebi, Fonte Vetriana e Camporsevoli, per poi proseguire su Radicofani e La Foce da una parte e Cetona-Sarteano dall'altra [67]. Con l'arrivo delle truppe alleate tutti partigiani vennero man mano disarmati dagli stessi militari alleati e "*ciascuno ritornò alle proprie abituali occupazioni*" [68].

Così terminò nella zona del Monte Cetona la lotta partigiana. Non è compito mio dare una valutazione di quei fatti che ho cercato di ricostruire sommariamente nell'ottica locale, per questo rimando a lavori più approfonditi come il più volte citato lavoro della Manno e quello curato da Dino Faleri e Ugo Severini [69]

[64] Queste furono poi pubblicate nella raccolta: *Lettere di condannati a morte della Resistenza Italiana, (8 settembre 1943-25 aprile 1945)*, Torino, Einaudi editore, 1952, pp. 124 e 218.

[65] Su quei tragici eventi vedi: Generale FILIPPO CARUSO, *Carabinieri d'Italia, esempi-martirio-gloria*, Roma, Istituto Poligrafico dello Stato, 1948, pp. 11-12. Per la motivazione della medaglia del Tassi vedi "La Gazzetta Ufficiale della Repubblica Italiana", n. 71 del 28.3.1949 e per quella del Magi "La Gazzetta Ufficiale", n. 83 del 10.4.1953.

[66] Tra questi erano i partigiani di Chiusi Bruno Fiorini e Elvio Barni. Testimonianza Bruno Fiorini raccolta nel 1976.

[67] ROSALIA MANNO, *Le Bande Simar* cit., p. 60.

[68] ROSALIA MANNO, *Le Bande Simar* cit., p. 61. L'attività militare della formazione costò il sacrificio di 18 partigiani caduti nel corso di azioni, di 9 fucilati e 3 dispersi. Sui nomi dei caduti ed altro relativo alla formazione Simar vedi anche: EZIO DE MICHELIS, *Comando raggruppamenti bande partigiane. Italia Centrale, attività delle bande, settembre 1943-luglio 1944*, Roma, 1945, pp. 107-108

[69] DINO FALERI-UGO SEVERINI, *Movimento di Liberazione nell'Italia Centrale, Raggruppamento Monti Soratte e Cetona, Brigata Simar, Memorie, Documenti, Testimonianze*, Edizione ANPI di Sarteano, Città della Pieve, 1995.

# IV. IL FRONTE SI AVVICINA

*"I due eserciti erano come torrenti impetuosi*
*che, precipitando dai monti, faccian ribollire*
*le loro acque rabbiose nel punto di confluenza,*
*nella profondità di una spaccatura rocciosa.*
*Come il fragore delle acque rimbomba lontano e*
*giunge cupo alle orecchie...*
*Così dallo scontrarsi dei due opposti eserciti*
*nasceva uno strepito terrificante.*
Omero, *Iliade*, libro IV. 440-456

L'11 maggio 1944 gli alleati iniziarono l'offensiva decisiva sulla linea Gustav, in codice operazione diadem, da ovest di Montecassino fino al mare. Lo sfondamento si realizzò tra il 15 e il 18 maggio. Il sesto corpo U.S.A. della Quinta Armata ruppe l'assedio di Anzio, mentre il Secondo corpo Polacco del Generale Boleslaw Bronislaw Anders prese quello che rimaneva della celebre Abbazia di Montecassino. I tedeschi dopo una breve resistenza sulla linea Hitler (o catenaccio Senger), furono costretti ad abbandonare Roma il 4 giugno 1944.

### I piani tedeschi

Con la caduta di Roma, ai tedeschi apparve chiaro che dovevano ritardare il più possibile l'avanzata alleata per consentire il completamento di quella che, chiamarono inizialmente **Goten Stellung** – sbarramento dei Goti o Linea **Gotica** – e che poi ribattezzarono **Grunen Linie** cioè Linea "Verde" [1], e che era l'estrema linea difensiva tedesca nel nord-Italia. Il Feldmaresciallo Albert Kesselring [2], al comando delle forze armate tedesche in Italia, era intenzionato a ripiegare lentamente, ma decisamente, verso la Linea Gotica dietro cui arroccarsi senza impegnare combattimenti importanti sulle linee intermedie. Le sue due armate erano state duramente battute; la 14ª sulla costa tirrenica era la più provata. Aveva subito la totale distruzione di quattro divisioni di fanteria e perdite altissime nelle altre quattro. La 10ª, che arretrava lentamente sulla sinistra del Tevere, dopo aver evitato con difficoltà l'accerchiamento, aveva invece mantenuto una maggiore coesione, ma anch'essa con gravi perdite. In attesa dei rinforzi che lentamente arrivavano non c'era alternativa che ripiegare. Ma, l'11 giugno 1944, lo stesso Hitler da Berlino ordinò a Kesselring che, prima di raggiungere la Linea Gotica, avrebbe dovuto difendere le linee di difesa intermedie, fissate solo sulla carta, in Toscana e in Umbria. Kesselring invano protestò, temendo che le sue truppe venissero sacrificate inutilmente nella difesa di posizioni naturalmente forti, ma non preparate a linee difensive. Fu tutto inutile. Il 14 giugno dovette così organizzare la resistenza ad oltranza su di una linea intermedia posta nel centro Italia. Questa, inizialmente denominata IDA, divenne poi la linea **Albert-Frieda (Albert Frieda Linie)**, e infine **Linea Albert (Albert Linie)**, in onore del nome di battesimo di Kesselring. La Linea ALBERT, posta trasversalmente alla penisola, si snodava dal Tirreno all'Adriatico lungo un tracciato che partendo da Follonica passava per Chiusi, il Lago Trasimeno e Perugia, giungendo fino a Pescara. Era una linea confusamente definita a ovest, nel Grossetano, e là era infatti il suo punto debole, ma appariva forte al centro dove dalla "spina dorsale degli Appennini a nord-est di Perugia essa prendeva profitto dal Lago Trasimeno e dalla città collinare di Chiusi, e correva verso ovest lungo il fiume Astrone" [3]. Al riguardo è curioso notare invece come, nei testi di fonte angloamericana o francese, questa linea venga sempre ricordata come linea FRIEDA o del TRASIMENO. L'alto comando Germanico in Italia, fino dal novembre 1943, aveva fatto valutare le possibilità di resistenza in questa area dell'Italia centrale. Il compito della ricognizione sul terreno fu affidato ad un ufficiale tedesco, il maggiore Heinrich Sauer, che stilò una relazione molto ampia, relazione che presentava alcune interessanti valutazioni sulle possibilità offerte dalla zona di Chiusi. La relazione di "pro-

[1] Sui problemi connessi alla battaglia per la Linea Gotica vedi: AMEDEO MONTEMAGGI, *L'offensiva della Linea Gotica: autunno 1944*, Bologna, Guidicini e Rosa Editori, 1980

[2] Kesselring Albert, 1885-1960, Feldmaresciallo tedesco, fu il comandante delle forze armate aeree nell'area del mediterraneo dal 1942 fino al 1943. Dalla fine di questo anno fu posto a capo di tutte le forze germaniche, sia di terra che d'aria in Italia, denominate "Heeresgruppe C" cioè Gruppo di armate C. Suoi capolavori furono la resistenza sulla Linea Gustav con Cassino come perno e l'arresto della testa di ponte di Anzio dopo lo sbarco alleato. Dopo la perdita di Roma riuscì a bloccare sulla Linea Gotica tutti gli attacchi alleati fino alla primavera del 1945. Cessata la guerra, nel 1947 fu processato come criminale di guerra in considerazione della responsabilità di aver ordinato rappresaglie ed eccidi come quello delle Fosse Ardeatine a Roma. Kesselring si difese sempre adducendo motivi di carattere militare o di aver ricevuto gli ordini direttamente da Hitler. Condannato a morte, venne liberato per le precarie condizioni di salute e morì in Germania nel 1960. Il chi è della 2ª Guerra Mondiale, a cura di B.P. BOSCHESI cit., vol. 1, pag.250. Vedi anche ALBERT KESSELRING, *Memorie di guerra*, Milano, Garzanti, 1954

[3] ERIC LINKLATER, *The Campaign in Italy, London*, Her Majesty's stationery office, Unwin brothers ltd., 1977. Questa fu la seconda ristampa del libro del 1951, p. 304. Al riguardo vedi anche il libro di H.P. WILLMOTT, *Giugno 1944*, Poole-Dorset, Blandford Press, 1984, edito in Italia da Luigi Reverdito editore, Trento, 1985, p. 67.

getto difensivo" prevedeva di individuare solo delle zone che, "nel caso di un avanzamento nemico", potevano essere "tenute con successo". Scriveva l'ufficiale tedesco che, nel caso di un'avanzata lungo la valle del Tevere, la resistenza, avrebbe dovuto prevedersi nella zona di Monteleone d'Orvieto (provincia di Terni), e, nel caso di caduta di questa zona la..."postazione presso Chiusi, a causa della sopraelevazione del territorio a Sud, non potrà essere tenuta a lungo... Il dare la preferenza a questa posizione richiederebbe un impiego di forze troppo grosso e non creerebbe nessuna condizione sostanzialmente migliore. Le postazioni presso Chiusi devono essere condotte sul retro del pendio, altrimenti l'intera posizione può essere osservata da –? – (illeggibile nel testo originale ma probabilmente San Litardo, ndr). ...Una volta abbandonata la posizione – prosegue il maggiore Sauer – non è possibile uno sganciamento breve e neppure una ritirata lenta, oppure ciò comporterebbe molte perdite, giacché, il terreno inclusi i paesi e le strade, a motivo della sua sopraelevazione, consente una vasta visuale verso nord e nord-est. La postazione deve essere perciò ritirata fino alla zona a sud di Arezzo. ... Chiusi e Monteleone devono essere assolutamente tenute fin quando non sia occupata la nuova postazione più indietro, giacché altrimenti l'intero territorio dei laghi e le valli che conducono a nord possono essere osservate dalle zone a nord di Chiusi e Monteleone, quindi può essere considerevolmente disturbato uno sganciamento ordinato, ovvero il rifornimento delle truppe che ancora combattono nel terreno mediano... Monte Amiata e Monte Cetona sono le alture dominanti dell'intero tratto e offrono le possibilità di osservazione migliori" [4].

Dunque il maggiore Sauer descrisse Chiusi come una forte posizione, ma difficilmente difendibile sul lungo periodo se andavano perse le alture poste aldisopra della città, come Città della Pieve e Sarteano. Inoltre se avessero abbandonato Chiusi senza una lotta prolungata per quanto difficile, le truppe tedesche avrebbero dovuto ripiegare fino alla zona a sud di Arezzo, cioè Cortona e Foiano della Chiana, prima di ritrovare una zona altrettanto difendibile. Questo è il punto chiarificatore del perché avvenne "la battaglia di Chiusi": per i tedeschi cedere Chiusi senza combattere voleva dire regalare tanti chilometri di territorio e molti giorni preziosi al nemico, ed era questo, nel giugno del 1944, come abbiamo veduto, un lusso che non si poterono permettere.

Nello stilare i piani operativi della Linea Albert gli ufficiali tedeschi dello Stato Maggiore di Kesselring comunque non inclusero direttamente la città di Chiusi nella nuova linea difensiva. Venne considerata solo "un avamposto", cioè un caposaldo da tenere con scarse forze e solo come azione ritardatrice. Il decorso della "linea principale di combattimento", come era definita in terminologia militare, fu previsto essere due chilometri più a nord, e più precisamente lungo il tratto che partendo dal torrente Astrone e appoggiandosi alle alture di Poggio Montollo e Il Monte raggiungeva la punta ovest del Lago di Chiusi. Insomma nei piani originali tedeschi a Chiusi si sarebbe dovuto combattere solo brevemente per poi ripiegare sulla linea principale di combattimento [5].

## L'avanzata alleata

Ripresa l'avanzata il 5 giugno, le operazioni delle truppe alleate persero di mordente e di decisione, divennero frammentarie e non giunsero mai ad una soluzione decisiva. Gli scontri si trasformarono così, ogni volta, in una serie di azioni isolate tra singoli reparti tedeschi ed alleati, nelle quali la tattica di "difesa elastica" [6] attuata dai primi, permise di tenere varie posizioni fin quando i reparti attaccanti non davano segno di prepararsi a scatenare un massiccio assalto per poi eluderlo con un tempestivo ripiegamento verso una nuova linea di resistenza.

Lo schieramento delle due parti era grosso modo il seguente: la 14ª armata tedesca fronteggiava la 5ª armata USA con il XIV° Panzerkorps (Corpo corazzato) davanti al Secondo Corpo americano e il I° FallschirmjaegerKorps (Primo corpo paracadutisti) contro i francesi del C.E.F. (Corps Expéditionnaire Français en Italie) Corpo di Spedizione francese in Italia; la 10ª armata germanica si opponeva invece all'8ª armata britannica con il LXXVI° PanzerKorps germanico che fronteggiava il XIII° e il X° Corpo britannici, e infine, sulla costa Adriatica, il LI° Corpo da montagna tedesco resisteva contro il II Corpo polacco rinforzato dal Corpo Italiano di Liberazione [7]. Due corpi d'armata alleati puntavano direttamente verso le nostre zone. Il primo era il XIII Corpo d'armata britannico del generale Kirkman [8] che avanzava lungo la strada statale 71; aveva la 78ª divisione di fanteria britannica sulla destra e la 6ª divisione corazzata sudafricana sulla sinistra che avevano raggiunto e liberato Orvieto il 14 giugno.

[4] Relazione del maggiore Heinrich Sauer dello Stato Maggiore generale al LI corpo d'armata da Montagna, Rep.Quartiermastro, dell'11.11.1943, allegato al Primo Diario di guerra della 14ª armata, AOK 14, Anlagenband z. KTB 1, nov.18,1943-jan.10,1944. N.A.W., T-312, Roll 480, documenti n. 8070607-8070616

[5] N.A.W., Roll 95, allegati al Diario di guerra n. 7 della Decima armata germanica, AOK 10. Documenti 7621041-7621042 e 7621066. Telescritti del comando di armata al LXXVI. Panzerkorps del 18.6.1944.

[6] "Difesa elastica"; tattica consistente nell'impostare una linea di difesa su di una serie di caposaldi dislocati in posizioni strategiche: nodi stradali, passaggi obbligati etc., appoggiati da violenti concentramenti di fuoco d'artiglieria e mortai.

[7] AAVV, *Storia della Seconda Guerra Mondiale*, articolo di RUDOLF BÖHMLER, *Da Roma alla Linea Gotica*, ed. Rizzoli-Purnell, Milano, 1966-1967, vol. 5, pp. 426-427.

[8] Kirkman Sidney C., 1899-1982, generale britannico. Combattè con l'VIIIa armata britannica in nord-Africa, di cui fu comandante dell'artiglieria a El Alamein nell'ottobre-novembre 1942. Promosso, venne nominato comandante della 50ª divisione di fanteria e prese parte alle campagne di Tunisia e Sicilia. Successivamente venne posto al comando del XIII Corpo d'Armata in Italia con cui partecipò alle battaglie di Cassino e della Linea Gotica. Quasi alla fine della guerra si ammalò e fu rimpatriato per invalidità.

L'altro era il Corpo di spedizione francese al comando del generale Juin [9], che avanzava lungo la via Cassia con la Prima D.M.I (Divisione di fanteria Motorizzata francese), la 2ª divisione marocchina e la 3ª divisione algero-tunisina. I tedeschi con "piccoli contingenti di fanteria che agivano da retroguardie con mezzi di trasporto di fortuna e l'appoggio di piccoli gruppi di carri armati, riuscivano a rallentare notevolmente l'avanzata degli alleati" [10].

### La situazione a Chiusi

A partire da quei primi giorni del mese di giugno, Chiusi e la sua comunità si trovarono coinvolti in quello che potremmo tranquillamente definire il prologo della tragedia. Il fronte di guerra si avvicinava rapidamente e i bombardamenti aerei alleati che si ripetevano ormai giornalmente raggiunsero il culmine quando colpirono un treno in sosta lungo la ferrovia Chiusi-Città della Pieve. Quest'ultimo, carico di munizioni, esplose in modo terrificante [11]. Esplosione che, come ricorda Don Marchetti: "fu seguita da altre minori per molte ore, mentre l'incendio dei vagoni continuò fino al giorno seguente" [12].

I fascisti di Chiusi continuavano a tenere rapporti di buon vicinato con i loro alleati tedeschi: il 5 giugno 1944, il Fascio di Chiusi del Partito Fascista Repubblicano offriva trenta litri di vino al Comando di presidio germanico, "per un costo di lire 350" [13].

La situazione dell'ordine pubblico rischiava di degenerare, le autorità fasciste decisero pertanto di aumentare il periodo di coprifuoco. In quei primi giorni di giugno venne affisso ai muri di Chiusi un manifesto del Podestà Galeotti che anticipava il coprifuoco alle ore 21,30 e la chiusura degli esercizi pubblici alle ore 21 [14]. Ma le strutture della "repubblichetta" di Salò erano comunque ormai allo sfascio, tanto che il 7 giugno 1944 il Podestà Galeotti [15] rassegnava le sue dimissioni al Prefetto Chiurco. Motivo: "ragioni di salute", e, aggiunse il Galeotti nella sua lettera, "reputo inutile allegare il certificato medico del quale sono in possesso ...prego provvedere per la mia sostituzione con cortese sollecitudine" [16]. Gli ultimi atti del dimissionario Podestà Galeotti, in data 9 giugno, furono quelli di approvare i bilanci consuntivi comunali degli anni precedenti e di sistemare tutte quelle pratiche rimaste pendenti. Tra l'altro fu deliberato il pagamento di tutte le note di spesa concernenti esecuzioni di lavori, forniture di oggetti e prestazioni d'opera effettuate dai privati al Comune di Chiusi [17].

[9] Juin Alphonse, 1888-1967, generale francese. Dopo la resa della Francia nel giugno 1940 decise di continuare a combattere nel movimento "Francia libera". Nel novembre 1943 fu posto al comando del CEF e nel maggio 1944 fu tra i protagonisti dello sfondamento della linea Gustav. Gli uomini al suo comando liberarono poi Siena, e maggiore soddisfazione di Juin fu quella di aver fatto liberare la città senza infliggerle danni. B.P. BOSCHESI, *Il chi è della seconda guerra mondiale* cit., vol. 1, p. 290; Marechal JUIN, *Mémoires*, Paris, Lib.Arthème, Fayard, 1959.

[10] Sulle operazioni militari in quei giorni: GEORGES BOULLE, *Le Corps Expeditionaire Francais en Italie (1943-1944)*, Paris, Imprimerie Nationale, 1973, Ministère des Armees -Etat-Major de l'Armèe de terre, Service Historique, pp. 184-186; ERNEST F.FISHER JR., *From Cassino to the Alps*, Center of military History, Us Army, Washington DC, 1977, ristampa del 1979, pp. 236-270; W.G.F. JACKSON, *La battaglia d'Italia*, Milano, Baldini e Castoldi, 1970, pp. 275-329; G.A. SHEPPERD, *La Campagna d'Italia*, Milano, Garzanti, 1970, pp. 345-362; NEIL ORPEN, *Victory in Italy*, South African Forces in World War Two, vol. 5, Cape Town, Purnell and Sons, 1975.

[11] Il convoglio che era formato da otto vagoni più la locomotiva, venne parzialmente distrutto dallo scoppio; si aprì una voragine larga almeno tre-quattrocento metri tra il Km.159 e il 160 della Roma-Chiusi a due chilometri da Ponticelli. Subito dopo la liberazione, a fine giugno, i soldati alleati, preoccupati di riattivare rapidamente la linea ferroviaria, provvidero a riempire le buche, vi buttarono pezzi dei carri, i cadaveri dei militari tedeschi morti nel bombardamento e munizioni varie, coprendo tutto con la terra. Scomparvero così i relitti, bombe inesplose comprese. Il tratto non venne mai bonificato. Per decine di anni migliaia di treni sono passati sopra quell'arsenale interrato e solo nel 1974 si venne a creare la necessità della bonifica di quel tratto perché lì accanto si trovava il terrapieno della linea direttissima Firenze-Roma. Nel 1974 vennero fatti dei sondaggi e venne ripulito un tratto campione di 15 metri, in cui vennero rinvenute 887 bombe da mortaio e 13 detonatori. Gli ordigni risultarono interrati ad una profondità di 70-80 centimetri e perfettamente funzionanti. Lavori di bonifica iniziarono nel 1975, furono sospesi, poi ripresi finché furono portati a termine nel 1984. Vennero così alla luce migliaia di ordigni, dalle bombe a mano a quelle d'aereo di molti quintali, pezzi di carri ferroviari e ossa umane. Quaranta anni sono occorsi per risolvere una situazione che solo il caso non aveva trasformato in catastrofe. Cfr."Il Settimanale", rivista, n. 37, 10.9.1975; "La Nazione", 2.9.1975; e 8.3.1984 in Cronaca di Siena e 6.1.1985; "La Ragione", periodico socialista di politica e informazione, Chiusi, genn.-febbr 1976, p. 2.

[12] SERAFINO MARCHETTI, *La battaglia di Chiusi* cit., p. 5.

[13] A.Cm.C.Chiusi, fascicolo 599, atti vari del CLN di Chiusi, anni 1944-1946

[14] Testimonianza di Moretti Margherita Betti raccolta nel 1969. Precedentemente il coprifuoco iniziava alle 23,30. Cfr. inoltre AA.VV, *1943-1944, Buonconvento ricorda...* cit., p. 48.

[15] Piero Galeotti, 1889-1975. Pittore, insegnante, esperto d'arte e d'archeologia. Nominato Podestà fascista di Chiusi nel 1932 successe all'Ing.Flaminio Betti, che del resto aveva già sostituito come commissario prefettizio fin dal 1930; nell'aprile 1943 era stato confermato per la terza volta nell'incarico. Riuscì a trasformare in parco pubblico i giardini detti "i Forti" e fece portare a termine i lavori per l'edificazione del teatro comunale "Pietro Mascagni" nel 1938. Fu sempre grazie a lui se l'edificio della "Casa Littoria", edificato vicino al teatro, dopo essere stato costruito a spese del Comune, venne donato al Partito Nazionale Fascista con la clausola che sarebbe tornato al Municipio se il fascismo "fosse cessato o trasformato". Consentì così, dopo il 25 luglio 1943 e la fine del regime, al Comune di Chiusi, di ritornarne ad essere proprietario. In tutta l'attività urbanistica nel Comune pose particolare attenzione e cura a che fossero rispettati gli aspetti archeologici e storici del centro storico. Dopo la guerra tornò all'insegnamento e fu nominato nel 1945 direttore della "Regia Scuola Secondaria di Avviamento Professionale" di Chiusi. Cfr. PIERO GALEOTTI, *Chiusi, realtà e leggende*, Terni, 1978; "La Ragione", periodico, A. IX, n. 5, 1975 e A. X, n. 3-4-5 del marzo 1980; *Almanacco Senese*, Siena, La Diana, 1947, p. 66; il saggio di FRANCA ORLANDI, *I Podestà di Siena e provincia (1926-1943)* in *Fascismo e antifascismo nel Senese* cit., p. 84; infine la testimonianza di Piero Galeotti raccolta nel 1973.

[16] A.Cm.C.Chiusi, Fasc. 598, riservate di carattere amministrativo anni 1924-1944. Il Delegato Podestarile si era dimesso, anche lui per "le precarie condizioni di salute", già dal 27 aprile 1944. A.Cm.C Chiusi, Fasc. 600, Cat. I-V.

[17] A.Cm.C. Chiusi, Registri delle Delibere, Registro n. 544, Delibere nn. 39-42 del 9.6.1944. Con queste delibere cessava ufficialmente l'amministrazione fascista di Chiusi. Da notare che il registro delle delibere rimase con le ultime pagine in bianco. L'amministrazione democratica che subentrò con il luglio 1944 scelse di utilizzare un altro registro, per evi-

Il reparto di genieri tedeschi del capitano TILGNER, presente a Chiusi città ormai da diversi mesi, se ne andò, non rimpianto, proprio in quel 9 giugno [18].

Questi eventi, associati all'ascolto di radio Londra "anche se proibito", avevano reso coscienti tutti a Chiusi che gli alleati avanzavano e che la liberazione appariva ormai prossima. Così gli esponenti delle neonate correnti politiche cittadine, tra cui il Romanini in prima persona, si impegnarono per ricostituire il CLN, e "in tre riunioni del 2, 7 e 10 giugno, posero le basi per la nascita del Comitato Nazionale di Liberazione comunale" [19].

A partire dal 9 giugno, la popolazione di Chiusi cominciò con timore a sentire il rumore delle cannonate che, portato dal vento, veniva dal sud. Ma ancora con più terrore cominciò a vedere l'opera di distruzione dei reparti di guastatori germanici. Per prima alla stazione ferroviaria dove fecero "saltare con mine la cabina elettrica della società Valdarno, la sottostazione e il macchinario di trasformazione della società Terni, i posti di blocco, i vicini ponti e viadotti e quant'altro era rimasto meno danneggiato dalle incursioni aeree" [20].

Fulco Biagini che lavorava come elettricista negli impianti della Società Terni ricorda quanto accadde:

"Rientrato a Chiusi dopo l'8 settembre 1943, visto che ero tecnico specializzato avevo ripreso il mio vecchio lavoro alla sottostazione elettrica della soc. Terni, allora proprietaria dei macchinari di trasformazione elettrica di Chiusi Scalo situati anche allora dove sono adesso, sulla strada che porta al Po Bandino. I tedeschi ci controllavano direttamente anche perché sembrava che ci fossero stati sabotaggi alla stazione per cui avevano un distaccamento al piano superiore della centrale. Quando iniziò la ritirata tedesca cominciò a notarsi un certo fermento fra la popolazione. Radio Londra che ascoltavamo in quei giorni con più attenzione, cominciò a dire che il momento era arrivato, anche la Toscana stava per essere liberata. Un certo fermento ci fu anche tra i tedeschi, i quali infatti si fecero consegnare dall'ing.Riccioni, capogabina della Terni, tutti i progetti e prospetti della sottostazione, ed in particolare della cabina. Noi operai ci impaurimmo e avremmo voluto non andare più al lavoro perché il fronte si avvicinava, ma i tedeschi ci imposero di continuare a lavorare anche se la sottostazione non funzionava più: sarebbero venuti a prenderci a casa altrimenti. Due o tre giorni prima la posa delle mine essi cominciarono a smontare tutto lo smontabile ed a sfasciare tutti gli strumenti con le mazze; noi operai eravamo sempre più impauriti, ma imposero che si continuasse a fare i turni. Verso l'11 giugno, circa una settimana prima che iniziasse la battaglia di Chiusi, i tedeschi portarono con un camion quattro o cinque bombe d'aereo. Almeno quattro vennero piazzate ai quattro lati dell'incastellatura esterna della cabina, dove erano le linee in arrivo e in partenza e gli interruttori a grande volume. Una notte eravamo di turno di notte io e Totini Renato, notammo una certa animazione fra i tedeschi, c'era un continuo andare e venire, non sapevamo cosa fosse ma temevamo qualcosa di grave. Quando fu verso mezzanotte, ci chiamò un ufficiale, e appena arrivammo fummo rinchiusi senza tanti complimenti dentro al rifugio antiaereo. La paura ci pervase, tutto quel movimento, le bombe, la ritirata tedesca in corso con le chiare conseguenze non ci facevano certo stare tranquilli e ora eravamo anche chiusi in trappola. Passammo alcune ore lì dentro a temere e sperare. Chiaramente in quel mentre i tedeschi stavano innescando le bombe per far saltare in aria la cabina. Ora non so come sarebbe andata a finire se non ci fosse stato un soldato austriaco, di nome Fritz, che venne durante la notte a bussare alla porta del rifugio, aprii, entrò, ed in italiano ci disse: – Biaggini qui, questa notte, fare saltare in aria tutto –alla parola saltare si può immaginare come si prese noi, ma Fritz continuò – No, no, tu aspettare, tu non paura, tu aspettare me -. Così detto andò via. Il tempo passava, e per noi senza orologi sembrò eterno. La mattina, verso le quattro, questo austriaco ritornò dicendo -Biaggini, io aprire, tu scappare perché qui saltare tutto, tu scappare-e ci aprì la porta esterna e noi senza guardare se c'erano le sentinelle o che, prendemmo e scappammo. Si prese attraverso i campi verso il Moiano, e le gambe non si sapeva come girassero tanto in fretta; si attraversò la ferrovia e sempre a 'rocchio' per i campi si prese e si arrivò su, alla strada per la Pietriccia a Chiusi. Non si fece in tempo ad arrivare a Chiusi che si sentì un gran boato, e io dissi – Totini ... ci s'è fatta! Con la luce del sole andammo all'Olivazzo e vedemmo un gran fumo ed un gran polverone. La cabina era saltata in aria assieme alla sottostazione elettrica della Valdarno; erano saltate tutte le strutture metalliche esterne ma l'edificio in cemento armato era ancora in piedi in mezzo alla piana" [21].

Le distruzioni continuarono: così saltarono in aria gli uffici postelegrafonici e il centralino telefonico, poi fu la volta dell'acquedotto, tanto di Chiusi Scalo che della città. Ormai il fronte di guerra era giunto vicinissimo a Chiusi, la voce del cannone si faceva sentire sempre più vicina, sempre più intensa e frequente. Come ricorda nel suo diario Don Marchetti, la ritirata tedesca era in pieno svolgimento:

"Nelle strade un transito ininterrotto e assordante di veicoli di ogni genere, automezzi, carri armati, autoambulanze, camions e migliaia e migliaia, senza soste, senza interruzione, specialmente nelle ore notturne, tutti diretti verso il nord. Ne venivano da Città della Pieve e al bivio del Po' Bandino o volgevano verso Castiglion del Lago o salivano a Chiusi; altri provenienti da Acquapendente e San Cascian de'Bagni passavano per Cetona e proseguivano per Chianciano, o per la via di Sarteano" [22].

Il 10 giugno, per regolare il deflusso delle colonne germaniche in ripiegamento, giunse in zona un reparto di polizia tedesca da campo al comando del tenente Zimmermann. Gli abitanti di Chiusi guardavano e speravano che il deflusso fosse così veloce e completo da la-

denziare, anche fisicamente, una rottura con il passato.

[18] FEDERICO PAOLOZZI cit., pp. 11-13.

[19] "25 Luglio", bollettino d'informazioni del mandamento di Chiusi, numero unico del 6.8.1944, stampato a cura del COMITATO DI LIBERAZIONE DI CHIUSI dalla Tipografia Gentilini di Chiusi.

[20] S. MARCHETTI, *La battaglia di Chiusi*, cit, p. 7.

[21] Testimonianza di Fulco Biagini raccolta nel 1977.

[22] S. MARCHETTI, *La battaglia di Chiusi*, cit, pp. 7-10.

sciare la città esclusa da linee difensive[23]. Ma a far cadere queste speranze, cominciò il comportamento dei soldati tedeschi, che presero a disporre mine nelle strade di accesso alla città e in quelle di campagna. Cannoni, carri armati e mitragliatrici furono inoltre piazzati in vari punti prospicienti la pianura della stazione. Tutto dunque faceva comprendere il proposito di resistenza delle truppe tedesche. Dalla domenica 11 giugno 1944, ricorda sempre Don Marchetti, "si cominciarono a vedere anche ad occhio nudo le nuvolette di fumo delle granate sulle strade che da Orvieto e da Perugia portavano a Città della Pieve, ed erano abbastanza visibili gli scoppi dei proiettili entro l'abitato di quest'ultima"[24].

Tra le mine predisposte dai tedeschi, quelle di maggiore distruzione apparvero subito le due, collocate nei giorni 11 e 12 giugno, con l'evidente intento di bloccare il transito e l'ingresso alla città. Una era al pianterreno dell'allora "Albergo Italia", posto sulla via Cassia-Aurelia al bivio di Fontebranda[25], l'altra sotto alla "Porta San Pietro"[26]. Erano bombe di aereo di notevole potenza, fu detto di 250 chili di esplosivo, e quella di Porta San Pietro venne messa proprio dentro al tombino della fogna in mezzo alla strada, per aumentarne il potere distruttivo. Se fossero esplose i danni sarebbero stati enormi, e chiunque lo poteva comprendere. I militari tedeschi provvidero inoltre ad ordinare l'immediato sgombero delle case poste nelle vicinanze, non senza proteste da parte degli abitanti per quanto ovviamente inutili[27]. Altre bombe furono piazzate poi in una grotta sulla via Garibaldi sotto all'Olivazzo.

Nella mattinata del 14 giugno, mercoledì, giunsero a Chiusi città un capitano ed un tenente dei paracadutisti tedeschi, che requisirono il primo piano di casa Paolozzi, posta accanto alla fortezza, per il generale Heidrich[28], il quale arrivò la sera stessa. La giornata del 15 passò abbastanza tranquilla, mentre reparti della Prima divisione paracadutisti prendevano posizione[29]. La gente comune cominciò a comprenderlo anche da una serie di indizi, che i tedeschi stavano per andarsene. Come quando, proprio il 14 giugno 1944, il comando tedesco di Chiusi si fece consegnare da un negozio due valigie[30]: "I tedeschi fanno fagotto" fu il commento[31].

Proprio quel 14 giugno 1944, nel piazzale delle Terme di Chianciano (località acquasanta) vennero uccisi Luigi Perugini e i figli Dino e Oreste. I tre erano stati prelevati da una località vicino a Chiusi Scalo, sembra podere Montorio, e portati a Chianciano per essere giudicati[32]. Perché furono portati proprio a Chianciano? Probabilmente perché lì si trovava il comando tedesco di zona[33]. In effetti il 15 giugno a Chianciano era presente il comandante la divisione paracadutisti corazzati "Hermann Göring", l'Oberst LW. – colonnello – Wilhelm Schmalz, che avremo occasione di incontrare nuovamente nel corso della nostra storia[34].

Mario Campolunghi, allora gestore dell'albergo acquasanta, così ebbe a ricordare:

"Ad un certo punto venne di corsa mio fratello dicendo che la S.S. veniva dal vialone antistante le Terme con tre partigiani che sicuramente dovevano essere fucilati dato che, oltre ad essere circondati dal plotone, avevano una paletta e la classica corda per l'esecuzione. Io corsi per

[23] F. Paolozzi cit., pp. 11-13.

[24] S. Marchetti, *La battaglia di Chiusi* cit., pp. 7-10.

[25] Testimonianza di Giovanbattista Rabino, raccolta da Renato Nenci il 28.12.1995.

[26] La Porta S.Pietro era posta al termine di Via Porsena e prendeva il nome da una antica chiesa distrutta durante la guerra di Siena del 1554-1559. Recava sulla fronte esterna lo stemma mediceo e nel corso della sua storia aveva spesso cambiato nome; a partire dal febbraio 1905 e fino al periodo fascista si era infatti chiamata "Porta Felice Cavallotti", dal nome di un noto uomo politico radicale e repubblicano morto nel 1898.

[27] Testimonianza di Domenico Fiorini raccolta nel 1976; testimonianza di Dino e Liliana Domenichelli raccolte nel 1975; S. Marchetti, *La battaglia di Chiusi* cit., pp. 7-9. Le testimonianze concordano sul fatto tragicomico di una donna che, affacciandosi dalla finestra di casa sua, posta accanto a Porta San Pietro, e vedendo quanto stava accadendo, si mise a urlare all'indirizzo dei tedeschi: "ma cosa state a fare! Così distruggete il paese! Accidenti a Mussolini e a chi vi c'ha portato! Tornate a casa vostra!" La risposta dei tedeschi fu chiaramente quella di mandare via tutti, armi alla mano.

[28] Heidrich Richard, 1896-1947, generale tedesco. Dal 1936 nei paracadutisti; combatté a Creta, fronte Russo-Leningrado, e poi in Italia dal luglio 1943. Comandante della Prima divisione paracadutisti (FJD 1.), i cosiddetti "diavoli verdi" di Montecassino. Prese parte a tutte le battaglie in Italia, dalla Sicilia a Cassino alla Linea Gotica. Al momento della resa in Italia era il comandante del I° Corpo Paracadutisti. B.P. Boschesi, *Il chi è della Seconda Guerra Mondiale cit.*, volume 1, p. 250.

[29] F. Paolozzi cit., pp.11-13. Anche Don Talete Tapperi vide l'insediarsi del comando tedesco a palazzo Paolozzi, ma registrò sul proprio diario l'arrivo come avvenuto alle ore 23,30 del 14 giugno. Diario di Don Talete Tapperi il cui originale è conservato dal Signor Augusto Soci di Chiusi.

[30] A.Cm.C.Chiusi, Fasc. 613, Atti CLN di Chiusi, "somministrazioni alle truppe tedesche".

[31] Testimonianza Margherita Moretti Betti raccolta nel 1969.

[32] I motivi dell'esecuzione di questi tre civili non sono chiari. Non furono infatti riconosciuti come caduti partigiani da alcuna formazione della zona, (vedi Atti Commissione regionale toscana riconoscimento qualifiche partigiane), ma nondimeno come morirono fa intendere che i tedeschi vollero punirli di qualcosa compiuta contro di loro. Che cosa avessero fatto, non è dato saperlo con certezza. Alcune voci, non confermate, circolanti dopo la guerra, affermavano che i Perugini, padre e figli, fossero andati, armati di forcone, a scacciare i tedeschi, che dal loro campo stavano prendendo delle patate. Testimonianza di Ciro Valdambrini raccolta nel 1976.

[33] Sulla presenza di un generale tedesco della "Hermann Göring" a Chianciano vedi: Iris Origo, *Guerra in Val d'Orcia* cit., p. 204.

[34] Schmalz Wilhelm, 1901-1983, colonnello tedesco. Arruolatosi nella Luftwaffe combatté in Polonia, in Francia, nei Balcani e sul fronte russo. Nel 1942 fu posto al comando di una brigata delle forze terrestri della Luftwaffe che andavano ad organizzarsi nella divisione "Hermann Göring". Nel luglio 1943 fu in Sicilia, al comando di un gruppo tattico con cui combatté nella zona di Augusta e Catania. Partecipò ai combattimenti a Salerno e il 24.12.1943 venne decorato con "Croce di cavaliere con croce di ferro e fronde di quercia", decorazione tedesca equivalente alla nostra medaglia d'oro. Letteralmente "idolatrato" dai suoi ufficiali, si dimostrò in più di una occasione un ottimo comandante preoccupato della sorte dei suoi uomini. Dal marzo 1944 sostituì il generale Conrath al comando della divisione "Hermann Göring" come "facente funzioni". Nell'ottobre del 1944, per le capacità dimostrate nel comando del reparto in occasione delle battaglie in Italia, venne promosso Generalleutnant-Generale di divisione e gli venne affidato il comando del "Corpo paracadutisti corazzato Hermann Göring". N.A.W., T.312, Roll. 97 doc. 7624144 e N.A.W., T.315, Roll 2293, Diario di guerra della "Hermann Göring".

primo per vedere se fossero dei nostri compagni che si trovavano dislocati in formazione nella nostra zona. In essi non riconobbi nessuno ... Mentre si avvicinavano sempre più al mio albergo, dove era in partenza il reparto tedesco che l'occupava, all'altezza del piccolo corpo rientrante il maresciallo che comandava il plotone puntò al più giovane il mitra facendogli capire di rasentare il muretto di cinta e che non dovevano disturbare il reparto in partenza, al che questo 'piccolo eroe', senza un attimo di esitazione, cominciò a ruotare la piccola pala colpendo il maresciallo sull'elmetto e questi pur avendo il mitra non poteva sparare perché si trovava faccia a faccia e se avesse sparato avrebbe sicuramente colpito dei soldati tedeschi. Così dopo breve lotta, aiutato da altri soldati tedeschi, riuscì a metterlo con le spalle al muretto e fare fuoco. Questo piccolo ma grande eroe seguitò come se niente fosse a ruotare la paletta contro i suoi assassini e esanime stramazzò al suolo. Il più anziano, vedendolo cadere incominciò anche lui a ruotare la paletta contro i tedeschi ripetendo così la stessa scena del 'piccolo eroe'. Colpito con raffiche di mitra, piombò sul corpo del piccolo eroe con un gesto di affettuoso abbraccio. Il terzo, come pietrificato da tutto questo disumano spettacolo, era rimasto immobile, emettendo gemiti di orrore; venne, senza nessuna resistenza, spinto verso il muretto di cinta e, mitragliato, scivolò sul muretto come se dovesse sedersi. Un soldato tedesco, non pago di questo spettacolo, gli puntò la canna del mitra sulla fronte sparando barbaramente. A tutto questo disumano spettacolo parteciparono tutti i componenti la mia famiglia che ai primi colpi uscirono di casa non sapendo cosa stesse succedendo. Ricordo un particolare: mia figlia Anna Maria che in quell'epoca aveva appena sei anni gridava assassini sputando addosso ai tedeschi. Un sergente, che parlava benissimo l'italiano perché era stato diciannove anni per ragioni di lavoro in Italia, mi chiamò e mi pregò di spingere i familiari in casa perché se minimamente avessero capito il nostro disgusto avrebbero agito anche su di noi. Entrati tutti in casa io e i miei familiari, vidi da dietro una finestra che legavano per i piedi questi tre martiri e li trascinavano fino al podere Simoneschi che si trovava dietro la mia casa e lì scavare una piccola buca dove li gettarono alla rinfusa, coprendo con poca terra, lasciando fuori piedi e mani. Cercammo di indagare chi fossero e da dove erano stati presi, ma per più di un mese tutti i nostri sforzi rimasero vani fino a che un giorno incontrammo il compagno Donati Bruno di Chiusi e parlando, venimmo a conoscenza che il giorno di quell'orribile fattaccio erano stati prelevati a Chiusi Scalo padre e due figli a nome Perugini. Parlammo con la moglie e la madre e da tutti quei lineamenti somatici datici e da me confermati si poté dare a questi eroi il loro glorioso nome"[35].

Il 15 giugno 1944, il comando tedesco pretese la consegna di grosse quantità di generi alimentari lasciando che fosse il Comune a saldare i debiti [36].

E intanto un tentativo per scongiurare quello cui Chiusi sembrava andare incontro, e cioè la distruzione ad opera delle mine collocate sotto Porta San Pietro, fu tentato la mattina del 16 giugno da una improvvisata commissione formata da: Monsignor Serafino Marchetti – vicario generale della Diocesi; Monsignor Nello Mannelli – arciprete di Chiusi; e dal professor Pietro Galeotti – Podestà. Il conte Federico Paolozzi fungeva da interprete con il generale comandante le truppe tedesche giunto la sera del 14. Così, l'incontro viene ricordato da Monsignor Marchetti:

> "Dopo oltre due ore di attesa il generale (era il generale Heidrich NdR) scese nell'annesso parco della Fortezza. La rappresentanza della minacciata città, espose al comandante lo scopo della visita facendo presente il contegno benevolo e cortese sempre tenuto da tutta la cittadinanza verso i soldati germanici qui dimoranti da oltre un anno e chiedendo che fosse risparmiata la tragica sorte alla quale sembrava immeritatamente condannata per effetto delle mine. Il generale in un contegno ermeticamente tedesco ascoltò, interrogò, spiegò e promise che le mine sarebbero state fatte brillare nel solo caso che i partigiani fossero venuti in aiuto dell'esercito nemico. I presenti al colloquio si dettero subito premura di far circolare fra la popolazione le condizioni della presunta salvezza della città perché fosse fatta arrivare a conoscenza dei partigiani" [37].

Il racconto di Monsignor Marchetti coincide con quello del Paolozzi, che fu interprete del colloquio, e che inoltre aggiunge: "Il generale, da vero tedesco criminale e falso, subdolamente con apparente cortesia diede assicurazioni soddisfacenti e tranquillanti" [38].

Ad avvertire i partigiani del contenuto del colloquio pensò lo stesso podestà Galeotti il quale era atteso fuori della Casa Paolozzi da alcuni aderenti al Nucleo Comunale partigiano, che vennero così a conoscenza delle minacce tedesche[39]. I partigiani che si trovavano nel paese avrebbero voluto agire, e difatti una di quelle sere si riunirono per decidere sul da farsi, ma non fu possibile prendere decisioni offensive perché essi avevano a disposizione solo pochi moschetti e pistole, certamente insufficienti a sostenere uno scontro armato, contro un nemico ben più numeroso, agguerrito ed

[35] Da una lettera di Mario Campolunghi, in *Chianciano Terme 1900-1945, cronache, documenti, testimonianze.* cit., pp.432-434. Una stele di marmo bianco, oggi, a Chianciano Terme, ricorda dove furono stroncate quelle vite. Cfr. ISTITUTO STORICO DELLA RESISTENZA SENESE, *Messaggi di Pietra, immagini della Resistenza senese*, Siena, Nuova immagine editrice, 1992, pp. 44-45. La vita continuò il suo eterno corso anche in quei giorni. il 15 giugno 1944 nasceva, alla vigilia della battaglia, Marco Fe', che sarà successivamente animatore del "Concorso Nazionale Scolastico Ragazzi in gamba" di Chiusi. Per maggiori notizie sulla genesi e per una storia di tale Concorso vedi: AA.VV., *Ragazzi in gamba perché*, a cura di S.S. MACCHIETTI, Comune Città di Chiusi, La Nuova Stampa, Città di Castello, 1982.

[36] A.Cm.C.Chiusi, Fascicolo 613, Atti CLN di Chiusi, "somministrazioni alle truppe tedesche".

[37] S. MARCHETTI, *La battaglia di Chiusi* cit., pp.7-9. La composizione di questa commissione, il podestà più due religiosi, non può non farci convenire con quanto ha scritto Enzo Ronconi secondo il quale "...il successo ottenuto da PIO XII nell'evitare il passaggio della guerra da Roma generalizzò la fiducia nella ripetibilità del fatto, come contropartita dell'impegno del clero a rendersi garante del contegno della popolazione, durante la ritirata, con risultati complessivamente deludenti." Vedi: *Il Clero Toscano nella Resistenza,* Atti del convegno di Lucca, 4-6 aprile 1975, Firenze, La Nuova Europa edit., 1975, p. 143.

[38] F. PAOLOZZI cit. pp. 11-13.

[39] Testimonianza di Piero Galeotti raccolta nel 1973.

armato[40]. Sul desiderio d'azione dei partigiani di Chiusi Giuseppe Masci inoltre ricorda:

"Fu tutta colpa del Marenco se non si agì al passaggio del fronte, a noi mancavano le armi: armi che c'erano, nascoste nei poderi del Casuccini a Ficomontano. I partigiani di Chiusi si erano già accordati col Marenco perché le armi fossero portate a Chiusi, ma non arrivarono a tempo e il passaggio del fronte fece trovare i poderi di Ficomontano nella terra di nessuno, irraggiungibili da noi e dai partigiani. Erano i partigiani che dovevano venire, e noi del paese avremmo dato manforte, ma mancarono gli ordini e le armi. Questo creò la situazione per cui i partigiani furono innocui. Tutta l'inattività partigiana nella zona è da attribuirsi al Marenco"[41].

Non possiamo sapere cosa realmente avesse progettato il Marenco nel momento del passaggio del fronte, visto che è deceduto nei primi anni settanta, certo è che, nei suoi ordini emanati ai Nuclei Comunali ed ai gruppi partigiani sottoposti, tese a rimarcare sempre che dovevano agire solo su suo preciso ordine. Però al momento cruciale mancarono completamente gli ordini operativi[42]. Perché? Una prima spiegazione si può trovare negli eventi che scompaginarono il comando della formazione in Val d'Orcia. Abbiamo già visto come, la notte del 13 giugno, la formazione Simar avesse ricevuto un aviolancio alleato di armi e rifornimenti e come poi i tedeschi avessero portato nella giornata del 15 un attacco contro il "Comando Generale" del Marenco posto a Palazzo La Nuta, nel comune di Sarteano. Dopo tre giorni di confuse scaramucce, (15-16-17 giugno) i tedeschi rimasero padroni del terreno[43], e la Simar si ritrovò scompaginata e dispersa. Il Marenco costretto alla fuga e senza più collegamenti con i distaccamenti rimase tagliato fuori, proprio nel momento più importante, dalla possibilità di porre in atto ordini operativi, ammesso che ne avesse avuto l'intenzione.

Fu in quei tragici frangenti che cadde ucciso Ermanno Mario Baldetti[44], poi decorato di medaglia di bronzo al valor militare. Così il Marenco ricorda il fatto in un suo scritto:

"Il giorno 16 giugno 1944 verso l'imbrunire, i tedeschi, contro i quali da tre giorni combattevamo intorno alla località Nuta e che nella mattinata avevamo respinto, ritornavano in forze all'attacco delle nostre posizioni. Il Baldetti con il solito slancio, fece fronte all'irrompere del nemico, ma la sua audacia questa volta gli fu fatale; perché mentre in piedi allo scoperto, scaricava l'arma sui più vicini nemici, una pallottola lo colpiva al cuore"[45].

Il partigiano Espedito Pasin era nel gruppo del Baldetti e ricorda quanto accadde quel giorno:

"Il 16 giugno ci trovavamo in una situazione tragica. Eravamo accerchiati dai tedeschi; sentivamo sparare di continuo raffiche e colpi isolati, segno di combattimenti in corso nella valle, privi di collegamenti, di viveri, e senza sapere dove andare. Fortunatamente c'incontrammo con la pattuglia di 'Ermanno': Ermanno Baldetti. La cosa ci rincuorò. In quel tardo pomeriggio ci scontrammo nei pressi della Nuta con un pattuglione germanico mentre cercavamo di filtrare verso il Monte Cetona in cerca di contatti. Si sviluppò un'aspra sparatoria: noi eravamo piazzati su di un rialzo roccioso ed i tedeschi erano schierati fra i cespugli sotto di noi, che sparavano brevi raffiche con le mitragliatrici aspettando che ci esponessimo per colpirci. Noi rispondevamo al fuoco e lanciavamo bombe a mano senza conoscerne però gli effetti; sentivamo infatti la presenza dei nemici ma non sapevamo dove fossero di preciso e il nostro tiro risultava approssimativo. Questa faccenda durava da almeno un'ora, quando Ermanno, che aveva ormai assunto il comando del nostro gruppo, decise di esporsi per poter far fuoco con la sua arma con maggiore precisione. Si gettò fuori dal suo riparo tra le rocce, ma prima che potesse sparare, una raffica di mitragliatrice lo falciò, fu colpito al cuore e morì all'istante. Il partigiano austriaco 'Peter' si sporse per soccorrerlo e fu ferito anch'esso; allora noi prendemmo 'Bibi' (così era soprannominato il Baldetti NdR) per i piedi e mentre i tedeschi scatenavano un fuoco concentrico sulle nostre posizioni lo trascinammo al coperto. Non potemmo far altro che constatarne la morte. Gli togliemmo i documenti e tutto quello che avrebbe potuto farlo riconoscere poi lo avvolgemmo in una coperta e lo lasciammo lì. Sparando ripiegammo a gruppi di quattro. I tedeschi, presi di sorpresa dal silenzio, temendo delle sorprese persero del tempo prima di salire sulla collinetta, dandoci così il tempo di allontanarci. Restammo nascosti nel bosco per qualche giorno, nascondendoci fra gli alberi ... Alcuni giorni dopo volemmo andare a seppellire il nostro compagno; lo ritrovammo dove lo avevamo lasciato, i nazisti non lo avevano toccato. Scavammo una buca con le baionette e lo seppellimmo"[46].

In quei momenti in cui cadeva da coraggioso il Baldetti, altri partigiani della Simar, sotto il comando di Dino Faleri di Sarteano, rimasti tagliati fuori a Fonte Vetriana, si asserragliarono sulla vetta del Monte Cetona e vi rimasero per tutto il 17 e 18 giugno impe-

[40] Testimonianze di Arnaldo Betti e Giuseppe Masci raccolte nel 1973 e Rosalia Manno, *Le Bande Simar* cit., p. 60.

[41] Testimonianza di Giuseppe Masci raccolta nel 1976.

[42] Deo Totini, allora partigiano del distaccamento del Varco della SIMAR ricorda: "Successe che qualcosa non funzionò, mancarono gli ordini e ci sbandammo. Parecchi rimasero a Fonte Vetriana e andarono sulla vetta del Monte Cetona con Faleri Dino, altri, tra cui io, tornammo al basso verso Chiusi e ci si fermò a Ficomontano". Testimonianza raccolta nel 1976.

[43] Testimonianza di Espedito Pasin raccolta nel 1975 e anche Rosalia Manno, *Le Bande Simar* cit., p. 59.

[44] Ermanno Mario Baldetti venne decorato con la medaglia di bronzo al valor militare con la seguente motivazione: "Baldetti Mario Ermanno fu Ermanno e di Terzarelli Evelina da Chiusi (Siena), classe 1923, sotto capo marina, partigiano combattente (alla memoria) – "Valoroso combattente della lotta di liberazione, più volte distintosi in pericolose circostanze e particolarmente apprezzato per le sue doti di decisione e di ardore, nel corso di un duro scontro con truppe tedesche, animava la resistenza dei compagni, balzando allo scoperto verso il nemico. Colpito al cuore, cadeva da prode sul campo. – Nuta (Siena), 16 giugno 1944." in "Gazzetta Ufficiale della Repubblica Italiana", numero 36, del 13.2.1953.

[45] *Rapporto informativo del Comandante generale Silvio Marenco sul servizio prestato nel Raggruppamento Bande SIMAR dal patriotta Ermanno Mario Baldetti*, Sarteano, 2 febbraio 1945, Archivio della Sezione ANPI di Chiusi.

[46] Testimonianza di Espedito Pasin raccolta nel 1975. Sulla battaglia della nuta cfr. anche: Dino Faleri e Ugo Severini (a cura di), *Brigata Simar* cit., pp. 98-105.

dendone l'occupazione da parte dei tedeschi, e respingendo ogni loro tentativo di occuparla [47]. Questo fatto può sembrare minore nel contesto generale, ma è al contrario rilevante per l'importanza che la vetta del Monte Cetona rivestiva come osservatorio per l'artiglieria, importanza sottolineata anche nella relazione Sauer precedentemente citata. L'averne impedito l'uso ai tedeschi fu certamente un valido aiuto dato dai partigiani all'avanzata alleata, anche se questo fatto non ebbe adeguata considerazione nella pubblicistica sulla resistenza in provincia di Siena [48]. L'intera area occidentale del Monte Cetona venne liberata entro il 19 giugno, dalla Quarta Brigata della Prima divisione della "Francia Libera" [49], e, come ricorda Dino Faleri, la vetta del Monte Cetona fu consegnata alle avanguardie francesi alle ore 10 del 18 giugno 1944 [50].

CALENDARIO DEL MESE DI GIUGNO 1944

| | | | |
|---|---|---|---|
| *1 giovedi* | S. Giustino | *16 venerdi* | S. Aureliano |
| *2 venerdi* | S. Marcellino | *17 sabato* | S. Gregorio B. |
| *3 sabato* | S. Carlo Lw. | *18 domenica* | S. Marina |
| *4 domenica* | S. Augusto | *19 lunedi* | S. Romualdo |
| *5 lunedi* | S. Bonifacio | *20 martedi* | S. Ettore |
| *6 martedi* | S. Norberto | *21 mercoledi* | S. Luigi Gonz. |
| *7 mercoledi* | S. Roberto | *22 giovedi* | S. Paolino |
| *8 giovedi* | S. Massimo | *23 venerdì* | S. Cafasso |
| *9 venerdi* | S. Efrem | *24 sabato* | S. Nat.Giovan. Bat. |
| *10 sabato* | S. Trinità | *25 domenica* | S. Guglielmo |
| *11 domenica* | S. Barnaba | *26 lunedi* | S. Rodolfo |
| *12 lunedi* | S. Guido | *27 martedi* | S. M.Cirillo |
| *13 martedi* | S. Antonio | *28 mercoledi* | S. Attilio |
| *14 mercoledi* | S. Eliseo | *29 giovedi* | S. Pietro e Paolo |
| *15 giovedi* | S. Vito | *30 venerdi* | S. Protomartiri |

47 ROSALIA MANNO, *Le Bande Simar* cit., p. 59; *Elenco dei combattimenti svolti durante il periodo della liberazione,* allegato all'elenco per il riconoscimento delle qualifiche partigiane, in Archivio ISRT, Firenze, Fondo Formazioni Simar; infine DINO FALERI e UGO SEVERINI (a cura di), *Brigata Simar* cit., pp. 107-110.

48 Sull'importanza del fatto basta considerare che nel Diario di Guerra n. 3 della 14ª armata Germanica, incaricata nel giugno 1944 della difesa lungo l'asse Radicofani-Sarteano, non viene presa in esame la difesa del Monte Cetona che è semplicemente "non considerata" nel corso della battaglia, e questo perché era già in mano ai partigiani. Vedi N.A.W., T 312, roll. 486, KTB N.3, AOK.14, Juni.1944.

49 GEORGES BOULLE, *Le Corps Expeditionnaire Francais en Italie (1943-1944)* cit., pp. 184-186.

50 DINO FALERI e UGO SEVERINI (a cura di), *Brigata Simar* cit., pp. 107-110.

# V. RAPPRESAGLIA

*"Crivellato da pallottole*
*è un uomo una parola.*
*È stato carne ed ha abitato ..."*
Ernst Jandl (1925-vivente)

Nel pomeriggio del giorno 16 giugno, alle ore 15 circa, le prime cannonate colpirono Chiusi: una andò a colpire l'antica fortezza ove i tedeschi avevano posto un loro osservatorio e qualche mitragliatrice; altre colpirono la chiesa di San Francesco e la vicina casa Giorgi [1]. La reazione dalla popolazione fu complessivamente tranquilla, come ricorda Liliana Domenichelli:

"La cosa cominciò verso le due del giorno, che iniziarono a tirare qualche cannonata, allora dicemmo – bene stanno per arrivare gli alleati – entrammo nelle cantine e aspettammo, si pensava che sarebbe stata cosa di ore" [2].

Raffaello Rubechi, invece, visse molto diversamente quei momenti:

"La cannonata che cadde in Fortezza il primo giorno, esplose proprio nell'orto dove io con la mia famiglia stavo dormendo dopo pranzo. Eravamo sotto ad un albero, un castagno credo e riposavamo all'ombra. Ricordo che mio padre aveva messo una coperta tra i rami per ripararci dal sole che 'spiombava' e d'improvviso fui svegliato da un sibilo strano e poi si sentì un 'busso'. Era la cannonata che cascava vicino alle scuole elementari. Ad una distanza di una diecina di secondi si udì un secondo sibilo e poi fu tutto un volare di schegge. La cannonata aveva preso in pieno una piccola rimessa di due metri per ottanta lì vicino. Ricordo lo 'spaglio' dei tegolini sopra alla culla di mio fratello Renato. Trovammo la culla, che poi era un cestone per le verdure, tutta 'sfiaccolata' con la coperta bruciacchiata e una scheggia ferma accanto a lui, che impaurito intanto piangeva. Intorno a noi tutto era traforato dalle schegge ma miracolosamente noi neanche un graffio. Le cannonate poi cominciarono a fioccare da tutte le parti e noi a 'gobboni', giù giù, di corsa fino al rifugio" [3].

Quelle prime cannonate sono ricordate anche dall'allora adolescente Plinio Mannucci:

"Quel giorno stavamo riposando dopo pranzo, nella prima calura di giugno. Tutto intorno era un silenzio felpato. Improvvisamente sentii un sibilo, un fischio, poi uno scoppio. Non avevo mai sentito la voce del cannone da vicino, quel sibilo e quel botto che non mi sapevo spiegare. Chiesi al mio babbo cosa fosse e lui rispose teso: sono cannonate. Prendemmo subito una decisione drastica e repentina: rifugiarsi nella grotta posta in via del Fornello, sotto alla casa del Paolozzi che si trova in via Garibaldi vicino al parco dei 'Forti'. Il primo giorno trascorse con una calma relativa, con qualche cannonata sporadica sempre inframezzata da questa situazione di silenzio cupo e felpato che gravava intorno. Il secondo giorno che eravamo nel rifugio vedemmo arrivare lungo la strada davanti al 'campo della fiera' alcuni alcuni carri armati tedeschi. Poiché conoscevo abbastanza bene il tedesco e con l'incoscienza della gioventù, andai a parlare con un ufficiale per sapere cosa stava succedendo. Alla mia domanda questi mi rispose: 'fra poco da qui dovrete sloggiare perché arriveranno delle cannonate' e detto questo mi diede il binocolo per farmi vedere la strada che scende dal Po Bandino verso la stazione di Chiusi che avrebbero percorso gli alleati. Ci invitò di nuovo ad andarcene da questo rifugio che era proprio di fronte al punto da dove sarebbero partite le cannonate, insomma era un punto troppo esposto. Fu così che noi tutti da quel rifugio si andò via e si raggiunse la Fortezza dove erano due rifugi scavati nella fiancata nord della collina e a cui si accedeva scendendo delle scale poste sul muro del 'prato'" [4].

La mattina del giorno 17, i tedeschi fecero brillare le due mine poste nei fabbricati di Via Cassia Aurelia, bloccando così la strada di accesso a Chiusi. Questo fatto, unito al rumore del cannone che cominciava a farsi sentire sempre più vicino, convinse parte della popolazione a cercare rifugio verso i poderi sparsi nella campagna attorno a Chiusi [5]. La signora Rubechi viveva in una delle case distrutte quel giorno e ricorda così quanto accadde:

"Abitavamo in una casa di Fontebranda dove lavoravo a servizio, ed ero lì quando i tedeschi fecero saltare l'albergo con le case intorno. Quel giorno, ricordo, i tedeschi apparivano nervosissimi. Mi videro con in collo mio figlio Renato, piccolissimo, era nato infatti nel dicembre 1943, e mi dissero – mamma, bambino, via, uno due tre quattro cinque minuti, andare via! Casa kaputt! -. Io non scappai subito ma presi un pò di vestiti, un pò di roba da mangiare e mi avviai verso il rifugio che era sotto alla fortezza nei pressi dell'attuale via della violella. Passò circa un quarto d'ora ed ero appena arrivata al rifugio, che saltò in aria tutta Fontebranda; l'albergo e la casa attigua. Le schegge delle mattonelle della casa dell'Ilda, dove ero a servizio, arrivarono fino al rifugio che era stato costruito da noi, la mia famiglia ed i vicini, e lì ci siamo stati per tutto il tempo della battaglia" [6].

[1] S. MARCHETTI, *La Battaglia di Chiusi cit.*, pp. 10-12. Da sottolineare che i padroni della casa scamparono alla morte per puro miracolo; erano nella stanza accanto a quella distrutta dalla cannonata, come ebbero a dire allo scrivente nel 1974. È per questa prima rude avvisaglia di guerra, che possiamo considerare il 16 giugno la data d'inizio della battaglia di Chiusi.

[2] Testimonianza di Liliana Domenichelli raccolta nel 1975.

[3] Testimonianza di Raffaello Rubechi raccolta nel 1988.

[4] Testimonianza di Plinio Mannucci resa il 17.10.1986 a Renato Nenci.

[5] S. MARCHETTI, *La battaglia di Chiusi* cit., p. 10-12.

[6] Testimonianza di Zaira Rubechi raccolta nel 1975.

Renato Spadea, era nel rifugio della Caina posto sotto al Rione Carducci, e ricorda che quando esplose Fontebranda, allarmato dal boato, uscì assieme ad altri all'aperto, e "si vide un gran polverone alzarsi, fu allora che qualcuno degli anziani che era con noi disse – se i tedeschi hanno fatto saltare è segno che sta per finire, se ne vanno!" [7]. Pia illusione, come i fatti successivi dimostreranno. Intanto nel pomeriggio di quel sabato 17 vennero saccheggiati dai tedeschi vari negozi in Chiusi città [8].

La sera del 17 giugno il bollettino di "Radio Londra" annunciava l'inizio della battaglia di Chiusi [9]. Il conte Paolozzi scrive nel suo diario a conclusione di quella giornata:

"La nottata del 17 trascorse sinistramente sotto il fuoco pur non nutrito delle artiglierie, che tacevano come del resto in tutti i giorni della battaglia verso l'alba, in questo tempo di tregua giunse il colonnello dei paracadutisti tedeschi Heilmann [10], il quale sostituì il generale Heidrich partito la sera stessa" [11].

Ma come ricorda Don Marchetti:

"Nella mattinata della seguente domenica 18, il cannoneggiamento, come già per tutta la notte, continuò, con fragore di schianti più o meno vicini. I soldati tedeschi piazzavano o spostavano mitragliatrici e carri armati in vari punti della città; stendevano fili telefonici in pattuglie armate, e gridando percorrevano le vie. Nella cattedrale di San Secondiano furono celebrate le consuete sei messe, pur senza poter seguire il regolare orario festivo, difronte a pochissimi fedeli" [12].

### Il fatto del ciliegio

Facciamo ora un passo indietro per ricostruire un avvenimento pieno di conseguenze per Chiusi. Con la ritirata tedesca in pieno svolgimento i partigiani della SIMAR erano entrati in azione, come ricorda Roberto Rossi:

"Nel giugno del 1944 ero partigiano in un distaccamento della Simar sul Monte Cetona. Ai primi del mese fui incaricato di andare a mettere delle mine sulle strade dove si ritiravano i tedeschi. Si piazzarono sulla strada che passando per Cetona porta a Città della Pieve, e una volta si arrivò fino a Castiglion del Lago. Erano piccole mine che scoppiando facevano saltare le gomme degli autocarri, mine antigomme insomma" [13].

Degli effetti di questa posa di mine sulla strada fu testimone anche Dino Ceccattoni, che ricorda:

"Io allora avevo 19 anni e lavoravo un podere vicino a Ficomontano con la mia famiglia. Ricordo la ritirata tedesca lungo la strada Cetona-Chiusi. Un pomeriggio, saranno state verso le sedici, stavo tornando a casa dopo aver dato il rame alle viti, quando vidi tre persone che lavoravano intorno alla strada, eravamo vicini alla località Le Case. Avvicinandomi vidi che erano partigiani e che stavano mettendo una mina sulla strada, poi corsero nel bosco vicino. Stava arrivando una colonna someggiata tedesca. Nascosto anch'io, vidi un cavallo che passando sulla mina la fece esplodere. Lo scoppio uccise il cavallo e il militare che c'era sopra. Dopo lo scoppio la colonna si fermò e i tedeschi si misero a sparare nei campi di grano vicino alla strada. Il soldato tedesco ucciso fu caricato su di un carro mentre il cavallo fu buttato nel campo. Poi andarono alle case dei contadini per vedere se c'erano i partigiani. Qui rastrellarono tutto intorno, fecero uscire la gente dalle case che frugarono. Non fecero altro, forse il comandante era 'boncitto'. I partigiani credo che venissero da una zona tra Cetona e Sarteano che si chiamava Varco. Comunque da allora i partigiani non fecero altre azioni lì. I tedeschi passavano di continuo sulla strada dalle cinque del pomeriggio fin oltre mezzanotte in colonne compatte" [14].

Queste azioni dei partigiani della Simar furono organizzate da quattro istruttori di sabotaggio italiani della missione "OLU"; una missione organizzata dal servizio informazioni italiano in collegamento con i servizi segreti inglesi in Italia (Special Force Number One). I quattro, al comando del sergente Marchi, erano stati aviolanciati il 7 di giugno in Umbria, vicino ad Allerona per compiere azioni di sabotaggio contro il traffico ferroviario e stradale tedesco; avevano poi raggiunto le forze partigiane [15].

[7] Testimonianza di Renato Spadea raccolta nel 1988

[8] D.Talete Tapperi, *Diario* cit.

[9] "La Libertà", numero unico cit., p. 3, *Ricordi di un prigioniero*, articolo di Mario Fè Marini.

[10] Heilmann Ludwig, colonnello tedesco, 1903-1959, militare dal settembre 1939, passò ai paracadutisti nel 1940. Combattè a Creta e sul fronte russo. Dal luglio 1943 fu in Sicilia con la Prima divisione paracadutisti, poi passò nell'Italia meridionale. A Cassino nella primavera del 1944 divenne comandante del Terzo Reggimento paracadutisti (F.J.R.3.), della Prima divisione, reparto che difese materialmente l'abbazia, respingendo tutti gli attacchi alleati. Pluridecorato, fu promosso maggior-generale e fu posto a capo della 5ª divisione paracadutisti, con cui prese parte all'ultima offensiva tedesca delle Ardenne in Belgio, nel dicembre del 1944. B.P. Boschesi, *Il chi è della seconda guerra mondiale* cit., vol. 1, p. 251.

[11] F. Paolozzi cit., ricorda anche un colloquio con il colonnello Heilmann accaduto la mattina del 18 giugno, il quale rassicurò che la resistenza germanica sarebbe stata breve e leggera. Ancora al 18 giugno, ai tedeschi non appariva necessario difendere Chiusi ad oltranza.

[12] S. Marchetti, *La Battaglia di Chiusi*, cit, pp.10-12.

[13] Testimonianza di Roberto Rossi raccolta nel 1988 Sulle strade minate vicino a Chiusi esiste anche la testimonianza di Deo Totini raccolta nel 1976: "Nel giugno 1944, dopo l'aviolancio di armi sul Monte Cetona, noi partigiani del distaccamento del Varco andammo a mettere mine antigomma sulle strade. Si usarono due volte, la prima vicino a Le Case sulla strada per Cetona poi un'altra volta vicino all'allora aeroporto di Castiglion del Lago. Ricordo che in quest'ultima occasione arrivò un'autocolonna tedesca e fu il finimondo. Erano con noi due sabotatori italiani aviolanciati, che misero 30/40 di queste bombe. Quando cominciarono gli scoppi l'autocolonna fu bloccata e i tedeschi cominciarono a saltare giù sparando a raffica nel grano alto, sembrava che lo volessero mietere. E noi carponi, carponi si fuggì." Sul minamento delle strade cfr. anche Relazione partigiana del Nucleo comunale di Chiusi cit., che riporta la notizia di posa di mine sulle strade Chiusi-Acquaviva, Chiusi-Castiglion del Lago, Chiusi-Città della Pieve, e Chiusi-Cetona. Infine vedi anche Rosalia Manno, *Le Bande Simar*, cit, p. 59.

[14] Testimonianza di Dino Ceccattoni raccolta nel 1976.

[15] R. Manno, *Le bande Simar* cit., p. 59; vedi anche Ministero della Difesa, Stato Maggiore dell'Esercito, Ufficio Storico, *L'azione dello Stato Maggiore Generale per lo sviluppo del movimento di liberazione*, Roma, 1975, pp. 98-99; infine Dino Faleri e Ugo Severini, *Brigata Simar* cit., p. 78.

Le azioni di sabotaggio misero i tedeschi in allarme ma il "fatto" accadde verso il 16 giugno 1944, è sempre il Rossi che racconta.

"Quel giorno mi dissero, – vai a Chiusi a prendere delle pistole -. Era con me un altro patriota di Chiusi. Si andò e si prese le armi, si misero dentro a una balla e si ripartì tranquillamente per ritornare al distaccamento sul Monte Cetona. Quando si fu sotto alle case nuove del Rione Carducci nella zona detta del Goluzzo si vide un ciliegio. Fatto sta che noi si prese questa balla con le armi e si posò ai piedi dell'albero salendoci per prendere le ciliegie. Eravamo tutti e due sull'albero quando si vide arrivare tre tedeschi che puntarono dritti sul nostro albero. Allora ci dicemmo -bisogna coprire le armi – si saltò giù, mi tolsi la giacca e la misi sopra alla balla. Ora, questi tedeschi quando furono da noi, invece di proseguire come speravamo, si sedettero a riposarsi proprio sotto al ciliegio accanto alla balla. Mi sentii gelare, eravamo bloccati lì; non potevamo andare via perché se avessi tolto la giacca si sarebbero viste le armi, e quei tedeschi anche se non sembravano minacciosi, non ci avrebbero sicuramente lasciati andare se capivano quello che trasportavamo. Non potemmo che rimanere lì a sedere. Guardai questi tedeschi, erano armati, non portavano l'elmetto e avevano in testa ora non ricordo se la bustina o altro. Tanto che, ripensandoci, non mi sono mai potuto spiegare se erano in pattuglia o cos'altro. Eravamo lì insomma, con questi tedeschi piantati davanti a noi con i fucili appoggiati accanto che non se ne volevano andare. Trascorse un pò di tempo e passarono tre persone tra cui uno che conoscevo, così gli chiesi di portarsi via i tedeschi. Questi, comprendendo la situazione pericolosa, cominciò a dire ai tedeschi di venire con lui che c'erano altri ciliegi migliori, ma niente questi rimasero fermi, anzi cominciarono a guardarsi sospettando qualcosa di strano. Iniziarono anche a sbirciare sospettosamente al fagotto sotto alla giacca, che s'intravvedeva. Finché uno di questi tedeschi si alzò e si avviò verso la giacca per guardare sotto. Allora la situazione crollò. Quello che era con me estrasse il revolver, e vedendolo feci anch'io lo stesso. Puntando le armi contro i tedeschi cominciammo a fargli – via, via, fuggire, fuggire – volevamo solo farli andare via, invece uno di questi tedeschi venne avanti e cercò di disarmarmi. Eravamo molto vicini e lo squadrai, era un soldato alto e robusto, vedendomi mingherlino evidentemente pensava di disarmarmi facilmente. Fu un attimo, dovetti decidere e tirai il grilletto. Il tedesco colpito, barcollò all'indietro. Non volevo sparare e se quello non si fosse avventato non lo avrei fatto. Ci fu un momento di confusione e quando mi girai vidi che uno degli altri due soldati si era alzato e aveva preso il fucile. Fu allora che sparai di nuovo e quello cadde per terra. Il terzo allora scappò, e a quel punto sparai anche a quello perché pensai – adesso va a chiamare rinforzi -, ma non lo presi. In fondo non ero un gran tiratore. L'altro che era con me non sparò. Girandomi arrabbiato a quello che stava lì imbambolato, gli feci, – ma porca miseria, perché non gli hai tirato, se questo mi disarmava la scontavi anche tu! – Lui disse solo – Non mi è partito il colpo, non mi sparava -. In quel mentre mi accorsi che quello a cui avevo sparato per primo non c'era più, era andato via. Seppi in seguito che due tedeschi arrivarono al paese tutti e due feriti, di cui uno al fegato. Noi si fuggì, lasciando lì tutte le armi, sia le nostre nella balla, che le loro, lasciai anche la giacca" [16].

Come ricorda Renato Spadea, l'uccisione di questo o di questi tedeschi provocò forti preoccupazioni da parte della popolazione del Rione Carducci che temeva possibili reazioni da parte tedesca, anche perché

"...questo ciliegio era posto a cento metri dal nostro rifugio in Caina ed era addirittura vicinissimo ad un altro che era proprio di fronte, quindi tutti dissero che fu una pazzia. Noi del Rione Carducci ci eravamo sistemati nei rifugi da un bel pò, praticamente dalle prime incursioni aeree, che in quei giorni, con la ritirata tedesca in corso erano temute come imminenti lungo la statale vicina. Ricordo che quel giorno udii dei rumori e uscendo dal rifugio vidi un tedesco crollarvi proprio davanti. Cioè davanti no, perché difronte propriamente c'era il precipizio della Caina, il rifugio era sul costone, poi c'era il baratro e davanti c'era un campo, e lui era proprio in quel campo, nella sponda opposta della Caina. Allora io insieme ad un altro andammo per capire cosa succedeva. Arrivammo da lui e vedemmo che aveva una ferita proprio all'altezza dell'inguine a destra. Era vivo e ripeteva – *mutter, mutter,* – che vuol dire mamma, mamma. Quando ci vide si spaventò pensando che si fosse partigiani andati là per finirlo. Lì per lì ci interrogammo sul da farsi – Che si fa? -Ci si disse – si butta di sotto in Caina? -Si pensò a come liberarsene temendo rappresaglie, e questo tedesco intanto si raccomandava. Infine decidemmo di aiutarlo e di portarlo su per i campi fino al mulino dove passava la strada su cui transitavano i camion tedeschi. Non fu un lavoro da poco perché era un 'Cristo' grande e grosso. Intanto si era unita a noi una donna, una di cui si sapeva poco in paese, che diceva essere vedova di un ufficiale di marina ma che tutti ritenevano fosse una spia dei tedeschi. Questa donna sapeva bene il tedesco e perciò visto che lì se non ci si intendeva subito si rischiava la pelle con questo ferito, mi misi a dirle – Guardi che noi non c'entriamo niente con questo ferito qua, noi lo abbiamo solo raccolto molto lontano da qui e lo abbiamo portato per farlo curare, lo dica, lo dica ai tedeschi –. Eravamo così arrivati alla strada, dove fermammo un camion di tedeschi, tutti armati fino ai denti con cui iniziò la discussione. Senonché passò un'autoambulanza militare tedesca che veniva verso Chiusi. Fu fatta fermare, e mentre faceva manovra nell'aia del mulino, io caricai il ferito; l'autista salendo in macchina mi disse – *Du Komst mit mir* – tu vieni con me -, e fece per partire. Io mi spaventai e allora saltai giù e al galoppo per i campi ritornai al rifugio. Mentre scappavo guardai indietro e vidi l'autoambulanza ripartire verso Chianciano. Tornai così al rifugio, la cosa pareva finita in maniera positiva, anche perché quella donna da noi incontrata precedentemente si era data molto da fare a convincere i tedeschi che noi non c'entravamo

[16] Testimonianza Roberto Rossi raccolta nel 1988. Su questo fatto inoltre Deo Totini e Giuseppe Masci ricordarono che sentirono il fatto raccontato da altri. La Relazione Partigiana del Nucleo Comunale di Chiusi cit., ricorda il fatto nella seguente maniera: "Durante un combattimento avvenuto in località Goluzzo-Ficomontano, contro preponderanti forze nemiche, in cui vennero uccisi tre tedeschi e feriti uno, si distinsero in modo particolare Rossi Roberto, Lavagi Leonetto, Talozzi Lino e Dell'Agnello Dino."

niente e che anzi noi l'avevamo aiutato questo tedesco. Insomma allora non successe niente di grave"[17].

Il peggio sembrava passato e invece... come racconta Deo Totini:

"Il peggio venne dopo. Perché questo tedesco ucciso al ciliegio fu portato via da laggiù e fu messo sotto una capanna dai Benicchi, che erano i contadini dell'Arciprete, al podere Casenove, proprio accanto al Rione Carducci. Ora accadde che, qualche giorno dopo, mentre transitavano le ultime truppe che facevano razzie e saltare tutto, un reparto tedesco trovò questo morto, e allora successe il macello, cominciarono le rappresaglie. Bruciarono subito la casa dei Benicchi e ammazzarono i Camilloni, babbo e figliolo. Gli fecero fare la fossa e ce li ammazzarono. In quel momento gli capitarono sotto mano quei due che la scontarono per tutti. Abitavano nel podere della Nardi, Vignagrande cioè, a trecento metri più in là in linea d'aria dal podere Casenove ed erano all'oscuro di tutto, ma i tedeschi quando trovarono il loro camerata ucciso non sentirono scuse. I Camilloni erano sfollati in un rifugio vicino ed erano andati a casa per custodire le bestie, mentre andavano videro questi tedeschi nervosi e urlanti, si impaurirono e allungarono il passo andando dietro casa. I tedeschi, che però avevano visto il movimento li rincorsero e li presero; gli fecero scavare una buca e li ammazzarono dando poi fuoco al podere Casenove"[18].

Secondo Renato Spadea queste uccisioni avvennero proprio il giorno dopo il 'fatto del ciliegio', e aggiunge:

"Eravamo al rifugio e d'improvviso si sparse la voce che i tedeschi stavano rastrellando e avevano fatto una rappresaglia al podere dei Benicchi. Noi uomini corremmo subito a nasconderci in mezzo al grano alto e io mi nascosi in una 'forma', ma quando arrivarono i soldati tedeschi questi, comprendendo dove ci eravamo nascosti, cominciarono a sparare alla cieca nel grano per farci uscire. Questi soldati presero poi ad avanzare verso il punto dove ero nascosto e continuavano a sparare nel grano, in breve arrivarono vicini, gli vedevo ormai i piedi. Fu in quel mentre che cominciò a piovere in maniera sempre più forte, praticamente un diluvio. Ricordo che ero sdraiato per terra e mi bagnai tutto, ma quella pioggia spinse i tedeschi a cessare quel rastrellamento e ad andare via. Così, complice la pioggia, non successe niente, non ci furono né morti, né feriti tra di noi"[19].

Nella zona del Rione si sviluppò questo rastrellamento tedesco alla ricerca dei colpevoli, e come ricorda l'allora partigiano Deo Totini:

"In quel momento ero venuto a casa da Ficomontano per trovare i miei genitori nel rifugio sotto al Rione Carducci, nella Caina. Ero venuto armato di mitra, ma l'avevo lasciato nascosto nella cantina di casa prima di scendere al rifugio. Quando i tedeschi trovarono il morto cominciarono a girare per tutte le case e ricordo che li vedemmo d'improvviso arrivare, avevano le bombe in mano già senza sicure, pronti a gettarle. Ci misero in fila fuori dal rifugio. Io ero bell'è pronto a gettarmi in Caina se le cose si mettevano male. Un tedesco però mi teneva d'occhio, evidentemente ero sospetto per lui. Intanto frugando nelle case i tedeschi trovarono una vecchia pistola a tamburo in casa del mio zio Domenico, addio: sembrava che non ci mancasse più nulla. Qui ci 'sdrucinano' tutti, mi dicevo. Quando vidi che si muovevano troppo e 'berciavano' mi preparai al salto. Per fortuna in quel mentre arrivò un brigadiere della polizia ferroviaria, certo Tistarelli, che mostrando i documenti, dimostrò che la pistola era sua risolvendo la questione"[20].

Zaira Rubechi visse da lontano quei fatti:

"Un pomeriggio, aveva piovuto da poco, arrivarono da noi al rifugio sotto alla fortezza tre partigiani, vennero da noi perché qui uno dei tre aveva la fidanzata. Arrivò il primo tutto inzaccherato, tutto mollo, appena poco prima avevamo sentito sparare e gridare, avevano due fucili e tre pistole. Una ragazza che era con noi, fidanzata con uno di questi, gli andò incontro e parlò con lui, uno di cui non dico il nome, e gli chiese cosa era successo. Raccontò che i partigiani avevano ammazzato dei tedeschi e gli avevano preso i fucili. Allora la ragazza intelligentemente, disse: – ma mica verrai qui con le tue scarpe così infangate e con le armi, appena ti vedono, qui ci ammazzano tutti; dalle a me le armi -. Così prese le armi e andò a nasconderle in una buca sotto a due olivi in mezzo ai carciofi, poi prese e si mise a pulirgli le scarpe e i vestiti dal fango. Dopo un pò prese a bruciare il podere dei Benicchi, che era il podere dell'arciprete, Casenove si chiamava ed era dove ora c'è la chiesa del Rione Carducci, era davanti a noi in linea d'aria e vedevamo fuoco, fiamme e fumo. I tedeschi che erano in fortezza sopra a noi, vedendo dei movimenti si misero a sparare con le mitragliatrici contro tutte le persone che vedevano e deve essere stato allora che ammazzarono il Paolucci, infatti fu poi trovato dentro ad un tombino: morto"[21].

Dunque il 16 o il 17 giugno avvenne l'uccisione dei tedeschi al Goluzzo-Ficomontano, mentre la rappresaglia tedesca si ebbe il pomeriggio del 18 giugno, con almeno due civili uccisi, inoltre si creò un clima di sfiducia da parte dei militari tedeschi verso la popolazione di Chiusi. Fu per questo che nei giorni seguenti altri soldati tedeschi compirono altre violenze su civili catturati nella vicina macchia della zona di Gonzarelli, tra il Rione Carducci e la stazione, verso Ficomontano. Ecco cosa ricorda Ciro Valdambrini:

"Io abitavo durante la guerra al podere Boncia seconda, tra Rigutino e la Boncia terza, vicino a Chiusi. In quei giorni del passaggio del fronte c'erano dei tedeschi alla fornace della stazione e verso il venti di giugno fecero una specie di rastrellamento nella macchia intorno. Qui tro-

[17] Testimonianza Renato Spadea raccolta nel 1988 Su questo fatto della donna che scongiurò rappresaglie anche le testimonianze citate di Zelinda Nasorri e Deo Totini.

[18] Testimonianza di Deo Totini raccolta nel 1976. Sul fatto dei Camilloni vedi anche la testimonianza di Ciro Valdambrini raccolta nel 1976. I due morti furono Angiolo e Bruno Camilloni uccisi in località Vignagrande il 18 giugno 1944 alle ore 19. Vedi l'elenco dei caduti civili in appendice.

[19] Testimonianza di Renato Spadea raccolta nel 1995.

[20] Testimonianza di Deo Totini raccolta nel 1976.

[21] Testimonianza di Zaira Rubechi raccolta nel 1975; su questi partigiani che raggiunsero il rifugio esiste anche la testimonianza di Raffaello Rubechi raccolta nel 1988.

varono cinque contadini nascosti, erano: Benicchi Bruno; Benicchi Marino suo figlio; Mazzetti Nello; Giovanni Perugini ed un quinto di cui non ricordo il nome. I tedeschi pensavano che ci fossero i partigiani lì, almeno così si è ricostruito dopo la guerra, insomma questi cinque furono presi e furono incolonnati dai tedeschi per condurli al loro comando. Un tedesco era davanti e gli altri dietro. Ad un certo punto sembra che questo quinto contadino riuscì a scappare, fuggendo giù per un pendio boscoso. I tedeschi gli spararono ma non lo presero. Noi eravamo in un rifugio al bosco e si sentì gli spari, poi a sera cominciammo a sentire 'berci' e grida: poveracci li straziarono. Li ritrovammo finiti a pugnalate. Il giorno dopo questi fatti i tedeschi se ne andarono, perché i sudafricani che avanzavano, liberarono la zona"[22].

Infine "i fatti del ciliegio" già sufficientemente tragici, ebbero presumibilmente uno strascico, poiché il 23 giugno 1944 a Montepulciano venne impiccato un militare siciliano, sbandato dell'8 settembre: Giuseppe Marino. Fu ucciso in quanto ritenuto dai tedeschi tra gli autori del fatto. Come ricorda Iris Origo nel suo libro *Guerra in Val d'Orcia*:

> "Il 23 giugno 1944, a Montepulciano... nel pomeriggio un'orrenda notizia, un giovane partigiano accusato di aver sparato su un tedesco a Chiusi, e trovato in cima ad un cipresso sul quale si era arrampicato per nascondersi dagli inseguitori, è stato impiccato ad un lampione sulla strada principale. Sarà lasciato appeso lì per ventiquattr'ore, perché tutta la cittadinanza possa vederlo e trarne un monito. Bracci (il Podestà di Montepulciano NdR) crede che quello sventurato sia innocente e va con Antonio (il marchese Antonio Origo della Foce NdR) al comando tedesco per implorarne la salvezza, ma un soldato tedesco dice di averlo riconosciuto: se non impiccano lui, ci sarà l'esecuzione di dieci ostaggi innocenti del luogo. Il capitano che dà questi ordini è un individuo sinistro, elegante freddo e spietato. Il vescovo presente all'impiccagione, ha coraggiosamente impartito la sua benedizione al morituro"[23].

Il Marino fu probabilmente una vittima casuale, chissà? Forse assomigliava ad uno dei due partigiani autori del fatto ed al tedesco sembrò di riconoscerlo, oppure i tedeschi avevano solo bisogno di "un esempio" per intimorire la popolazione. Non lo sapremo mai con certezza. L'impiccagione avvenne a Montepulciano perché era la retrovia del fronte di Chiusi al 23 giugno e anche perché era la sede del comando della divisione "Hermann Göring" che reggeva quel tratto di fronte[24]. Il Marino fu impiccato ad un lampione a braccio, all'angolo di Borgo Buio davanti alla popolazione attonita. In quel punto, oggi, una lapide ricorda il suo sacrificio.

### L'evacuazione

Come già detto, per quanto era successo al Goluzzo-Rione Carducci, la popolazione civile di Chiusi cominciò ad essere sospetta agli occhi dei militari germanici, i quali, impegnati in una lotta mortale con gli alleati avanzanti, non volevano correre il rischio di avere "Banditi" alle spalle, nelle case della città. Così fu deciso dal comando della Prima divisione paracadutisti lo sgombero della popolazione civile, e, come ricorda Federico Paolozzi, nel pomeriggio del 18 giugno arrivò, al comando tedesco posto alla Fortezza, un ufficiale con l'ordine di evacuazione della città[25]. Fu così che, come è ricordato da vari testimoni, a partire dalle ore 15 cominciò ad udirsi il suono della campana della Torre Civica di piazza "XX Settembre"[26]. Don Nello Mannelli, ricorda l'animo della popolazione a quel suono foriero di sventura...

> "La campana civica della torre ...incominciò a suonare a lungo in modo inusitato. I cittadini già in stato di giustificata agitazione per l'imminenza di temuti e più gravi eventi bellici, compresero atterriti che si trovavano di fronte all'ineluttabile...Ora quel suono lugubre. ...non ammetteva replica..."[27].

A seguito di quel segnale la popolazione cominciò ad abbandonare la città. Liliana Domenichelli ricorda quei momenti:

> "Arrivarono i tedeschi che si misero a cercarci, a dire che bruciavano il paese. Ci fecero uscire dalle cantine, fecero suonare la campana del comune in piazza a martello. A tutti dicevano – A nord! A nord! – Ci incolonnarono e ci scortarono fuori dal paese, facendoci passare per Porta Lavinia, e intanto sopra di noi sorvolava a bassa quota la zona una 'cicogna'" (un aereo leggero da ricognizione) e noi per non farci scambiare per tedeschi ci mettemmo a sventolare fazzoletti, cappelli, tutto quello che c'era insomma, per far capire che eravamo civili. Sempre dietro a noi c'erano i tedeschi con i fucili che ci dicevano di andare via al Nord. Poi d'improvviso questi se ne andarono e noi si rimase lì come bambocci. Ognuno allora cercò per conto suo un rifugio in cui nascondersi, chi nella

[22] Testimonianza di Ciro Valdambrini raccolta nel 1976. Vedi anche in appendice A, l'elenco dei civili della Città di Chiusi caduti nella seconda Guerra Mondiale 1940-1945 dove questi risultano morti il 22 giugno 1944 alle ore 22.

[23] IRIS ORIGO, *Guerra in Val d'Orcia* cit., pp. 223-224. Vedi inoltre PRIMO TIRADRITTI, *Diario di guerra a Montepulciano, Montepulciano*, l'Arco de' Gavi edizioni, 1974 pp. 58-71, il quale ricorda che il Marino fu portato a Montepulciano da Chianciano, perché, proprio all'Abbadia di Montepulciano, c'era un comando tedesco. Il vescovo di Montepulciano era monsignor Emilio Giorgi (1885-1964), che ha lasciato come testimonianza il proprio diario pubblicato nel 1985 a cura del settimanale *L'Araldo Poliziano* con il titolo*: Guerra e pace a Montepulciano – Diario autentico di un testimone oculare.*

[24] Vedi N.A.W., T.312, Roll 97, doc. 7623311,"AOK 10 Stand 16.6.1944" e doc.n. 7623307, "AOK 10 stand 17.6.1944". Documenti che alla data del 16 giugno 1944 indicavano il comando della Prima div.paracadutisti germanica presente a Chiusi e quello della divisione "Hermann Göring" a Chianciano. Il 17 giugno poi questi comandi si spostarono, e più precisamente: quello della 1ª divisione paracadutisti nella Chiana aretina; mentre quello della "Hermann Göring" proprio ad Abbadia di Montepulciano.

[25] F. PAOLOZZI cit., pp. 11-13.

[26] S. MARCHETTI, *La Battaglia di Chiusi* cit., pp. 10-12 e 29; inoltre anche la Testimonianza Piero Galeotti raccolta nel 1973; infine Don Talete Tapperi, diario cit.

[27] *Relazione dell'evacuazione di Chiusi "manu militari"*, trasmessa alla curia vescovile di Chiusi dall'arciprete della cattedrale di Chiusi Mons.Nello Mannelli, in Archivio Vescovile della Diocesi di Chiusi, sez. B, filza n. 30, visionato nel 1974 e anche in Archivio Don Giacomo Bersotti.

macchia, chi dentro ad una forma. Era domenica pomeriggio verso le cinque"[28].

I soldati tedeschi presero a mandare via la popolazione della cittadina, dando origine ad un impressionante esodo che coinvolse molte centinaia di persone, che abbandonarono le proprie case con quelle poche masserizie e quel poco da mangiare che poterono prendere. In parte spontaneamente, in parte ad opera dei militari tedeschi, si formarono due colonne di civili che uscirono da Chiusi: una da Porta Lavinia scendendo sulla via verso Giovancorso e poi risalendo la strada che porta al lago raggiunse la zona dove si trova la "Tomba della Scimmia"; l'altra passando per i Botussi e davanti a Porta Lavinia, si diresse verso il podere Fontanelle, e da qui ciascuno, individualmente o a piccoli gruppi, proseguì fino alla piana del lago o Montevenere. Sulla base delle varie testimonianze raccolte si può ritenere che circa duemila persone furono coinvolte da questo esodo. Nessuno voleva abbandonare la propria casa. Così i cittadini di Chiusi andarono a rifugiarsi presso le case coloniche e nelle numerose grotte tufacee, usate come ripostiglio, poste in un raggio di circa cinque chilometri nelle vicinanze della cittadina. Era un viaggio verso l'ignoto che costrinse ognuno a scelte personali, spesso disperate. Da quel momento ognuno visse una propria storia.

Bruno Tiezzi con la sua famiglia, scelse di nascondersi nelle grotte della campagna limitrofa:

"I tedeschi ci dissero di andare via, era un continuo dirci, – A nord! A nord! – ma siccome noi non volevamo andare via ci vennero proprio a prendere a casa e ci portarono via da Chiusi. Ci fecero passare da sotto Porta Lavinia, poi si girò a sinistra e si andò ad un podere sotto Chiusi. Dopo due giorni i tedeschi ci mandarono via e allora noi si andò ad una grande tomba etrusca sotto al Colle del cisternone dell'acqua, saremo stati una quarantina"[29].

Tra chi riuscì invece a cercare rifugio nei poderi, c'era anche Fulco Biagini:

"Dopo l'evacuazione, io con i miei genitori andai prima sotto ai macelli comunali, dove erano delle grotte. Ma dato che eravamo troppi, la popolazione della Cimina si era praticamente riversata tutta lì, decidemmo di andare ad un podere verso il lago detto Paccianese secondo. Scegliemmo questo perché pensavamo che gli alleati sarebbero arrivati dalla parte del lago e saremmo stati liberati prima"[30].

Quel 18 giugno, Giulia Betti e la sua famiglia avevano appena apparecchiato, era infatti ora di pranzo, quando...

"sentimmo rumori e grida, mi affacciai alla finestra e vidi passare un conoscente che mi disse – Giulia, preparati perché bisogna andare via tutti – Ma come, dove? – Dissi io, – Eh! bisogna andare via tutti, lo dicono i tedeschi. – Poi arrivarono questi provenienti dal loro comando posto in fondo alla via Arunte, nella fortezza, che ci imposero di andar via. Così, passando sotto alla torre civica andammo verso Porta Lavinia, dove ci vide un conoscente che ci disse – ma dove andate? – E chi lo sa? I tedeschi ci hanno mandato via di casa ...– e non si fece in tempo a dirgli questo che i tedeschi entravano anche in casa sua e lo mandavano via. Con noi era anche mia madre, molto anziana, che camminava alla meglio. Si arrivò ad un podere fuori di Porta Lavinia, dove trovammo diverse persone affollate nell'aia. Gli uomini erano impauriti, temevano di essere presi dai tedeschi. Cominciò a piovere e ci riparammo in un fienile, privo di muri, c'era solo la tettoia a coprirci. Mentre eravamo lì cominciarono a cadere le cannonate e delle schegge colpirono una donna, si decise allora di andare via, visto che eravamo praticamente allo scoperto. Pensammo di cercare un casolare, un podere in cui rifugiarci. Cammina, cammina, mentre cadevano le granate, con mia madre che arrancava, arrivammo al Monte, e lì rimanemmo sino alla fine dentro ad una grotta scavata nel tufo. Eravamo vicino ad una tomba etrusca, forse la tomba della Pellegrina" [31].

Anche Domenico Nenci dovette abbandonare tutto e cercare un rifugio d'emergenza:

"I tedeschi ci mandarono via da casa mia vicino ai Forti, e ci toccò andare nel rifugio posto sotto ai macelli comunali, qui durante la battaglia ci ho patito tanta fame. Era con me la mia moglie incinta. Senza soldi, senza pane, niente, si campò di elemosine e di rapi colti per i campi, si coglievano, si sgusciavano e poi si mangiavano così, crude. La fame era tanta, e io l'ho sofferta tanto la fame. Inoltre si rischiava la vita per cercare da mangiare perché i tedeschi sparavano contro tutti quelli che si muovevano, ci si poteva spostare solo di sera o la mattina presto" [32].

Altri, come Giuseppe Masci, si rifugiarono in posti scelti da tempo:

"La mia famiglia e io decidemmo di andare al rifugio all'Arcisa, un posto abbastanza sicuro perché era a settentrione del paese che lo copriva e anche perché poco comunicante col paese, così non c'erano tedeschi" [33].

Zelinda Nasorri e la sua famiglia abbandonarono Chiusi per finire in un bosco:

"Era domenica, verso le quindici, che si cominciò a sentire la campana civica. Io abitavo allora in via San Gervasio: ci si affacciò alla finestra chiedendoci che cosa succedeva. Fu allora che si sentì gridare in strada – Via, via – era uno del paese che passava di corsa e gridava. – Entro mezz'ora, il paese deve essere vuoto, via, via, via. – Così si prese e si andò via, senza prendere niente o quasi da mangiare, si pensava infatti di tornare presto. C'erano pochi tedeschi in giro. Si passò dalla strada dell'Ospedale Umberto Primo e si girò poi per i botussi. Si seguì la massa delle persone, sarà stato tutta Chiusi. Dopo i botussi si girò a sinistra per un podere. In questo podere, ricordo c'era la signorina Maria Notari malata, portata fin lì sopra a una rete di letto. La ricordo lì, appoggiata in mezzo all'aia del podere, con la sorella che gli pian-

[28] Testimonianza di Liliana DomenichellI raccolta nel 1975.

[29] Testimonianza di Bruno Tiezzi raccolta nel 1978.

[30] Testimonianza di Fulco Biagini raccolta nel 1977.

[31] Testimonianza di Giulia Betti raccolta nel 1988.

[32] Testimonianza di Domenico Nenci detto Bengasi raccolta nel 1976.

[33] Testimonianza di Giuseppe Masci raccolta nel 1976.

geva disperatamente accanto. Noi non ci fermammo e continuando si finì in un bosco che nemmeno si sapeva dove eravamo. Poi cominciò a piovere, io per fortuna avevo preso il cappotto e un telo incerato, e stetti sotto alla pioggia seduta sotto ad un albero con sopra in testa questa incerata. Eravamo spostati a nord rispetto a Chiusi, credo che fosse il bosco vicino alla Tomba della Scimmia" [34].

Altri ancora abbandonarono il paese senza nemmeno capire cosa stava succedendo. Come ricorda Nicla Capitini:

"Quel giorno cominciò a suonare la campana della Torre Civica di piazza XX Settembre. Noi, io mio padre e mia madre, sapevamo che voleva dire che un bombardamento aereo era imminente, così all'udire quei rintocchi prendemmo la valigia che tenevamo già pronta per quell'evenienza con i ricambi dei vestiti e scappammo, da casa nostra in Via Roma, ora Via Baldetti, per andare fuori di porta Lavinia. Non stemmo lì per lì a sentire né tanto né quanto, si prese e si scappò. Mia madre, previdente, prese anche alcune pagnotte e forme di cacio. Quando fummo ad un podere sotto al paese trovammo altri cittadini di Chiusi che ci dissero che avevano evacuato il paese e che non si poteva tornare perché era in arrivo il fronte di guerra. Così ci sistemammo nell'aia del podere sotto ad una tettoia dove si rimettono i carri agricoli. Questa tettoia non aveva muri ed eravamo riparati dalla pioggia che cominciava a cadere, ma eravamo riparati solo da quella. La gente era tanta e si ammassava sotto alla tettoia; d'improvviso cominciarono a cadere delle cannonate, e le schegge che volavano dappertutto colpirono un certo Quirino, così ci impaurimmo e con i miei si decise di andare via. Andammo verso delle grotte poste più su. Erano grotte scavate nel tufo, basse ma solide, dove ci sistemammo a sedere sui sacchi e le valigie che ci portavamo appresso, ma anche qui stemmo poco perché poi vennero i tedeschi e ci mandarono via; nella fretta lasciammo anche i sacchi con il mangiare. Così, sotto alla pioggia copiosa che cadeva, uscimmo e ci rifugiammo più in alto, proprio al Monte in un altra grotta di tufo" [35].

Il Professor Piero Marri, primario dell'ospedale, decise che non avrebbe abbandonato Chiusi:

"Il 18 giugno, alle ore 16 pomeridiane, avvicinandosi a gran passi la linea di combattimento a Chiusi, ebbi ordine come il resto della cittadinanza, da un ufficiale tedesco, di sfollare entro due ore, e cioè per le 18, dalla città. Avevo in ospedale circa 70 ricoverati fra malati, operati e feriti, e naturalmente mi rifiutai di lasciarli in balia di se stessi. Organizzai anzi, un altra sala di pronto soccorso ai piani inferiori, e la fornii di tutti quei materiali e strumenti necessari... Prevedendo di restare isolato cercai di raccogliere del pane per tutti, farina, carne, acqua, etc., onde poter alimentare un così ragguardevole numero di persone. Pressato nuovamente dal comando tedesco ad evacuare mi rifiutai nuovamente, invitai il personale dipendente a non lasciare l'istituto e quasi tutti obbedirono, feci infine trasportare tutti i ricoverati ai piani inferiori, meno esposti al bombardamento già iniziato" [36].

Tuttavia ci fu anche chi riuscì a rientrare in paese, come i coniugi Dino e Liliana Domenichelli:

"Eravamo io, mio marito, e mia figlia di sei mesi. Il primo giorno dopo lo sfollamento l'avevamo trascorso nelle catacombe di Santa Mustiola, ma preferimmo andarcene perché ci piovevano le bombe davanti all'entrata. Si decise di tornare a Chiusi ma quando si fu alla Pietriccia trovammo i tedeschi che scavavano trincee e stavano piazzando mitragliatrici. Però solo quando fummo al teatro ci fermarono, domandandoci dove si andava. Allora io mostrai mia figlia dicendo che era malata, e che la portavamo all'ospedale. Ci fecero passare e così tornammo a casa nascondendoci in cantina" [37].

Diversi, furono gli abitanti di Chiusi che preferirono nascondersi nelle cantine delle proprie case. Oltre al nucleo più consistente, quello che abbiamo visto all'ospedale civile, composto dai malati intrasportabili e dagli infermieri, ce ne furono altri: uno, di circa ottanta persone, si rifugiò nel Palazzo Vescovile e nel primo piano e nelle cantine del vicino edificio Baldetti; uno nei due rifugi antiaerei scavati nel tufo sul lato nord della Fortezza [38]; uno dalle suore Maestre Pie Venerini in via Arunte; uno nelle cantine dell'Arcipretura e infine uno nelle cantine poste sotto alla Chiesa di San Francesco. Ma questi ultimi due gruppi vennero però scoperti e, come vedremo poi, fatti sfollare con la forza [39].

Molti "sfollati" cercarono un rifugio nei poderi posti vicino al lago di Chiusi, come ricorda l'allora sedicenne Carlo Bologni, che già da alcuni giorni aveva raggiunto con la famiglia il podere di Poggio Casale, posto su di un promontorio del lago.

"Un giorno... vedemmo arrivare una gran quantità di compaesani, era stato infatti ordinato lo sgombero di Chiusi ... Tutta quella gente, circa duecento persone, trovò posto nelle ampie stalle, dove erano buoi e vitelli e in qualche camera della casa colonica."

Tra gli altri trovarono rifugio nel podere anche due soldati disertori dell'esercito tedesco: Hans di Hannover e Karl Dietrich di Vienna [40]. Chiusi era rimasta ormai deserta ed i paracadutisti tedeschi scorrazzavano per le vie intimando ai cittadini rimasti, perfino ai rifugiati nelle cantine e nei ricoveri, di fuggire il più possibile lontano. Le loro intenzioni erano quelle di restare padroni della città per compiervi liberi, i loro "atti briganteschi": invadere abitazioni e negozi, depredandoli di quanto

[34] Testimonianza di Zelinda Nasorri raccolta nel 1988.

[35] Testimonianza di Nicla Capitini Maccabruni raccolta nel 1988.

[36] Relazione Prof. Piero Marri, chirurgo primario e direttore dell'Ospedale Umberto I° di Chiusi. Si trova in A.Cm.C.Chiusi, fasc. 598, Riservate di carattere amministrativo anni 1924-1944, Ricompense al valor civile.

[37] Testimonianze di Liliana e Dino Domenichelli cit.

[38] Di questo gruppo, oltre a vari nuclei familiari, tra cui quello del Podestà Galeotti, facevano parte anche le circa 150 persone, tra bambine e maestre, del collegio "Figlie degli Italiani all'Estero", fatte evacuare dal "Conservatorio di Santo Stefano".

[39] Mons. Nello Mannelli, relazione cit.; testimonianza Plinio Mannucci cit.; testimonianza Vinicio Betti raccolta nel 1988 e S. MARCHETTI, *La Battaglia di Chiusi* cit., p. 15; F. PAOLOZZI cit.

[40] CARLO BOLOGNI, *Le bombe, la paura, l'amore*, articolo pubblicato nel periodico "Il Giovedì" del 16.6.1994.

poteva essere loro utile distruggendo e devastando il resto[41]. Infatti, come ricorda Don Marchetti...

"saccheggi, rapine, distruzioni e devastazioni incominciarono subito sull'annottare della stessa domenica, continuarono per tutta la notte e anche per qualche altro giorno; si invadevano le case aperte e vuote, a colpi di piccone o di ascia si abbattevano le porte chiuse, si fracassavano mobili, vetrine, specchi e utensili, si gettava per terra ogni oggetto ogni suppellettile, calpestando e spezzando tutto ciò che a loro non piaceva, fra grida, canti, colpi di moschetti"[42].

In quei giorni di giugno, a saccheggi, ruberie e violenze si abbandonarono, non solo militari isolati, ma anche reparti inquadrati, e proprio in provincia di Siena questi atti raggiunsero un livello tale da costringere, nei giorni successivi alla "battaglia di Chiusi", lo stesso Kesselring ad emanare un draconiano ordine per far "fucilare seduta stante, senza processo, tutti i saccheggiatori colti sul fatto"[43]. Questo perché i furti compiuti ai danni dei civili erano ovviamente illegali, non solo dal punto di vista del diritto privato, ma anche di quello internazionale di guerra. La "Quarta convenzione dell'Aja" del 1907, infatti, all'articolo 47, chiaramente imponeva agli ufficiali superiori degli eserciti occupanti di "non permettere il saccheggio" alle proprie truppe. Nella concezione germanica del diritto di guerra, però, "non si ha saccheggio nei riguardi di persone assenti"[44]. Pertanto tutto era consentito ai soldati tedeschi, purché le abitazioni fossero state vuote. Così Chiusi, semideserta, rimase in possesso ai paracadutisti del Terzo reggimento (FJR 3, ossia Fallschirmjägerregiment 3) comandato dal tenente colonnello Heilmann, i quali, tra l'altro, nel corso delle loro scorrerie scoprirono che il comando di presidio germanico di Chiusi all'inizio del mese era scappato così rapidamente da abbandonare intatto tutto il carteggio del loro archivio con i piani di difesa elaborati per Chiusi e gli schizzi delle trincee. La scoperta convinse il comando del reparto a mettere in esecuzione il piano difensivo elaborato, facendo costruire le trincee già previste negli schizzi[45].

Il 18 giugno 1944 fu anche una data di rinascita per Chiusi in quanto fu da quel momento che il CLN cittadino assieme ai partigiani cominciò a governare il paese. Fu un potere limitato che ebbe come primi atti opere pietose come l'assistenza ai feriti e agli sfollati; la tutela sulle case abbandonate; il trasporto dei feriti e la sepoltura dei caduti; il trasporto di viveri all'ospedale e l'evacuazione dello stesso per i danni avuti per il bombardamento dei giorni 21-22 giugno 1944. Ma fu un potere reale, esercitato con gravi rischi personali dei partecipanti e ricordato da numerose testimonianze[46].

[41] Notoriamente, i reparti di paracadutisti tedeschi erano composti da elementi decisi ed impavidi in combattimento quanto difficili da controllare come disciplina; certo non erano tutti uguali, c'erano tra loro buoni e cattivi, come in tutti gli eserciti. Ecco come li descrive Iris Origo, che ebbe la ventura di vederne un gruppo alloggiato alla Foce, nel vicino comune di Chianciano: "Sono il più perfetto branco di manigoldi che abbia mai veduto in vita mia. ... Sembrano personaggi usciti da un brutto film sulla Legione Straniera più che membri d'un esercito regolare." IRIS ORIGO, *Guerra in Val d'Orcia* cit., pp. 208-209.

[42] Mons. S. MARCHETTI, *La Battaglia di Chiusi* cit., pp. 12-13. Don Marchetti fu testimone diretto perché "finché gli fu possibile non volle abbandonare la propria casa e la cattedrale". Perciò trascorse la notte tra il 18 e il 19 giugno nella sacrestia dellacattedrale di San Secondiano, assieme al parroco dello Scalo, Don Bindi, "testimoni auricolari di tutte le gazzarre notturne didevastazione della disgraziata città assediata." Anche Mons. Nello Mannelli nella sua relazione cit., afferma: "È vero che si dubita, non a torto, che qualche infima parte di civili tra i primi sopravvenuti abbia fatto purtroppo opera di sciacallaggio, ma è vero senz'altro che più del 90% di biancheria, stoviglie pregiate, orologi, macchine d'ogni genere è stata trasportata via con il furto legalizzato delle più barbare leggi totalitarie di guerra."

[43] GERHARD HÜMMELCHEN, *Die Kämpfe um Florenz im Sommer 1944*, Studiengesellshaft fur Zeitprobleme, Bonn, 1965, Anlage 4, pp.73-74, AOK 14, Ia Nr. 2916-44, Fernschreiben vom 9-7-1944. Sulla sensazione che provocò il contegno delle truppe tedesche in quei giorni, vedi anche il resoconto della situazione in Toscana che ne dette l'allora segretario del Partito Fascista Pavolini in una serie di lettere a Mussolini ora raccolte in: NICLA CAPITINI MACCABRUNI, *La situazione in Toscana nel giugno 1944 in alcune lettere di Pavolini al Duce*, in "Ricerche Storiche", a. VIII, 1978, n. 2, pp. 523-547.

[44] *Codice di Giustizia Militare Germanico*, articolo n. 59; in R. QUADRI, *Diritto Internazionale Pubblico*, Napoli, 1968, p. 319.

[45] N.A.W., T. 315, Roll 73, doc. 00018. Lettera del comando della Prima divisione paracadutisti del 19.6.1944. Tutto il carteggio del comando di presidio fu poi bruciato dai paracadutisti.

[46] "*25 Luglio*" cit.

# VI. CHIUSI È LIBERA?

*"In guerra... Non c'è nessuna vittoria,*
*signor generale, ci sono solo bandiere*
*e uomini che cadono,*
*e alla fine non ci saranno né bandiere*
*né uomini..."*

Dalla lettera di uno sconosciuto militare
germanico morto a Stalingrado [1].

All'alba del 19 giugno i tedeschi, facevano crollare con l'esplosione di mine, alcune case prospicienti la strada Cassia-Aurelia o S.S.146 [2], riuscendo a bloccarla completamente. Continuando nella loro opera di costruzione di trincee si misero a cercare mano d'opera catturando tutti gli uomini su cui poterono mettere le mani. Come ricorda Vinicio Betti:

"Era pomeriggio, fui fermato mentre stavo uscendo da casa mia in via Porsenna. Al momento dell'evacuazione, infatti io, mia madre e lo zio non eravamo sfollati poiché la mamma e lo zio non volevano abbandonare casa e negozio, temevano i saccheggi, loro così vi rimasero per tutto il tempo della battaglia. Io invece quel giorno uscii, non ricordo più di preciso perché e insomma fui preso dai tedeschi. Mentre assieme ad altri mi conducevano via, vidi case e negozi svaligiati. I tedeschi erano piuttosto brilli perché bevevano molti liquori rubati. Quando fummo al Campo della fiera ci dettero pale e picconi e ci dissero di scavare delle buche. Cominciammo, ma avevamo molta paura: pensavamo che ci avrebbero ammazzato e che le buche erano per seppellirci. Comprendemmo solo dopo che erano trincee. Scavavo, ma siccome non ero abbastanza veloce un tedesco mi prendeva in giro, dandomi dell'incapace. – Du bist eine scheisse-mensch – diceva. Per fortuna lavoravamo in coppia e quello che era con me, Leo Baldacci, scavava per due e così si finì. Allora i tedeschi, sempre più alticci ci dissero di andare via, cosa che non ci facemmo ripetere due volte. Era ormai l'imbrunire. Siccome pioveva come dio la mandava, tornai a casa tutto zuppo. Abbracciata mia madre decidemmo che mi sarei rifugiato nel palazzo vescovile per evitare il rischio di essere ripreso dai tedeschi il giorno successivo. Nel palazzo vescovile, assieme ad altri, rimasi per tutto il residuo tempo della battaglia" [3].

Anche Giuseppe Masci fu tra i catturati:

"I tedeschi si misero a rastrellare tutti i civili che trovavano e li portavano a forza a fare le trincee. A me e ad altri ci capitò di essere presi in bassa Ciminia dove ero andato a cercare qualcosa da mangiare da portare al rifugio. Fummo portati ai Forti e là, in fondo ai giardini, ci toccò scavare una trincea lunga una diecina di metri mentre un tedesco ci controllava. Intanto lontano, a Città della Pieve, vedevamo segni di battaglia. Sotto a noi nel campo della fiera, altri civili guardati da tedeschi scavavano delle buche che poi ricoprivano con tavole sulle quali buttavano della terra sopra. Facevano una specie di bunker insomma. Siccome ero pratico di scavare finì in fretta e mi lasciarono andare. Tornai al rifugio dell'Arcisa in un baleno" [4].

L'avanzata alleata era ormai giunta ai confini della toscana ed era ad un momento cruciale. Gli sbarramenti difensivi tedeschi finora, erano stati superati facilmente, e Kesselring, spinto anche da Berlino, decise che la resistenza tedesca "doveva" irrigidirsi. Il 18 giugno 1944 veniva così emanato l'ordine che disponeva per i reparti tedeschi di passare "alla difesa nella Linea Albert", da questo momento la difesa si sarebbe dovuta protrarre ad oltranza [5]. Il LXXVI° Panzerkorps del generale Traugott Herr [6] si schierò sui due lati del Lago Trasimeno con la 15ª divisione granatieri corazzati ad oriente del lago, la 334ª divisione di fanteria del generale Bölke sulla riva occidentale del lago, da Castiglion del Lago a Vaiano, la Prima divisione paracadutisti del generale Heidrich sui due lati del lago di Chiusi e infine la divisione corazzata dei paracadutisti "Hermann Göring" del colonnello Schmalz sul fianco destro. Quest'ultima si collegava con lo schieramento della 14ª Armata nella zona di "Villa Astori" vicino a Macciano. Verso occidente la 356ª divisione di fanteria del generale Faulenbach assieme a reparti

[1] Da *Ultime lettere da Stalingrado*, trad. M. RANCHETTI, Ed.Einaudi, Torino, 1958, pag. 50.

[2] F. PAOLOZZI cit., pp. 11-13.

[3] Testimonianza di Vinicio Betti raccolta nel 1988.

[4] Testimonianza di Giuseppe Masci raccolta nel 1977.

[5] N.A.W., T.312, Roll 95, Doc. nn.7621041-7621042, ordine operativo segreto Nr.2166-44 del comando la 10ª armata delle ore 23 del 18 giugno 1944. In questo, preciso e netto appare il compito affidato ai reparti, che era il seguente: "Ai comandi e alla truppa deve essere chiaro che con il raggiungimento della Linea Albert è finita la condotta bellica di temporeggiamento e che qui deve essere definitivamente fermata l'avanzata nemica... pretendo che i comandi prendano tutte le misure per la difesa della Linea Albert e che non le annacquino... I comandanti di divisione sono personalmente responsabili del fatto che il ritiro nelle zone predisposte sia sottoposto alla sorveglianza più stretta... Firmato v.Vietinghoff". Von Vietinghoff Scheel Heinrich, 1887-1952, generale tedesco, comandante della 10ª armata in Italia dalla fine del 1943. Dopo la partenza di Kesselring, nella primavera del 1945, prese il comando di tutte le truppe tedesche in Italia e firmò la capitolazione del 2 maggio 1945 che sancì la fine della guerra in Italia. B.P. BOSCHESI, *Il chi è della seconda guerra mondiale* cit., vol. 2, p. 236.

[6] Herr Traugott, generale tedesco. Fu in Italia dalla fine del 1943, combatté sulla linea Gustav, poi nel settembre 1944 partecipò alla battaglia per la linea Gotica sul versante Adriatico. Nominato comandante della 10ª armata fu costretto ad arrendersi nel maggio 1945. B.P. BOSCHESI, *Il chi è della seconda guerra mondiale* cit., vol. 1, pp. 253-254.

della 4ª divisione di paracadutisti del colonnello Trettner reggevano il fronte nella zona di Sarteano [7]. Chiusi città non appariva citata negli ordini operativi per i reparti, continuò così ad essere considerata niente più che un "avamposto". In fase di organizzazione della linea difensiva venne però deciso di riunire tutti i reparti paracadutisti della Prima divisione in un solo gruppo. Così il terzo reggimento, da Chiusi, venne spostato verso le colline umbre poste sopra al lago di Chiusi. Il tratto di Chiusi città fu assegnato alla divisione "Hermann Göring", che, per quanto malridotta dai duri combattimenti sostenuti, aveva ancora disponibilità di mezzi blindati e artiglieria, necessari alla condotta difensiva "elastica" in questa zona. I paracadutisti sgomberarono Chiusi nella notte tra il 19 e il 20 giugno, in contemporanea al movimento di sganciamento delle retroguardie tedesche verso la Linea Albert [8].

I piani elaborati dal colonnello Schmalz prevedevano che la divisione avrebbe tenuto con due battaglioni del Primo reggimento granatieri corazzati paracadutisti del tenente colonnello Waldemar Kluge, il punto di contatto con la 356ª divisione e una linea posta lungo la strada Chianciano-Chiusi, mentre i rimanenti reparti sarebbero ripiegati sulla linea Albert. Indietro, a Chiusi città, sarebbero rimasti solo scaglioni di retroguardia. Von Vietinghoff, informato del piano però non l'approvò, e ritenendo che fra Chiusi e Sarteano "c'era ancora una buona possibilità" per impegnare combattimento, in modo da ritardare l'attacco alla "linea principale di difesa", ordinò di rimanere nel centro abitato di Chiusi [9]. Così il reparto esplorante corazzato divisionale, Panzer Aufklärungs Abteilung-Pzaa, della "Hermann Göring" del maggiore Karl Rossmann fu incaricato di occupare e difendere "l'avamposto di Chiusi". Il Secondo reggimento granatieri corazzati paracadutisti (2. Fallschirm Panzergrenadier Regiment) [10], al comando del colonnello Hans-Horst Von Necker [11], che era sulla sinistra dello schieramento divisionale, si schierò invece lungo la "linea Albert" sul retro di Chiusi fino al lago di Chiusi. Per completare lo schieramento, sulle alture attorno a Poggio Montollo e Ficomontano, venne dislocata infine la Division Kampfschule [12] comandata dall'Oberleutnant – tenente – Hans-Georg Lehmann [13]. Federico Paolozzi ricorda:

> "Il 20 è pure una giornata piovigginosa, si ha però specie nel pomeriggio, un intenso duello di opposte artiglierie, ma nessuna avvisaglia terrestre od aerea. Chiusi viene intanto occupata dai reparti della famigerata divisione Göring, i quali cominciano a prendere posizione nei diversi luoghi più difendibili della città, nei lati meridionale, orientale e occidentale"[14].

### Die Weissen Spiegel –La divisione Hermann Göring

Ci dobbiamo fermare un attimo per descrivere il reparto tedesco che fu impegnato a Chiusi, e cioè la divisione corazzata dei paracadutisti "Hermann Göring". Questa venne creata il 15.10.1942 con 5.000 volontari, e nacque dall'intenzione del feldmaresciallo dell'aria Hermann Göring [15] di organizzare, come parte di un suo "esercito personale", una divisione di fanteria con personale in eccedenza dell'aviazione. Gli uomini della divisione portavano mostrine rettangolari bianche [16] sul bavero dell'uniforme che contenevano una o più ali argentate a seconda del grado. I granatieri vestivano uniformi mimetizzate simili a quelle

[7] R. Böhmler, *Da Roma alla Linea Gotica*, in *Storia della Seconda guerra mondiale* cit., vol. 5, pp. 426-427; Georg Tessin, *Verbände und truppen der deutschen Wehrmacht und Waffen-SS im Zweiten Weltkrieg 1939-1945*, Osnabrück, biblioverlag, 1979-1980, vol. 1 e 14, alle voci 10ª armata; LXXVI° Panzerkorps e divisioni relative; W.J.K. Davies, *German Army Handbook*, New York, Arco Publishing Inc., 1984.

[8] N.A.W., T.314, Roll 1574, Diario di guerra n. 2 del LXXVI° Panzerkorps, doc. 000331.

[9] N.A.W., T-314, Roll 1574, allegati al Diario di guerra n. 2 del LXXVI° Panzerkorps, documenti 828 e 812; N.A.W., T-312, Roll 95, allegati al Diario di guerra n. 7 della 10ª Armata, doc. 7621096.

[10] L'unità fondamentale della fanteria tedesca era il reggimento granatieri articolato su tre battaglioni. Ogni battaglione aveva tre compagnie fucilieri, una di armi di accompagnamento ed un plotone trasmissioni. Inoltre a differenza dei reggimenti di fanteria di altri eserciti, nell'esercito tedesco, esisteva una compagnia di cannoni "da fanteria" del calibro di 150 m.m. A.J. Barker, *Armi della fanteria tedesca nella seconda guerra mondiale*, Parma, Albertelli editore, 1972, pp. 7-8.

[11] Von Necker Hans-Horst, 1903-1945, colonnello tedesco. Dal 1943 nei ranghi della divisione "Hermann Göring". Per le capacità dimostrate fu promosso nell'ottobre 1944 al grado di General-Major (Generale di brigata) e posto al comando di una delle divisioni del Corpo paracadutisti corazzato "Hermann Göring". Impegnato negli ultimi scontri contro le truppe sovietiche cadde in combattimento l'11.2.1945. N.A.W, T-312, Roll 97, doc. 7624160 e T-315, Roll 2293.

[12] Il termine "Division Kampfschule" sta ad indicare letteralmente Scuola di guerra della divisione, questo era un reparto particolare, dove i giovani soldati erano addestrati a speciali tattiche d'infiltrazione. Successivamente alla campagna d'Italia il reparto fu ufficialmente ridenominato "Stumbattalion" -Battaglione d'assalto ma i reduci di quel reparto ricordano che già durante la 'battaglia per Chiusi' tra loro si definivano componenti dello "Sturmbattalion".

[13] Hans-Georg Lehmann, 1915-1944. Tenente di aviazione, dal 1941 nella H.G.; proveniente dal battaglione esplorante divisionale fu incaricato di comandare la *Division Kampfschule* poi ribattezzata *Sturmbattalion.* Dopo la campagna d'Italia combatté in Polonia ed in Prussia Orientale contro l'Armata Rossa. Il 19 ottobre 1944 fu convocato al comando d'armata per essere promosso capitano e decorato della croce di ferro e dopo la cerimonia, nel viaggio di ritorno allo *Sturmbattalion,* "scomparve" senza lasciare traccia. Fu dichiarato disperso ma la sua fine rimane a tutt'oggi un mistero. Cfr. Jean Mabire, *La Panzerdivision Hermann Goering*, Paris, Edizioni Jacques Grancher, 1992.

[14] F. Paolozzi cit., pp. 11-13

[15] Göring Hermann, 1893-1946, Maresciallo e uomo politico tedesco. Asso dell'aviazione imperiale tedesca durante la prima guerra mondiale; dal 1922 fu con Adolf Hitler nel partito nazionalsocialista. Quando Hitler prese il potere nel 1933 divenne Ministro dell'aviazione e nel 1938 fu nominato Feldmaresciallo dell'aria. Allo scoppio della seconda guerra mondiale era a capo dell'aereonautica militare, carica che mantenne fino alla resa finale del 1945. Processato a Norimberga assieme a tutti i capi del nazismo e condannato a morte preferì suicidarsi. Il cadavere fu poi cremato e le ceneri sparse in un punto rimasto segreto del fiume Isar in Germania. B.P. Boschesi, *Il chi è della seconda Guerra Mondiale* cit. vol. 1, pp. 220–222.

[16] *Die weissen Spiegel* in tedesco vuol dire "la mostrina bianca" e poiché questo fu l'unico reparto a portare una mostrina bianca sul bavero dell'uniforme, questo nomignolo venne ad indicarla.

delle "waffen SS" e avevano lo stesso equipaggiamento speciale dei paracadutisti, mentre i carristi divisionali avevano mostrine bianche con il teschio. Tutti portavano il fregio dell'aviazione sul petto a destra. I requisiti per l'ammissione erano severi quanto quelli per le truppe speciali [17]. L'unità era nata inizialmente nel 1933 come corpo di polizia speciale incaricato di arrestare i comunisti berlinesi e comandato personalmente da Hermann Göring, allora ministro degli interni. Nel 1934 il reparto fu passato alla Luftwaffe [18] come reggimento "General Göring". Con questa denominazione il reparto formò la guardia personale del ministro dell'aviazione. Scoppiata la seconda guerra mondiale il reparto prese parte all'invasione di Norvegia e Francia e dal 1941 fu sul fronte Russo. Nell'estate 1942 il reparto fu promosso al rango di "brigata Hermann Göring" ma poi con l'incremento dei volontari si rese necessario creare una divisione. Nella primavera del 1943 il grosso della nuova unità fu inviato in Tunisia dove fu distrutta nel maggio. Ricostituita alla meglio in Sicilia, prese parte agli scontri dopo gli sbarchi del luglio dello stesso anno. Il 15 luglio 1943 era stata denominata Panzerdivision (divisione corazzata). Duramente provata, passò in Italia dove acquisì reparti scelti di carristi e paracadutisti [19]. Il 6 gennaio 1944 fu ridenominata divisione paracadutisti Corazzata (Fallschirm-Panzer Division-Fjpzd), e il simbolo del reparto divenne un'aquila lanciata all'attacco. Fu impegnata nei combattimenti di Anzio dal gennaio al maggio 1944, contenne lo sbarco alleato. La sua difesa disperata di Valmontone impedì agli alleati di distruggere la 10ª armata germanica alla fine del maggio 1944. Durante la ritirata tedesca, da Roma ad Arezzo, fu costantemente in prima linea. Nell'agosto 1944 venne trasferita in Polonia e in Prussia Orientale per combattere contro i sovietici e venne ristrutturata per diventare un "Corpo paracadutisti corazzato" a partire dall'ottobre 1944. In questa nuova configurazione fu impegnata in prima linea durante i feroci combattimenti che seguirono all'offensiva finale sovietica del 1945, conseguì alcuni successi locali, ma venne accerchiata in Polonia. Riuscì a forzare il blocco e a ripiegare in Germania. Continuò a combattere fino agli ultimi giorni della guerra, quando venne sopraffatta dai sovietici il 7 maggio 1945 vicino a Dresda [20].

L'unità divenne tristemente famosa perché i suoi reparti intervennero in rastrellamenti antipartigiani nell'Italia occupata: sull'appenino tosco-emiliano, Umbria e Lazio [21]. La battaglia di Valmontone era costata alte perdite alla divisione che, ai primi giorni di quel giugno 1944, era ridotta a soli 800 uomini, il 15 per cento dei suoi effettivi normali. Nei giorni successivi gli striminziti battaglioni della "Hermann Göring" erano rimpolpati da numerose reclute giovanissime ed inesperte, che, come ha scritto Albert Kesselring: "ardentemente devote ad Hitler, giuravano su di lui e per lui erano pronte a dare la loro vita" [22]. Grazie a questa immissione di rincalzi la divisione raggiungeva, al 20 giugno 1944, una forza complessiva di: 2.872 uomini di fanteria [23]; 11 carri armati; 4 cannoni controcarro da 88 millimetri; 9 cannoni controcarro da 75 millimetri; 27 pezzi d'artiglieria di calibro vario tra 105 e 150 millimetri; 4 lanciarazzi Nebelwerfer [24]. Gli uomini che componevano il reparto non erano le tristemente famose S.S., ma nondimeno numerosi convinti nazisti erano presenti nei vari reparti, specialmente tra i più giovani che erano tutti provenienti dalla gioventù hitleriana e che, come già detto, erano tutti volontari.

[17] Erano ammessi alla divisione solo volontari che dovevano: essere di razza ariana; avere perfetta costituzione fisica e non portare occhiali; avere un'altezza minima di metri 1,70; avere una età minima di 17 anni e massimo di 25. Anche militari già in servizio in altri corpi potevano fare richiesta di arruolarsi, e questo spesso avvenne tra gli ufficiali perché nella "Hermann Göring" si faceva carriera più in fretta. N.A.W., T.315, Roll 2293, Diario di guerra divisionale della *Hermann Göring*.

[18] Luftwaffe-forza aerea, denominazione dell'aviazione tedesca

[19] Nelle forze armate germaniche i paracadutisti dipendevano dall'aviazione

[20] Georg Tessin, *Verbände und Truppen der deutschen Wehrmacht und Waffen-SS im Zweitem Weltkrieg 1939-1945* cit., vol. 1., pp. 358-359 e vol. 14, p. 111; N.A.W., T.315, Roll 2293-2297, Diario di guerra divisionale; Alfred Otte, *Die weissen Spiegel, vom Regiment zum Fallschirm-Panzerkorps*, Storia ufficiale della divisione "Hermann Göring" edita in Germania nel 1974, ristampa in lingua inglese a cura della Schiffer Military ed., USA, 1989; Jean Mabire, *La Panzerdivision Hermann Goering*, Paris, Ed. Jacques Grancher, 1992; Franz Kurowski, *The history of the Fallschirmpanzerkorps Hermann Göring, soldiers of the Reichsmarschall*, Ed. Fedorowicz Publishing Inc., Canada, 1995; *Storia dei mezzi corazzati*, Milano, F.lli Fabbri, 1976, vol. 3, p. 527; Eddy Bauer, *Storia Controversa della Seconda Guerra Mondiale*, Novara, Ist.Geografico De Agostini, 1977, vol. 4, pp. 274-275 e vol. 6, p. 402; G.A. Shepperd, *La campagna d'Italia* cit., pp.44-46,67, e 129; *Corpi di Elite, uomini-armi-reparti speciali*, Novara, Ist.Geografico De Agostini, 1988, vol. 8, pp. 2348-2353; Andrew Mollo-Malcom Mcgregor, *Uniformi delle marine e delle aviazioni nella Seconda Guerra Mondiale*, Roma, Ed. Paoline, 1981, pp. 71 e 66-67; *Das Bundesarchiv und seine bestände*, a cura di Facius, Booms, Boberach, Boppard am Rehin, Harald Boldt Verlag, R.F.T., 1977, p. 336; Brian L.Davis, *Uniformi e distintivi dell'esercito tedesco 1939-1945*, Albertelli ed., 1972.

[21] Vedi al riguardo: Lutz Klinkhammer, *L'occupazione tedesca in Italia, 1943-1945*, Torino, Bollati Boringhieri, 1993, pp.335-340; Friedrich Andrae, *Auch gegen Frauen und Kinder, Der Krieg der deutschen Wehrmacht gegen die Zivilbevölkerung in Italien 1943-1945*, München, Piper, 1995, pp. 130-132; Roberto Battaglia, *Storia della Resistenza*, Torino, Einaudi, 1952; Secchia-Frassati, *Storia della Resistenza*, Roma, Ed.Riuniti, 1965; Amedeo Montemaggi, *Offensiva della Linea Gotica* cit., p. 57.

[22] Albert Kesselring, *Memorie di guerra*, Milano, Garzanti, 1954, p. 254 citata anche da: Amedeo Montemaggi, *Offensiva della Linea Gotica* cit., pp. 62 e 118.

[23] Queste erano le forze dei singoli reparti: Reggimento 1. -31 ufficiali e 879 uomini tra sottufficiali e soldati semplici; Reggimento 2.-25 ufficiali-906 sottufficiali e truppa; Reparto esplorante divisionale-7 ufficiali-191 uomini; Battaglione pionieri-8 ufficiali-522 sottufficiali e truppa; "Division Kampfschule"-7 ufficiali-296 sottufficiali e truppa. N.A.W., T. 314, Roll 1574, allegati al *Diario di guerra n. 2* del LXXVI° Panzerkorps, doc. 000765.

[24] N.A.W., T.314, Roll 1574, allegati al Diario di guerra n. 2 del LXXVI° Panzerkorps, doc. 000740; N.A.W., T.312, Roll 95, allegato n. 646 del 20.6.1944 al *Diario di guerra n. 7* della 10ª Armata, Doc. n. 7621166.

**Il quadro generale**

Per capire meglio l'andamento degli eventi a Chiusi bisogna anche seguire l'andamento della battaglia sui suoi due fianchi, questo perché, come sa chiunque abbia dimestichezza con cose militari, per poter prendere un obiettivo troppo forte bisogna operare adeguatamente sulle ali, e saranno proprio queste operazioni quelle decisive.

Il fianco Destro: Città della Pieve.

L'avanzata alleata aveva come asse portante la Strada Statale 71, e fu per il controllo di questa che si scatenarono, nei giorni 16-17-18 giugno 1944, gli scontri per Città della Pieve dove era schierato il grosso della Prima divisione paracadutisti tedesca del generale Heidrich, i quali ripeterono come altrove, le loro razzie nelle case abbandonate dalla popolazione. I combattimenti iniziarono la sera del 16, con i tedeschi che bloccarono la SS.71 facendo crollare alcune case. Gli inglesi cercarono di sfondare sottoponendo la Città ad un fitto fuoco di artiglieria ed attaccando con i carri armati, ma senza esito positivo. La pioggia, che aveva cominciato a cadere a partire dal giorno 17, avvantaggiò i tedeschi perché rese impraticabili tutte le strade minori. La S.S. 71 era la sola strada capace di sopportare il traffico di una avanzata di mezzi blindati, ma, con una strada sola disponibile, si ebbero ben presto gravi ingorghi. Come ricorda lo storico inglese Linklater:

"Nondimeno l'avanzata continuò, combattendo il fango allo stesso modo che il nemico, e dopo due giorni di selvaggi combattimenti, una retroguardia della divisione paracadutisti abbandonò il paese di Città della Pieve che essi avevano tenuto contro ripetuti attacchi del terzo battaglione Ussari (3^rd^ The King's Own Hussars), del primo East Surreys (The East Surrey Regiment) e del quinto Buffs (Royal East Kent Regiment) [25]. Non poterono resistere più a lungo dopo che l'11a brigata britannica era andata avanti verso Monte Petrarvella, sulla cresta sovrastante le rive meridionali del Lago Trasimeno" [26]. I tedeschi sgomberarono il centro abitato "per le ore 11,35 del mattino del 17 giugno", ma continuarono a resistere fuori del paese lungo la strada. Nel corso del giorno successivo, gli inglesi riuscirono a penetrare nel fronte della 334ª divisione di fanteria germanica, a sinistra dei paracadutisti. Per evitare l'accerchiamento, a questi ultimi si impose così la ritirata [27]. Nel corso dei combattimenti erano stati distrutti cinque carri armati inglesi.

La notte tra il 18 e il 19 i tedeschi ripiegarono sulla linea Sarteano-Stazione di Chiusi-lato sud-ovest del Lago Trasimeno [28]. Lunedì 19 giugno 1944 Città della Pieve era libera: circa 70 cittadini pievesi erano morti. Lo stesso giorno gli alleati liberarono Moiano e Paciano giungendo fino a Sanfatucchio nel Comune di Castiglion del Lago [29].

Vediamo adesso cosa stava avvenendo sul fianco sinistro del fronte che comprendeva Cetona e Sarteano. Anna Battilana Fanelli era a Cetona, al momento della ritirata tedesca:

> "Per quattro o cinque notti sempre di continuo passarono carriaggi, cavalli e anche carri dei contadini che i tedeschi avevano requisito. Si sentivano transitare di notte poi alla mattina silenzio... Ricordo che sui carri, tra l'altro, i tedeschi si portavano via anche i loro morti. Li mettevano dentro dei teli bianchi o mimetizzati, che poi cucivano, si riconoscevano solo per via dei piedi che rimanevano fuori. Sembravano salami, e pensare che erano state persone! Altri morti tedeschi li vidi al passaggio del fronte, ma non molti perché a Cetona i tedeschi non resistettero molto, prima spararono con i cannoni verso Fabro e Città della Pieve, e gli alleati rispondevano contro il paese. Poi, dopo aver segato e buttato sulla strada per ostruirla degli alberi, ripiegarono al Belriguardo sopra Cetona, sulla strada per Sarteano, da dove controllavano tutta la vallata. Sembra che i tedeschi avessero solo tre carri armati che operavano sulla strada Cetona – Sarteano. Furono poi tutti distrutti, uno poco sopra Belriguardo, uno in piazza d'armi a Sarteano, e infine l'ultimo lungo la strada Sarteano –Chianciano. Ci fu un momento che Cetona era terra di nessuno con gli inglesi sotto Cetona e i tedeschi al Belriguardo. Quando fu la liberazione s'avviò a vedere le camionette e qualcuno gridò – gli americani, gli americani, siamo liberi, liberi. – Non si sapeva se piangere o ridere" [30].

Alla liberazione di Cetona, avvenuta il 20 giugno 1944, i partigiani del Nucleo Comunale della SIMAR dettero il loro contributo segnalando agli alleati che il paese era sgombro dai tedeschi fin dal giorno 19. Vennero fatte anche opportune segnalazioni, rappresentate dallo sventolare di una bandiera tricolore dalla rocca che dominava il paese, per indicare che il campo era libero. Un plotone di "soldati negri" fece l'ingresso

[25] Erano chiamati così perché avevano le mostrine color pelle di bufalo, Buffalo in inglese.

[26] ERIC LINKLATER, *The Campaign in Italy*, London Her Majesty's stationery office, 1977, Unwin brothers ltd., The Gresham Press, Old Woking, Surrey. Questa è la seconda ristampa del libro del 1951, p. 298. I battaglioni britannici prendevano lo stesso nome del reggimento di origine, e i reparti sopra citati erano parte della 36ª Brigata della 78a Divisione fanteria. Vedi anche GUIDO ROSIGNOLI, *Army, badges and insignia of World War 2*, book 1, Poole, Dorset, Blandford Press, 1972, pp. 113-117.

[27] Questa operazione di accerchiamento risultò l'azione vincente degli alleati in questo settore, come fu messa in risalto dal bollettino di guerra alleato riportato da "*L'Unità*", organo del Partito Comunista Italiano, edizione di Roma, (Ultima serie) anno XXI, del giugno 1944, numero 13 del 20 giugno 1944.

[28] Sugli scontri a Città della Pieve N.A.W., T-314, Roll 1574, *Diario di guerra n. 2* del LXXVI° Panzerkorps, doc. 000327-331.

[29] *Diario storico di Città della Pieve di Mons. Fiorenzo Canuti*, Perugia, tip. Donnini, 1956, pp. 83-85; MARIO VILLANI, *Antifascismo e Resistenza (appunti di storia Pievese)*, Città della Pieve, tip. Dante, 1965, pp. 82-85; *La resistenza nella zona operativa della Brigata Risorgimento, (Pievese, Castiglionese e dintorni)* a cura di SOLISMO SACCO, Foligno, Edit.Umbra, 1986 e SOLISMO SACCO, *Storia della Resistenza nella zona sud-ovest Trasimeno* cit.

[30] Testimonianza Anna Battilana Fanelli raccolta nel 1976. La notizia di Cetona bombardata duramente dopo la liberazione si sparse nella zona portando a far ritenere che i tedeschi si fossero voluti vendicare della popolazione che aveva accolto gli alleati "col suono delle campane" vedi IRIS ORIGO, *Guerra in Val d'Orcia* cit., p. 227.

iniziale [31], come ricorda ancora Anna Battilana Fanelli:

"Erano truppe di colore, ma non ricordo se sudafricane o francesi, assieme a loro comparvero i partigiani del Monte Cetona. Ricordo che i partigiani intervennero col comando alleato perché in paese non entrassero i marocchini che avevano raggiunto San Casciano dei Bagni, ma molti di questi circolavano per le campagne dove fecero i comodi loro. Intanto i tedeschi dal Belriguardo con i cannoni dei carri armati sparavano contro Cetona. Così noi dovemmo tornare ai rifugi [32]".

Anche per Sarteano passò la ritirata Germanica e così fu ricordata da Elge Faleri:

"Noi abitavamo sulla 'Via di Fuori' e quindi la ritirata passava sotto le nostre finestre. Questa cominciò circa un mese prima del passaggio del fronte. Appena scendeva la notte l'aria si riempiva di rumori: carri; cavalli; muli. Per diverse notti si sentì il battito cadenzato degli zoccoli sul selciato [33], il rullio delle ruote, il rimbombo ovattato e scricchiolante dei carri. Non si dormiva più! Avevamo messo i materassi per terra in un corridoio più dentro all'edificio dove ci sembrava di sentirsi più sicuri in quanto anche la struttura della casa tremava, tintinnavano i vetri delle vecchie finestre, scricchiolavano le porte. Poi venne il peggio: carri armati; autoblindo; cannoni; camions; allora sì che sembrava il finimondo! Dopo due giorni delle ultime colonne arrivarono le prime granate. Voragini si aprivano nelle facciate delle case e sui tetti. Da allora la gente incominciò a raccogliersi nelle cantine dei palazzi più grandi, in quelle cantine profonde che andavano a finire a sotterraneo. Io avevo il terrore di restare in quei buchi, pensavo che se crollava l'ingresso saremmo rimasti tutti sepolti vivi e non volli restare. Preferivo morire all'aperto! Allora con i miei genitori e mia sorella, decidemmo di andare in campagna da alcuni contadini nostri amici al podere Renaio, posto sopra a Sarteano in una zona chiamata La pietra di Garibaldi" [34].

La sorella di Elge Faleri, Alma, continua:

"Pensavamo di essere in salvo quando una notte arrivarono i tedeschi che istallarono un comando lì. Avevano anche un ospedale da campo con tanto di croce rossa. Dalla cantina dove ci eravamo rifugiati, si sentiva i lamenti dei feriti. Tanti feriti, tutti intorno al podere, e il contadino che saliva ogni tanto, ci disse anche di averne visto morire uno. Eravamo terrorizzati, si sentivano volare aerei e si pensava alle bombe che potevano finirci addosso, se gli inglesi s'accorgevano di quel comando" [35].

Abbiamo già visto come sulla sinistra dei Britannici operassero i Francesi che stavano intanto liberando le zone del Monte Amiata [36]. Sostennero duri scontri per occupare Radicofani, dove combatté la 13ª D.B.L.E – Demi-Brigade de la Légion Etrangère -Semibrigata della Legione Straniera, inquadrata nella Prima divisione motorizzata "Francia Libera". Prendere la rocca di Ghino di Tacco fu impresa ardua, ma facendo onore alla loro fama, i legionari ci riuscirono il 18 giugno 1944 [37].

Il 20 giugno dunque i Britannici avevano superato di due chilometri Cetona, ma erano bloccati sotto Sarteano, mentre sulla destra avevano quasi raggiunto la zona dei laghi ma erano stati fermati a Sanfatucchio e a Vaiano. Qui infatti il quinto "Buffs" e il sesto "Royal West Kents" della 36ª Brigata britannica avevano conquistato il paese di Strada, lungo la statale, e durante una bella giornata, dopo che la pioggia era cessata, lo avevano tenuto respingendo un contrattacco. Due miglia verso nord est il secondo "Lancashire Fusiliers" combatté violentemente per la cresta di Sanfatucchio. I tedeschi avevano una linea difensiva tra il Trasimeno e il lago di Chiusi e fecero comprendere di volerla tenere. Al centro, lungo la piana dello Scolo Chianetta, la divisione corazzata sudafricana era "azzoppata dal colloso abbraccio del soffice grigio fango in cui tutto il grazioso paesaggio dell'Umbria sembrava essersi dissolto" [38]. Il XIII Corpo Britannico era così davanti alle rive occidentali del Lago Trasimeno e a Chiusi, mentre il X Corpo dopo aver preso Perugia, fu anch'esso costretto a fermarsi ad est del Lago. La fase dell'inseguimento delle truppe di Kesselring, che aveva portato ad un'avanzata di 150 chilometri in 15 giorni era finito. Gli alleati ancora non lo sapevano ma si trovavano davanti alla prima linea di resistenza tedesca ristabilita come "un insieme corrente attraverso la penisola". Kesselring era riuscito a riprendere in mano la situazione ed era più che mai deciso a ripetere i successi difensivi che lo contraddi-

[31] R. Manno, *Le Bande SIMAR* cit., p. 82 e Silvio Marenco, *Elenco combattimenti svolti durante il periodo della liberazione*, allegato all'elenco per il riconoscimento delle qualifiche partigiane. in Fondo Simar, ISRT, Firenze. Anche nel libro *Brigate Simar* cit., alle pp. 120-124, si ricostruiscono quei fatti e anche la rappresaglia tedesca che, nei pressi del podere "La Formica", costò la vita a sette abitanti di Cetona.

[32] Testimonianza Anna Battilana Fanelli raccolta nel 1976.

[33] I reparti tedeschi che curavano e rifornivano di cavalli le varie divisioni germaniche, erano in ripiegamento in provincia di Siena, verso Montepulciano. Claudio Biscarini, *1943-1944: vicende belliche e Resistenza in terra di Siena* cit., p. 77.

[34] Testimonianza di Elge Faleri raccolta nel 1978 e anche testimonianza di Bruno Faleri raccolta nel 1976.

[35] Testimonianza di Alma Faleri raccolta nel 1988.

[36] Sui combattimenti per liberare il Monte Amiata vedi l'articolo di Claudio Biscarini, *La battaglia del Monte Amiata (16-25 giugno 1944)*, in: *Amiata, storia e territorio*, periodico, anno IV, n. 11, agosto 1991, pp. 34-38.

[37] L.Garros, *Storia della Legione Straniera*, Ginevra, Ed. Ferni, 1972, pp. 226-228-243. Marechal Juin, *La campagne d'Italie*, Besançon, Ed. Guy Victor, 1962, pp. 158-159; Jacques Robichon, *Le Corps expeditionnaire Français en Italie 1943/1944*, Paris, Presses de la Cité, 1981, pp. 369-373. Sulla battaglia per la liberazione di Radicofani devo fare alcune precisazioni: abbiamo infatti una situazione simile a quella di Chiusi, con i tedeschi asserragliati nel paese vecchio "in alto", decisi a resistere contro il nemico avanzante da sud. A difesa del paese era schierato il secondo battaglione del 67° Reggimento granatieri corazzati (2/67 Panzer Grenadier Regiment) della 26ª Divisione corazzata germanica. Al comandante tedesco, maggiore Radgens, fu ordinato di "battersi fino all'ultima cartuccia", ma le truppe francesi del Primo battaglione della 13ª Semibrigata della Legione Straniera furono avversari troppo duri. In poco meno di ventiquattr'ore di combattimento i tedeschi furono letteralmente sopraffatti. Distrutti i carri armati di appoggio e preso d'assalto il paese; dopo un combattimento casa per casa i superstiti del battaglione si arresero. Era il 18 giugno 1944. Il maggiore Radgens piuttosto che arrendersi preferì suicidarsi con un colpo di pistola.

[38] Eric Linklater, *The Campaign in Italy* cit., pp. 298-299.

stinguevano [39]. Il 20 giugno 1944, nel diario di guerra della 10ª Armata tedesca veniva registrato: "Il combattimento al Lago Trasimeno è cominciato" [40].

Ci fu un altro motivo per cui a Kesselring riuscì di fermare l'avanzata alleata, e cioè che ai francesi del CEF fu comunicato che, nell'agosto seguente, sarebbero sbarcati nella Francia meridionale, per partecipare all'Operazione Anvil-Sea Dragoon (incudine-dragone marino). Il 6 giugno 1944 c'era stato il noto sbarco in Normandia, Operazione Overlord (sovrano), e ora questo nuovo sbarco avrebbe consentito di prendere i tedeschi in Francia tra due fuochi. Questo provocò il ritiro dal fronte Italiano di tre divisioni statunitensi e di sette francesi, reparti strumentali per la rapida conclusione della campagna d'Italia. Fatto che spinse i francesi schierati alla sinistra del XIII Corpo Britannico, a limitarsi nell'avanzata, perché era duro morire in Italia quando c'era la "possibilità di aiutare a liberare la Francia con un assalto diretto" [41]. I francesi furono così trattenuti facilmente dai tedeschi sull'Orcia fino al 27 giugno. Ma, come scrive lo storico W. Jackson... "Anche nell'Ottava Armata la sensazione che il teatro operativo Italiano stesse perdendo di importanza e ristagnasse cominciò a filtrare dall'alto. L'istinto dei combattenti è acuto; l'idea che i loro sforzi siano probabilmente destinati a non avere sulla guerra alcun effetto decisivo, distrugge presto la loro disposizione a correre rischi. Senza correre rischi però, non si ottengono vittorie, ma si creano situazioni statiche..." [42].

Dunque ecco un altro elemento da tenere in considerazione: il fatto che alle posizioni naturalmente forti di Chiusi si aggiunsero effetti psicologici tra i soldati alleati che ne ritardarono lo slancio. Come abbiamo già detto, qualunque caposaldo per quanto forte e munito può cadere per aggiramento, ma, e qui sta il punto, chi doveva o poteva aggirare Chiusi per prenderla? Non certo i francesi alla sinistra, che ritardarono l'avanzata non appena seppero che dovevano sbarcare in Francia [43]. Ed era proprio sul fianco sinistro che stavano le alture chiave per la difesa di Chiusi; le alture di Sarteano. Neppure il X° Corpo Britannico poteva aggirare strategicamente il blocco composto da Chiusi e dal Lago Trasimeno, dall'altra parte del Lago, sulla destra, perché aveva davanti una zona montuosa dove i carri armati non potevano operare, e difatti avanzò solo quando i tedeschi ripiegarono in conseguenza della presa di Chiusi [44].

Chiusi e le sue adiacenze stavano acquistando così sempre più importanza nella condotta della lotta difensiva tedesca. Mentre si stava preparando la tempesta, Zelinda Nasorri trascorse quei primi giorni dopo l'evacuazione di Chiusi in un bosco:

> "Tutto sembrava essere calmo in quel bosco dove c'eravamo rifugiati, e anche se pioveva, stavo vivendo quei momenti con l'incoscienza della gioventù, allora avevo quindici anni. Sembrava quasi di fare una scampagnata, ma cominciarono a cadere cannonate, ora troppo lunghe ora troppo corte e noi cominciammo a spostarci. In quei momenti avvenne un fatto che mi piace ricordare perché mi sembrò buffo. Era successo che una nostra vicina non aveva voluto lasciare la casa, ma quel giorno la vedemmo arrivare con una padella in mano dentro la quale c'era un pollo mezzo cotto. Cercava il marito che era con noi e gridava e piangeva, chiamandolo. Ci raccontò poi quello che era accaduto: rimasta sola a casa e avendo fame aveva deciso di cucinarsi un pollo; era andata nello sterrato accanto casa e l'aveva ammazzato; nel risalire in casa aveva però lasciato una scia di sangue del pollo per terra. Mentre era in cucina e già friggeva in padella il pollo, girandosi si era trovata davanti un soldato tedesco, giovanissimo, che la squadrava, arma in mano. Terrorizzata e temendo chissà cosa, aveva cominciato a dire – No! No! Non mi ammazzare! Io mamma! Io mamma! – Questo giovane militare pur non parlando italiano capì la situazione, e posando il fucile le fece capire di stare calma e si mise a sedere. Facendosi comprendere alla meglio, disse che lui aveva visto le tracce di sangue e pensando ad un suo amico ferito, l'aveva seguite

[39] E. FISHER JR., *Cassino to the Alps* cit., p. 252.

[40] N.A.W., T-312, Roll 94, Diario di guerra n. 7 della 10ª Armata, documenti nn. 7619914-7619915.

[41] W.F. JACKSON, *La Battaglia d'Italia* cit., pp. 315-316 e 320-321; G. BOULLE, *Le Corps Expeditionnaire Français en Italie* cit., pp. 179-180 e p. 185.

[42] W.F. JACKSON, *La battaglia d'Italia* cit., pp 320-321. Sir Winston Churchill, allora primo ministro Britannico ricorda nelle proprie memorie: "Dopo dieci giorni d'inseguimento la resistenza tedesca cominciò ad irrigidirsi e l'8a Armata dovette combattere duramente per aver ragione d'un forte caposaldo nemico sulle rive del Lago Trasimeno." WINSTON CHURCHILL, *La Seconda Guerra Mondiale*, Milano, Mondadori, 1970, vol. 11, p. 108.

[43] Fu proprio il 20 giugno che la Prima Divisione motorizzata francese venne sostituita in linea per prepararsi allo sbarco in Francia. Cfr. CLAUDIO BISCARINI, *1944: i francesi e la liberazione di Siena, storia e immagini delle operazioni militari,* Siena, nuova immagine saggi, 1991, p. 38. I reparti francesi furono comunque i protagonisti della liberazione di Siena e del nord della provincia nel corso del successivo mese di luglio 1944. Tra l'altro è necessario sottolineare come molti di questi soldati, coraggiosiamente animati nel 1944 dalla volontà di liberare il proprio paese, avrebbero poi partecipato alle successive guerre coloniali, fatte in Indocina e Algeria proprio per soffocare gli aneliti di libertà di quei popoli. Tra questi voglio ricordare il maggiore Gabriel Brunet de Sairigné e il capitano, poi colonnello, Christian de Castries. Il primo fu comandante del 1° Battaglione della Legione Straniera che liberò Radicofani; morì in combattimento nel marzo del 1953 a Trang Bom in Indocina. Il colonnello de Castries in Italia fu comandante di un reparto di "*Spahis*" marocchini e fu tra i primi ad entrare a Siena; in Indocina divenne famoso perchè fu posto al comando della "fortezza" di Diên Biên Phu, la cui resa, il 7 maggio 1954 ai soldati vietnamiti del generale Vo Nguyen Giap, segnò la fine della guerra in Indocina.

[44] Nelle memorie del Generale ALEXANDER, comandante in capo delle forze alleate in Italia, troviamo: "Il XIII° e X° Corpo Britannici si trovarono di fronte una forte linea sul Trasimeno... Il X° Corpo a nord di Perugia poté progredire ben poco in una zona montuosa adatta solo alla fanteria... Il X° Corpo a est del Trasimeno non poté progredire finché la ritirata nemica al Trasimeno si estese al fronte davanti al X° Corpo." *Le memorie del Maresciallo Alexander 1940-1945*, a cura di JOHN NORTH, Milano, Garzanti, 1963, pp. 230-231. Alexander Harold Rupert Leofric George, Feldmaresciallo Britannico, 1891-1969, militare di carriera. Nel 1943 era a capo delle forze Britanniche in Medio Oriente. Divenne prima comandante dell'8ª Armata britannica e poi fu comandante generale delle forze unificate alleate in Italia. Sostenne la lunga battaglia di Cassino decidendo la distruzione dell'Abbazia. Il 29.4.1945 ricevette la resa tedesca in Italia.

ma che non aveva alcuna intenzione di farle male. Invece aggiunse – Gefahr, pericolo, tu stare qui. Dopo essersi riposato il tedesco andò via, e allora fuggì via anche questa donna terrorizzata che venne così da noi, a raccontare questa che mi parve una nota comica nella tragedia" [45].

La fame fu un altro aspetto della vita di quei giorni, e cominciava a farsi sentire, dopo due giorni dall'evacuazione. Fu così che, come ricorda Giulia Betti:

> "Visto che eravamo rimasti senza niente da mangiare si decise di tornare a casa per prendere qualcosa. La mattina sembrava calma, senza cannonate, così io e mia nipote Wanda ci avviammo. In paese, vicino alla Chiesa di San Francesco, trovammo un gran macello, tutta la mobilia di una casa era stata buttata in strada. Incontrammo i tedeschi che ci chiesero dove si andava, ma ci fecero passare senza problemi. In casa, nella cantina, trovammo scarpe; calzini; mutande; cenci usati per pezze da piedi; un materasso. Evidentemente i tedeschi ci avevano dormito. Preso quel poco cibo trovato, mentre si risaliva al piano superiore, si sentì uno strano cigolio per strada. Affacciandoci vedemmo passare per via Arunte due militari tedeschi: spingevano una carrozzina per bambini con dentro delle cassette di munizioni, e avevano sulle spalle delle collane fatte di nastri di mitragliatrice. Erano dei gran brutti ceffi! Si ebbe una gran paura così ci affrettammo a tornare alle grotte" [46].

Anche Zaira Rubechi ricorda la fame di quei giorni:

> "In quel rifugio sotto alla Fortezza, si patì tanta fame. Io mi ero portata un pò di cibo ma c'era chi non aveva portato niente e dovendo dividere c'è n'era sempre poco per tutti. La moglie di un vicino mi disse che a casa sua, anche se parzialmente crollata, aveva un armadio pieno di pasta, così decidemmo di tentare di prenderla. Ci avviammo, lei e io con mio figlio Renato in collo. Davanti a casa sua, in Fontebranda, trovammo due tedeschi, uno era fuori dalla porta l'altro dentro che scriveva. Quello fuori mi disse – mamma dove andare? – io che avevo preso una brocca gli dissi che andavo a prendere l'acqua o almeno mi feci capire. Così passai, ma alla mia vicina quando questa disse che quella era casa sua, chiamandola 'capitalista' il tedesco arrabbiandosi gli puntò l'arma addosso e la costrinse a tornare indietro. Io entrai in casa e tentai lo stesso di prendere acqua dal rubinetto, ma questa veniva solo a gocce perché avevano distrutto le condutture. Così non potemmo prendere nulla e tornammo al rifugio più affamati di prima" [47].

## Arrivano I Sudafricani

Tra le truppe alleate che avanzavano verso Chiusi c'erano reparti formati da uomini di tutte le razze e nazioni, tra questi uno dei più particolari fu senza alcun dubbio quello che fu incaricato di occupare Chiusi: la Sesta divisione corazzata sudafricana (6$^{th}$ South African armoured division). Costituita il 1 febbraio 1943 in Africa settentrionale e posta sotto il comando del Maggior Generale W.H. Everett Poole, nacque dopo una lunga e travagliata gestazione. Era composta da due brigate [48]: l'11a corazzata al comando del generale di Brigata J.P.Furstenburg, e la 12a motorizzata del generale R.J.Palmer. C'erano inoltre reparti di artiglieria [49], genio, telecomunicazioni, sanità, trasporti ed un battaglione corazzato divisionale da ricognizione. Gli americani avevano messo a disposizione autoveicoli, carri armati ed attrezzature logistiche ma non era stato facile formare questa divisione, perché doveva essere composta esclusivamente da soldati volontari; infatti, a causa delle tensioni politiche conseguenti l'entrata in guerra dell'Unione Sudafricana, nel paese non era stata introdotta la coscrizione obbligatoria [50]. Pertanto soltanto i volontari potevano combattere fuori dei confini del paese. Per completare i ranghi vennero così messi assieme volontari provenienti da diverse unità, cosa che costrinse a ribattezzare i nuovi reparti con l'unione dei nomi dei reggimenti di provenienza dei volontari. Per questo si ebbero molti battaglioni dal doppio nome, come ad esempio il "First City/Cape Town Highlanders", formato da volontari provenienti dai due omonimi: Il "First City Regiment" ed il "Cape Town Highlanders Regiment" [51]. In ossequio ad una strisciante politica di segregazione razziale che poi sfociò in Sudafrica nella "politica dell'Apartheid", i reparti combattenti furono formati esclusivamente da soldati bianchi, mentre i "non bianchi", cioè i neri e gli immigrati indiani, vennero assegnati in genere ai reparti dei servizi, come genio, sanità o trasporti. Nel marzo 1944 la divisione fu inviata in Italia e assegnata all'Ottava Armata Britannica; come rinforzo le venne aggregata la 24$^{a}$ Brigata Gruppo Guardie Reali Britanniche (24$^{th}$ Guards Brigade Group), del generale Clive Archer. Tale rinforzo fu reso necessario dal tipo di guerra che in Italia costringeva le parti in lotta

[45] Testimonianza di Zelinda Nasorri raccolta nel 1988.

[46] Testimonianza di Giulia Betti raccolta nel 1988.

[47] Testimonianza di Zaira Rubechi raccolta nel 1975.

[48] La Brigata dell'esercito Britannico di allora corrispondeva, grosso modo, al reggimento dell'ordinamento militare italiano ed era composta da tre battaglioni J.B.King, *Fanteria in guerra 1939-1945*, Milano, Ed. A.I.D., 1977, pp. 5-7.

[49] C'erano tre battaglioni, definiti "Regiment", di artiglieria da campo di cui due con pezzi da 25 libbre cioè da 88 millimetri, ed uno fornito di cannoni semoventi da 105 millimetri; c'era inoltre un battaglione di artiglieria pesante, definito "Medium" nella terminologia militare britannica, con cannoni da "5,5 Inch" cioè 140 millimetri, infine un battaglione controcarri ed uno di contraerea. I battaglioni di artiglieria erano ordinati su due "Batteries" o gruppi, ciascuno su 12 pezzi. L'indicazione dei battaglioni di artiglieria sudafricani merita un chiarimento. Poiché infatti gli artiglieri, tutti volontari, provenivano da diversi reggimenti, i reparti costituiti *ad hoc*, erano stati ridenominati con i numeri dei reparti di provenienza dei militari. Pertanto il termine 1/6 SAA Fd.Rgt., designava il battaglione di formazione del primo e sesto reggimento di artiglieria.

[50] In Sudafrica la popolazione bianca era divisa, allora come oggi, in due grandi gruppi etnici: gli Afrikaner o Boeri, cioé i discendenti dei coloni olandesi e i discendenti dei coloni britannici. I movimenti politici Afrikaner nel 1939 si opposero decisamente all'entrata in guerra dell'Unione Sudafricana.

[51] Il termine "Regiment", nell'esercito britannico, viene usato per indicare anche unità della forza di un battaglione, che essendo eredi della tradizione del Reggimento di origine, ne portano il nome, a prescindere della forza numerica.

a fare largo uso di fanterie, le uniche che potevano prendere e tenere le alture. Questo aumentò gli organici fino a fare della divisione un'unità di tutto rispetto [52], bene armata e motivata, ma gli uomini furono addestrati con criteri non troppo validi per il fronte Italiano ed essendo da poco in linea non si erano ancora adeguati ai nuovi canoni di lotta. Come simbolo la divisione ebbe un triangolo giallo sovrapposto ad uno verde, i sudafricani lo chiamarono "green and gold", verde e oro, ma molti automezzi portavano disegnato anche quello del corpo d'armata di cui erano parte. Nel giugno 1944 la 6ª divisione corazzata sudafricana era parte del XIII° Corpo [53] che aveva come simbolo una gazzella rossa [54].

Questo era nel Giugno 1944. L'organico della 6ª Divisione Corazzata Sudafricana:

Comando di Divisione

| | |
|---|---|
| 11ª Brigata Corazzata | 12ª Brigata Motorizzata |
| Special Service Battalion | Royal Natal Carbineers |
| SSB (corazzato) | RNC (fanteria) |
| Pretoria Regiment PR (corazzato) | First City/Cape Town Highlanders FC/CTH (fanteria) |
| Prince Alfred's Guards PAG (corazzato) | Winderstand/De La Rey WR/DLR (fanteria) |
| Imperial Light Horse Kimberley Regiment ILH/KimR (fanteria motorizzata) | Royal Durban Light Infantry RDLI (reparto supporto armi pesanti) |

Natal Mounted Rifles NMR (Battaglione corazzato esplorante divisionale)

| | |
|---|---|
| 1st Field Regiment | Artiglieria divisionale |
| 1/6 Field Regt. | 4/22 Field Regt |
| Art.da campo | Art.semovente |
| 1/11 Antitank Regt. | 1/12 Light A.A. |
| Art.Controcarro | Regt.Art.contro aerea |

7/23 Medium Regt. Art. pesante campale

C'erano infine reparti del genio, sanità, trasmissioni; e trasporti.

D'ora in avanti per ragioni di sintesi, nel testo verrà usato, al posto del nome completo dei reparti, le sigle dei battaglioni indicati nel sopraesposto organigramma. Inoltre, come già detto, alla divisione sudafricana era aggregata la 24ª Brigata delle Guardie britanniche [55], composta dai battaglioni: 5°"Grenadier Guards"; 3° "Coldstream Guards"; e 1°"Scots Guards".

Superata Orvieto i sudafricani avanzarono nella valle del Paglia ostacolati soprattutto dalle forti piogge che caddero a partire dal 17 giugno. Dal giorno 16 intanto, le artiglierie pesanti da 140 millimetri del "Medium Reggiment" sudafricano, assieme al 76° "Medium Reggiment" britannico, avevano aperto il fuoco di controbatteria sulla lunga distanza. Il 18 giugno gli uomini del FC/CTH avanzarono verso Cetona, e nella notte tra il 18-19 giugno i tedeschi si ritirarono verso nord. Il battaglione RNC, che era passato di avanguardia, raggiunse Cetona alle 9,30 della sera del 19, trovandola libera, ma un pesante fuoco d'artiglieria tedesco venne a colpire il paese a partire dalla mattina seguente. Il 21 giugno le Guardie scozzesi rilevarono i sudafricani a nord di Cetona, e, come ricordano nei loro rapporti:

> "A cinque chilometri dalle nostre posizioni si possono vedere la cresta in cui si trova Sarteano, e la formidabile fortezza di Chiusi" [56].

### Obiettivo Chiusi

Così descrive Chiusi lo storico sudafricano Neil Orpen.

> "Chiusi, sta, come un avamposto, al termine meridionale della lunga Valdichiana. È situata su di una collina, alta circa 340 metri sul livello del mare, a circa 110 metri di altezza dalla strada che vi ci conduce, e che la collega con la statale 71. La città antica è situata a circa due chilometri a nord della stazione, nodo ferroviario, punto d'incontro delle linee per Arezzo e Siena con quella per Roma. Attorno alla stazione si trovano un certo numero di costruzioni che compongono un villaggio, mostrato distinto in una carta più dettagliata come 'Stazione di Chiusi' (in italiano nel testo Ndt). Sulle carte 1:200.000 e 1:250.000, allora usate della 6ª divisione sudafricana, la Stazione di Chiusi però non era mostrata [57]. Tutto quello che poteva essere colto dalle carte topografiche,

[52] N. ORPEN, *Victory in Italy cit.*, pp 41-44. Nel maggio 1944 la divisione contava: circa 4.000 uomini di fanteria; 310 carri armati di cui 236 di tipo "Shermans", 6 "Grants", 63 "Honey Stuarts" e 3 carri gettaponte "Valentine"; 48 cannoni da 88 mm; 24 cannoni semoventi "Priest" da 105 mm; 15 cannoni medi da 140 mm; 24 semoventi controcarro M10; 20 cannoni anticarro da 76 mm.

[53] Circa i numeri che indicano i reparti militari è d'obbligo una spiegazione. In alcuni eserciti, come quello italiano fino al 1976, per indicare i reparti venivano utilizzati, in alternanza, numeri romani e arabi. Romani per i livelli pari (plotone, battaglione, brigata, corpo d'armata), arabi per quelli dispari (squadra, compagnia, reggimento, divisione, armata). Negli eserciti britannico e statunitense è sempre stata usata la numerazione araba per tutti i tipi di reparti, eccetto le compagnie, definite generalmente con la lettera corrispondente. Ad esempio la prima compagnia era la compagnia A o ABLE, la seconda B o Baker, la terza C o Charlie, la quarta D o DOG. L'adozione dei numeri romani per i corpi d'armata britannici in Italia era così un voluto strappo alla regola. I tedeschi utilizzarono lo stesso sistema italiano fino al 1945. Vedi al riguardo MARIO MONTANARI, *Le operazioni in Africa settentrionale,* vol. 1, Roma, U.S.S.M.E. Ufficio Storico dello Stato Maggiore Esercito, 1985, p. 310.

[54] Per i simboli della divisione e del corpo d'armata, vedi: GUIDO ROSIGNOLI, *Army badges and insignia of World War Two*, Book One, Dorset UK, Blanford Press Ltd, 1972, pp. 109, 115, 120 e plate 3-8-13-14; G. ROSIGNOLI, *Army badges and insignia of World War Two*. Book Two, Dorset UK, Blanford Press LTD, 1975, pp. 46-47 e plate 26 e pp. 26-29 e plate 15. Per la storia della 6ª Divisione corazzata sudafricana in Italia vedi: NEIL ORPEN, *Victory in Italy, South African Forces World War Two*, vol. 5, Cape Town, Purnell and sons, 1975; JACK KROS, *War in Italy, with the South Africans from Taranto* to the Alps, Rivonia-South Africa, Ashanti Publishing Pty, 1992, in archivio personale di GIORGIO BOLOGNI; *Storia dei mezzi corazzati* cit., vol. 3°, p. 533.

[55] Simbolo della brigata era un'ala rossa in campo blu.

[56] N. ORPEN, *Victory in Italy* cit., pp.78-86.

[57] Nelle carte 1:200.000 dei sudafricani infatti, la riga blu della quadrettatura che indicava la fine del sud Italia e la riga marrone della quadrettatura del nord Italia, si incontravano proprio sopra a dove era

era che esisteva un posto chiamato Chiusi a sud circa del Lago omonimo. Chiusi e la sua stazione erano due differenti località, ma la seconda era un paese nascosto dalle righe di stampa della quadrettatura delle mappe" [58].

Infatti Chiusi città appariva nella parte inferiore della mappa del nord Italia, definita tecnicamente "griglia marrone" mentre i sudafricani erano ancora nella zona indicata alla sommità della mappa del sud Italia, detta anche "griglia blu". Questo aspetto topografico può apparire insignificante ma purtroppo non era così per gli artiglieri, il cui tiro dipendeva largamente dal fatto che gli obbiettivi di tiro e le posizioni dei cannoni fossero su di una stessa mappa [59]. Ecco il primo problema per i sudafricani, quello di non avere carte geografiche attendibili, poiché non indicavano che Chiusi era divisa in due centri abitati distinti cosa che portava a pensare che il centro abitato fosse un tutto unico. Un errore da poco in sé, ma che, come vedremo, comportò tragicamente molta confusione. Altra convinzione che generò confusione, fu che i comandi alleati ritennero che in ogni caso una resistenza tedesca, per quanto certa, era da prevedersi per un periodo limitato, "ventiquattro ore al massimo!".

Neil Orpen continua:

> "Il nemico era sospettato che volesse resistere nella zona del Lago Trasimeno ... la sua nuova linea apparentemente correva dalle rive sud del lago attraverso Chiusi e Sarteano verso i lati settentrionali del Monte Cetona, e fotografie aeree confermavano alla 6ª div. corazzata sudafricana, che, la decisione di ripulire Chiusi si sarebbe scontrata con una forte opposizione. Un rapporto dei servizi informativi di divisione, a data 19 giugno, diceva che i partigiani riferivano della presenza di numerose catacombe e cantine a Chiusi. Le fotografie aeree la mostravano essere su di una collina similare ad Orvieto, sebbene su una scala minore. Se la Prima divisione paracadutisti tedesca era nella sua forma usuale, concludeva il rapporto, circa 24 ore di decisa resistenza nemica erano molto probabili" [60].

Il comando di Corpo d'Armata affidò alla 6ª Div. due linee di avanzata: la Strada Rossa (Red Route) lungo l'asse Cetona-Chiusi-Acquaviva-Nottola-Gracciano-Torrita di Siena-Sinalunga, e la Strada Verde (Green Route) lungo l'asse Cetona-Sarteano-Chianciano Terme-Montepulciano-Trequanda. Il 19 giugno avevamo la 12ª Brigata motorizzata nella zona di Le Piazze-Cetona, mentre l'11ª Brigata Corazzata era nella di zona di Fabro, "nel fango". Intenzione era di mandare per il giorno seguente pattuglie ad esplorare la zona "intorno alla congiunzione ferroviaria a sud di Chiusi" [61]. Della ricognizione fu incaricata la compagnia A dell ILH/KimR rinforzata da cannoni anticarro. Partita nella notte tra il 19-20 giugno, la compagnia giunse nell'area della stazione ferroviaria alle ore 9,30 della mattina del 20 [62]. Non furono incontrati nemici nel "villaggio posto a circa 2000 metri a sud di Chiusi Città", e il gruppo pattugliò oltre, fino a circa 1800 metri dall'area ferroviaria. Nessuna opposizione fu riscontrata eccetto il fuoco di due "cecchini"[63]. Quattro disertori della *Wehrmacht* [64] si consegnarono prigionieri. Nell'interrogatorio che seguì, uno di questi disse di aver visto 30 carri armati tedeschi Mark IV a nord di Chiusi nei giorni precedenti e due compagnie di fanteria della "Hermann Göring" nella zona. La pattuglia si fermò perché aveva eseguito quanto previsto, e alle 14 di quel pomeriggio l'11ª Brigata comunicava al comando di divisione che la compagnia A dell'ILH/KimR aveva raggiunto la "stazione di Chiusi" alle coordinate W 336814. Questo dato era corretto, ma solo se le carte erano "lette a rovescio". Nelle ore seguenti altri rapporti affluirono al comando dell'11ª Brigata coll'intento di dissipare la confusione, ma riuscirono solo ad aumentarla. Alle 16,45 arrivò infatti un messaggio che riferiva la presenza di un plotone dell'ILH/KimR a Chiusi, il che era probabile, se si teneva presente la pattuglia avanzata 1800 metri oltre la stazione. Cinque minuti dopo un secondo rapporto dava un'intera compagnia dell'ILH/KimR a Chiusi, fatto questo sicuramente errato e dovuto alla confusa notizia che un paese di nome Chiusi era stato raggiunto [65].

Visto che la Stazione non appariva sulle carte, il messaggio fece erroneamente ritenere al comando sudafricano di aver raggiunto il centro storico di Chiusi sulla collina. Cosa assolutamente non vera. Sul finire di quel pomeriggio anche la compagnia B dell'ILH/KimR raggiunse Chiusi Scalo, e, come ricordano i militari sudafricani: "L'area della stazione sembrava un villaggio fan-

Chiusi Stazione rendendo impossibile una sua identificazione.

[58] N. ORPEN, *Victory in Italy* cit., pp.86-88.

[59] JACK KROS, *War in Italy, with the South Africans from Taranto to the Alps* cit., pp. 98-99. Le mappe erano infatti suddivise in quadrati numerati mediante i quali potevano essere segnalati gli obiettivi da colpire, ma in questo caso Chiusi Città era nella "griglia marrone" mentre i cannoni sudafricani erano nella "griglia blu" e si poneva il problema di come interpretare l'indicazione numerica. Essa era stata ottenuta da una somma rispetto al numero massimo della "griglia blu", oppure da una sottrazione rispetto al numero minimo di quella "marrone"? La confusione non poteva non verificarsi. L'esperienza di Chiusi fece successivamente prendere al comando sudafricano la decisione di considerare gli obiettivi sempre nella "griglia blu", senza riguardo alla loro effettiva posizione.

[60] N. ORPEN, *Victory in Italy* cit., p. 88. Ancora un errore: ritenere presenti a Chiusi solo reparti della Prima divisione paracadutisti.

[61] N. ORPEN, *Victory in Italy* cit., p. 89.

[62] Per dare un'idea della confusione creata nei comandi sudafricani dalla difficile lettura delle carte geografiche, riportiamo gli ordini del comando alleato per questa compagnia che erano di "ripulire e tenere i ponti e gli attraversamenti ferroviari sulla strada per Chiusi". Negli ordini era inoltre scritto che la zona del bivio ferroviario era nella zona W344812, e adesso, dato la difficoltà di individuare il punto sulla carta geografica, perché posta sotto la linea marrone del reticolo del nord-Italia, qualcuno registrò in altri rapporti il punto come W344900 meno 000088. N. ORPEN, *Victory in Italy* cit., p. 89.

[63] *Cecchino*: tiratore scelto che spara di sorpresa con armi di precisione stando nascosto.

[64] *Wehrmacht* (Wehr-arma, macht-forza): denominazione delle forze armate tedesche dal 1933 al 1945 e che si dividevano in: Heer (esercito); Luftwaffe (aviazione); Kriegsmarine (marina).

[65] Jack Kros nel suo libro racconta che, ancora nel 1989, un veterano del battaglione ILH/KimR, sostenne, durante un'intervista, che il suo reparto era arrivato "al centro della città", spiegando però che, intendeva come città il centro abitato della stazione. JACK KROS, *War in Italy* cit., p. 99.

tasma, ma alcuni civili trovati nelle cantine dissero che il nemico era ripiegato sull'altura davanti" [66].

La confusa notizia che Chiusi era stata occupata da reparti dell'ILH/KimR, oltre che al comando della divisione arrivò anche a qualche corrispondente di guerra, che la rilanciò, fu così che venne ripresa e trasmessa dalla radio e pubblicata sui giornali [67]. Ad esempio il quotidiano "La Gazzetta Del Mezzogiorno", stampato a Bari, nell'Italia liberata, riportava in prima pagina, nell'edizione del 22 giugno 1944: "L'avanzata in Toscana, nell'Umbria e nelle Marche, Ascoli Piceno, San Benedetto del Tronto e Chiusi occupate". E il 21 giugno, "truppe dell'8ª Armata sono entrate in Chiusi e Cetona" [68].

Da questa errata informazione e dagli eventi che seguirono, nacque il mito di Chiusi che "cambiava più volte occupante" [69]. Ma per il momento la situazione continuava a sembrare andare nel migliore dei modi, e di questa sicurezza traspirava il bollettino ufficiale alleato che riportava testualmente: "nostre truppe hanno raggiunto le rive del lago Trasimeno e del Lago di Chiusi e avanzano incontrando finora nuclei di resistenza assai deboli che vengono rapidamente eliminati" [70].

Nella notte tra il 20 e il 21 giugno la compagnia B del ILH/KimR procedette alla ricognizione di Chiusi Città. Una pattuglia di avanguardia salì verso "un grande arco che segnava l'ingresso nella città" [71] dove le fu dato "il chi va là" da una sentinella tedesca. Come la pattuglia ripiegò, fu sentita la sentinella correre giù per la strada a dare l'allarme e veicoli partire. Quando al maggiore Arligton, comandante la compagnia B, fu riferito questo sviluppo, decise di non entrare a Chiusi, ma di girarvi intorno. Così mandò pattuglie a sinistra e a destra per riconoscere e riferire movimenti nemici. Il gruppo di sinistra si infiltrò tra due postazioni tedesche, che però avevano sentito l'altra pattuglia e su cui aprirono il fuoco. Così la pattuglia di sinistra sparò e tirò alcune granate contro i tedeschi per creare confusione e ripiegò ma la pattuglia di destra ebbe un uomo ucciso. Ormai appariva chiaro che la città era ancora occupata dai tedeschi [72].

Con l'alba altre pattuglie furono inviate attorno a Chiusi per osservare i movimenti tedeschi e attraverso la bruma intravidero vari movimenti in città: niente faceva presumere che questi stessero per andare via. Appena la bruma scomparve, la mattina del 21 giugno, i sudafricani si videro completamente sovrastati dalla torre della chiesa sulla destra e della "Fortezza" [73] sulla sinistra. Quando la luce del giorno fu piena la compagnia B ripiegò sulla stazione, o "villaggio" come la chiamavano i sudafricani. Il plotone di retroguardia sudafricano durante il ripiegamento finì su un campo minato ed ebbe 11 uomini feriti. La retroguardia fu tenuta dal tenente Norman-Smith che fu decorato con la "Military Cross" [74] per la sua azione. Intanto il tenente Hosking, l'osservatore avanzato di artiglieria che era con la compagnia sudafricana, cominciò a riferire al proprio comando sui mezzi tedeschi presenti a Chiusi [75].

### "Chiusi è ancora in mano nostra"

I soldati sudafricani ancora non lo sapevano, ma quei rumori di veicoli uditi, altro non erano che i camion che portavano a Chiusi gli uomini della "Hermann Göring" incaricati di difendere la città. Era successo che Kesselring, nel corso delle valutazioni sulla tenuta della linea di fronte ai primi attacchi, si era reso conto dell'importanza tattica della difesa di Chiusi nel comportamento difensivo complessivo. Così alle ore 23,35 del 20 giugno 1944 emise l'ordine di tenere "assolutamente" Chiusi, poiché: "Chiusi era una fortezza" – "Chiusi ware eine Festung" [76]. Fu così che il III° battaglione [77] del Secondo reggimento granatieri corazzati paracadutisti, al comando del dell'Hauptmann (capitano NdR) Hans Briegel, fu inviato rapidamente a prendere posizione a Chiusi. La 10ª compagnia del tenente Gerhard Weber si schierò a ridosso e dietro la Fortezza, la 9ª compagnia del tenente Alfred Weber occupò il colle del cimitero e dintorni, mentre l'11ª compagnia del tenente Bernhard Böcker, che avremo modo di incontrare nuovamente nel corso della nostra storia, fu lasciata di riserva immediatamente dietro a Chiusi.

[66] N. ORPEN, *Victory in Italy* cit., pp. 90-91.

[67] Filomena Toppi Pennecchi, che abitava a Milano, ascoltò il 22 giugno 1944 quel bollettino alla radio, che comunicava che Chiusi era stata "persa" dai tedeschi. PLIAMO PENNECCHI, *Piccola storia di una famiglia italiana* cit., p. 183.

[68] "La Gazzetta del Mezzogiorno", quotidiano edito a Bari, giovedì 22 giugno 1944, Anno LVII, in Biblioteca Comunale "Pietro Siciliani" di Galatina (Le).

[69] IRIS ORIGO cit., pp. 223-227; PIETRO CAPORILLI, *Sette Anni di Guerra*, fotostoria del secondo conflitto mondiale visto dalle due parti in lotta, quarta edizione, Roma, Ed. Ardita, 1967, vol. III, pp. 1466 e 1472; H.P. WILMOTT, *Giugno 1944* cit., p. 70; *2194 giorni di guerra, cronologia illustrata della seconda guerra mondiale*, a cura di CESARE SALMAGGI e ALFREDO PALLAVISINI, Milano, Mondadori, 1977, pp. 546-548.

[70] "L'Unità", 21 giugno 1944.

[71] N. ORPEN, *Victory in Italy* cit., pp.91-92, si trattava sicuramente di Porta San Pietro.

[72] N. ORPEN, *Victory in Italy* cit., pp. 91-92.

[73] Nei rapporti sudafricani viene sempre usato il termine in italiano.

[74] *Military Cross*-Croce militare: decorazione al valore riservata agli ufficiali degli eserciti britannici.

[75] N. ORPEN, *Victory in Italy* cit., pp. 91-92.

[76] N.A.W., T-312, Roll 95, allegato n. 646 al Diario di guerra n. 7 della 10ª Armata, Doc. nn. 7621165-7621166. Conversazione telefonica tra Kesselring ed il comando d'armata. All'una di quella stessa notte venne notificato al comando della divisione "Hermann Göring" il seguente ordine: "Dopo che Perugia non è più in nostra mano, Chiusi non può essere ceduta in nessun modo volontariamente. Chiusi è ancora in mano nostra. La Hermann Göring non può cederla volontariamente in nessun caso. È vero che non fa parte della linea Albert, però c'è qui un monte che ha una importanza di primo ordine. Il Feldmaresciallo (Kesselring NdR) desidera che Chiusi venga in ogni caso difesa duramente." N.A.W., T-312, Roll 95, doc. 7621209, colloquio telefonico delle ore 00,25 del 21.6.1944.

[77] Il reparto, che oltre le tre compagnie fucilieri aveva anche una compagnia (la 12ª) di armi pesanti e controcarro, aveva una forza di 12 ufficiali e 579 tra soldati e graduati. N.A.W., T-314, Roll 1574, doc. n. 000765, situazione al 20.6.1944. N.A.W., T-312, Roll 97, doc. nn. 7624166-7624168.

Anche la 'Division Kampfschule' o Sturmbattalion, del Tenente Lehmann, partecipò all'operazione, ricevendo l'ordine di spostare la prima compagnia, che aveva una forza di 55-60 uomini, nel centro abitato, lo stesso tenente Lehmann spostò il proprio comando di battaglione a Chiusi. I granatieri corazzati tedeschi raggiunsero l'abitato e vi si trincerarono nel corso delle prime ore della mattina del 21 giugno. Avevano l'appoggio di tre carri armati e potevano contare sul supporto dell'artiglieria. Il II° battaglione del Secondo reggimento, al comando del capitano Hans Thor, si schierò infine sulle colline poste sopra al Lago di Chiusi. Ai sudafricani sarebbe bastato di proseguire la propria ricognizione nel corso della giornata del 20 e forse, trovando Chiusi città scarsamente difesa, l'avrebbero potuta prendere, ma adesso era ormai troppo tardi. Così il maggiore Arlington rientrò alla stazione e vi si stabilì. Nessuno lo avvertì di previsti assalti contro Chiusi e nessuno gli chiese informazioni sulla sua ricognizione. Alle sette di quella mattina, il rimanente del battaglione ILH/KimR cominciò ad avanzare con l'appoggio di carri armati e di artiglieria, lungo la strada 71, da Città della Pieve verso Chiusi; lo squadrone A del battaglione corazzato NMR era in avanguardia [78].

Così fu descritta nei rapporti sudafricani la zona:

"La strada principale si snodava in mezzo a una doppia fila di casolari di campagna a due piani a sud della ferrovia, discendeva in un bassopiano nel quale la pioggia aveva reso i campi molto fangosi. Dopo una fattoria, la strada entrava in un piano erboso completamente uniforme, punteggiato soltanto occasionalmente da alberi e tagliato da due o tre piccoli drenaggi o canali da irrigazione, sul quale la strada correva dritta per quasi un miglio o più, prima di incrociare la linea ferroviaria" [79].

Alle 7,25 la colonna incontrò un caldo benvenuto tedesco con fuoco di fucileria, artiglieria pesante, mortai, cannoni anticarro, e, per finire, il fuoco dei *nebelwerfers* [80]; l'avanzata così si arrestò. Il fuoco tedesco impediva di attraversare la piana, sia a sud che a sud-est di Chiusi. Nell'area ristretta, in cui la strada saliva alla città, furono individuate non meno di diciassette mitragliatrici e due nebelwerfers. Alle 11 di mattina anche l'artiglieria alleata apriva il fuoco contro Chiusi mentre al comando dell'11ª Brigata fu inviato un rapporto che riferiva: "Il nemico appare essersi infiltrato nella parte nord di Chiusi".

Alle ore 7,45, giunsero ulteriori rapporti che riferivano di "200-250 nemici a nord nord-ovest e nel villaggio", una descrizione quest'ultima di Chiusi, che cominciava a essere pericolosamente ambigua nell'assenza di specifiche coordinate e di una chiara lettura della mappa. A mezzogiorno un rapporto divisionale al comando del XIII° corpo riferì che "il nemico si era infiltrato tornando indietro nei limiti settentrionali della città ed era anche a nord e a nord-ovest di questa". Le compagnie A e C dell'ILH/KimR, appoggiate dalla compagnia B, che teneva la stazione, cominciarono una manovra aggirante verso ovest, ma alcuni pezzi controcarro tedeschi aprirono il fuoco sui carri armati sudafricani. Alle 16 del pomeriggio la compagnia A era bloccata dal fuoco di mitragliatrici tedesche e dagli onnipresenti nebelwerfer. Mezz'ora dopo, ai carri armati dello SSB, fu ordinato di salire su di un'altura a ovest della città. Nonostante il terribile bombardamento il reparto corazzato, con gli squadroni A e B in testa, ne raggiunse quasi la sommità posta a circa 3 chilometri a sud-ovest della città, fermandosi solo davanti ad un concentrato fuoco anticarro. Erano arrivati praticamente alla congiunzione della rotabile che da Sarteano e Cetona conduce alla strada asfaltata a nord-ovest di Chiusi [81]. L'oscurità scendeva su quella battaglia, lo SSB registrò un intenso fuoco di *spandaus* [82], *nebelwerfers*, e cannoni da 150 millimetri. Anche la compagnia A dell'ILH/KimR fu duramente impegnata dallo stesso fuoco, ma stabilì avamposti fino a quando il terzo plotone avanzò sul "colle 374", vicino al podere Ficomontano, sulla sinistra della stazione; dove ebbe a registrare perdite in morti e feriti. Le compagnie del ten.col. Reeves-Moore occupavano ora una zona chiamata "Pozzo Tosoni" circa 3.000 metri a sud-ovest di Chiusi Città. La compagnia B, rimasta nell'area della stazione, era stata duramente bombardata ed una delle sue jeeps finì su di una mina nel centro abitato con tre morti. Anche una colonna di rifornimenti fu colpita. Non c'erano più dubbi che Chiusi era saldamente te-

[78] N. ORPEN, *Victory in Italy* cit., pp. 91-93.

[79] N. ORPEN, *The Cape Town Highlanders 1885-1970*, The Cape Town Highlanders History Committee, Cape Town-South Africa, 1970, p. 231.

[80] Nebelwerfer, letteralmente il nome tradotto significa "lancianebbia" e venne usato per far credere che fosse un mezzo per spargere cortine fumogene. Era invece un lanciarazzi multiplo, usato dai tedeschi sia montato su uno speciale affusto che da bordo di veicoli corazzati. L'arma, dotata di cinque, sei e dieci tubi di lancio, era impiegata per effettuare bombardamenti estremamente pesanti a breve gittata, detti anche di saturazione. Confrontandola con un cannone tradizionale, questa era un'arma molto manovrabile che, permettendo un'alta concentrazione di fuoco in aree ristrette, consentiva di conseguire ottimi risultati di interdizione. La forza di percussione dei proiettili era alquanto inferiore a quella dei cannoni tradizionali; ma l'effetto dirompente molto superiore. Non trascurabile, infine, l'effetto psicologico che il pauroso sibilo, prodotto dalle bombe a razzo in caduta, provocava tra le truppe bombardate. I soldati alleati la soprannominarono "*Screaming meemie-mimì la lamentosa*" proprio per quell'urlo lugubre fatto dai razzi in arrivo. I sei tubi di lancio facevano fuoco in successione in dieci secondi, e potevano essere ricaricati in 90 secondi. Testimoni, che videro quelle armi in azione a Chiusi, ricordano con terrore quelle granate con le loro lunghe code di fiamma. Dati tecnici: calibro 150 millimetri; peso 542 Kg; gittata 6670 metri con razzi ad alto esplosivo; peso del razzo 34 Kg. CESARE FALESSI, *Dizionario tecnico dei corazzati*, Milano, Fabbri ed., 1976, pp. 40 e 51 e AAVV, *Storia della Seconda Guerra Mondiale* cit., vol. 3, p. 513.

[81] N. ORPEN, *Victory in Italy* cit., pp. 91-93.

[82] Spandau: nomignolo dato alle mitragliatrici tedesche perché costruite nell'arsenale di Spandau in Germania e la cui denominazione militare era MG 42 (MG-Machine Gewehr-arma automatica). Erano armi estremamente micidiali perché dotate di una celerità di fuoco di 25-30 colpi al secondo. Il calibro era 7,92 mm., la gittata massima era circa due chilometri. Oggi quel tipo di mitragliatrici ridenominate MG 42/59 e ricalibrate con il 7,62 Nato, sono in dotazione anche al nostro esercito. A.J. BARKER, *Armi della fanteria tedesca nella Seconda Guerra Mondiale* cit., pp. 15 e 50-52.

nuta, e la situazione del terreno non consentiva possibilità di oltrepassarla e accerchiarla. Lo squadrone A del NMR, aveva mosso nella piana sul fianco destro, fuori strada, finché l'avanzata fu resa impossibile da canali ed estese demolizioni [83]. Alle ultime luci del 21 giugno il battaglione corazzato NMR segnalò di avere due carri "Sherman" [84] fuori uso e uno danneggiato. Lo squadrone C cercando di riconoscere una strada sulla sinistra ebbe due Shermans impantanati nel terreno fradicio. L'unica consolazione del battaglione fu l'arrivo di 3 ufficiali e 105 uomini di rinforzo. I genieri intanto avevano riferito, alle 9,20 di quella sanguinosa mattinata, che avevano riattivato la strada statale fino alla stazione. Però a circa mezzo chilometro oltre questa c'era un buco di 18 metri nella strada al posto di un ponte che era stato colpito, ed i genieri stavano cercando una strada diversiva. Alle 9,55 di mattina, alla richiesta del comando divisionale di quanto era avanzato, il NMR comunicò che gli elementi di testa erano bloccati a circa 2000 metri sotto alla città. Dal comando dell'11ª Brigata corazzata, insistendo nella confusione generale, venne inviato al comando divisionale un rapporto quantomeno sviante: esso diceva in sostanza che la Brigata, pur combattendo, stava "andando là". Non era chiaro se quel "là" era riferito a Chiusi Città o alla stazione. Tanto meno poteva essere chiarito dalla difficile lettura delle carte topografiche della zona, in cui, come abbiamo accennato, non appariva l'abitato della stazione.

In quel 21 giugno venne assegnato un rinforzo all'11a brigata corazzata, il battaglione di fanteria First City-Cape Town Highlanders. Al tenente colonnello Oswald Flemmer, suo comandante, venne comunicato alle 8,30 di quella mattina che avrebbe rilevato il battaglione ILH/KimR a Chiusi, ma non ebbe informazioni sullo stato della situazione. Alle 10,30 gli venne comunicato di tenersi pronto per operare un attacco laterale sulla destra o sulla sinistra verso la città, "dove il nemico stava opponendosi ad una ulteriore avanzata". Carri armati e fanteria sudafricana furono indicati essere sia ad ovest che ad est della città [85].

### Sotto le bombe

La presa di contatto fra partigiani e truppe alleate non fu sempre facile come ricorda Deo Totini:

"Noi partigiani del distaccamento del Varco dopo la perdita dei contatti con il comando della SIMAR, tornammo al basso e ci si fermò a Ficomontano, al podere del 'Rigutino' che ci accolse e ci ospitò. Passati un paio di giorni cominciarono ad arrivare i primi soldati sudafricani, e lì rimanemmo fino alla liberazione di Chiusi. Ricordo che si vedevano nella piana della stazione tanti carri armati, era come vedere un gregge di pecore da quanti erano. I due paracadutisti sabotatori che erano con noi si collegarono con la military police alleata che li caricò e li portò via. Le truppe sudafricane non ci utilizzarono perché non si fidavano di noi. Erano gentili, ci offrivano roba da mangiare ma non si fidavano"[86].

I combattimenti che opposero tedeschi e sudafricani sulle "alture a ovest di Chiusi", ebbero per testimoni i civili di Chiusi sfollati, come ricorda Dino Ceccattoni:

"Ero allora mezzadro in un podere nella zona di Ficomontano, e finita la ritirata tedesca, aspettandoci l'arrivo del fronte, ci eravamo rifugiati in alcune grotte della zona. A noi contadini si erano aggiunti anche sfollati della stazione e altri di Chiusi Città: saremo stati una novantina. Gli ultimi giorni sulla strada passavano solo piccoli gruppi tedeschi poi questi se ne andarono o almeno non si videro più. Improvvisamente ritornarono e si asserragliarono a Ficomontano per alcuni giorni. Ci furono molti combattimenti. Tutte le notti si sentì sparare. I tedeschi avevano un carro armato che fu colpito e bruciò lì, con tre soldati dentro, e solo dopo che fu distrutto i tedeschi se ne andarono" [87].

I cannoneggiamenti alleati su Chiusi città provocarono ovviamente molti danni come ricorda Don Marchetti:

"Alle ore 10 del 21 giugno il cannoneggiamento si scatenava in tutta la sua furia [88]. Quasi subito le belle vetrate del Duomo, ad ogni scoppio di proiettili, cominciarono a cadere in frantumi; e rovinio di tegole sui tetti, e schianto di imposte e scoppio di granate da ogni parte terrorizzavano gli animi, seminavano rovine, strage, morte. Il bombardamento proseguiva implacabilmente dalle postazioni di artiglieria situate nelle colline retrostanti alle località di Pobandino e strada del Moiano a est, di Montorio, Ficomontano a sud. Rispondevano da Chiusi i tedeschi con mitragliatrici e cannoni di piccolo calibro, appostati in vari punti del Viale Garibaldi, nel campo della Fiera, presso il fabbricato della Pesa Pubblica, dietro il muro di cinta di Parco Paolozzi, Piazzale Vittorio Veneto e presso la Fortezza, mentre tre o quattro carri armati [89] sparavano facendo la spola tra il trivio del Teatro Comunale, Piazza del Duomo, l'Olivazzo" [90].

[83] N. Orpen, *Victory in Italy* cit., p. 92-93.

[84] Sherman medium tank M4A1. Fu il più famoso carro armato statunitense prodotto durante l'ultima guerra. La sua consegna effettuata in quantità massicce fu da sola, causa della vittoria alleata. Solo nel 1943, infatti, vennero prodotti 21000 carri armati! Caratteristiche tecniche: Peso 28 tonnellate; arm mento un cannone da 75 m/m e due mitragliatrici; equipaggio 5 uomini; velocità massima 38-40 Kmh; autonomia 300 Km; lunghezza 6,04 m; larghezza 2,60 m; altezza 2,71 m; pendenza massima superabile 58 per cento; guado superabile metri 0,90. Cfr. *Storia dei mezzi corazzati* cit., profili volume 2, p. 305.

[85] N. Orpen, *Victory in Italy* cit., pp. 93-94.

[86] Testimonianza di Deo Totini raccolta nel 1976.

[87] Testimonianza di Dino Ceccattoni raccolta nel 1976.

[88] Erano i cannoni di ben quattro reggimenti di artiglieria alleati: il 7/23 e il 76° pesanti ed il 4/22 e il 23° da campo: settantotto cannoni in tutto. N. Orpen, *The Cape Town Highlanders* cit., p. 232.

[89] Molta confusione esiste su questi carri armati tedeschi: alcuni testimoni li definiscono "carri tipo TIGRE", confondendoli con analoghi mezzi. Si trattava invece di carri tipo Panzerkampfwagen Mark Iv H, detti anche "Special" dai soldati alleati. Erano i mezzi blindati che costituivano "l'ossatura" dei reggimenti corazzati tedeschi. Il MARK IV, prodotto a partire dal 1939, fu continuamente rinnovato nell'armamento e nelle prestazioni, fino alla variante H, che era appunto la più poderosa, in quanto equipaggiata con un cannone ad alta velocità da 75 millimetri, che dette loro una netta superiorità nei confronti degli analoghi mezzi alleati. Caratteristiche: peso totale a pieno carico 25 tonnellate; lunghezza 7 metri; larghezza 3,3 metri; altezza 2,68 metri; velocità massima 38 Kmh;

Anche un'altra testimonianza, quella di Vinicio Betti, ricorda quei carri armati:

"C'era un carro armato tedesco che viaggiava su e giù per Via Porsenna. Quando arrivava in piazza Duomo alzava la canna al massimo dell'elevazione e sparava un colpo, poi ripartiva a retromarcia girando su se stesso, e filava a tutto gas per la via. Potei seguire tutta la scena una volta dalle finestre del Palazzo Vescovile in cui ero rifugiato. Durante una di queste indiavolate manovre il carro colpì con la coda, nella fase di retromarcia, la porta del fondo sotto casa mia al n°79 di Via Porsenna. Sfondò tutto e per poco non entrò proprio in casa. Mia madre si salvò per puro miracolo. Vidi il carrista tedesco comparire sulla torretta per guardare cosa era successo, e, alle grida di protesta per i danni da parte di mia madre, questi rispose con un'alzata di spalle" [91].

Per la precisione i carri armati presenti a Chiusi città erano tre, due nel centro storico ed un terzo piazzato all'interno del cimitero cittadino, sulla collina accanto al centro abitato [92]. In questa situazione di caos e distruzione, i soldati tedeschi cominciarono applicare le *"leggi di guerra"* contro i civili e così cominciarono gli sfollamenti forzati, come ricordano vari testimoni tra cui Cesare Paolucci:

"Una granata passò sibilando sopra le nostre teste e andò ad esplodere in Fortezza... una seconda granata esplose vicino a noi. Ci guardammo. Le nostre famiglie erano già nei rifugi della Chiesa di San Francesco. Una volta in Chiesa, io e Elio passammo in sacrestia... Le porte della Chiesa di S.Francesco erano solidamente sprangate. Una pattuglia di SS bussò. Nessuno rispose. Bussarono a colpi di martello. Nessuno si fece vivo. I soldati lanciarono allora una granata a mano contro la porta centrale che andò in frantumi. Padre Guido (Padre Guido Tosoni NdR) accorse col crocifisso in mano. Fu schiaffeggiato. La chiesa fu invasa dai tedeschi. La gente fu cacciata dai rifugi. Noi che eravamo nel nascondiglio (i palchi della chiesa NdR), dovemmo scendere e seguire la sorte degli altri che incolonnati si diressero verso i bottini. In testa alla colonna il padre guardiano (aveva più di settanta anni NdR) e frate Guido recitavano le litanie. Li seguivamo noi con i nostri familiari, in una malinconica processione di fuggiaschi che scendevano inciampando giù per la strada scoscesa, sotto la pioggia torrenziale e lo scoppio delle granate, scortati dalle S.S. tedesche" [93].

Anche per chi si trovava già fuori dal paese la situazione cominciò a farsi difficile, come ricorda Zelinda Nasorri:

"Eravamo in questo bosco, sfollati vicino alla tomba della Scimmia e stavamo sotto gli alberi quando un giorno si sentì un rumore di aereo. Alzai la testa per guardarlo meglio e mi sentii gridare, – ma che fai cretina, tieni giù il capo! – Sentire questo e udire il crepitare di un mitra fu un tutt'uno. Vidi i colpi che mi cadevano vicino. Quell'aereo stava passando basso e ci mitragliò. Io lo vidi bene quell'aereo, vidi la testa del pilota e vidi anche cadermi vicino i bossoli delle pallottole. Ora non posso credere che non ci avesse riconosciuto come donne e vecchi, civili insomma, ma sparò lo stesso. Da quel momento comunque quando sentivamo passare bassi gli aerei stavamo fermi sotto gli alberi" [94].

Nell'ospedale, che cominciava ad essere pesantemente colpito, la situazione si faceva sempre più difficile. Alcuni feriti, trasportati fin lì dall'esterno, furono operati, "anche al lume di candela e sotto al tiro sull'edificio stesso", come lo stesso dottor Marri ricorda. Lui stesso venne lievemente ferito da una scheggia, ma non furono le sole difficoltà perché, come racconta: "Dovetti tenere a bada per diverse volte, militari tedeschi, che venivano a cercare uomini validi e specie partigiani che in realtà spesso venivano o per informazioni o per portare alimenti" [95].

Dino Domenichelli infine, evidenzia con poche parole quella sanguinosa giornata:

"Ci fu un giorno tremendo che spararono di continuo con i cannoni contro Chiusi, poi a sera d'improvviso, silenzio. Dopo poco si sentirono rumori come di un tamburo. Mitragliatrici? Chissà? Era mercoledì, ricordo" [96].

Il comandante tedesco del "caposaldo" di Chiusi, inviò un messaggio con buone notizie ai suoi superiori. Questo il testo:

"Presso 68127, (come era chiamata in codice l'area attorno alla stazione di Chiusi NdR), approntamenti nemici di due battaglioni e 18 carri armati, bombardati continuamente dalla nostra artiglieria con effetto visibile ...l'avvicinamento di altre forze nemiche fa prevedere anche per il 22 giugno dei forti attacchi" [97].

Così il bollettino germanico poté vantare i successi della giornata:

"Accanita Battaglia Difensiva. Fronte Italiano, 21 giugno 1944... Forti unità corazzate angloamericane e fanteria degollista hanno rinnovato tentativi di sfondamento ai due lati del Lago Trasimeno, puntando su Castiglione del Lago e Magione. Questa zona costituisce uno degli epicentri della battaglia che si estende anche presso il Lago di Chiusi. Una intera giornata di pressione avversaria, alimentata da forze di riserva immesse a colmare le spaventose perdite inflitte agli attaccanti, si è risolto in un netto insuccesso. Momentanee

autonomia 200 Km; corazzatura frontale 80 mm.; pendenza superabile 30 gradi; trincea valicabile 2,35 m.; equipaggio 5 uomini; armamento 1 cannone da 75/48 mod. 40, e due mitragliatrici. Articolo di C. Falessi e B.Pafi in "Storia Illustrata", mensile, Milano, A.Mondadori edit., n. 154, anno XIV, settembre 1970, p. 125; e *Storia dei mezzi corazzati*, cit, Profili, vol. 1, pp. 233-240.

[90] S. Marchetti, *La battaglia di Chiusi* cit., pp. 16-17.

[91] Testimonianza di Vinicio Betti raccolta nel 1988 e testimonianza di Margherita Moretti Betti raccolta nel 1969.

[92] Testimonianza di Giuseppe Masci raccolta nel 1976; Vinicio Betti raccolta nel 1988 e testimonianza di Virginio Patrizi raccolta nel 1994.

[93] Articolo di Cesare Paolucci in *La Libertà*, numero unico cit. e anche S. Marchetti, *La battaglia di Chiusi cit.*, p. 32.

[94] Testimonianza di Zelinda Nasorri raccolta nel 1988.

[95] Relazione del Prof. Pietro Marri cit., in A.Cm.C. Chiusi, Fasc. 598, Riservate di carattere amministrativo, 1924-1944.

[96] Testimonianza di Dino Domenichelli raccolta nel 1975.

[97] N.A.W., T. 312, Roll 95, Rapporto della giornata del 21 giugno 1944 allegato al Diario di guerra n. 7 della 10ª armata, Doc. nn. 7621200-7621206.

infiltrazioni sono state tutte eliminate mediante pronti furiosi contrattacchi. A sera la linea di sicurezza risultava intatta ed ogni posizione saldamente mantenuta dai Germanici" [98].

[98] "La Repubblica Fascista", quotidiano edito a Milano, Giovedì 22 giugno 1944, anno I.

# VII. ATTACCO NOTTURNO

*"Forward! ...*
*... Theirs not to make reply,*
*Theirs not to reason why,*
*Theirs but to do and DIE. "*

*"Avanti !..*
*... non spetta a loro dare risposte,*
*non spetta a loro chiedersi perché,*
*ma a loro spetta agire e MORIRE"*

da *The Charge of the light Brigade* (1854) [1]
Alfred Tennyson (1809-1892)

L'*empasse* provocata dal blocco dell'avanzata alleata, pesava al comando del XIII° Corpo Britannico, vista l'impossibilità di accerchiare Chiusi, e posto davanti alla decisa resistenza tedesca, al comando alleato non rimase altro che tentare l'assalto frontale. Avere Chiusi libera dal nemico voleva dire riaprire la strada principale per l'ulteriore avanzata, perché anche i britannici sul fianco destro, nella zona tra i due laghi, erano stati fermati. Qui, tra le sponde sud ovest del Lago Trasimeno e il più piccolo lago di Chiusi, a partire dal 20 giugno, la fanteria britannica fu furiosamente impegnata a combattere contro una fortissima posizione, organizzata in profondità e dotata di numerosi cannoni e mortai. Serrato e sanguinoso fu il combattimento per il possesso del paese di Sanfatucchio, i battaglioni *London Irish Rifles* e secondo *Lancashire Fusiliers*, della 78ª Divisione, appoggiati dai carri armati canadesi, si accanirono nella presa delle posizioni nemiche, e le tennero contro accaniti contrattacchi. Sulla loro sinistra gli *Argylls (The Argyll and Sutherland Highlanders)* della stessa divisione stavano combattendo per il vicino paese di Vaiano, e sulla destra gli *Innskillings (The Royal Innskilling Fusiliers)* con blindati canadesi tenevano le creste di Pucciarelli e davano alla divisione una posizione da cui attaccare la linea principale del nemico lungo il torrente Pescia [2]. Gli aspri combattimenti che svilupparono, indussero il comando alleato a fare entrare in linea entrambe le unità di riserva, la Quarta divisione di fanteria inglese e la Prima brigata corazzata canadese [3].

Per l'attacco contro Chiusi il comando dell'11ª brigata sudafricana decise di utilizzare il battaglione *First City-Cape Town Highlanders*, che nella giornata del 21 si era messo in movimento verso Chiusi Scalo. Gli ordini diramati prevedevano di far affluire rinforzi, ma l'unica strada percorribile dall'area di Fabro a Chiusi Stazione, la Statale 71, risultò ingorgata di automezzi. Così venne perso tutto il pomeriggio del 21 per cercare di far avanzare i mezzi blindati del SSB e i cannoni da 140 millimetri del 7/23 artiglieria pesante.

Il ritardo nell'avanzata e nella messa in posizione dell'artiglieria pesante non poteva non sconvolgere ogni progetto offensivo, tanto che verso mezzogiorno al tenente colonnello Oswald Flemmer, comandante del FC/CTH [4], fu comunicato che probabilmente il suo reparto non sarebbe stato impiegato. Del resto solo le compagnie A, B e D del battaglione erano arrivate nel-

[1] Il testo originale in: M. MORETTI e C. SOWDEN, *Literature into language*, Milano, Garzanti, 1986, pp. 445-446.

[2] ERIC LINKLATER, *The Campaign in Italy* cit., p. 306; e anche N.ORPEN, *Victory in Italy* cit., p. 95

[3] *Storia della Seconda Guerra Mondiale*, cit, vol. 5, pp. 426-427 e ERIC LINKLATER, *The Campaign in Italy* cit., p. 306.

[4] FC/CTH: il battaglione *First City-Cape Town Highlanders Regiment* era, come precedentemente accennato, un reparto che nasceva dalla riunione di volontari provenienti da due diversi reggimenti il *"First City Regiment"* (Primo Reggimento cittadino) e il *Queen's Own Cape Town Highlanders Regiment* (Reggimento di Città del Capo dei montanari scozzesi della Regina). Entrambi avevano origini lontane. Il *First City* era stato creato nel 1875 come reparto di difesa della Colonia di Città del Capo ed era formato di volontari della Provincia orientale del Capo (Eastern Cape Province), con comando a Grahamstown. Riorganizzato nel 1940 il reparto aveva partecipato all'invasione del Madagascar nel 1942 svolgendo poi compiti di presidio in Sudafrica. Il *Cape Town Highlanders Regiment* era invece un reparto particolare, nato a Città del Capo nel 1885 e formato esclusivamente da scozzesi emigrati in Sudafrica, dove i primi coloni britannici emigrarono a partire dal 1824. La particolarità era appunto data dal richiamo alla tradizione scozzese, da cui il nome di *Highlander*, che letteralmente vuol dire uomo degli altipiani, come amano definirsi gli scozzesi. Vestiva nelle parate una uniforme composta dal tradizionale *Kilt* (gonnellino) con i colori reggimentali verdi e gialli. Nella seconda guerra mondiale aveva già combattuto in nord Africa nel 1941 partecipando poi alla vittoriosa battaglia di El Alamein del 1942. Molti *Highlanders* erano poi partiti volontari per l'Italia, ed erano stati amalgamati nel nuovo reparto, incorporato nella 12ª Brigata motorizzata. Per completare i ranghi del battaglione, vi furono inseriti anche numerosi volontari provenienti dall'allora Rhodesia oggi Zimbabwe. Prima di Chiusi aveva preso parte a qualche operazione di pattuglia vicino a Cassino e a piccoli scontri nell'inseguimento dei tedeschi oltre Roma, ma praticamente Chiusi fu la prima 'battaglia' a cui partecipò. Fu per questo che per i sudafricani di questo reparto, Chiusi fu la "Prova del fuoco" in Italia. Dopo la guerra i due reggimenti hanno continuato ad esistere come reparti operativi della *Citizen Force* (Guardia Cittadina), le forze della riserva dell'esercito sudafricano (SADF-South African Defence Force). Il battaglione *Cape Town Highlanders* ha partecipato successivamente all'operazione *Savannah*, cioè all'invasione dell'Angola nel 1976 e ai combattimenti di frontiera e di controguerriglia nell'Africa del Sud Ovest-Namibia nel periodo 1977-1980. NEIL ORPEN, *The Cape Town Highlanders 1885-1970* cit.; NEIL ORPEN, *The Cape Town Highlanders 1885-1985*, The Cape Town Highlanders History Committee, Cape Town 1986; REGINALD GRIFFITHS, *First City: a Saga of Service*, Cape Town, Howard Timmins, 1970; G. ROSIGNOLI, *Army, badges and insignia of WW2* cit., vol. 2. pp. 26-27. k

l'area di Chiusi, mentre la compagnia C era rimasta imbottigliata nell'ingorgo sulla strada Cetona-Città della Pieve. Tutto sembrava rinviato all'indomani; ma non fu così. Quando, alle 19, il maggiore Arlington della compagnia B del battaglione ILH/KimR, entrò nel centro abitato di Chiusi scalo con due plotoni per evitare attacchi di sorpresa tedeschi, scoprì, con suo grande stupore, che un attacco in forze stava per prepararsi verso Chiusi Città. Lo stupore era ancora maggiore considerando il fatto che nessuno gli aveva chiesto informazioni sull'obiettivo che stava per essere attaccato!

"Come cadde la sera", i cannoni di entrambi i reggimenti di artiglieria sudafricani, il 4/22 artiglieria da campo e il 7/23 artiglieria pesante, aprirono un fuoco di preparazione contro Chiusi [5]. Cosa era successo?... Perché questo cambiamento di programma?

**"Prova del fuoco a Chiusi"**

Era successo che alle 16 del pomeriggio del 21 giugno, il tenente colonnello Flemmer ebbe improvvise istruzione dal comando di Brigata per "attaccare e catturare Chiusi quella notte !". L'impresa appariva difficoltosa fin dall'inizio, visto che, come i servizi informativi alleati stavano appurando mediante osservazioni terrestri, interrogatori di prigionieri di guerra e fonti civili, "a Chiusi il nemico aveva un battaglione della Divisione *Hermann Göring* con due compagnie avanzate, appoggiate da artiglierie e *Nebelwerfers*, e con tanks [6] e cannoni semoventi probabilmente nelle vicinanze" [7]. D'altra parte il comando di divisione non dette mai il giusto peso a quanto emergeva dall'interrogatorio dei prigionieri [8].

Prima che calasse il buio, il ten. col. Flemmer e il generale Furstenburg concordarono il piano di attacco. Esaminarono le vie di accesso a Chiusi da una casa che consentiva una buona vista sulla città. Da quel punto e consultando anche le foto aeree a loro disposizione [9], i due ufficiali scelsero come via principale di attacco a Chiusi, quella rappresentata dalla strada campestre del "Bagnolo" che si congiungeva poi con la via della "Pietriccia", posta a est della città. Come scritto nei loro rapporti la strada. .. "si snodava intorno a un blocco di costruzioni agricole prima di scendere nell'area della stazione bagnata dalla pioggia". La linea di partenza per l'attacco sarebbe stata la linea ferroviaria più vicina a Chiusi, a circa 2.000 metri a sud-est della città. L'obiettivo principale sarebbe stato la liberazione dell'area posta sul centro della città, descritta anche come "Castello", e che era facilmente riconoscibile anche dalla posizione in cui i due ufficiali osservavano, per la presenza della torre campanaria, che svettava sopra alle altre costruzioni. Una volta ripulita Chiusi, il FC/CTH l'avrebbe superata, piazzandosi su di un terreno a circa 800 metri a nord e confusamente indicato nei rapporti come "i pioppi". Il via per l'attacco sarebbe stato dato dal fuoco dell'artiglieria, che si sarebbe concentrato sulla linea principale delle costruzioni lungo i limiti meridionali di Chiusi per 20 minuti [10]. Poi il tiro si sarebbe alzato di 500 metri, sul centro abitato, per due minuti, prima di essere infine concentrato sull'obiettivo finale a nord di Chiusi [11]. Ulteriori interventi di artiglieria furono previsti per fornire fuoco difensivo e di copertura, davanti alle compagnie avanzate, da perte di ufficiali di osservazione avanzati, che avrebbero riferito alle prime luci dell'alba.

Il fatto che il Gen. Poole, comandante della 6ª divisione sudafricana, avesse saputo solo il giorno precedente, dal Generale Kirkman, comandante del corpo, dell'urgenza di continuare l'avanzata, lo aveva fatto decidere per quell'improvviso attacco notturno. Intanto la compagnia B dell'ILH/KimR era ancora nell'area della stazione, ed il supporto di carri armati le fu promesso, non appena una deviazione od un ponte fossero stati completati consentendo di raggiungerla. Sebbene non fosse sicuro, i sudafricani lo attendevano per le prime luci dell'alba.

Il 7/23 reggimento di artiglieria pesante era intanto riuscito, circa alle cinque di pomeriggio, a prendere posizione ed aveva inviato un ufficiale come addetto di osservazione avanzata con il FC/CTH. Furono anche promessi *tank destroyer* M.10 [12] come supporto controcarro per la fanteria [13].

Sul finire del pomeriggio del 21 giugno, alle 18,30 circa, il tenente colonnello Flemmer teneva un rapporto ufficiali spiegando nei dettagli il suo piano di attacco. L'ufficiale lo aveva preparato, però, senza aver preso alcun contatto con il comando dell'ILH/KimR, né con altri, che avrebbero potuto metterlo al corrente su cosa c'era nell'area della stazione e oltre ad essa. L'anziano ufficiale sapeva infatti che in guerra, spesso, si devono prendere decisioni anche sulla base di conoscenze incomplete, poiché, se si aspettasse di sapere tutto si arriverebbe sempre troppo tardi, ma, come evidenzieranno i fatti successivi, il Flemmer era stato male informato,

[5] N. Orpen, *Victory in Italy* cit., p. 95.

[6] Tank: letteralmente in inglese vuol dire serbatoio, ma in gergo militare significa carro armato.

[7] N. Orpen, *Victory in Italy* cit., p. 96-97. Bisogna sottolineare comunque che questa notizia sembra che fu passata al tenente colonnello Flemmer ad operazione ormai avviata.

[8] N. Orpen, *The Cape Town Highlanders* cit., p. 232.

[9] Presumibilmente erano le stesse fotografie che è possibile vedere in questo stesso libro.

[10] Agli artiglieri alleati furono indicati dei precisi punti di riferimento da colpire nelle tre fasi: per primo il cimitero e il blocco di case poste attorno alla "Casa Rossa" alla periferia di Chiusi; nella seconda fase si sarebbe colpito la sommità della città posta sotto alla torre, e infine l'imprecisata zona a nord di Chiusi definita 'i pioppi'. N. Orpen, *The Cape Town Highlanders* cit., p. 233. La "Casa Rossa" altro non era che la casa posta allora al numero 81 di via della pietriccia, ora n. 59 e che in quel periodo era tinteggiata di rosso.

[11] N. Orpen, *Victory in Italy*, cit, pp. 96-97.

[12] *Tank destroyer* M 10-Distruttore di carri. Particolare tipo di cannone semovente costruito ed impiegato esclusivamente per distruggere i carri armati avversari. L'idea era di meccanizzare l'artiglieria per meglio appoggiare l'avanzata della fanteria. Caratteristiche: equipaggio di 5 uomini; armamento 1 cannone da 76 mm. Cfr., *Storia dei mezzi corazzati* cit., Profili, vol. 2, p. 337.

[13] N. Orpen, *Victory in Italy* cit., p. 96-97.

oppure aveva frainteso, le poche notizie disponibili sulla situazione a Chiusi [14]. L'ufficiale aveva infatti sicuramente visto, durante la sua ricognizione, il pesante bombardamento che colpiva la statale 71 e le altre zone attorno a Chiusi, ma, ancora più, evidentemente, riteneva che "una pattuglia dell'ILH/KimR fosse passata attraverso il villaggio di Chiusi la notte precedente", fatto che gli fece credere che il centro abitato non fosse saldamente tenuto [15]. Il mancato scambio di informazioni con il battaglione ILH/KimR oppure con il comando dell'11ª Brigata corazzata gli impedì di comprendere che i sudafricani erano solamente passati attraverso l'area della stazione e non erano mai entrati a Chiusi Città. Eppure il maggiore Arlington, comandante la compagnia avanzata dell'ILH/KimR, aveva chiaramente indicato al proprio comando la situazione sul campo.

A conferma di come il tenente colonnello Flemmer fosse fortemente intenzionato ad attaccare Chiusi a prescindere della situazione sul terreno, esiste anche la testimonianza del maggiore W.S. Douglas, che era vice-comandante del battaglione FC/CTH in quel momento, questi ricorda che quando arrivò al comando di battaglione sul finire del pomeriggio del 21 giugno, dopo una giornata passata ad osservare le posizioni tedesche a Chiusi, gli ordini di operazione erano già stati preparati. Il maggiore Douglas aveva tratto l'impressione che Chiusi era saldamente tenuta e pertanto cercò di spingere il colonnello Flemmer a ridiscutere l'ordine del comando dell'11ª brigata, purtroppo il colonnello chiuse la discussione affermando che: "il comando aveva ordinato di prendere Chiusi e lui avrebbe svolto l'incarico" [16]. Il tenente colonnello Flemmer aveva disponibili per l'operazione notturna solo tre compagnie del suo battaglione [17]: le compagnie A, B e D. Il loro raggruppamento nell'area della stazione era stato ritardato dall'ingorgo, creato, sulla strada Città della Pieve-Chiusi, dal ribaltamento del carro cisterna di un altro reparto su una scarpata della strada, fatto che aveva bloccato sulla strada la compagnia C, che non era così disponibile. Con due sole compagnie di primo impiego ed una di riserva, agli uomini del *First City-Cape Town Highlanders* si prospettava un difficile incarico. Sebbene qualcuno avesse passato all'artiglieria notizie che indicavano che "il nemico ha almeno due o tre compagnie in Chiusi", il comandante del FC/CTH rimase fino all'ultimo con la convinzione che il "villaggio" non fosse fortemente tenuto. Non c'erano inoltre previsioni riguardo a carri armati tedeschi in Chiusi, anche se il comando divisionale aveva informato l'11ª Brigata corazzata di una loro probabile presenza nei dintorni.

La compagnia A avrebbe attaccato all'avanguardia, e nonostante che al maggiore F.R. Bartlett, suo comandante, fossero date scarse informazioni sull'obiettivo, gli fu perentoriamente ordinato di "attaccare e di ripulire la città dal nemico". Al maggiore Bartlett non era stato possibile effettuare alcuna ricognizione, gli erano state fornite solo delle foto aeree per fargli conoscere la via di attacco alla città. Non si conoscevano le condizioni della strada da far percorrere ai carri armati; non si sapeva dove fossero le postazioni difensive dei tedeschi; l'attacco notturno sarebbe stato fatto in una notte quasi totalmente illune fatto che l'avrebbe avvantaggiato, ma poiché in questo periodo abbiamo le notti più corti dell'anno, gli attaccanti avrebbero avuto a disposizione poche ore di buio [18]. Infine vaghe erano anche le notizie per capire se il paese sarebbe stato difeso decisamente oppure no. La cosa non piacque al maggiore, ma, come soldato, questi non poteva che obbedire agli ordini.

La compagnia D, comandata dal maggiore E.R. Bartlett [19] doveva muoversi in collegamento con la A, effettuare lo sfondamento e dopo aver preso la testa, consolidare il fianco sinistro del secondo obiettivo, la zona, cioè, indicata come "lineamento dei pioppi". La compagnia B doveva invece muoversi dietro alla D e infine prendere l'estremità destra del "lineamento dei pioppi", e crearci un solido caposaldo. Le armi pesanti d'appoggio sarebbero state fatte avanzare solo in un secondo tempo, alle prime luci dell'alba, per consolidare le posizioni occupate [20]. Un plotone raccogliticcio composto da elementi della compagnia di supporto e genieri dell'ottavo squadrone da campo [21], avrebbe effettuato una ricognizione sulle condizioni della strada.

Alle 20,45 del 21 giugno, il comando divisionale riferì al XIII° Corpo d'Armata che il SSB aveva attaccato Chiusi da sud-ovest e che l'ora di avvio dell'attacco del FC/CTH era previsto per le ore 23 di quella notte. In effetti i carri armati dello Special Service Battalion dopo aver combattuto per tutta la giornata avevano infine preso posizione su di una altura posta vicino alla strada Cetona-Chiusi e pattuglie tedesche arrivarono fino a circa 15 metri dai blindati di punta approfittando del-

[14] N. ORPEN, *Victory in Italy*, cit, p. 98.

[15] Ne era talmente convinto che la cosa appare anche nel rapporto finale sull'operazione da lui redatto il 28 giugno 1944. Cfr. N.ORPEN, *The Cape Town Highlanders 1885-1985* cit., p. 18.

[16] N. ORPEN, *The Cape Town Highlanders 1885-1985* cit., p. 18. Cosa spinse il ten. col. Oswald Flemmer a tanta decisione rimane un mistero, l'unica cosa certa appare che l'ufficiale, soprannominato *Ossie* dai suoi uomini, era anziano ed esperto, era infatti nell'esercito sudafricano da prima della guerra ed aveva svolto l'incarico di capo di stato maggiore nella brigata di fanteria comandata dal generale Furstenburg, per tutta la campagna del Nord-Africa nel 1941-1942; era stato infine promosso a comandante di battaglione nel febbraio 1943.

[17] Il battaglione è l'unità tattica fondamentale di tutti gli eserciti del mondo. Formato da compagnia comando e da quattro compagnie che nel caso specifico erano denominate non con i numeri ma con le lettere dell'alfabeto corrispondenti. Il battaglione è dotato di armi pesanti e di tutti quei mezzi e servizi che gli consentono di combattere, spostarsi, nutrirsi e provvedere alla prima assistenza medica da solo. J.B. KING cit.., pp. 5-7.

[18] La luna nuova era entrata il 18 giugno, mentre il giorno dopo, il 22 giugno, alle ore 7,19, era il Solstizio d'estate che segnava l'inizio astronomico dell'estate 1944.

[19] Incredibile a dirsi, ambedue i comandanti di compagnia sudafricani si chiamavano Bartlett. L'unica cosa che li distingue nei rapporti di allora sono le iniziali dei nomi di battesimo. La cosa diventa ancora più incredibile considerando che anche due degli ufficiali tedeschi al comando dei reparti che difendevano Chiusi, la 9ª e la 10ª compagnia, avevano lo stesso cognome: Weber.

[20] N. ORPEN, *The Cape Town Highlanders* cit., p. 232

[21] Nell'esercito sudafricano di allora i reparti del genio erano chiamati "squadroni da campo".

l'oscurità. Nella piana sotto Chiusi, il Natal Mounted Rifles riferì, intorno alle 22, al comando della Divisione che i suoi squadroni erano a 2300 metri a sud-est della Città e che aveva "tre carri armati fuori combattimento". Infine alle 23,10, il tenente colonnello Flemmer si portò con il suo veicolo comando a Chiusi Stazione fra la sorpresa del maggiore Arlington a cui, come già detto, nessuno aveva comunicato che il FC/CTH avrebbe attaccato Chiusi Città [22].

I sudafricani andarono così all'attacco di una cittadina posta in cima ad una collina di cui praticamente non sapevano nulla, se non che era un labirinto di intricate stradine che si prestavano ottimamente ad imboscate da parte di un nemico in allarme e in attesa. L'unica speranza era che i tedeschi non avrebbero opposto una grande resistenza. A conferma di questa speranza ricordiamo quanto accadde al tenente Lionel Wylie [23], comandante il plotone di testa del FC/CTH, che incontrò, vicino alla linea ferroviaria, pochi minuti prima dell'attacco, una pattuglia di blindati *Bren Carrier* [24] dell'ILH/KimR, i cui occupanti si dissero sicuri che Chiusi era tenuta solo da un leggero velo di truppe tedesche di retroguardia. Il maggiore Lionel Murray, comandante della comp. C del FC/CTH ricorda infine che "era stato previsto che, con la caduta di Cetona ed i progressi della 4ª Divisione Britannica sul versante del Lago di Chiusi, quegli elementi della 'Hermann Göring' a Chiusi avrebbero preso in considerazione il ripiegamento" [25]. Al contrario gli *Highlanders* si stavano approssimando ad attaccare un punto chiave della linea scelta dal Feldmaresciallo Kesselring per ritardare l'avanzata alleata. Le conseguenze di questa errata valutazione furono tragiche.

**Forward! – Avanti!**

Con l'inizio del bombardamento dell'artiglieria sudafricana alle ore 23 circa, qualsiasi speranza di sorprendere i tedeschi scomparve. Confusi sul come raggiungere l'obiettivo e inconsapevoli della difficoltà del compito loro assegnato gli *Highlanders* si avviarono verso il loro destino. Gli autocarri lasciarono gli uomini a quasi cinque chilometri dalle posizioni fissate come punto di partenza dell'attacco. A causa del terreno reso fradicio e melmoso dalla pioggia dovettero risalire sulla strada, e poi tagliare per la campagna spezzata da fossi e piccoli canali, sotto un pesante fuoco di artiglieria e nel buio. L'avanzata fu estenuante. Era quasi la mezzanotte quando le truppe, affaticate e dubbiose sull'esito di quell'azione, raggiunsero la linea di partenza [26]. Così la compagnia A attraversò la linea di partenza per l'attacco solo alle 23,45, con più di mezzora di ritardo sul piano originale. La compagnia D si fermò, si sarebbe mossa solo cinque minuti dopo, pronta a prendere la testa dopo la presa della città [27].

A questo punto, come ricorda la relazione ufficiale sudafricana:

> "Con il viso contratto gli uomini avanzarono lentamente perle ripide scoscese. Più avanti i pendii si trasformavano in terrazze su cui erano scarni e ritorti alberi di olivo, silhouette di un momento, stagliati contro i lampi dei colpi di mortaio" [28].

Il sergente Harry Campbell che, come vedremo, si distinse in quella notte, scrisse dopo la guerra questa memoria per il comando del suo reggimento [29]:

> "L'ordine di operazione della compagnia A era: un plotone assieme al comando di compagnia agli ordini del maggiore Bartlett in avanguardia; un altro plotone, più due sezioni, agli ordini del capitano Carnac di rincalzo, ed una sezione di retroguardia. Eravamo sotto un furibondo bombardamento, in prima linea, ai piedi del monte... Qui la nostra compagnia prese posizione al coperto in attesa del fuoco di sbarramento della nostra artiglieria. Dopo che ciò fu fatto, il plotone avanzato mosse all'attacco. Il capitano Carnac rimase indietro finché ebbe l'ordine di avanzare. Io ero con lui in qualità di osservatore per i mortai, e quindi non potei sapere molto dell'inizio della battaglia. "

Quando gli uomini di fanteria avanzarono, i genieri cominciarono a lavorare dietro di loro per preparare la strada ai mezzi corazzati. Era all'incirca l'una di notte quando una fucilata fu sparata contro l'avanguardia della compagnia A che si spiegò in formazione da combattimento e, come scrive la relazione ufficiale sudafricana, il maggiore F.R. Bartlett diede ordine al terzo plotone del tenente Wylie di avanzare. All'una e 45 il comando divisionale aveva il suo primo rapporto, secondo cui il FC/CTH era a circa 300 metri sotto alla città. La compagnia A stava avanzando lungo la china e le terrazze poste attorno a Chiusi, quando il plotone del tenente Wylie veniva bloccato dal familiare grido tedesco *wer da?* [30]. Gettandosi a terra gli Highlanders vennero immediatamente illuminati dalla luce dei *razzi very* [31] e presi sotto un intenso fuoco tedesco di mitragliatrici, mentre bombe a mano erano gettate loro ad-

[22] N. ORPEN, *Victory in Italy* cit., pp. 96-97.

[23] Pur avendo allora solo venticinque anni il tenente Wylie era un veterano di guerra, aveva infatti combattuto con il grado di sergente con i *Cape Town Highlanders* in Libia e a El Alamein, nel periodo 1941-1942, aveva poi ottenuto una promozione per meriti di guerra ad ufficiale.

[24] Bren Carrier, letteralmente "portatore di Bren". Veicolo cingolato leggero di costruzione britannica utilizzato come mezzo di appoggio ravvicinato della fanteria e per la ricognizione. Era armato di una mitragliatrice *Bren* da cui il nome. Cfr., *Storia dei mezzi corazzati* cit.

[25] N. ORPEN, *Victory in Italy* cit., p. 98.

[26] N. ORPEN, *The Cape Town Highlanders* cit., p. 234; REGINALD GRIFFITHS, *First City: a Saga of Service* cit., p. 218.

[27] N. ORPEN, *Victory in Italy* cit., p. 98.

[28] N. ORPEN, *The Cape Town Highlanders* cit., p. 234.

[29] La memoria del Sergente Campbell venne pubblicata contemporaneamente sia in Italia che in Sudafrica. In Sudafrica fu inserita nel libro di L.G. MURRAY, *FC/CTH in the Italian Campaign-A short history*, Cape Town, 1945, alle pagine 30-35. La traduzione italiana, con alcuni aggiustamenti, fu pubblicata sul numero unico "La Libertà" del 26.6.1950 cit., p. 3; vedi anche il libro di GIACOMO BERSOTTI, *Storia di Chiusi* cit., pp. 261-263.

[30] Letteralmente vuol dire "Chi va là ?"

[31] I razzi *very*, detti anche *bengala*, erano dei razzi di illuminazione che, durante la guerra erano utilizzati per scoprire i movimenti nemici nella notte.

dosso dalle terrazze sovrastanti. Il fuoco gli arrivava addosso da tre lati. Il tenente Wylie ricorda così quel momento:

"Avanzando nel buio eravamo arrivati a metà collina quando fummo bloccati dall'intimazione di una sentinella. Non avevamo compreso che eravamo giunti sulla strada principale. I tedeschi aprirono il fuoco e misero fuori combattimento due dei miei mitragliatori Bren [32] ed uccisero i mitraglieri" [33].

Come i bengala finirono di bruciare ed il buio tornò, il plotone del tenente Hardy avanzò dalla riserva per rilevare all'avanguardia gli uomini del tenente Wylie. Scoprirono però che, con la strada bloccata dai tedeschi, l'unico modo per avanzare era di uscire dalla strada e aggirare le posizioni nemiche. La strada era purtroppo costeggiata da campi posti a terrazze, e ognuna di queste terrazze presentava un dislivello di circa quattro metri. Era chiaro che prima che si potesse pensare di entrare in città, le terrazze dovevano essere occupate. Così quando, per qualche ragione incomprensibile, ci fu un momento di pausa del fuoco, gli uomini del plotone di Hardy, come guerrieri in vecchi assalti medioevali, si arrampicarono uno sulle spalle dell'altro fino a che il soldato Clarke poté giungere alla terrazza. Aiutandosi l'un l'altro in silenzio, il resto del plotone si spinse in avanti tra le terrazze. Furono trovati due rifugi, profondamente scavati in una parte della terrazza più vicina, e i sudafricani spararono con i loro Bren in ognuno di essi. I tedeschi, gli stessi che avevano lanciato le bombe a mano, rapidamente urlarono *kamerad* [34], ma furono necessarie altre raffiche per persuaderli a venire fuori con le mani alzate. Sfortunatamente i lampi dei bren, avevano scoperto la posizione del plotone e immediatamente dalle mitragliatrici tedesche piazzate sulla strada e in posizioni sopra la terrazza aprirono il fuoco, uccidendo il caporale Hooper e ferendo il caporale Swan, che caddero uno per fianco del tenente Hardy, sfiorato a sua volta da pallottole vaganti. Con il nuovo scoppio di razzi *very* la notte tornò giorno, e le mitragliatrici nemiche costrinsero a terra i sudafricani [35]. Come la luce abbagliante scomparve, due stranieri si unirono agli uomini di Hardy e del tempo passò prima che qualcuno comprendesse che i nuovi arrivati erano tedeschi. I primi a riprendersi dalla sorpresa furono quest'ultimi che scomparvero così rapidamente da non dare a nessuno il tempo di sparare loro addosso. Andando avanti con decisione, gli uomini di Hardy scalarono la successiva terrazza e scoprirono una scala a pioli che conduceva su di una terza terrazza. Arrampicandosi su questa non trovarono resistenza e ritennero di essere sulla destra della città, che era ancora nascosta dall'oscurità [36]. Le terrazze erano state così occupate, aiutando con successo il plotone del tenente Wylie; essendo ormai ad una certa distanza dal grosso della compagnia A, il tenente Hardy decise di vedere quale era la posizione del nemico. L'intenzione era quella di liberare la strada affinché il resto della compagnia potesse utilizzarla per entrare nella città. Ricordando quel momento, il tenente Hardy ha dichiarato:

"Brancolando nel buio, avanzammo incontrastati attraverso quelli che sembravano essere degli ordinati e ben tenuti giardini, con archi e sentieri pavimentati con pietre, siccome non vedemmo nessun segno del nemico, avemmo l'impressione che si fosse ritirato, dopo che la solita retroguardia era stata sopraffatta. Non prevedevamo che cosa era in serbo per noi" [37].

Così, per non rallentarsi, il plotone lasciò il suo PIAT [38] ai piedi di una terrazza e accelerò il passo. Il rimanente della compagnia A affrontava intanto il pendio che conduceva a Chiusi, con il fuoco di supporto dell'artiglieria che cadeva molto fitto sul suo fianco sinistro. Fu improvvisamente inchiodata quando il nemico sviluppò un contrattacco. Ricorda il sergente Campbell:

"Il gruppo del capitano Carnac, che era di rincalzo, prese posizione al coperto sotto la salita al monte, a circa cinquecento metri al di sotto del punto in cui si svolgeva la battaglia dell'avanguardia. I portaferiti furono chiamati, ma non so chi fu ferito. Quando il fuoco di sbarramento si spostò in avanti il gruppo di rincalzo avanzò lungo la strada, ma venne attaccato dal fuoco delle spandaus e da due mitragliatrici pesanti. Queste furono ridotte al silenzio dai nostri fucili *Tommy's Gun* [39]. Furono tirate due granate e il nemico si ritirò in un veicolo, che poteva essere un carro armato, verso il poggio del cimitero" [40].

Il comandante della compagnia A, maggiore F.R. Bartlett, si trovava adesso veramente in una posizione difficile, aveva infatti perso i contatti con le altre due compagnie impegnate nell'attacco, molto più lente nell'avanzare. Così, mentre attendeva l'esito dell'avanzata del plotone del tenente Hardy, il maggiore Bartlett fece mettere i suoi uomini al coperto, a ridosso di un muro di pietra. In quel momento venne catturato un soldato tedesco che, rapidamente interrogato, dichiarò che Chiusi era difesa da circa 500 militari tedeschi. La notizia, tutt'altro che rassicurante [41], fu immediata-

[32] Bren, mitragliatrice leggera britannica, calibro 7,92 mm. Arma destinata all'appoggio di fuoco ravvicinato a livello di squadra o di plotone. A.J. Barker, *Armi delle fanterie inglesi e americane* cit., pp. 38-40.

[33] Jack Kros, *War in Italy* cit.., p. 100.

[34] Kamerad, letteralmente vuol dire camerata, amico. Veniva urlato dai tedeschi per indicare che si volevano arrendere.

[35] N. Orpen, *The Cape Town Highlanders* cit., p. 235.

[36] N. Orpen, *Victory in Italy* cit., p. 99.

[37] N. Orpen, *The Cape Town Highlanders* cit., p. 235-236.

[38] *Piat* vuol dire *Projector Infantry Anti-Tank* cioè lanciabombe controcarro per fanteria. Era un'arma portatile costituita da un grosso manicotto che sorretto da un piede centrale sparava fino a circa cento metri granate ad alto esplosivo per uso controcarro; arma odiata dai suoi serventi per l'eccessivo volume e peso. Cfr. A.J. Barker, *Armi delle fanterie Inglese e Americana nella seconda guerra mondiale* cit., pp. 53-54.

[39] *Tommy's gun*: letteralmente vuol dire il "fucile di Tommy", pseudonimo del soldato inglese. Fu il nomignolo dato dai militari britannici al mitra americano *Thompson* M1928/M1 in loro dotazione.

[40] Harry Campbell, memoria cit.

[41] N.Orpen, *Victory in Italy* cit., pp. 98. Teniamo presente che la forza di attacco sudafricana quella notte era stimabile in circa 250 uomini di pronto impiego.

mente comunicata via radio al comando di battaglione che replicò seccamente: "Gli ordini del comando di brigata sono di attaccare" [42].

Il plotone di Hardy frattanto continuava la sua cauta avanzata attraverso i giardini nei sobborghi della città e arrivò su una strada che portava dentro a Chiusi [43]. Come ricorda sempre il tenente Hardy:

> "La strada sembrava terminare in una piazzetta circondata da un muro di pietra e da due o tre edifici, uno dei quali si affacciava sulla piazza nella sua parte bassa, era il "Teatro Comunale" (in italiano nel testo Ndt) [44], che era usato come cinema" [45].

Al di là della strada c'era un edificio a due piani che i sudafricani definirono *Winery* cioè osteria, ma che invece era un podere di proprietà della famiglia Baldetti, costruito su due piani con una larga cantina piena di tinozze nel sotterraneo. Andando avanti sulla strada posta a destra del *cinema,* i sudafricani intravidero una forma massiccia bloccare l'entrata del teatro. Come strisciarono avanti il suono di voci li raggiunse, e quando furono abbastanza vicini per poter vedere nell'oscurità compresero che quella forma era un carro armato tedesco, un *Tiger* forse, che doveva essere il responsabile delle loro prime perdite causate dal fuoco di mitragliatrice. Avendo lasciato indietro il loro PIAT, gli uomini di Hardy si resero conto di non avere armi per colpirlo. Nella disperazione fecero rotolare bombe a mano sotto al carro armato ma le esplosioni ebbero poco effetto oltre che spingere il *Panzer* [46] ad andarsene rumorosamente dalla piazza. Comunque, adesso, la strada era libera, questo consentì al tenente Hardy di inviare un uomo di corsa a chiamare il resto della compagnia A che così raggiungeva il Teatro, occupandolo assieme alle case limitrofe [47]. Fino ad allora l'azione era costata solo sei caduti al reparto. Il tenente Hardy ricorda di aver ritenuto che il nemico fosse stato in complesso preso di sorpresa. L'altezza delle terrazze e le limitazioni nei movimenti che creavano, avevano evidentemente cullato i tedeschi nella speranza che un attacco da quella parte fosse quasi impossibile, anche perché la strada era l'unica via di accesso al paese e i tedeschi la controllavano completamente con il carro armato [48]. La situazione era veramente critica per i tedeschi, il fianco sinistro dello *Sturmbattalion* del tenente Lehmann era stato travolto, come ricorda ancora il granatiere Hans Kober, che era presente nei ranghi della prima compagnia di quel reparto in quella notte. Kober conclude così il suo racconto:

> "Anche il posto di comando del battaglione, con il tenente Lehmann, fu travolto dai sudafricani, ma questi non si resero conto del successo ottenuto! " [49].

Ricorda ancora Campbell:

> "Era ancora buio quando raggiungemmo Chiusi. Il maggiore Bartlett ci chiamò dentro il teatro che egli aveva già occupato con un plotone e due sezioni. Il plotone del tenente Hardy era nel fabbricato di fianco, ma era ancora troppo buio per poterlo scorgere e rilevarne le caratteristiche" [50].

Il comando di compagnia e il terzo plotone del tenente Wylie si attestarono nel teatro, dove entrarono da un passaggio sul retro [51]; gli uomini del secondo plotone del tenente Hardy s'attestarono nella *"winery"* alla destra del Teatro; infine il primo plotone occupò l'edificio sulla sinistra del teatro. Gli uomini, con il morale alto, aspettarono fiduciosi l'arrivo del resto del battaglione [52]. Con questo schieramento il maggiore Bartlett ritenne di controllare l'ingresso alla città, in modo da favorire l'avanzata delle altre compagnie lungo la stessa strada. Verso le due, il comandante della compagnia A ricevette un segnale dal comando di brigata che lo esortava a "spingersi avanti con la massima rapidità". Tre minuti più tardi gli uomini della compagnia prendevano coscienza che veicoli nemici, si muovevano nell'incrocio posto davanti a loro.

Gli uomini della compagnia D avevano frattanto preso ad avanzare verso Chiusi e la compagnia A, per

[42] Reginald Griffiths, *First City: a Saga of Service* cit., p. 219.

[43] Sul tragitto che percorsero i soldati sudafricani quella notte per entrare in Chiusi Città si è molto detto ma mai sono state fornite notizie sicure. Le testimonianze dei reduci sudafricani contattati concordano sul fatto che arrivati a Chiusi, l'avanzata avvenne lungo la via 'Torri del Fornello' e che venne bloccata dal fuoco di mitragliatrici tedesche all'altezza del 'Campo della fiera', dove oggi si trovano le scuole medie. Una volta bloccati dal fuoco tedesco i soldati sudafricani del tenente Hardy scalarono le "terrazze" nella zona detta 'le buche del Pulcino', giungendo fino al 'Parco dei Forti'. Percorsero poi i giardini in tutta la sua lunghezza, per aggirare le postazioni tedesche che bloccavano la strada e, superato l'arco di ingresso del parco, devono essere giunti alla via Garibaldi che termina proprio all'incrocio dove si trova il Teatro comunale. Questo incrocio stradale apparve immediatamente importante da controllare per consentire ai carri armati di giungere Chiusi Città. Vedi anche la piantina allegata.

[44] Il Teatro Comunale, intitolato al compositore melodrammatico Pietro Mascagni, era stato inaugurato il 29 giugno 1938 con la partecipazione del Maestro Mascagni in persona. Fu edificato su di un area di circa 800 mq., a poche centinaia di metri da Piazza del Duomo, vicino al parco pubblico detto "dei Forti", in una zona centralissima di Chiusi Città. Cfr., AA.VV, *1938-1988, Progetto teatro*, numero unico realizzato dal Comune di Chiusi nel dicembre 1988, in occasione del cinquantenario dell'inaugurazione del Teatro.

[45] N. Orpen, The Cape Town Highlanders cit., p. 236. Il teatro "Mascagni" era stato "provvisoriamente" attrezzato a cinema e dato in gestione a Bruno Donati, in quanto a quest'ultimo era stato requisito dal comando tedesco il cinema "Savoia" di Chiusi Scalo nel novembre 1943. Il "Savoia" era stato poi adibito a dormitorio per le truppe tedesche in transito.

[46] Questo non era un carro armato tipo *Tiger*, poiché, come detto precedentemente, a Chiusi erano allora presenti solo *Panzer tipo Mark IV Special*, che, per la loro imponente sagoma, erano spesso confusi con i più famosi e temuti *Tiger*. D'altronde è anche vero che per i soldati alleati quest'ultimo era il carro armato tedesco per antonomasia, quando ne incontravano uno veniva subito identificato come un *Tiger*, anche quando non lo era.

[47] N. Orpen, *Victory in Italy cit.*, p. 100. Sulla dislocazione della compagnia A, vedi anche la cartina allegata, redatta nel 1974 su ricordi del tenente Hardy.

[48] N. Orpen, *The Cape Town Highlanders* cit., p. 236.

[49] Da una lettera di Hans Kober a Claudio Biscarini del febbraio 1995.

[50] Harry Campbell, memoria cit.

[51] Il tenente Wylie ricorda proprio di aver percorso una via chiamata "via Garibaldi".

[52] N. Orpen *The Cape Town Highlanders cit.*, p. 237.

superarla, e continuare l'avanzata, ma incontrarono molte difficoltà a seguire il percorso al buio, perché la collina era punteggiata da alberi, grosse siepi e mine. Alle 2,07 venne condotto al comandante di compagnia un prigioniero tedesco che disse di far parte dello *Sturmbattalion* cioé del battaglione d'assalto della Divisione *Hermann Göring*. Riferì che Chiusi era tenuta da tre compagnie, il centro di una delle quali era stata attaccata dal FC/CTH. La notizia rendeva la situazione molto più difficile di quello che il colonnello Flemmer ed il comando di brigata avessero pensato, visto che i sudafricani avevano all'attacco tre compagnie, ma di queste solo due erano impegnate in prima linea. Si stava creando l'assurda situazione in cui il reparto attaccante era più debole, per uomini e mezzi, di quello che si difendeva. Il comando tedesco di settore stava intanto prendendo in seria considerazione l'ipotesi del ripiegamento generale ma se questo fosse avvenuto la compagnia al cimitero sarebbe stata certamente tagliata fuori e distrutta, si impose pertanto di resistere in attesa di imbastire un contrattacco. Così, mentre il fuoco tedesco dalle posizioni del cimitero investiva e ritardava l'avanzata delle compagnie D e B del FC/CTH, partiva una richiesta di aiuto ai vicini reparti della *Hermann Göring*.

Il capitano Dennis Lloyd era impegnato ad avanzare verso Chiusi con la compagnia D quando fu preso sotto il fuoco tedesco proveniente dal cimitero:

> "Avanzavamo lungo la strada verso Chiusi quando incontrammo un carro armato tedesco piazzato alla fine della strada. Questo aprì il fuoco e io mi tuffai in un canale di scolo delle acque evitando i proiettili che mi passarono sopra. Poi il carro armato si allontanò e così con una scala a pioli potei superare il lato della strada e arrivare infine ad una caverna, (nel corso di un mio viaggio a Chiusi nel 1974 ritrovai questo sotterraneo e mi fu detto essere di origine romana). In questa caverna io e il maggiore Swabey, comandante la compagnia B, cercammo di convincere il nostro colonnello a sospendere l'attacco, per consentirci di raggrupparsi e attaccare dal fianco destro. Ma lui rispose "NO! – Per far questo mi serve l'okay del brigadiere che ora sta dormendo". Se avesse fatto come gli chiedevamo di fare in quel momento, le nostre perdite sarebbero state molto, molto minori. Dopo poco, e di questo ancora mi rimprovero, feci esplodere una mina antiuomo e fui messo fuori combattimento; un pezzo di acciaio rinforzato passò attraverso il mio polmone destro e così finii in ospedale per tre mesi" [53].

Il soldato semplice Bill Bosch era con la compagnia D del FC/CTH e così ricorda:

> "Avevamo cominciato quella lunga faticosa marcia di avvicinamento a Chiusi a mezzanotte. La sera prima il capitano Dennis Lloyd, vice-comandante della compagnia, nello spiegarci l'azione, ci aveva detto che si prevedeva solo una leggera resistenza da parte delle retroguardie tedesche. Io avevo il compito di addetto alla radio del maggiore E.R. Bartlett, comandante della compagnia D, ed ero assieme al plotone di testa, quello del tenente Caro. Come ci avvicinammo alla città, una mina antiuomo esplose a breve distanza e la compagnia D ebbe le sue prime perdite, tra cui il capitano Lloyd che fu gravemente ferito" [54].

In forte ritardo sui piani di marcia, La compagnia D era adesso fermata da un campo minato e dovette far intervenire i genieri per farlo rimuovere. Appena ricominciarono a salire verso Chiusi, in fila indiana, delle bombe a mano piovvero su di loro, lanciate da posizioni ravvicinate [55]. Un certo numero di uomini venne così perso, prima ancora di poter attaccare i tedeschi nell'abitato vero e proprio. Quando finalmente il plotone d'avanguardia riuscì a raggiungere le prime case di Chiusi si scontrò con la fanteria e carri armati tedeschi [56].

Il soldato Bill Bosch ricorda ancora:

> "Stavamo avanzando lungo la strada costeggiata da campi terrazzati con muri in pietra e il rumore di armi da fuoco, esplosioni di granate e lampi di razzi dalle terrazze superiori ci facevano comprendere che la compagnia A era duramente impegnata. Alla periferia della città anche noi finimmo sotto ad un pesante fuoco nemico proveniente da un carro armato e da postazioni di fanteria. Dopo un feroce scontro a fuoco nel buio, il nemico si ritirò con il carro armato rombante sulla strada" [57].

La compagnia A, fortuitamente, seguendo i pendii al buio era arrivata alla strada di accesso a Chiusi evitando le mine e le postazioni tedesche come quella del cimitero, ma la compagnia D non fu altrettanto fortunata. I rapporti sudafricani sull'avanzata della compagnia D sono confusi ma è il suo ritardo nell'avanzata il motivo principale nel fallimento di quell'attacco notturno. Secondo i piani essa doveva essere a ridosso della compagnia A, ma al momento decisivo, alle 2 di quella notte, era invece lontana. Il reparto era in ritardo, forse a causa di quel campo minato e di questo seppero approfittare i panzergrenadieren tedeschi che si infiltrarono oltre il Teatro rioccupando quelle postazioni espugnate dalla compagnia A nella zona dei 'Forti'; inoltre dal colle del cimitero presero a sparare contro la salita del Bagnolo riuscendo infine a bloccare la via d'avanzata principale. La dura resistenza tedesca inchiodò così i rinforzi sudafricani ancora fuori dalla città, facendo saltare tutti i programmi. Fu una situzione molto confusa, il plotone d'avanguardia e il comando della Compagnia D erano molto vicini al Teatro, ma non lo sapevano, mentre i due rimanenti plotoni della compagnia D furono bloccati definitivamente dal fuoco delle mitragliatrici tedesche al 'campo della Fiera' e persero i contatti con il comando di compagnia. Con loro si trovava l'allora caporale Fred H. Dugmore:

[53] Da una lettera di Dennis Lloyd all'autore dell'8.8.1995. Il capitano Lloyd nel settembre 1974 ritornò a Chiusi per rivedere i luoghi dove aveva combattuto e fu in quell'occasione che lo conobbe l'autore. È ritornato successivamente nell'aprile del 1995.

[54] Testimonianza scritta di Bill Bosch del 21.6.1994.

[55] N. ORPEN, *Victory in Italy* cit., p. 102

[56] N. ORPEN, *The Cape Town Highlanders* cit., p. 240.

[57] Testimonianza scritta di Bill Bosch del 21.6.1994.

"Ricordo bene la notte del 21/22 giugno 1944: non la dimenticherò mai più! Ero nel gruppo principale della compagnia D, in appoggio diretto della compagnia A. Avevamo raggiunto la terrazza più alta immediatamente a ridosso di Chiusi, eravamo a ridosso di un muro [58], vicini al teatro ed eravamo bloccati da un pesante fuoco di mitragliatrici. Ci fu finalmente dato l'ordine di ripiegare, saranno state all'incirca le tre di mattina e uno sconosciuto ufficiale ci guidò giù per le terrazze. Non ci facemmo certo ripetere l'ordine due volte e corremmo tanto veloci che anche se toccavamo le mine le loro esplosioni non riuscivano ad ucciderci. Quando raggiungemmo la vallata sotto la città ci fu detto di scavare delle buche. Mentre svolgevamo questa attività i nostri carri armati dietro a noi, pensando che fossimo tedeschi, cominciarono un pesante bombardamento; saranno state circa le ore 6 del mattino. Questo bombardamento continuò con crescente rigore fino a circa le ore 16, quando siamo stati in grado di districarci e ritornare al nostro comando. miracolosamente dei 13 uomini coinvolti in questo bombardamento solo uno soffrì un taglio di poca importanza al labbro! Tutti avemmo però delle 'reazioni nervose' per quanto accaduto" [59].

L'avanguardia della compagnia D prese invece posizione in alcune case di Chiusi, come racconta Bill Bosch:

"Era quasi l'alba e a questo punto il plotone del tenente Caro aveva raggiunto delle case, vicine all'incrocio della strada che avevano percorso (via Torri del Fornello NdR), con quella che conduceva a Chiusi da sud (Via Garibaldi NdR). Erano sotto il fuoco della fanteria tedesca e il tenente Caro decise di prendere posizione per coprire queste strade e tenere sotto controllo un grande parco dietro le case (il 'Parco dei Forti' NdR). Il comando della compagnia D occupò così una grande casa a due piani, vicina all'incrocio delle strade [60]. Io e l'altro addetto radio, udimmo il comando della compagnia A chiedere rinforzi e l'appoggio di carri armati al comando di battaglione, poiché erano tagliati fuori e sotto l'attacco di un gran numero di soldati tedeschi appoggiati da carri armati. Ad un certo momento udimmo il rombo di un motore di carro armato avanzante lungo la strada e credemmo che fossero i nostri rinforzi che stavano arrivando. Andai fuori per salutarli ma come il carro armato passò a breve distanza vidi che era un Panzer Mark IV tedesco !" [61]

Intanto alle 2,30 il reparto del genio aggregato aveva riferito che la strada che portava alla città era libera anche se il lavoro era stato portato a termine sotto un crescente fuoco di fucileria. Tutto sembrava andare bene e alle 2,57 la compagnia A riferì al comando di battaglione di avere "consolidato le proprie posizioni nel teatro e nelle due case adiacenti, con un plotone di già al castello". Questa fu l'ultima buona notizia trasmessa quella notte, perché un quarto d'ora più tardi gli eventi presero a girare in senso avverso [62]. Tutto cominciò con un tank tedesco che avanzò per fronteggiare i sudafricani nel teatro [63], come ricorda il sergente Campbell:

"Sentimmo il rumore di un carro armato vicino a noi e così mandammo un uomo con il *Piat* del primo plotone sulla strada, dove s'appostò in un angolo" [64].

Molto prima dell'alba, divenne chiaro che la città era tenuta più saldamente di quanto si era pensato in un primo momento [65]. Due ore erano passate da quando il comando divisionale aveva avuto informazioni sull'avanzata del FC/CTH su Chiusi, così era abbastanza sulle spine per averne di nuove, tanto che alle 3,35 chiese all'11ª Brigata corazzata "se non avesse qualche informazione". L'unica notizia fu quella che il terzo reparto dell'Ottavo squadrone del genio non era potuto entrare nella città a "causa del bombardamento nemico che stava trattenendo la fanteria". Anche fuori della città cominciò ad affacciarsi il dubbio che prendere Chiusi fosse più difficile di quanto programmato, e il maggiore Rocyn-Jones, comandante dei genieri, decise di far ripiegare i suoi uomini al coperto. Intanto, ad ovest, nella zona di Ficomontano, il battaglione corazzato SSB, a partire dalle 4,30 di quella mattina, cercò di respingere i tedeschi dal terreno sopraelevato posto davanti ai carri armati sudafricani. Gli squadroni A e B riuscirono a muovere verso quelle forti posizioni, dominanti le uscite dalla città su quel lato, ma l'azione non ebbe effetti sulla situazione dentro Chiusi. Il fatto era che fuori dalla città non c'erano che idee confuse su cosa stesse succedendovi dentro. Alle 4,40 un messaggio del 4/22 *Field Regt.* di artiglieria segnalò che "un reparto del FC/CTH era nel villaggio e che il rimanente lo stava seguendo, con il nemico che resisteva". Era un primo messaggio chiaro sullo scontro in atto, così, senza riguardo all'ora, la notizia era immediatamente passata al comando di divisione. Passarono però quaranta minuti senza che ulteriori messaggi arrivassero a confermare la notizia. Il generale Poole decise allora di lasciare il suo comando per raggiungere il comando dell'11ª Brigata corazzata e rendersi conto personalmente dei fatti. A Chiusi intanto, alle 4,37, una fredda e nebbiosa alba stava cominciando, e i sudafricani appostati dietro ai robusti muri del Teatro comunale compresero cosa volessero dire quei misteriosi movimenti tedeschi di veicoli e uomini, entro e attorno alla piazza [66].

[58] Il muro citato è quello posto lungo la strada sotto al parco dei "Forti".

[59] Da una lettera di Fred H. Dugmore all'autore in data 20 ottobre 1994. Uguale testimonianza si trova nel libro di JACK KROS, *War in Italy* cit. pp. 106-108. Il signor Dugmore nel 1989 tornò a visitare Chiusi, Cfr. l'articolo di MARCO FÈ ne "La Gazzetta di Siena" del 21.9.1989.

[60] Presumibilmente si tratta della casa posta al numero civico 6 di Via Garibaldi.

[61] Testimonianza scritta di Bill Bosch del 21.6.1994.

[62] N. ORPEN, *Victory in Italy* cit., p. 100.

[63] N. ORPEN, *Victory in Italy* cit., p. 101.

[64] HARRY CAMPBELL, memoria cit.

[65] N. ORPEN, *The Cape Town Highlanders* cit., p. 237.

[66] N. ORPEN, *Victory in Italy* cit., p. 101.

# VIII. SANGUE AL TEATRO

*Aus allen Winkeln gellen Fürchte Wollen*
*Kreisch*
*Peitscht*
*Das leben*
*Vor Sich*
*Her*
*Den keuchen Tod*
*Die Himmel fetzen.*
*Blinde schlächtert wildum das Entsetzen"*

*"Da ogni angolo terrori gridano volontà*
*Stridente*
*La vita*
*Frusta Davanti a sé La morte ansimante*
*I cieli si stracciano ciechi*
*macella selvaggiamente intorno l'orrore"*
August Stramm (1874-1915)[1]

**Gegenangriff – Contrattacco**

La notizia che soldati alleati avevano preso posizione in Chiusi giunse al comando tedesco del III° battaglione, il capitano Hans Briegel, comandante dell'unità, decise immediatamente di utilizzare l'11ª compagnia, tenuta di riserva, per il contrattacco. Questa, al comando del tenente Bernd Böcker, era dislocata in una collina coltivata a vigna ed un piccolo boschetto posti a circa 3-4 chilometri ad occidente di Chiusi.

L'alfiere capo Walter Stiewing era vice-comandante della compagnia[2] e così ricorda:

"Nella prima mattinata del 22 giugno arrivava al comando di compagnia, situato in una cantina nel mezzo della vigna, l'ordine che la compagnia doveva essere pronta immediatamente per una missione. Poco dopo arrivava il comandante di battaglione, Hauptmann Briegel, che ci spiegava l'ordine del comando di reggimento: l'11ª compagnia avrebbe dovuto riprendere la città di Chiusi, che era stata occupata dal nemico durante la notte, per rendere possibile ai reparti tedeschi, che ancora stavano combattendo a sud e sud-ovest della città, la ritirata. Dopo che i comandanti di plotone ebbero ricevuto i loro ordini il tenente Böcker, comandante di compagnia ed io, partimmo per scoprire la situazione a Chiusi. Un plotone ci seguiva a distanza ravvicinata mentre gli altri plotoni si distanziarono in attesa di muoversi. Seguimmo un sentiero naturale e ci avvicinammo alla città sopra la quale potemmo vedere all'incerta luce del mattino una fitta nuvola di fumo e di polvere. Ininterrottamente le granate di artiglieria del nemico si schiantavano su Chiusi. Quando raggiungemmo le prime case Böcker ordinò al plotone che ci seguiva di aspettare lì ulteriori ordini e proseguimmo da soli. Dopo una curva, cercammo di combattere il timore di quello che ci aspettava nella città con un sorso di cognac bevuto da una piccola fiaschetta da tasca. Entrammo nella città: il tenente avanti con la pistola in pugno, io dietro con il fucile pronto a sparare e con un portaordini di compagnia che ci seguiva a distanza ravvicinata. La strada da percorrere per giungere al centro del paese era cosparsa di pezzi di muro, calcinacci, tegole rotte e pezzi di vetro schiantati, dappertutto si vedevano fili del telefono e della luce strappati. Le cannonate provenivano dalla nostra destra e da sud e sud-ovest e cadendo sui tetti rovesciavano sulla strada una pioggia di tegole e mattoni prima di esplodere sulla strada o nelle case. Bombardamento inutile perché non ci dannegiava minimamente e non poteva fermarci nell'esecuzione del nostro compito. Tenendoci al coperto vicino alle pareti delle case continuammo ad avanzare comunicando tra noi a cenni perché il baccano delle cannonate impediva di sentire. La strada porta ad una piccola piazza, davanti a noi una vecchia chiesa, la cattedrale di Chiusi, in mezzo alcuni alberi, a sinistra un edificio più grande probabilmente un cinema. Quando noi uscimmo dal riparo dietro la chiesa per attraversare la piazza sentimmo, in mezzo al rumore di granate che esplodevano, il tipico rumore di fuoco di fucileria e lo schianto dei colpi nelle nostre vicinanze. Senza dubbio il nemico si era insediato negli edifici che circondavano la piazza. Velocemente ci mettemmo al riparo, avevamo la sicurezza che da qui avrebbe dovuto cominciare la nostra azione. Il portaordini fu inviato indietro per far avanzare i comandanti di plotone e dare gli ordini di operazione"[3].

Tra gli uomini che ricevettero quell'ordine di attacco si trovava l'allora diciottenne granatiere Herbert Zidek, che faceva parte del secondo plotone di quella compagnia e che ricorda in questa maniera quei drammatici eventi:

"La sera del 21 giugno 1944 eravamo in un piccolo boschetto posto a circa 3-4 chilometri ad occidente di Chiusi[4], noi stavamo ricevendo la nostra cena quando im-

[1] A.M. Giachino, G. Rossetto Sertoli, *Poesia tedesca del novecento*, Milano, Rizzoli, 1977, pp. 110-111.

[2] Il grado preciso in tedesco è *Kompanie Truppführer-Fahnenjunker*, che letteralmente vuol dire capo militare-portabandiera della compagnia; questi era il graduato che portava la bandiera del reparto nelle sfilate e non ha equivalenti nell'ordinamento gerarchico italiano, poiché si tratta di un grado intermedio tra ufficiale e sottufficiale. Tale condizione ho ritenuto di poter sintetizzare nella dizione di "alfiere capo".

[3] Walter Stiewing, *Memoria su Chiusi*, relazione scritta nel settembre 1994 all'autore. (Traduzione di Frieder Düvel). Analoga memoria fu pubblicata nella rivista *Der Deutsche Fallschirmjäger*, n. 2-93 del marzo-aprile 1993, alle pp. 8-10.

[4] Era il bosco posto vicino alla Fattoria di Marcianella.

provvisamente arrivava un portaordini dal comando di battaglione. Dalla nostra esperienza sapevamo che questo non poteva significare niente di buono. Così era, dal nostro sergente venimmo a sapere che probabilmente la prossima mattina saremmo dovuti andare a compiere una missione a Chiusi. Dovevamo prepararci a questa missione ed essere pronti per le cinque della mattina. Dopo una notte non molto tranquilla ed una colazione fatta in fretta, eravamo pronti, come ordinato per la mattina. Nessuno sapeva cosa ci avrebbe aspettato, venimmo però a sapere che nel corso della notte una compagnia di soldati inglesi era arrivata nella città. Il nostro compito era di respingere questi soldati da Chiusi. Contemporaneamente però ci fu detto che non sarebbe stata cosa facile. Erano le cinque quando noi incominciammo a muoverci in fila indiana verso la città che si poteva vedere molto bene davanti a noi su di una collina. Dopo un tratto di marcia taciturna, quando raggiungemmo le terrazze del monte sul quale si trovava la città, ci trovammo improvvisamente sotto un fuoco di artiglieria molto violento. Ci avevano subito notati poiché non lontano da Chiusi, in direzione sud, stava una delle tante batterie di artiglieria dei nostri avversari... Con grandi fatiche fisiche e nonostante questo violento fuoco di artiglieria superammo i terrazzi ed arrivammo in alto trovando nuovamente del terreno pianeggiante. Non subimmo perdite in quella avanzata. Dietro un lungo muro rosso che si trovava rialzato trovammo anche un po' di riparo. Eravamo stanchi morti e ci lasciammo cadere in terra ai piedi di questo muro mentre i comandanti di plotone e di squadra furono chiamati dal comandante di compagnia, tenente Böcker, ad una riunione per fare il punto della situazione" [5].

I movimenti tedeschi non potevano passare inosservati da parte dei sudafricani. Il tenente Hardy, che non aveva piazzato i suoi uomini dentro l'edificio destinato al suo plotone, ma li aveva fatti appostare all'esterno, nel cortile della *winery* per meglio controllare la situazione, fu il primo a rendersi conto a cosa mirava il movimento dei tedeschi, cioè ad accerchiare i sudafricani. Ricorda anche di aver potuto contare parecchi soldati tedeschi [6]. Anche Il sergente Harry Campbell, che visse quei momenti da dentro al teatro, ricorda:

"Alle prime luci, cioè circa un'ora dopo (aver sentito il rumore di carri armato NdR), vedemmo della fanteria nemica attraversare la cima di un tetto a circa trecento metri in linea d'aria. Facemmo fuoco, tirando dalle finestre circolari del teatro [7], causando molte perdite al nemico. Ciò attirò l'attenzione di un carro armato che entrò in scena e si fermò sulla strada di fronte a noi. Prima che il nostro *Piat* potesse aprire il fuoco, il carro armato lo colpì mettendo fuori combattimento l'uomo che l'imbracciava. Allora il carro armato aprì il fuoco contro il plotone del tenente Hardy sia con il cannone che con la mitragliatrice, ma non riuscì a farlo sloggiare. Si rivolse quindi contro di noi che ci eravamo attestati nel teatro. L'edificio fu tutto scosso e parte del tetto crollò, senza però che fossero arrecati seri danni. Mentre il fuoco continuava, la fanteria nemica che aveva preso posizione proprio sotto di noi nel giardinetto, incominciò a sparare su tutte le finestre togliendoci ogni possibilità di esporci per sparare. Appostammo allora degli uomini per fronteggiare ogni possibile irruzione nel teatro, ma capimmo d'aver perduto la possibilità di compiere ogni operazione offensiva. Il maggiore Bartlett a mezzo radio, avvertì il comando di battaglione della situazione in cui ci trovavamo e ci fu promesso l'appoggio dei nostri carri armati" [8].

Fu per questo che il comando di battaglione ricevette due messaggi dalla compagnia A: nel primo, giunto alle 5,22, veniva riferito che "il comando compagnia e due plotoni erano a solo 50 metri sulla destra della torre [9], mentre un plotone era a solo 100 metri dietro a loro". Meno di un quarto d'ora dopo giunse il secondo messaggio con cui veniva chiesto un aiuto immediato, poiché i sudafricani erano sotto attacco [10]. Il panzer nella piazza stava ormai facendo fuoco a bruciapelo contro il teatro, anche se senza effetto apparente, come se i muri fossero così spessi da restare in piedi contro l'impatto delle granate. Come scrive Griffiths nel suo libro, un soldato sudafricano ebbe il sangue freddo di contare in quel momento quanti proiettili furono sparati contro il Teatro: ben 88 colpi partirono dai carri armati tedeschi [11]. I sudafricani del comando di compagnia risposero con un *Piat*, ma il proiettile anticarro rimbalzò semplicemente sulla corazzatura del carro tedesco. In dieci minuti di combattimento la compagnia aveva subito una dozzina di perdite tra morti e feriti. Nella *winery*, intanto, vista la posizione, il tenente Hardy chiese un volontario per cercare di recuperare il *Piat* lasciato indietro nella prima terrazza. Il soldato semplice Touzer, un inglese che si era arruolato nel FC/CTH in Sudafrica, senza esitare si offrì, ma quando uscì fu subito ferito e costretto a cercare un nascondiglio dove sfuggire alla cattura [12].

Con tutte le sue forze ingaggiate in combattimento, al tenente colonnello Flemmer ora si poneva il grave problema di come riuscire a soccorrere la compagnia A. Nessuno pensò di ordinare al comandante del battaglione ILH/KimR di assistere l'azione del FC/CTH. Il Comando del XIII Corpo cominciava intanto ad essere impaziente e, alle 5,40 inviava un radiomessaggio al comando della 6ª Divisione Corazzata Sudafricana che diceva: "per favore dateci qualche notizia su Chiusi."

Nel centro città per le 5,50, i tedeschi si erano ormai infiltrati tutti attorno alla compagnia A e, come scrive Neil Orpen:

"Nella luce del primo mattino si scorgevano diversi carri armati che stavano bombardando l'edificio del teatro, mentre nuvole di polvere rossastra e di calcinacci si levavano intorno, causate dai cannoni sudafricani che conti-

[5] HERBERT ZIDEK, *Chiusi im Juni 1944*, testimonianza scritta rilasciata all'autore il 24.9.1994. (Traduzione di Frieder Düvel). Il muro rosso citato si trova nel parco della Fortezza.

[6] N. ORPEN, *The Cape Town Highlanders* cit., p. 237.

[7] Erano le finestre del loggione.

[8] HARRY CAMPBELL, memoria cit.

[9] Si trattava della torre campanaria del duomo che, visto la sua prominenza sulla città, era presa come riferimento.

[10] N. ORPEN. *Victory in Italy* cit., p. 101.

[11] REGINALD GRIFFITHS, *First City: a Saga of Service* cit., p. 219.

[12] N.ORPEN, *The Cape Town Highlanders* cit., p. 237.

nuavano a bombardare l'aerea con salve di granate ad alto potenziale, avendo le indicazioni per il tiro direttamente dalla compagnia A. La compagnia segnalò due carri armati nemici, uno era un Mark III e l'altro un Mark IV Special, ma i cannonieri sudafricani non riuscirono a metterli fuori combattimento. Un Highlander con un *Piat* corse fuori piazzandosi a lato nella strada, sparò un colpo che non riuscì a danneggiare il Mark IV Special che poi aprì il fuoco e lo ferì" [13].

Alle 6 di mattina il comando di divisione riceveva il rapporto dall'11a Brigata corazzata che segnalava "due reparti del FC/CTH nel villaggio. Il nemico, continuava il messaggio, era presente con due o tre compagnie, con cannoni controcarro." Queste scarne e confuse notizie furono passate al generale Poole e al comando di corpo. Circa 20 minuti più tardi, anche la compagnia D segnalò due Panzer tedeschi a Chiusi, identificandoli come un Mark III e un Mark IV, e dopo un altro quarto d'ora segnalò un terzo carro armato, un Mark IV Special. Tutti i tentativi di portare il fuoco dell'artiglieria sopra a quest'ultimo blindato tedesco [14] non ebbero alcun successo. Nel teatro intanto gli uomini della compagnia A erano ancora pieni di determinazione e alle 8,15 un loro messaggio al comando di battaglione riferì di scontri a fuoco ravvicinato con un buon successo del fuoco dei brens e dei fucili, ma la situazione continuava ad essere grave [15].

Fu allora che, come continua a raccontare il sergente Campbell:

> "Quando si accorsero che non riuscivano a sloggiarci, i tedeschi spararono con *Panzerfaust* [16] contro il fabbricato, ma, a parte una quantità di fumo, polvere e crollo di calcinacci, non riuscirono nell'intento" [17].

Come ricorda Reginald Griffiths, ad un certo momento i militari sudafricani udirono una forte esplosione nel Teatro ed una nuvola di fumo apparve. Alcuni tedeschi erano riusciti a penetrare al piano terra, nel soppalco, piazzando dell'esplosivo che aveva appiccato il fuoco a dei vecchi mobili, fortunatamente l'incendio non si propagò però all'edificio. Come disse il maggiore Bartlett, in quel Teatro cominciava a fare "dannatamente caldo" [18]. Intanto un carro armato tedesco stava aprendo il fuoco contro il primo piano della casa occupata dal secondo plotone nel lato opposto della strada. Gli uomini del tenente Hardy, che sparavano dalla stanza di sotto, avevano contato diversi tedeschi in piazza, e mentre le granate scoppiavano il soldato Jack Jarman e il caporale McGregor caddero dal primo piano al piano terra. Si salvarono sebbene storditi e momentaneamente accecati dalle esplosioni e dal polverone. Dalla stanza del pianterreno, i soldati Bartie e Willis, erano costretti a ritirarsi, dato che il tank sparava contro la casa sia con il cannone da 75 millimetri che con le mitragliatrici. Non riuscendo a sloggiare il rimanente del plotone, il carro armato spostò la sua attenzione sul retro del teatro, su cui tirò delle granate. Questo fu scosso da capo a piedi ma resistette magnificamente. La fanteria tedesca con fucili e spandaus teneva sotto tiro tutte le finestre e questo per impedire agli highlanders di rispondere. Il panzer tentò allora di abbattere i muri, ma non ci riuscì, anche un altro carro armato tentò questa tattica sulle costruzioni circostanti, dove resistevano ancora i sudafricani. Gli uomini del tenente Hardy piazzati nel cortile della *winery* poterono in quel momento vedere dei tedeschi che, saliti sul tetto del teatro, vi stavano gettando dentro delle bombe a mano; aprirono il fuoco e ne "buttarono giù due". Ci fu allora un breve intervallo nella battaglia e poi un gruppo di soldati tedeschi irruppe allo scoperto lanciandosi di corsa per la strada. L'intenzione era chiaramente quella di controllare il retro delle costruzioni per poter sbarrare la ritirata dei sudafricani e poterli anche attaccare dal retro. Prevedendo tale mossa, Hardy aveva fatto piazzare alcuni uomini, uno dietro al teatro e altri tre dalla stessa parte della strada dov'era la casa in cui era piazzato il suo plotone, in un campo protetto da un muretto alto non più di un metro. Quando i tedeschi uscirono sulla strada questi aprirono il fuoco con visibile successo. Sfortunatamente diversi nemici li oltrepassarono e occuparono una costruzione sulla sinistra del secondo plotone. costringendo così i sudafricani presenti nel cortile della *winery* a ripararsi nell'edificio. Anche il carro armato che aveva fatto fuoco sul teatro si stava muovendo ora, giù nella strada, fermandosi sotto una finestra del teatro, proprio davanti al cortile della fattoria. Molti "paracadutisti" [19] tedeschi avanzavano dietro al carro armato e uno si arrampicò sulla torretta e gridò in inglese verso il teatro – Venite fuori, voialtri, e vi faremo vedere come si combatte! – Il caporale McGregor che si era riunito al tenente Hardy, aprì il fuoco su di essi con il suo "bren" attraverso una fessura nella porta, con particolare attenzione per l'esperto della lingua inglese sulla torretta, con "buoni risultati". I "paracadutisti" tedeschi, alcuni sdraiati altri in ginocchio, si erano intanto schierati nel cortile della *winery*. Il carro armato, a soli otto passi dalla porta cominciò a brandeggiare il suo pezzo da 75 mm in torretta contro il secondo plotone, ma poi preferì allontanarsi lentamente senza sparare seguito da parte dei paracadutisti tedeschi. Il secondo plotone era stato così costretto ad evacuare le due stanze che davano sulla

[13] N. ORPEN, *The Cape Town Highlanders* cit., p, 238.

[14] Evidentemente era il carro armato piazzato vicino al cimitero.

[15] N. ORPEN, *Victory in Italy* cit., p. 102.

[16] Panzerfaust, lanciarazzi portatile per fanteria usato dai tedeschi. Letteralmente la traduzione vuol dire "pugno corazzato". L'arma consisteva in un tubo nel quale si trovava già inserita una granata a razzo con una testata a carica cava. L'arma era a colpo singolo e una volta sparato il missile il tubo era buttato. La gittata utile era di circa trenta metri. Di impiego estremamente semplice fu largamente usato su tutti i fronti. A partire dal 1995 l'esercito italiano si è dotato di una versione aggiornata di tale arma denominata *Panzerfaust 3*. Cfr. A.J. BARKER, *Armi della fanteria tedesca* cit., pp. 58-60.

[17] HARRY CAMPBELL, memoria cit.

[18] REGINALD GRIFFITHS, *First City: a Saga of Service* cit., p. 219.

[19] I soldati della *Hermann Göring* portavano le stesse uniformi dei paracadutisti pur essendo dei "granatieri corazzati".

piazza, per evitare il fuoco tedesco in arrivo ed a smettere di sparare nella strada. Questo aveva consentito ai tedeschi di rioccupare la via della Pietriccia ed a completare l'accerchiamento della compagnia A [20].

Lasciamo adesso la parola all'alfiere capo Stiewing che racconta l'attacco finale al Teatro Mascagni visto dalla parte tedesca:

"Ci lanciammo in avanti, ma come uscimmo dal riparo dietro la chiesa fummo investiti da una pioggia di proiettili provenienti dalle case circostanti e dovemmo registrare i primi morti. Il nostro sergente di sanità si occupò dei feriti in mezzo alla piazza sotto il fuoco nemico confidando che non gli avrebbero sparato addosso poiché portava il bracciale con la croce rossa. Nonostante il momento di particolare tensione notai con quale apparente calma i giovani soldati facenti parte della compagnia si stavano comportando e con quale sicurezza maneggiavano le loro armi. Però presto dovemmo vedere che il coraggio e la sicurezza non servivano a niente, non era possibile avvicinarsi alle case occupate dal nemico senza forti perdite. Al tenente Böcker non rimase altro che chiedere il sostegno dei carri armati. Con grande sollievo osservammo l'arrivo di due carri armati Mark IV dalla parte nord della piazza. Aprendo la torretta apparve un sottotenente che discusse con noi il comportamento da tenere. ... Il secondo plotone avanzò dietro un carro armato verso il teatro per poi prenderlo di assalto. Dopo due tentativi vani della prima e seconda squadra toccò infine alla terza squadra fare un altro tentativo..." [21]

Di questo plotone faceva parte il granatiere Herbert Zidek che abbiamo lasciato alle porte di Chiusi:

"Dopo circa 20/30 minuti di sosta riprendemmo a muoverci sempre lungo questo muro rosso. In questo modo arrivammo ad una serie di vicoli molto stretti e acciottolati. Nuovamente delle granate di artiglieria, con grandi boati, esplodevano nelle nostre vicinanze, costringendoci ad avanzare carponi ed a ridosso dei muri delle case. Arrivammo alla fine del vicolo (probabilmente seguirono prima via Arunte e poi via Porsenna NdR), adesso potevamo vedere una piazza. La prima cosa che vidi furono alcuni nostri carri armati che stavano un po' da parte alla nostra sinistra. Uno stava a circa 10-15 metri da noi, nel punto più alto di una via in discesa che conduceva a una chiesa che stava nascosta dietro ad alcuni alberi. Dal nostro comandante di squadra ci fu un po' spiegata la situazione. Mentre la terza squadra del nostro secondo plotone riceveva l'ordine di spostarsi più giù lungo la strada con la protezione del carro armato che stava davanti a noi, la prima e la seconda squadra dovevano tentare, passando a ridosso delle case, di giungere fino al 'Teatro' per poi entrarci coperti dal nostro fuoco. Il 'Teatro' stava proprio davanti alla chiesa ed era distante da noi solo circa 50 metri. Io ero nella terza squadra e così, vicini ai cingoli del nostro carro armato tipo Panzer IV, ci muovemmo. Io stesso mi trovai dietro la parte destra del carro armato. I nostri nervi erano tesi al massimo ed il rumore del cannone da 75 millimetri mi toglieva il respiro. In breve ci trovammo davanti al teatro e sparammo nelle finestre superiori, la distanza era di soltanto 8-10 metri. Il carro armato stesso faceva fuoco ora sempre giù nella strada verso una casa alla fine della via da dove ci sparavano addosso con una mitragliatrice. Avevamo appena raggiunto la zona del 'Teatro' quando la prima squadra si precipitò per le scale. Si sentirono spari molto forti e detonazioni di bombe a mano. Subito dopo riuscirono urlando alcuni feriti per la strada e dietro a questi il resto della squadra. Uno di questi teneva con tutte e due le mani coperto il sedere e si lamentava in un modo che quasi faceva ridere se non si fosse stati in questa situazione così tremendamente seria. Il tentativo di assaltare le scale di questo 'Teatro' era fallito e adesso tentava la seconda squadra ma anche questa non riusciva ad entrare. Adesso non rimaneva che la terza squadra, quella di cui facevo parte, per fare un ulteriore tentativo. Con molta attenzione entrammo sulle scale. Avevo il cuore in gola perché da un momento all'altro aspettavo le bombe a mano da sopra. Però, poiché nulla successe, salimmo gradino dopo gradino. Improvvisamente stavamo davanti ad un soldato avversario. Era seduto su di un gradino della scala appoggiato contro il muro come se dormisse e la sua faccia era coperta da polvere rossa dove si vedevano ancora tracce umide di sudore. Nella mano destra stringeva il suo fucile però si poteva vedere bene che questo soldato era morto. Noi salimmo ancora ed io avevo sempre più paura, allora pregai il mio caposquadra, che seguivo da vicino, di non avanzare ulteriormente. Ma lui disse solo: niente paura ci penso io. Quasi senza preoccupazioni mise il piede nell'ultimo gradino della scale ed in questo momento, improvvisamente, cominciava a sparare una pistola mitragliatrice dall'ingresso della sala del 'Teatro'. Questa raffica lo centrò proprio nel petto, si accasciò e morì in una grande pozza di sangue. Fu uno shock, noi eravamo in piedi lì e non potevamo dargli aiuto: il suo nome era Franz Grave, sergente..." [22].

Così ricorda quel frangente il sergente Campbell:

"Allora il nemico mandò alcuni uomini per le scale del Teatro. Il sergente Gibbons ed io, che eravamo di guardia alla porta, li facemmo desistere dal tentativo di assalto, uccidendone due e ferendone gravemente altri" [23].

### La resa della Compagnia A

Continua il suo racconto Herbert Zidek:

"Dopo che anche questo terzo tentativo per costringere alla resa i difensori del teatro era fallito ci spostammo nuovamente sulla strada. Il carro armato stava sempre lì e noi ci precipitammo dietro la sua copertura. Per porre finalmente fine alla lotta, il comandante del carro armato ricevette subito dopo l'ordine di distruggere sparando contro il primo piano. La situazione dei nemici adesso si fece senza speranza. Io vidi come le granate da 75 millimetri lanciate da breve distanza si schiantavano nella sala del 'Teatro' portando via perfino parti del tetto. Per un bel po' di tempo andò avanti così finché non si sentì qualcuno chiamare in tedesco da sopra che dovevamo smettere di far fuoco e i difensori si sarebbero arresi. Era un soldato tedesco che nel corso della notte era stato fatto

[20] N. ORPEN, *The Cape Town Highlanders* cit., pp. 238-239.

[21] WALTER STIEWING, *Memoria su Chiusi*, relazione scritta cit.

[22] HERBERT ZIDEK, Chiusi im Juni 1944 cit. Il sergente Franz Grave, nato nel 1914, risulta sepolto nel Cimitero Militare Germanico di Pomezia (Roma).

[23] HARRY CAMPBELL, memoria cit.

prigioniero dai nemici. Dopo di questo io, assieme ai miei camerati, per la seconda volta, misi piede nelle scale del teatro. Questa volta almeno lì non c'era più pericolo per noi. Esitando un po' cominciammo a salire le scale. Non mi accorsi subito che, per una ragione sconosciuta, nessuno mi aveva seguito, quando me ne avvidi ero già arrivato alla porta della sala del 'Teatro'. Pensai velocemente se dovevo tornare indietro o entrare nella sala. Però lì mi accorsi che ero già stato visto e allora entrai. In un primo momento non potei vedere molto perché l'aria era piena di fumo e polvere di pietre. Ma ciò che poi vidi quando mi ero ormai abituato alla poca luce era così terribile che mai più lo potrò dimenticare. I soldati erano sdraiati in terra, molti gemevano per il dolore e giacevano nel loro sangue coperti da spessi strati di polvere e calcinacci. Uno di loro sembrava che stesse particolarmente male, io mi inginocchiai davanti a lui e cercai di dargli da bere dalla sua borraccia di cui avevo difficoltà con la chiusura. Vidi sorridere questo soldato, nonostante i suoi dolori, e mi fece capire che dovevo tirare il tappo invece che girarlo. Io gli dissi ancora un po' di parole consolatorie e poi mi rivolsi ad un ufficiale [24] che già entrando mi era venuto incontro. Mi condusse in una piccola stanza accanto, dove, ugualmente, si trovavano sdraiati alcuni feriti gravi. L'ufficiale chiese di parlare con uno dei miei superiori ed io gli risposi che ne avrei cercato uno e lasciai la stanza. Ero arrivato appena a metà delle scale mi venne incontro il nostro comandante di compagnia il tenente Böcker. Era solo ed io gli spiegai in poche parole quale era la situazione di sopra e che un ufficiale inglese voleva parlare con lui. Mentre lui continuò a salire, io lasciai molto velocemente l'edificio: non sapevo come avrebbe reagito il mio tenente alla notizia che avevo tolto all'ufficiale inglese sia la rivoltella che il binocolo [25]. Per questo non saprei dire cosa si sono detti i due ufficiali" [26].

L'alfiere capo Stiewing ricorda quel momento:

"All'ingresso del 'cinema' arrivarono i primi nemici con le mani in alto, dai loro elmi piatti comprendemmo allora che, contrariamente a quello che avevamo pensato, non erano americani ma britannici. Dietro ordine del tenente Böcker mi occupai dei prigionieri e mi feci consegnare i loro documenti personali, poi ognuno di loro ci dette la mano, a me ed al soldato che mi aiutava e ci fecero gli auguri di buona fortuna. Dopo tutto quello che avevo vissuto negli anni precedenti sul fronte russo fui molto impressionato da questo comportamento, visto poi che nelle ultime ore tra noi si era trattato di vita o morte. Complessivamente nel teatro e nelle case vicine si erano arresi circa 70-80 sudafricani che, sorvegliati da alcuni uomini della nostra compagnia, furono inviati indietro verso la prigionia. ... I feriti e i morti nel Teatro vennero portati via insieme dai nostri uomini e dai sudafricani prigionieri ancora non trasferiti. In una taverna nel lato nord della piazza fu allestito un pronto soccorso. L'artiglieria alleata aveva cessato il fuoco e dopo il rombo del combattimento ora c'era una calma spaventosa nella città, solo nelle lontananze si sentivano i rumori dei cannoni. Degli abitanti di Chiusi non si vedeva traccia. .." [27].

L'epilogo della lotta viene così raccontato dal sergente Campbell:

"Dopo circa quattro ore e mezzo di battaglia, i tedeschi riuscirono ad aprire una breccia nel muro a furia di cannonate e raffiche delle mitragliatrici. Il tetto continuava a crollare, il fabbricato era pieno di fumo da non vederci, molti uomini erano feriti compresi gli ufficiali. Sarebbe stato un suicidio restare quindi nello stabile, che da una parte, aveva preso fuoco. Ordinai così agli uomini che non erano feriti di seguirmi giù per le scale in un disperato tentativo di uscire; il fumo avrebbe dovuto nasconderci e avremmo sparato contro il nemico che aveva le sue spandaus puntate contro la porta. Ma quando arrivammo sulla strada ci trovammo davanti alla bocca del cannone di un carro armato, a quindici metri di distanza, dovemmo arrenderci" [28].

Alle 9,18 di quella mattina, il comando del FC/CTH ricevette l'ultimo drammatico rapporto da Chiusi che diceva: "il nemico sta superando ora le nostre ultime difese". Poi il comando di battaglione perse ogni contatto con la compagnia A [29].

Sull'ora e sul modo in cui cessarono i combattimenti non esiste unanimità. In *First City*, Griffiths infatti afferma che alle 11,30 il maggiore Bartlett avvertì il comando di battaglione che egli non poteva tenere più a lungo la posizione; poi ordinò ai suoi uomini di innestare le baionette 'per mostrare cosa sanno fare i sudafricani'. A questo punto purtroppo, una salva di proiettili di artiglieria, quasi certamente sparati dai cannoni a medio calibro sudafricani, si rovesciarono con fracasso sul tetto del Teatro. Trentadue uomini dei quaranta che avevano occupato il 'cinema' erano stati ormai uccisi o feriti ed il maggiore Bartlett capì che quella era la fine. Quasi del tutto accecato dal fuoco e dalla polvere e aiutato da un suo ufficiale, scese le scale e si diresse barcollando verso l'ingresso, mentre i tedeschi cessavano il fuoco facendoli prigionieri [30].

Con la resa del comando della compagnia A, cessò ogni combattimento attorno al teatro e cominciò la pietosa opera di raccolta dei feriti. In questo lavoro, come ricordano gli stessi soldati sudafricani, furono visti dei civili italiani, sotto l'insegna della croce rossa, operare come portaferiti, raccogliere i morti e i feriti sulla strada. Questi si erano appena ritirati quando i cannoni sudafricani riaprirono il fuoco sulla città. Molte granate cadevano sulla zona del teatro, ed i tedeschi prudentemente si misero al coperto, chiara-

[24] Questo ufficiale era il sottotenente Lionel Wylie, comandante del terzo plotone della compagnia A del FC/CTH. Per un incredibile caso della vita, ce n'è sempre uno, questo ufficiale ed il granatiere Herbert Zidek, dopo un viaggio a Chiusi di quest'ultimo avvenuto nella primavera del 1989, ebbero il modo di entrare in contatto epistolare. Da ex-nemici sono così diventati buoni amici.

[25] Il binocolo ed il revolver del tenente Wylie furono portati dal granatiere Zidek come un trofeo di guerra fino a quando, inviato in Polonia contro i russi, fu a sua volta fatto prigioniero ed un soldato russo glieli prese. JACK KROS, *War in Italy* cit., p. 109.

[26] HERBERT ZIDEK, *Chiusi im Juni 1944*, memoria cit.

[27] WALTER STIEWING, *Memoria su Chiusi*, relazione scritta cit.

[28] HARRY CAMPBELL, memoria cit.

[29] N. ORPEN, *The Cape Town Highlanders* cit. p. 239.

[30] REGINALD GRIFFITHS, *First City: a Saga of Service* cit., p. 220; JACK KROS, *War in Italy* cit., p. 101.

mente non avrebbero arrischiato la vita per recuperare i feriti che erano rimasti indietro. Il capitano Rivett-Carnac, ferito anch'esso prima della sortita dal teatro, e ora nelle mani dei tedeschi al riparo nel seminterrato di un palazzo vicino, rimase impressionato dal numero degli uomini rimasti nel teatro, feriti troppo seriamente per potersi muovere da soli. Conoscendo abbastanza il tedesco, persuase un ufficiale tedesco a farlo rientrare nel palazzo con altri due, già prigionieri. Il suo operato permise di soccorrere i feriti lasciati indietro, e di portarli in un pronto soccorso tedesco [31].

Come ricorda il granatiere Zidek, la pausa nel fuoco dell'artiglieria alleata continuò per due ore, e poi aggiunge:

> "Trascorremmo questo tempo con i nostri avversari occupati a pensare ai molti feriti ed a portare via i morti. Portammo molti di loro fino al piazzale davanti alla chiesa e poi in una taverna in cui si trovava un pronto soccorso. Anche una parte dei soldati nemici fu portata davanti alla chiesa, così io ebbi l'occasione di parlare con uno di questi soldati e seppi che avevamo avuto a che fare con un reparto sudafricano. Questo soldato mi disse però che avremmo perso la guerra nonostante il successo odierno. In questa occasione vidi anche il comandante sudafricano capitano Bartlett che si occupava con molto sacrificio dei suoi uomini fino a che non si accasciò a causa di una ferita trascurata e dovette essere portato via. Questa pausa di fuoco terminava bruscamente e cominciava nuovamente un pesante fuoco di artiglieria e noi ricevemmo l'ordine di avanzare fino alla casa nella zona inferiore della strada. Eravamo già in movimento quando io fui richiamato da uno dei miei camerati e ci fu ordinato di fare un mucchio di tutte le armi catturate e tutti gli oggetti di equipaggiamento.
> Facendo questo corremmo spesso da una parte all'altra della strada. Non era cosa poco pericolosa perché era ricominciato il bombardamento di artiglieria e le granate scoppiavano nelle nostre vicinanze. Proprio nel momento in cui io volevo attraversare la piazza davanti alla chiesa cadde una serie di queste granate, mi gettai appena in tempo sotto ad una panchina di pietra accanto ad un muro. Molte granate scoppiarono molto vicino a me, improvvisamente mi sentii molto agitato e impaurito, così decisi che era un miglior riparo sfruttare la protezione della parete della chiesa. Arrivato lì mi lasciai cadere subito di nuovo. Mentre cadevo vidi il lampo dello scoppio di una granata esplosa. Si schiantò esattamente sul muro accanto alla panchina di pietra, fu un centro perfetto, se fossi rimasto lì non sarei sopravvissuto. Solo quel mio gesto istintivo mi aveva salvato la vita ... O era stato qualcosa più di questo? Quando mi lasciai cadere sentii un piccolo colpo alla schiena, ci misi subito la mano e vidi che stavo sanguinando. In un momento favorevole mi alzai e corsi attraverso la piazza alla 'taverna' per farmi curare. Era una piccola ferita di scheggia e così mi misero un cerotto e potei lasciare subito dopo il pronto soccorso. Questo piccolo souvenir mi è rimasto fino ad oggi nella mia spalla in ricordo di quel giorno. Prima di allontanarmi dal pronto soccorso potei ancora parlare con i soldati sudafricani feriti che stavano sdraiati su dei giacigli. Vidi un certo numero di bottiglie di acqua minerale piene, perciò chiesi se qualcuno aveva sete. Siccome tutti dissero di sì aprii bottiglia dopo bottiglia e le distribuii. Dopo corsi via, inseguito dagli auguri di questi uomini. Attraversai la piazza vicino alla chiesa, passai davanti il teatro e andai giù per la strada. Alla fine di questa strada, dietro ad una grossa casa, vicino a dei terrazzi era scoppiato l'inferno. Sentii un forte fuoco di fucili e mitragliatrici e schianti e detonazioni di granate e bombe a mano. Apparentemente un contrattacco sudafricano era in pieno corso, così continuai e incontrai due dei miei commilitoni che portavano un corpo senza vita. Non ce la facevano quasi da soli e così mi pregarono di aiutarli. Io presi le gambe del morto e i miei camerati le sue braccia e così lo portammo verso la parte alta della strada. Improvvisamente mi resi conto che il volto del caduto mi sembrava noto, perciò chiesi ai miei camerati di fermarsi e di mettere il morto in terra. Adesso potevo vedere meglio la faccia e sbiancai, mi resi conto che era il mio migliore amico sotto le armi: Bernhard Sobitz. Purtroppo non mi ero sbagliato ero veramente sconvolto, non solo per il fatto che era morto ma anche perché proprio quella stessa mattina, poco prima dell'attacco, mi aveva detto che era convinto che sarebbe morto proprio in quella giornata. Non avevo voluto crederci e avevo cercato di togliergli questa idea dalla testa, però egli rimase fermo nella sua opinione e mi confessò anche la sua grande paura. Adesso il suo destino si era avverato proprio come lui l'aveva annunciato, era incredibile. Lo portammo davanti alla chiesa e lo mettemmo vicino agli altri morti nella torre. Dopo corremmo nuovamente giù per la strada fino a quella casa. Cercammo riparo dietro un muro di pietra vicino a delle terrazze. Adesso tutto il pendio era sotto un fuoco molto pesante di artiglieria e granate di mortaio, il contrattacco sudafricano era stato respinto dai nostri. Successivamente ricevetti l'ordine di andare ancora una volta nel 'Teatro' per osservare dal tetto la pianura davanti alla città. Per fare questo usai il binocolo che avevo prima levato a questo ufficiale, si vedevano molto bene le posizioni di artiglieria dei sudafricani e potei soprattutto osservare i movimenti dietro ai cannoni della postazione più vicina. Dopo un breve lasso di tempo cominciai a sentire troppo caldo, perché l'edificio ormai stava bruciando e io quasi non potevo più respirare per tutto il fumo. Quando notai che le fiamme avanzavano attraverso le scale io presi la decisione di scappare. Ritornai nuovamente dal mio comandante di plotone, questi però mi rimproverò di aver lasciato la mia posizione senza ordini. Io risposi che non avevo voglia di morire bruciato o soffocato e credevo che un soldato vivo era meglio di uno morto. Con questo si accontentò e io andai a raggiungere i miei camerati che stavano in una cantina. Avevo un forte mal di testa, ero completamente esaurito, con i nervi a fior di pelle ed ero diventato quasi completamente sordo" [32].

[31] Il capitano E.S. Rivett-Carnac venne portato via da Chiusi assieme agli altri feriti e sopravvisse dopo aver trascorso il resto della guerra in prigionia in Germania. Per il suo atto di umano coraggio verso i suoi uomini feriti fu decorato con la *Military Cross*. N. ORPEN, *The Cape Town Highlanders* cit., p. 240.

[32] HERBERT ZIDEK, *Chiusi im Juni 1944*, memoria del 24.9.1994. Il granatiere Bernhard Sobitz, nato nel 1925, risulta sepolto al Cimitero Militare Germanico di Pomezia (Roma).

Questo strascico dell'attacco sudafricano verso Chiusi creò incredibilmente una situazione di crisi nelle difese tedesche, come racconta ancora l'alfiere capo Stiewing:

"Era circa mezzogiorno, l'attacco sudafricano appariva stroncato e, convinti di aver compiuto il nostro dovere, eravamo in attesa dell'ordine di ripiegamento alle nostre posizioni fuori della città. Le strade che portavano a sud e sud-est di Chiusi erano controllate dal primo e dal secondo plotone della nostra compagnia, mentre il terzo plotone, il grosso della compagnia, occupava la piazza, all'ombra delle case. La calma del mezzogiorno venne improvvisamente rotta da un fuoco di fucili e di artiglieria molto forte. Gli schianti delle granate e delle mitragliatrici dei nostri avversari si avvicinavano molto rapidamente, prima che noi ci si fosse potuto rendere conto della situazione scoppiava il panico tra gli uomini dei due plotoni che dovevano garantire le due vie di accesso alla città. Con il grido "*Der Ami Kommt!* – arriva l'americano!", i soldati lasciarono le loro posizioni e passandoci davanti corsero per i vicoli della città verso nord. Anche i soldati che si trovavano a lato della piazza vennero presi dal panico, tranne pochi, scapparono anche loro in direzione nord. Una catastrofe! Lo sfondamento del nemico sembrava imminente. Con gli uomini rimasti tranquilli ci riuscì di riprendere i camerati fuggiti e di riportarli nelle loro posizioni. Presto la scena nella piazza di Chiusi cambiava in un calderone. L'artiglieria del nemico prendeva nuovamente sutto tiro la città e si sentiva il rumore di carri armati che si avvicinavano. Con nostra sorpresa presero a spararci addosso anche dall'edificio nel quale si trovava una cantina e anche dalle case adiacenti vicino a noi"[33].

I combattimenti dovuti a questo presunto contrattacco sudafricano erano invece causati dalle azioni di quanto restava della compagnia A, cioé il plotone del tenente Hardy e dagli uomini della compagnia D che, rifugiati nelle abitazioni limitrofe al teatro, non avevano ancora perso la speranza di essere raggiunti dai rinforzi. Avevano cessato il fuoco quando avevano visto arrendersi i loro compagni ma, ad alcune ore da allora, quando udirono i rumori dei combattimenti che si riaccendevano fuori di Chiusi avevano ripreso a sparare contro i soldati tedeschi nella strada, come ricorda l'allora diciottenne Bill Bosch:

"Il sole era ormai sorto, non c'erano segni dei restanti plotoni delle compagnie D e B, evidentemente respinti dai tedeschi. Eravamo nella casa a due piani, bloccati dal fuoco nemico, e qui furono portati tutti gli uomini del plotone del tenente Caro feriti nel corso dell'attacco. Il panzer Mark IV giunto nella strada sotto alla casa ci sparò addosso e allora due soldati del plotone del tenente Caro presero allora posizione sul bordo della strada con un pezzo controcarro PIAT e spararono due colpi contro il carro armato tedesco. Il primo proiettile fece cilecca, mentre il secondo esplose senza però sfondare la corazza frontale del panzer, a causa della scarsa portata. Subito dopo i due ripiegarono sotto il fuoco della mitragliatrice del carro armato. Non ricordo se uno dei due fu colpito, ma ricordo che uno sicuramente riuscì a rientrare illeso nella casa, perché appena arrivato si mise a maledire l'inefficacia del *Piat*. Eravamo bloccati e inoltre erano andati persi tutti i contatti con il comando di battaglione e con la compagnia A, poiché le batterie della radio erano ormai scariche. Decisi di unirmi al caporale Dale Hobbs, amico dai giorni di Monte Cassino, che era al piano superiore della casa per osservare e riferire sui movimenti dei tedeschi. Le finestre del piano superiore consentivano una eccellente visione delle vie di accesso alla città, inclusa la via principale, e del parco posto sul retro. Dal silenzio che c'era nel centro della città appariva evidente che la compagnia A era stata spazzata via dal nemico. Si potevano ora vedere tre carri armati tedeschi, uno, il sopra citato panzer Mark IV, era nella strada che conduceva alla città, sotto di noi; il secondo, un 'Tigre' forse, era visibile ai confini del parco; il terzo, infine, sempre tipo Mark IV, era visibile dalle finestre del davanti la casa, fermo sotto ad una alta terrazza in pietra, sovrastata da una torre campanaria, vicino alle costruzioni dove si presumeva dovesse essere la compagnia A ed il plotone del tenente Hardy. Potevamo notare dei movimenti nella torre campanaria e presumemmo che era utilizzata come un posto di osservazione di artigliera tedesca, da cui evidentemente osservava e segnalava i bersagli nella sottostante vallata, al summenzionato 'panzer'. Il carro armato tedesco nel parco sparava ad intermittenza, e uno dell'equipaggio sporgeva per metà fuori dalla torretta. Il comandante del panzer sotto il campanile, imprudentemente, aprì lo sportello della torretta e uscì fuori, perciò Dale Hobbs prese con cura la mira con il suo fucile e gli sparò. Questo fece scoppiare l'inferno, infatti mentre precedentemente c'era stato un fuoco intermittente sulla casa, ora tutti e tre i carri armati cominciarono a bombardare la casa. Una granata, sparata dal 'Mark IV' sulla strada, passò attraverso il muro dello studio, sfondò il corridoio e demolì il bagno all'altro lato della casa, vicino a dove stavamo Dale Hobbs e io. La fanteria tedesca appostata nelle case vicine ci investì con un pesante fuoco di fucileria mentre il 'Mark IV', si avvicinò nella strada sotto. Era evidente che i carri armati tedeschi ci stavano ammorbidendo in preparazione dell'attacco finale della fanteria"[34].

Circondati a Chiusi, con molti uomini feriti e senza speranza di ricevere rinforzi, al tenente Caro non apparivano molte speranze di resistere ulteriormente, così, d'accordo con il comandante di compagnia, il maggiore E.R. Bartlett, decise di ritirarsi aprendosi combattendo la via per la fuga. Il caporale Jimmy Ferguson, che si era offerto volontario, rimase con i feriti e il tenente guidò il rimanente del suo plotone giù per il pendio verso la stazione. Il ripiegamento avvenne in condizioni drammatiche, combattendo. È ancora Bill Bosch che racconta:

"Distruggemmo la radio e ogni altro oggetto che poteva essere utile al nemico e poi uscimmo dalla casa. La via di ritirata non poteva essere che attraverso il parco sul retro, sebbene fosse sotto il tiro del 'Tiger' e di fanti nemici piazzati nelle case vicine. Io ero assieme al tenente Tony Caro e a Dale Hobbs e poiché il tenente era stato precedentemente ferito da un proiettile alla testa, e barcollava, mi offrii di portargli il mitra 'tommy', che mi misi ad ar-

[33] Walter Stiewing, *Memoria su Chiusi*, relazione scritta cit

[34] Testimonianza scritta di Bill Bosch del 21.6.1994.

macollo. Mentre scavalcavamo il recinto del parco, il nastro del mitra si agganciò al filo metallico alle mie spalle, bloccandomi a cavalcioni sulla rete: un facile bersaglio per chi avesse voluto sparare! fortunatamente un soldato sudafricano, che non conoscevo, corse alla rete, mi sganciò e ritornò poi alla casa [35]. Liberato da quella scomoda posizione corsi, zizzagando, attraverso i giardini, superando una coppia di commilitoni che giacevano sul terreno; non mi fermai a controllare se erano morti o feriti perché volevo raggiungere Hobbs e il tenente. Decisi di correre lungo la sommità del muro della terrazza che limitava il parco, fino a trovare un punto da cui potessi scendere per raggiungere la strada sottostante che portava alla stazione. Nel far questo mi imbattei in una piccola trincea presidiata da due tedeschi con una mitragliatrice 'spandau'. Rimasero spaventati quanto me e senza perdere altro tempo balzai giù sulla strada, fortunatamente senza rompermi una gamba o peggio. Stando attaccato al muro che mi dava protezione dal fuoco nemico, corsi dietro a Tony Caro, Dale Hobbs e al caporale Westaway. Inseguiti dal fuoco di mitragliatrice, noi quattro procedemmo lungo i pendii impregnati d'acqua, rifugiandoci alla meglio nei canali di drenaggio. Il momento peggiore fu quando dovemmo superare la linea ferroviaria per raggiungere la stazione. Arrivati al comando di battaglione ci recammo al pronto soccorso dove ricevetti dal dottore un tazzone di caffè e brandy che mi fece dormire per molte ore. Incluso il maggiore E.Bartlett e il tenente Caro, solo 12 o 13 uomini della compagnia D riuscirono a ripiegare da Chiusi in quei frangenti" [36].

Successivamente i tedeschi attaccarono gli uomini del secondo plotone del tenente Hardy che era accerchiato nella *winery* accanto al teatro. I sudafricani non udivano più rumori come se non ci fosse più nessuno [37], e fu allora che, come racconta il tenente Hardy:

"Un tedesco, solo, si spinse sino alla porta della cantina dove era rifugiato il plotone, gli sparai con la rivoltella alle braccia, facendolo fuggire. La posizione era divenuta ormai senza scampo, così dissi agli uomini che erano con me – ognuno pensi a sé stesso -, e così il soldato Bartie si arrampicò su uno dei tini e vi si accovacciò dentro. Poco dopo riapparve nuovamente il carro armato tedesco da cui scesero diversi paracadutisti che irruppero nella cantina. Ogni resistenza era inutile. Fui disarmato del revolver e anche il caporale McGregor, che stava nascosto dietro una tinozza, fu scoperto e disarmato. Un ufficiale tedesco, pistola "luger" in pugno, scrutò sospettosamente i tini, ma fortunatamente accettò la mia assicurazione che erano vuoti. Gli altri superstiti del plotone, circondati in una cantina vicina, furono fatti uscire. Il sergente austriaco che aveva preso la mia pistola disse allora – per voi la guerra è finita, andate ora nel più bel paese del mondo!" [38]

Fuori di Chiusi intanto si svolgevano gli ultimi tentativi per portare aiuto alla compagnia A. Il comando della brigata corazzata, alle 9,25, riferiva al comando divisionale sui confusi combattimenti in svolgimento a Chiusi; da notare che questo messaggio partiva proprio mentre la compagnia A stava per essere sopraffatta. Vista la difficoltà ad avanzare venne sollecitato dal comando di battaglione FC/CTH quel supporto corazzato che il comando di brigata aveva promesso di mettere a disposizione per le prime luci del giorno, ma nessun carro armato arrivò ad alleviare lo sforzo della decimata fanteria. Così, alle dieci di quella mattina, quanto restava della compagnia D ripiegava, come già aveva fatto la compagnia B. Nel frattempo l'ILH/KimR stava subendo un duro bombardamento da parte dei nebelwerfer tedeschi, e fu solamente allora, più di quattro ore dopo le prime luci, che lo squadrone B del battaglione *Prince Alfred's Guards* lasciò l'area di concentramento del battaglione corazzato, dove era stato in attesa fin dalle quattro di notte. Il reparto di testa degli *shermans*, sotto il comando del tenente Pieter Melck, doveva scalare i pendii per soccorrere la compagnia A del FC/CTH, mentre il resto dello squadrone l'avrebbe coperto. Però, la strada, scelta sulla mappa come la migliore via di ingresso a Chiusi, non risultò essere niente di più che una pista da capre, con una pendenza in più punti di primo e secondo grado. La strada era impraticabile per i carri armati che dovettero fermarsi ed il comandante del reparto si avviò a piedi alla ricerca di altre strade. Non erano state previste ricognizioni sulle strade da far seguire ai carri armati e questo ne fu il risultato. Alle 11,40 il XIII Corpo segnalò ai sudafricani che il generale Kirkman, comandante del corpo, stava venendo a parlare al generale Poole, che aveva a sua volta già contattato il generale Furstenburg. Era ovvio che c'erano molte preoccupazioni sull'esito dell'attacco. Le poche speranze dei carristi di soccorrere la compagnia A del FC/CTH, non sapendo ancora che si era già arresa, si dissolsero nel fragore di un tuono, messaggero della pioggia che cominciò a cadere crepitando, e che immobilizzò pressoché immediatamente gli *shermans* da 30 tonnellate. Tutto fu trasformato in un pantano fangoso. Due plotoni della compagnia B appoggiati dagli *shermans* fecero un ultimo tentativo di avvicinarsi all'abitato, ma, ostacolati dal fuoco tedesco, non poterono avvicinarsi alla città. Alle 13,25 di quel pomeriggio fu ordinato ai carri armati di rimanere in posizione per la notte [39]. Contemporaneamente a questo ultimo attacco fu inviato in volo sopra Chiusi un apparecchio ricognitore [40], che sorvolò la zona senza essere molestato

[35] Bill Bosch conobbe solo nel 1946 quel soldato, infatti questi fu fatto prigioniero dai tedeschi in quei frangenti.

[36] Testimonianza di Bill Bosch citata, inoltre: N. ORPEN, *Victory in Italy* cit., p. 102; N. ORPEN, *The Cape Town Highlanders* cit., p. 240. Il tenente A.M. Caro venne citato all'ordine del giorno della divisione per il coraggio dimostrato.

[37] N. ORPEN, *Victory in Italy* cit., p. 103.

[38] N. ORPEN, *The Cape Town Highlanders* cit., p. 241-242.

[39] N. ORPEN, *The Cape Town Highlanders* cit., p. 242.

[40] Varie testimonianze ricordano questi ricognitori visti in volo in quei giorni, anche con il cattivo tempo. Erano aerei che gli alleati definivano AOP-*Airborne Observation Post* (posto d'osservazione aereo). Popolarmente detti anche "cicogna", erano impiegati per ricognizione, collegamento e osservazione del tiro dell'artiglieria. Con ottime capacità di decollo da corte aree, questi aerei, privi di armamento, erano utilizzati da aviatori aggregati agli stessi reparti terrestri oppure da ufficiali di artiglieria addestrati a pilotarli, riuscivano così a volare anche con nuvole basse visto che partivano da campi provvisori posti nelle immediate vicinanze del fronte. I reparti

dai tedeschi che non volevano scoprire le proprie posizioni [41]. Comunque ancora 10 minuti dopo, l'11ª Brigata corazzata segnalò al comando divisionale che stava ancora cercando di scacciare il nemico da Chiusi. Ben misera speranza! Le intercettazioni radio, alle 12,55, avevano consentito di captare un messaggio delle Divisione *Hermann Göring* che annunciava la ripulitura della città, con cinquanta prigionieri catturati, ma ammetteva anche, che le perdite tedesche erano numerose [42]. Magra consolazione per il FC/CTH. I prigionieri sudafricani vennero poi evacuati da Chiusi come ricorda Harry Campbell:

"Ottenni dagli ufficiali tedeschi il permesso di evacuare i feriti dal teatro, cosa che fu fatta. Erano undici e furono trasportati all'ospedale civile italiano sotto il fuoco intenso delle nostre batterie che ne ferirono altri tre. Ci fu fatto capire che i casi più gravi sarebbero stati lasciati lì e gli altri meno gravi trasportati in ospedali tedeschi. Dopo un'attesa di circa due ore ci fecero marciare verso il nord di Chiusi, portando per due miglia due morti tedeschi a spalla. Eravamo tenuti in una grotta, quando fummo raggiunti dal tenente Hardy... Dopo averci tenuto lì per circa tre ore, fummo fatti marciare per altre due miglia verso il nord fino al comando di un battaglione della divisione *Hermann Göring*, dove ci dettero un pasto" [43].

Su questa esperienza di prigioniero abbiamo ancora la testimonianza del tenente Hardy che ricorda:

"Essendo stato ferito chiesi assistenza medica e fui portato ad un pronto soccorso dove la ferita fu bendata e dove vidi molti nemici morti. Venni poi scortato ad un comando tedesco in un rifugio dove mi fu offerto un bicchiere di cognac dal comandante. Qui fui poi interrogato dall'ufficiale tedesco addetto al servizio informazioni, ma gli dissi subito che gli avrei dato tante informazioni quante lui me ne avrebbe date al mio posto. Sorridendo l'ufficiale tedesco mise fine al breve interrogatorio dicendo che il mio reparto aveva combattuto valorosamente e che era un peccato che molti uomini avessero perso la vita da ambo le parti. Non riusciva a capire come i sudafricani fossero entrati nella città e insisteva nel dire che erano stati aiutati dai civili italiani. Negai con enfasi che fossimo stati aiutati in qualche modo dai civili e il tedesco sembrò accettare la cosa piuttosto dubbiosamente. Mostrò anche sorpresa che il resto delle forze sudafricane non ci avessero seguiti nell'attacco. Perché, mentre gli highlanders avevano occupato un punto di appoggio, i tedeschi si erano preparati alla ritirata, in quanto non avevano forze sufficienti a resistere" [44].

Non tutti gli uomini della compagnia A furono catturati, una quindicina, alcuni dei quali feriti, riuscirono a nascondersi nelle case abbandonate di Chiusi [45]. Uno di questi si rifugiò,in un pollaio situato dietro una casa vicina al teatro, e qui rimase nascosto per tutto il rimanente delle battaglia, cibandosi principalmente delle uova di una gallina, miracolosamente rimasta nel suo nido nonostante i bombardamenti che infuriavano all'esterno [46].

Alle 13 del pomeriggio del 22 giugno, venivano date disposizioni per far avere alle compagnie B e D del FC/CTH, pasti caldi e munizioni assieme alle armi pesanti di supporto. Tutto venne inviato con le jeeps [47].

Neil Orpen, storico sudafricano, così sconsolatamente riassunse quel combattimento. "L'attacco fu un fallimento, e i sudafricani avevano sofferto il loro primo rovescio in Italia" [48]. Come abbiamo visto, vari furono i motivi del fallimento. Per primo l'attacco era stato affidato ad un battaglione che non aveva potuto familiarizzare con il terreno e inviare pattuglie a sondare le difese avversarie; inoltre gli attaccanti avevano avuto informazioni confuse sulla situazione sul campo, informazioni che avevano fatto ritenere che una pattuglia sudafricana fosse entrata a Chiusi e che l'avesse oltrepassata di circa due chilometri, senza praticamente incontrare opposizione prima di ripiegare verso l'area della stazione: cosa questa non vera [49]. Infine, nel momento cruciale dell'attacco, quando i sudafricani per un incredibile caso fortuito erano riusciti ad entrare con una compagnia ben dentro lo schieramento avversario, mancò il supporto corazzato e controcarro che impedì di consolidare e sfruttare il successo iniziale. Gli attaccanti non seppero insomma coordinare le proprie su-

alleati ne avevano di due tipi, gli Auster britannici e i Piper statunitensi. Caratteristiche tecniche: PIPER L-4 *Grasshopper*, velocità massima 140 Km/h.; autonomia 354 Km.; equipaggio 1-2 uomini. *Auster* AOP-1; velocità massima 190 Km/h; autonomia 600 Km.; equipaggio 1-2 uomini.

[41] N. ORPEN, *The Cape Town Highlanders* cit., p. 241-242.

[42] N. ORPEN, *Victory in Italy* cit., p. 103.

[43] Harry Campbell, memoria cit. I sudafricani catturati furono portati a Montepulciano, e qui il sergente Campbell evase e vestito con abiti civili fornitigli da italiani, riuscì a ritornare, "dopo un paio di giorni di nascondarella con i tedeschi", al proprio reparto. Tutti gli altri furono inviati in Germania dove rimasero fino alla fine della guerra. Campbell venne citato all'ordine del giorno divisionale e dopo la guerra continuò la carriera militare nei "*Cape Town Highlanders*" iniziata nel 1936; si congedò nel 1952. È morto nel 1984.

[44] N. ORPEN, *The Cape Town Highlanders* cit., p. 242. Il tenente Edward P. Hardy fu citato nell'ordine del giorno della divisione per il suo comportamento nell'azione. Non era nuovo ad atti di coraggio, infatti il 14 giugno 1942 a Gazala, in Libia, si era guadagnato la *Military Medal* sul campo. Medaglia al valore analoga alla nostra medaglia di bronzo. Allora aveva il grado di caporale e per quell'azione venne promosso al grado di tenente. Non stupisca il fatto: nell'esercito britannico infatti era abbastanza comune valorizzare e promuovere i soldati semplici che si mettevano in evidenza per coraggio e capacità. N. ORPEN, *The Cape Town Highlanders* cit., p. 155.

[45] N. ORPEN, *The Cape Town Highlanders* cit., p. 243.

[46] Testimonianza di Gino Pagliai raccolta nel 1973.

[47] N. ORPEN, *The Cape Town Highlanders* cit., p. 243. La Jeep era un autoveicolo da ricognizione di produzione statunitense. Trasse il suo nome dalla sigla *GP-Generale Purpose* (utilità generale), datale dalla fabbrica d'auto Ford che la produceva. La sigla fu storpiata dai soldati nella nota sigla che è divenuta poi sinonimo di veicolo fuoristrada.

[48] N. ORPEN, *Victory in Italy cit.*, pp. 103-104.

[49] Questo equivoco persiste da lungo tempo, lo ritroviamo anche nei resoconti diffusi dopo la guerra. È presente infatti nel libro dell'Orpen: *The Cape Town Highlanders, 1885-1970*, cit, il cui capitolo riguardante Chiusi, fu tradotto e pubblicato a Chiusi tra il 1975 e il 1978 dal settimanale "La Ragione" e pubblicato di nuovo poi in un numero speciale della *Gazzetta di Siena* e infine nel libro di Loris Scricciolo: Cfr. "La Ragione", periodico socialista cit., numeri vari tra il 1975 e il 1978; La Gazzetta di Siena, giornale quotidiano, edito a Siena, n. 295, anno IV, venerdì 27 ottobre 1989; infine LORIS SCRICCIOLO, *Chiusi nella bufera*, Chiusi, Tip. del Buono, 1991, pp. 53-86.

periori forze, cosa che si può spiegare, nel quadro generale della scarsa efficienza dei collegamenti, come il prodotto di un concorso di circostanze anomale che non può certamente sorprendere chi abbia qualche conoscenza dell'ambiente colmo di imponderabili di una battaglia. Fatto è che furono utilizzate forze insufficienti al compito assegnato: tre smilze compagnie contro equivalenti forze germaniche che riuscirono infine a prevalere, sia perché ormai ben familiarizzate con il terreno su cui si erano saldamente attestate a difesa, sia perché appoggiate da carri armati, solo tre, ma più che sufficienti. Se il FC/CTH fosse stato appoggiato nella sua azione dalla compagnia dell'ILH/KimR presente nella zona della stazione e se inoltre avesse potuto avere adeguato appoggio corazzato e controcarro il finale sarebbe stato diverso, e anche Chiusi e i suoi abitanti avrebbero sofferto in maniera minore quello, cui invece andarono incontro nei giorni seguenti [50].

Il pomeriggio di quel 22 giugno 1944 il battaglione del *First City-Cape Town Highlanders*, o meglio, quello che ne restava, rimase schierato nel fango sotto Chiusi. Al battaglione rimanevano disponibili 12 ufficiali e 134 uomini stanchi e sfiduciati [51]. Nel disastroso attacco contro Chiusi il reparto aveva sofferto 17 morti, 27 feriti e 75 dispersi, in maggior parte presi prigionieri dai tedeschi [52]. Dopo la liberazione di Chiusi il 26 giugno, sedici superstiti della compagnia A che, come dice la relazione sudafricana, ..."si erano nascosti con l'aiuto dei civili e dei partigiani" ritornarono all'unità [53].

Il disastroso svolgimento dell'operazione notturna, fu un duro colpo per il Tenente Colonnello Flemmer. Quella stessa sera un ufficiale dell'ILH/KimR, che era andato a prendere contatti con il FC/CTH, incontrò il ten. Col. Flemmer e lo trovò profondamente depresso per quello che era successo [54]. I dubbi sul proprio operato, che prendono ogni ufficiale dopo aver visto cadere i propri uomini, non potevano non affollarsi nella mente di questo uomo, solo davanti alla propria coscienza [55].

Nella notte tra il 22 e il 23 giugno i soldati tedeschi dell'11ª compagnia del III battaglione HG venivano ritirati da Chiusi e tornavano nella loro posizione di riserva. La mattina del 23, mentre ripiegava con i suoi compagni, il granatiere Zidek vide a lato della strada, le tombe fresche dei camerati uccisi il giorno precedente. Il comandante di battaglione, capitano Briegel, riunito il reparto, fece le sue congratulazioni alla compagnia che, per il successo conseguito, venne anche citata anche in un ordine del giorno del 2° reggimento paracadutisti corazzati della *Hermann Göring*. L'euforia e l'orgoglio pervase i giovani soldati del reparto ma non durò a lungo perché il "nemico" non li lasciò in pace e furono continuamente coinvolti in combattimenti che provocarono altre perdite al reparto [56].

L'alfiere capo Stiewing così conclude la propria rievocazione di quella giornata:

> "Quale sacrificio fu chiesto a dei giovani soldati di 18-19 anni, poco più che adolescenti. La cosa più semplice è di dimenticare quel periodo, cosa che riesce ancora più facile a tanti quando si vogliono collegare le azioni dei soldati della *Hermann Göring* con delle azioni violente o peggio con delle atrocità. Però facendo così non si tengono in giusto conto i sacrifici di questi ragazzi. Come uno dei soldati più vecchi nell'11ª compagnia [57] io ho ammirato e contemporaneamente compianto i miei giovani soldati, totalmente senza esperienza di guerra e però molto coraggiosi. Con i loro diciotto anni non avevano imparato altro che a maneggiare le armi e ad obbedire agli ordini che prevedevano di vendere la loro vita al prezzo più alto

[50] Quei combattimenti sono ricostruiti anche da Claudio Biscarini in AA. VV, *1943-1944: vicende belliche e resistenza* cit., alle pp. 85-89. L'amministrazione comunale di Chiusi decise di ricordare quella sanguinosa battaglia ponendo la seguente lapide, redatta dall'allora vice-sindaco Loris Scricciolo, nell'ingresso del Teatro Comunale "Pietro Mascagni":

A RICORDO<br>DEL SACRIFICIO DI SANGUE E DI ROVINE<br>CHE NELLA NOTTE TRA IL 21-22 GIUGNO 1944<br>SI PRODUSSE IN QUESTO TEATRO<br>NELL'ASPRO SCONTRO FRA UNA PATTUGLIA ALLEATA<br>DI TRUPPE SUD-AFRICANE LIBERATRICI<br>E TEDESCHI OCCUPANTI<br>IL COMUNE DI CHIUSI<br>QUESTA EPIGRAFE POSE<br>CON DEVOTA RICONOSCENZA AI CADUTI<br>E CON RINNOVATO OMAGGIO AGLI IDEALI<br>CHE GUIDARONO E SORRESSERO LA LOTTA<br>DI LIBERAZIONE<br>CHIUSI 26 GIUGNO 1959

Il 26 giugno 1994, in occasione del cinquantenario della battaglia, con la presenza dell'ambasciatore della Repubblica sudafricana Glenn Babb, venne inaugurata una nuova lapide ricordo nell'ingresso del Teatro.

[51] Il battaglione FC/CTH ebbe infine il suo momento di gloria il 15 aprile 1945, quando, durante l'attacco finale contro la Linea Gotica, occupò con uno spettacolare attacco notturno, le munite postazioni tedesche sul Monte Sole, contribuendo ad aprire la strada per la liberazione di Bologna. N. ORPEN, *The Cape Town Highlanders* cit., pp. 304-307; JACK KROS, *War in Italy* cit., pp. 276-281.

[52] L'elenco dei caduti sudafricani è in appendice.

[53] N. ORPEN, *The Cape Town Highlanders* cit., p. 244; REGINALD GRIFFITHS, *First City: a Saga of Service* cit., p. 221; JACK KROS, *War in Italy* cit., pp. 152-155. Nell'opera di evacuazione dei feriti dalle zone degli scontri si distinsero i portabarelle sudafricani di colore che operarono coraggiosamente allo scoperto sotto il fuoco tedesco, la salvezza di molti feriti fu dovuta alloro coraggioso lavoro. Per essersi distinto durante quei momenti il sergente Hummel, del corpo della sanità, fu decorato della *Military Medal*.

[54] N. ORPEN, *Victory in Italy* cit., p. 103.

[55] Il tenente colonnello Oswald N. Flemmer, in ragione del suo stato di stanchezza, fu rilevato dal comando il 15 luglio 1944, meno di un mese dopo il fallito attacco a Chiusi, dal Ten. colonnello Angus Duncan, proveniente dalla riserva della 12ª Brigata. Tra l'altro, lo stesso Duncan moriva nel prosieguo della guerra, durante i combattimenti per sfondare la Linea Gotica, nell'aprile del 1945, quasi a sottolineare una sorta di fato avverso che perseguitò i comandanti del *First City -Cape Town Highlanders* in Italia. Cfr. N. ORPEN, *The Cape Town Highlanders* cit., p. 252; REGINALD GRIFFITHS, *First City: a Saga of Service cit.*, p. 223;

[56] Testimonianza di Herbert Zidek cit. Il 10 luglio 1944, in provincia di Arezzo, nel corso di un bombardamento di artiglieria, una scheggia colpì alla testa il tenente Böcker ferendolo gravemente e facendogli perdere la memoria per molto tempo; la stessa scheggia ferì anche l'alfiere capo Stiewing. "Nell'agosto del 1944 – ricorda ancora Herbert Zidek – fummo trasferiti dall'Italia ed inviati in Polonia, dove dovevamo contribuire a fermare l'offensiva dell'Armata Rossa sovietica. Fummo impegnati ad est di Varsavia in una serie di battaglie durissime e durante questi combattimenti persi molti altri commilitoni della mia compagnia. Infine fui fatto prigioniero dai russi e rimasi per tre anni e mezzo in campo di prigionia."

[57] L'alfiere capo Stiewing aveva allora 28 anni.

possibile. Loro non compirono nessuna azione, nei confronti dell'avversario o della popolazione civile, passibile di punizione da parte della legge militare di guerra tedesca" [58].

I soldati che si affrontarono in quel 22 giugno 1944 erano tutti volontari, da una parte e dall'altra, e fu probabilmente per questa comunanza di posizione che combatterono una battaglia dura ma senza odio, come i reduci di allora ricordano [59]. Appena finito il combattimento i tedeschi raccolsero e curarono i feriti sudafricani mentre questi ultimi addirittura augurarono la buona fortuna ai loro avversari vincitori. I combattenti della battaglia di Chiusi si incontrarono nuovamente pochi mesi dopo alla stazione di Udine, lungo la strada che portava i sudafricani prigionieri in Germania. Una tradotta militare, carica dei soldati della *Hermann Göring*, si fermò alla stazione: udendo che lì vicino c'erano dei soldati sudafricani prigionieri di guerra; i militari tedeschi corsero sul treno e offrirono ai loro avversari sigarette in cambio di racconti sulla battaglia nel Teatro di Chiusi [60].

[58] WALTER STIEWING, *Memoria su Chiusi* cit.

[59] La "Battaglia di Chiusi" è ricostruita anche nel libro di FRANZ KUROWSKI, *The history of the Fallschirmpanzerkorps Hermann Göring, soldiers of the Reichmarschall*, Ed. Fedorowicz Publishing Inc., Canada, 1995, pp. 252-255

[60] REGINALD GRIFFITHS, *First City: a Saga of Service* cit., p. 220; JACK KROS, *War in Italy* cit., p. 106.

# IX. MORTE E DISTRUZIONE

*Vincere con la violenza significa*
*creare dei dolori.*
*Dove si scontrano gli eserciti*
*vince solo la pietà.*

Lao Tze (VI secolo a.C.)

**"Presumibilmente guidati da italiani"**

La mattina del 22 giugno la notizia che qualcosa era successo a Chiusi si era sparsa tra chi era sfollato fuori della città, infatti ricorda Roberto Rossi:

> "Qualcuno venne a dire che c'erano gli alleati a Chiusi, e allora io e qualche altro giovane, dal podere delle Fontanelle dove eravamo sfollati, si prese e si venne in paese sperando di assistere alla liberazione. Arrivammo fino alla piazza del Duomo, dove era un carro armato; era fermo davanti alla piazza e puntava il cannone proprio verso il teatro, solo che invece che inglese, come sperato, era tedesco. Lo capimmo dalla croce nera dipinta sopra. Guardando verso il teatro si vedevano delle buche nei muri; ci chiedemmo subito con angoscia. – Ma che succede? Dove sono questi inglesi, che dovevano essere già qui ?!?!? Tornammo precipitosamente indietro e quando fummo in 'Piazza grande' (Piazza XX Settembre NdR) vedemmo un soldato sudafricano, che riconoscemmo dal caratteristico elmetto a catinella, sventolare una bandiera bianca. Mentre guardavamo stupiti la scena, uscì da un angolo un soldato tedesco che per fortuna non era armato, perché quando ci vide si arrabbiò tantissimo e gridando qualcosa ci tirò addosso un sasso. Noi scappammo di gran carriera. .. Così si tornò alle Fontanelle"[1].

All'alba di quel 22 giugno, il comando della *Hermann Göring* spediva un primo sommario rapporto, su quanto era accaduto a Chiusi in quella sanguinosa nottata:

> "Il nemico si è rinforzato nel corso della notte. Numerosi reparti d'assalto, con forza di una compagnia, avanzanti contro il tratto destro, sono stati respinti. Durante la notte, dei reparti nemici, presumibilmente guidati da italiani per vie sotterranee, sono penetrati in Chiusi. Contromisure per l'annientamento del nemico penetrato sono in corso..."[2].

Alcune ore dopo, in un secondo rapporto più preciso, i tedeschi potevano cominciare a riferire del successo conseguito:

> "Località 2 Km. a Nord-Ovest di 68127 (Chiusi Città NdR), è stata ripulita, con duro combattimento, dalle forze nemiche penetrate durante la notte con alte e sanguinose perdite per il nemico. La località è fermamente in nostra mano, si sono fatti oltre 40 prigionieri. Nella zona a est e a sud della località il nemico si è rinforzato nel corso della mattinata con fino a 60 carri armati e si è spinto più vicino alla nostra Linea principale di combattimento. Distrutti due carri armati. Vivace traffico di autoveicoli da 68146 (Città della Pieve NdR) in direzione di 68127 (Chiusi stazione NdR)"[3].

Nel rapporto finale del 22 giugno vennero registrati gli altri combattimenti che si svolsero quel giorno:

> "...Nelle ore pomeridiane in un attacco di due battaglioni con l'appoggio di almeno 20 carri armati, al nemico è riuscita un'altra penetrazione, il nemico penetrato è stato ributtato indietro dopo un duro combattimento con pesanti perdite. Fatti 20 prigionieri, fra questi tre ufficiali, annientati due carri armati, presa una grossa quantità di armi"[4].

Come si vede, dai rapporti tedeschi, emerge questo fatto fin ora sconosciuto, e cioè che ritennero che alcuni italiani avessero aiutato i sudafricani ad entrare in Chiusi. Non è possibile sapere chi fu a comunicare al comando di armata simile notizia, se fu il capitano Briegel, comandante del III battaglione, oppure il tenente Lehmann dello *Sturmbattalion*, o altri ancora, infatti tutti gli ufficiali in comando a Chiusi sono morti, né la risposta è rintracciabile nei documenti dell'archivio della divisione *Hermann Göring*, che fu in gran parte bruciato prima della resa finale nel 1945[5]. L'unica cosa certa è che questa informazione ai comandi superiori tedeschi ci fu e venne ritenuta

[1] Testimonianza di Roberto Rossi raccolta nel 1988. Evidentemente avevano incontrato uno dei soldati di guardia ai prigionieri sudafricani che furono tenuti per alcune ore in locali posti vicino alla piazza XX settembre.

[2] N.A.W., T.312, Roll 95, Allegati al Diario di guerra n. 7 della 10a armata, doc. 7621260, rapporto del LXXVI *Panzerkorps*, mattina del 22 giugno 1944, trasmesso alle ore 11. Le stesse notizie anche nel rapporto al doc. 7621258.

[3] N.A.W., T.312, Roll 95, allegato al Diario di guerra n. 7 della 10ª armata, doc. 7621261, rapporto intermedio del LXXVI *Panzerkorps* del 22 giugno, ore 14,55.

[4] N.A.W., T.312, Roll 95, allegato al Diario di guerra n. 7 della 10ª armata, doc. 7621265, rapporto conclusivo della giornata del 22 giugno del LXXVI *Panzerkorps*, ore 22,00. Nel Diario di guerra n. 2 del LXXVI Panzerkorps così fu registrata la sequenza dei fatti: "22 giugno 1944... Guidato da italiani, un forte gruppo nemico è riuscito nella notte a penetrare nella località di Chiusi per vie secondarie, le contromisure sono state immediatamente avviate... Ore 11,30, località di Chiusi ripulita dalle forze nemiche che vi erano penetrate, presi 40 prigionieri. ... Ore 13, il nemico si spinge immediatamente a sud di Chiusi nelle vallate e nei fossi. Ore 15, attacco nemico con due battaglioni e 20 carri armati contro Chiusi. Ore 15,30, penetrazione nemica in Chiusi. Ore 16, Chiusi presa di nuovo nel contrassalto, 2 carri armati annientati, fatti 20 prigionieri. "N.A.W., T.314, Roll 1574, doc. 000335-336.

[5] Il capitano Briegel è morto nel 1988, a 82 anni di età, prima che fosse possibile contattarlo, il capitano Thor, comandante il secondo battaglione, fu ucciso il 26 giugno 1944, durante la fase di sganciamento verso nord,

fondata, visto che giunse fino al tavolo del comandante di armata [6]. Inoltre l'informazione si sparse ovviamente anche tra i soldati tedeschi che operavano in zona; uno di questi, l'allora granatiere Ernst Richter, ricorda:

"Nel giugno del 1944 ero soldato nella prima compagnia dello Sturmbattalion della Hermann Göring, ero addetto al 'tubo di stufa' [7] nel gruppo anticarro. La mia posizione difensiva era in un frutteto od oliveto lungo la strada che porta dentro Chiusi da nord-ovest. Dovevo difendere la strada contro attacchi di carri armati. Non potei lasciare mai la mia postazione, neanche mentre l'11a compagnia attaccava i sudafricani. Nell'abitato di Chiusi c'erano degli italiani. Voci dell'epoca dicevano che questi italiani avevano aiutato i sudafricani ad entrare in città attraverso il sistema di caverne poste sotto il villaggio, durante la notte tra il 21 e 22 giugno 1944" [8].

Questa notizia aiuta a comprendere il perché di alcuni fatti accaduti nei giorni successivi. Questa "presunzione" di colpa degli italiani di Chiusi, fece probabilmente spargere, nei giorni successivi, molto sangue innocente. La battaglia del teatro era stata infatti vinta dai tedeschi, ma a prezzo di gravi perdite, e alcuni soldati tedeschi, nervosi e sconvolti, attribuendo la responsabilità della perdita di tanti compagni a questi italiani, "*alles verrater* – tutti traditori", presumibilmente decisero di regolare subito i conti a modo loro. Fu allora che alcuni tedeschi applicarono una sbrigativa forma di rappresaglia contro tutti i civili che poterono avere sottomano in quel momento [9]. È in questo tragico contesto che potrebbero inquadrarsi le uccisioni di alcuni civili, sia dentro Chiusi che al suo esterno. Furono morti innocenti, uccisioni inspiegabili, "una tragica casualità", fu detto essere allora, ma che invece adesso possono apparire sotto una nuova luce [10].

Certo è che nessuno a Chiusi, quella notte, guidò i sudafricani fino al teatro, nessuno almeno che abbia sentito la necessità di parlarne [11].

Altro aspetto interessante che emerge da queste comunicazioni, è quello di scoprire che i tedeschi ritennero i sudafricani giunti a Chiusi "per vie sotterranee" [12]. In effetti nel sottosuolo di Chiusi Città si trovano numerosi cunicoli, gallerie e pozzi a tutt'oggi più o meno praticabili [13]. Diversi cunicoli sbucavano nelle cantine dei palazzi del centro abitato con un uso, in epoche antiche, non ben chiarito se di camminamenti di tipo militare o di conduttori di acque. Sono presenti anche altri pozzi, detti "a bottiglia" per la forma, con evidente utilizzo come depositi dell'acqua degli antichi abitanti di Chiusi. Questi passaggi sotterranei sono oggi quasi tutti intransitabili, o per frane naturali o per loro chiusura con solidi muri [14], ed è giusto ritenere che fossero nelle

ad Acquaviva di Montepulciano; infine il tenente Lehmann è andato disperso durante i combattimenti in Prussia Orientale nell'ottobre 1944. Vedi anche in appendice. Cfr. N.A.W., T.312, Roll 97, documenti da nn. 7624144 a 7624199.

[6] Il fatto venne direttamente comunicato a von Vietinghoff con una telefonata dal generale Herr. N.A.W., T.312, Roll 95, allegato al Diario di guerra n. 7 della 10ª armata, doc. 7621279.

[7] Tubo di stufa-Ofenrohr: nomignolo attribuito dai soldati ad una arma anticarro distribuita alla fanteria germanica a partire dalla fine del 1943. Era una arma a tubo aperto simile al bazooka americano che, servita da due uomini, sparava dei razzi a carica cava da 88 millimetri. Divenne famosa anche con il nome di Panzerschreck-terrore dei carri armati. A.J. BARKER, *Armi della fanteria tedesca nella seconda guerra mondiale* cit., pp. 56-57.

[8] Da una lettera di ERNST RICHTER a Claudio Biscarini del febbraio 1995.

[9] Questo tipo di azioni violente, spesso spontanee e senza che alcuno le avesse ordinate, nascono, da parte di singoli soldati, come reazione a fronte di situazioni ritenute di minaccia diretta per se stesso e per il gruppo di appartenenza, cioé il reparto di cui il soldato fa parte, e possono pertanto andare a colpire anche innocenti civili, sentiti come "potenzialmente ostili". Sono purtroppo tragici fatti che possono accadere in un contesto bellico e non solo a soldati di un esercito "dal pugno di ferro con la popolazione" come era quello germanico, ma anche a soldati di altri eserciti e popoli. Basti ricordare i noti fatti avvenuti nel Sud Vietnam, nel villaggio di Song My-My Lay il 16 marzo 1968, quando 447 civili vennero massacrati dalla *Task Force Oregon* del Primo corpo USA al comando del tenente William Calley, per una non meglio precisata "collaborazione" dei civili con i guerriglieri vietcong. Sulle logiche di violenza individuale e collettiva in un contesto bellico si può vedere il libro di GIUSEPPE CAFFORIO, *Sociologia e Forze armate, sviluppo storico della sociologia della istituzione militare*, Lucca, Maria Pacini Fazzi editore, 1987.

[10] Non è possibile quantificare il numero di tali uccisioni ma nel libro*: 1943-1945, La liberazione in Toscana-la storia la memoria*, Firenze, Pagnini Editore, 1994, nella scheda su Chiusi di pag. 304, si parla di "10 persone ammazzate per rappresaglia" il 22 giugno 1944. Per saperne di più sull'argomento dell'applicazione delle "leggi di rappresaglia tedesche" in Italia, è oggi disponibile il libro in lingua tedesca: FRIEDRICH ANDRAE, *Auch gegen Frauen und Kinder, der Krieg der deutschen Wehrmacht gegen die Zivilbevölkerung in Italien 1943-1945,* (Anche contro donne e bambini-la guerra dell'esercito tedesco contro la popolazione civile in Italia 1943-1945), Piper, München, 1995.

[11] Tra l'altro anche l'On. Scricciolo, dopo la guerra segretario prima e poi presidente del CLN di Chiusi, ricorda, come mai nessuno ebbe a vantare tale azione di guida per i militari alleati giunti al teatro.

[12] In verità nel primo rapporto delle 7,30 fu scritto che i sudafricani erano giunti a Chiusi "guidati per dei sentieri sulle alture", mentre nei successivi si parla di "vie sotterranee". Le due parole tedesche usate sono però molto simili (*altura-Höhe e sotterranea-Höhle*) e dunque potrebbe trattarsi solo di un errore di trascrizione di chi ha compilato il primo rapporto. N.A.W., T.312, Roll 95, Allegati al Diario di guerra n. 7 della 10ª armata, doc. nn. 7621258 e 7621260 rapporto del LXXVI PzKps.

[13] Nel corso degli anni si venne a creare anche una leggenda che questi cunicoli formassero il mitico "Labirinto di Porsenna", sepolcro del leggendario Re etrusco di Chiusi e del suo tesoro. È curioso, tra l'altro, che uno storico tedesco, il professor Franz Messerschmidt, pubblicasse in Germania, proprio nel 1942, uno studio su questo mitico mausoleo*: Das Grabmal des Porsenna*, in *"Das neue Bild der Antike"*, 1942, II, pp. 53-63. Una attenta e completa ricostruzione della pubblicistica sulla leggenda del sepolcro labirintico si trova in: FRANCO FABRIZI, *Chiusi, Il labirinto di Porsenna, leggenda e realtà*, Cortona, Calosci, 1987, da cui abbiamo tratto tutte le informazioni su queste gallerie e che riporta a pag. 259 il fatto di alcune oche che in uno di tali cunicoli, in via della Pietriccia al n. 81, proprio sotto alla "casa rossa", trovarono scampo alle cannonate durante un bombardamento e vi rimasero alcuni giorni fino al loro fortunoso salvataggio.

[14] Nel 1961 ed in anni successivi, vennero fatte varie ricerche su questi cunicoli mediante escursioni sotterranee che hanno consentito di redigere una sommaria mappa di tali passaggi. Tra l'altro venne trovato un "laghetto sotterraneo" di notevole ampiezza posto praticamente sotto al centro di Chiusi città. Cfr. FRANCO FABRIZI, *Chiusi, Il labirinto di Porsenna, leggenda e realtà* cit. pp. 243 e segg. Il Podestà Galeotti aveva cercato, fin dal 1942, senza molto successo, di rendere praticabile e visitabile il "monumento etrusco sotterraneo" esistente in piazza del Duomo a fianco della Torre campanaria. Gli scavi dei cunicoli furono ripresi tra il 1989 e il 1995 dal Gruppo archeologico "Città di Chiusi" e hanno liberato dai detriti e reso disponibile e accessibile al pubblico, a partire dal giugno 1995, un tratto di oltre

stesse condizioni anche cinquanta anni fa, nel 1944. I tedeschi però non potevano saperlo ed essendo venuti a conoscenza della loro esistenza [15], li collegarono evidentemente con la "misteriosa" comparsa dei sudafricani nel centro città.

Un altro aspetto che emerge dal confronto dei rapporti ufficiali sudafricani con quelli tedeschi è la differenza degli orari utilizzati; infatti nel giugno del 1944 c'era un ora di differenza fra l'orario degli alleati e l'orario tedesco. Le sette dei tedeschi erano le otto degli alleati [16]. Gli abitanti di Chiusi avevano invece "l'ora legale", che, come noto, anticipa di 60 minuti l'ora solare [17]. Non si può non notare come a Chiusi, in quei giorni, ci fosse una babele, fatta non solo di lingue.

**Morti e sangue ovunque!**

Cessato il combattimento, ai tedeschi si pose il problema di sgomberare i caduti delle due parti. Visto che non avevano uomini a sufficienza per il lavoro, costrinsero gli abitanti di Chiusi a farlo per loro. Per primi presero gli infermieri, ancora presenti nell'Ospedale Umberto I, e li mandarono a rimuovere i corpi dei morti tedeschi facendoli trasportare fino alla Fortezza, poi, visto che erano anch'essi insufficienti, andarono a cercare altri civili, come ricordano Giuseppe e Antonio Masci:

> "Eravamo sfollati sotto ai macelli, all'Arcisa, ...ora, quella sera, arrivò uno di Chiusi, un macellaio, che venne accompagnato da due soldati tedeschi, questi chiamarono gli uomini tra cui io e mio padre, ci presero e ci portarono al teatro. Qui c'erano dei soldati sudafricani morti, io ne vidi cinque: uno in fondo alle scale che portano al loggione; uno nel sottoscala tutto rattrappito con tutto il sangue sparso attorno; altri due erano nel loggione; uno era stato ammazzato mentre si stava facendo la barba: aveva la faccia ancora insaponata, e lì vicino aveva le lamette. C'era con noi un infermiere dell'ospedale, certo Rossi, che si prese le lamette e disse: 'Vorra dire che la barba ce la farò io'. Rimasero per molto tempo delle macchie di sangue per le scale che portano al loggione del teatro. Era sangue di un soldato che colpito alla testa morì lì dissanguato, con la testa appoggiata al muro. Era un 'tronco d'omo', s'era in tre e non si riusciva a smuoverlo. Altri morti erano davanti alla cantina, nell'aia del Baldetti, accanto al teatro e nel giardinetto davanti, vicino alla vasca dei pesci. I morti li seppellimmo, in parte nel cortile dell'Ospedale Umberto I e altri nei giardini dietro al teatro dove ora c'è l'ospedale. Fatto il lavoro i tedeschi ci rimandarono al rifugio" [18].

Gli scontri dentro al teatro lasciarono un segno che si presentò tragicamente agli occhi dei primi cittadini di Chiusi che vi entrarono: la platea devastata, il sipario di velluto rosso ridotto a brandelli, sangue ovunque. Molte macchie rimasero visibili per anni, nonostante le ripetute imbiancature, a memoria della grande tragedia "rappresentata" in questo piccolo teatro di provincia. Una tragedia in cui spettatori e protagonisti furono le stesse persone. Nell'immediato dopoguerrra, circolò a Chiusi la voce che fosse stato un fascista del paese ad avvertire i tedeschi dove erano i sudafricani; furono fatti anche dei nomi. Il CLN cercò di verificarne la fondatezza ma nulla emerse a carico degli interessati e la cosa rimase come una voce popolare incontrollata [19], che ritorna nelle testimonianze di chi visse quei giorni [20]. I documenti tedeschi consultati non chiariscono questo punto, ma è semmai l'andamento dei fatti che sembra smentire questa versione: quella notte avvenne un combattimento in piena regola e possiamo supporre che fu il carro armato fatto sloggiare dall'ingresso del teatro a segnalare la posizione dei sudafricani. Fu uno scontro tra qualche centinaio di uomini delle parti avverse e rimane difficile pensare a civili che andassero, in quei momenti, in giro per Chiusi a vedere dove erano i militari "nemici". Comunque, per molto tempo dopo la guerra, molti ritennero il gruppo sudafricano sopraffatto al teatro, una "piccola pattuglia in avanscoperta" [21]. Questa convinzione avvalorava la tesi della "spiata", che, ora, alla luce di questo tentativo di ricostruzione dei fatti, non può che apparire errata.

Nel corso del 22 giugno pesanti bombardamenti tedeschi colpivano le posizioni sudafricane vicino alla stazione ferroviaria. Il capitano Ken Elkin dello *Special Service Battalion* era al comando di un reparto di tre carri armati e nella sua testimonianza, inserita nel libro di Jack Kros, *War in Italy*, ricostruisce la sua esperienza in quella giornata. Dopo aver tentato inutilmente di raggiungere

120 metri di cunicoli che, partendo dall'orto vescovile, portano alla Torre campanaria del Duomo di San Secondiano. Cfr. A.Cm.C. Chiusi, Fasc. 592, Carteggio 1943.

[15] Nella zona del parco della Fortezza, dove era il comando tedesco durante la battaglia, si trovano infatti diversi sbocchi di tali cunicoli. Cfr. FRANCO FABRIZI, *Chiusi, Il labirinto di Porsenna* cit.

[16] Le truppe tedesche avevano come orario di riferimento l'ora media dell'Europa centrale, che unisce i fusi orari di Roma, Berlino, Vienna e Budapest; gli alleati invece utilizzavano l'ora del fuso di Greenwich, anticipato di sessanta minuti rispetto all'ora dell'Europa centrale. SILVIO GHIARA e GUIDO SCARLINI, *L'uovo di colore oliva*, Grosseto, 1979, p. 131. Cfr. Anche CORNELIUS RYAN, *Il giorno più lungo, 6 giugno 1944*, Milano, Garzanti, 1964, p. 35.

[17] L'ora legale fu introdotta in italia il 14 giugno 1940 per Decreto Legge, con lo scopo dichiarato di far risparmiare energia elettrica.

[18] Testimonianze di Giuseppe Masci e Antonio Masci raccolte nel 1976.

[19] Testimonianza di Giuseppe Masci cit.; testimonianza di Vinicio Betti raccolta nel 1988; testimonianza di Loris Scricciolo raccolta nel 1988; testimonianza di Roberto Rossi raccolta nel 1988. Vedi anche il diario di Don Talete Tapperi che riporta: "Giovedì 22 giugno, nella notte pattuglie inglesi di assaggio giunsero in città e parte presero stanza al teatro, dove per opera di spie furono trucidate, e parte si scontrarono con gli avversari in piazza del Duomo, davanti al museo e furono costrette a ripiegare."

[20] Il signor Giorgio Bologni ha comunque raccolto la testimonianza di una persona che ha raccontato di aver personalmente assistito al colloquio tra dei soldati tedeschi ed un cittadino di Chiusi, morto alcuni anni dopo la guerra, che comunicava ai tedeschi l'avvenuta entrata notturna dei sudafricani in Chiusi. Testimonianza di Suor Ermanna al secolo Zoe Attili, raccolta l'8.9.1994 da Giorgio Bologni.

[21] Su questo fatto della "pattuglia esploratrice" vedi anche: "La Ragione", periodico cit., articolo *Nel trentesimo della liberazione*, Maggio-Luglio 1974, a. VIII, n. 5-6, p. 3; vedi anche LORIS SCRICCIOLO, *Chiusi nella bufera* cit., p. 99. Ancora oggi, pur avendo a disposizione dettagliate memorie dei partecipanti a quei fatti, c'è chi, ricostruendo quegli eventi, parla di "pattuglia", insistendo a non voler comprendere che fu invece una compagnia della forza di circa 90 uomini a combattere nel teatro 'Mascagni'.

Chiusi Città fu costretto a ripiegare tra le macerie delle case della stazione, dove rimase per i tre giorni successivi pesantemente bombardato dai tedeschi ogniqualvolta si muoveva. Ricorda che i civili italiani gli portarono cibo e vino ma che lui ordinò ai suoi uomini di non bere vino per rimanere lucidi. I bombardamenti tedeschi erano troppo precisi per essere casuali, pertanto cominciò a cercare un posto di osservazione in posizione elevata. Infine individuò un soldato tedesco piazzato sulla torre del Duomo di Chiusi. Ordinò immediatamente il fuoco ai suoi cannonieri che colpirono ripetutamente la torre [22]. Nella sua testimonianza Elkin appare convinto di aver distrutto la torre ma fortunatamente non è così, come testimonia Don Serafino Marchetti:

"Del bombardamento di artiglieria ... se ne poterono constatare gli effetti nelle case, nella facciata dell'episcopio e specialmente nel campanile della cattedrale, già da varie settimane divenuto osservatorio dei tedeschi. Si vide infatti squarciata e in parte precipitata la calotta terminale con la cuspide e la croce, divelta e scomparsa l'antica campana di S. Mustiola [23], spezzata o contorta la ringhiera di ferro, smussature e lesioni agli angoli e ai cornicioni" [24].

Gli artiglieri alleati in genere avevano trovato molte difficoltà ad operare sul fronte italiano, poiché le case italiane erano costruite con solide pietre che rendevano gli edifici stessi dei veri e propri fortini, con profonde cantine che erano dei comodi rifugi. Il 22 e il seguente 23 giugno, furono i giorni in cui più incessante fu il bombardamento dell'abitato di Chiusi Città che era stato segnalato come *Mike Target* alle batterie di artiglieria alleate; era cioè un obiettivo da far colpire contemporaneamente da tutti i cannoni dei reggimenti di artiglieria; pertanto i cannoni da 140 millimetri [25] del 7/23 *Medium Reggiment* d'artiglieria, quelli da 88 millimetri [26] del 1/6 *Field Reggiment* [27] e infine i cannoni semoventi da 105 millimetri [28] dell'intero 4/22 *Field Reggiment,* investirono con tutta la loro forza la città [29]. Ma le cannonate non cadevano solo nel paese, come infatti ricorda Bruno Tiezzi:

"Sarà stato il 22 giugno, eravamo rifugiati dentro una tomba sotto al 'cisternone' ma eravamo disperati perché tante cannonate piovevano lì. Si decise di andare via e fu un bene perché, poco dopo, la grotta venne semidistrutta dalle esplosioni. Mentre si andava a cercare un altro rifugio e si era sulla strada che ora porta al lago, i tedeschi dalla fortezza presero a spararci addosso. Così ammazzarono Anna Fanciulli, che mi cascò quasi ai piedi" [30].

La morte della Fanciulli non fu l'unica in quel giorno tragico di giugno, assieme a lei vennero ferite altre persone e, come ho già detto, alcune uccisioni appaiono proprio come delle rappresaglie, ma in questo caso, probabilmente, quel gruppo di civili che, carichi di bagagli e in gruppo, arrancavano per la salita della via archeologica alla ricerca di un rifugio, furono scambiati, da un mitragliere tedesco piazzato in Fortezza, per un gruppo di militari nemici. Il fatto accadde infatti il pomeriggio del 22 giugno ed i tedeschi erano in allarme per ulteriori attacchi sudafricani [31]. Sempre in quella giornata venne ucciso un vecchietto: Giuseppe Granelli, detto *Mariella.* Venne ucciso a pistolettate sulla soglia di un negozio nella centrale via Porsenna. In questo caso fu l'incomprensione della lingua all'origine del fatto. *Mariella* non aveva capito cosa stava succedendo, probabilmente non comprese quello che volevano dirgli i soldati tedeschi, non si capirono gli uni con l'altro ed un soldato tedesco perso il controllo gli sparò addosso. Come racconta Plinio Mannucci stava succedendo la stessa cosa ad un certo Pieroni che era sordo e un po' matto:

"Un tedesco ordinava qualcosa a questo Pieroni detto Peula e questi gli rispondeva: 'padrone vado dal Podestà, vado dal Podestà'. Il tedesco non capiva e se non arrivava uno che chiariva la situazione chissà come sarebbe finita" [32].

All'Ospedale Umberto I intanto..."il bombardamento continuava implacabile e già cominciavano i crolli di

[22] JACK KROS, *War in Italy*, op. , pp. 105-106. Nel corso di questo bombardamento venne probabilmente ucciso il capitano Georg Könnecke del battaglione trasmissioni della *Hermann Göring*, che cadde il 22.6.1944. NAW, T-312, Roll 97, Doc. n. 7624199.

[23] Una nuova campana di "Santa Mustiola", in sostituzione di quella andata distrutta, venne montata sulla torre del Duomo nel luglio 1946.

[24] S. MARCHETTI, *La battaglia di Chiusi* cit., pp. 17-18

[25] Cannone pesante campale 140 mm., 5,5 inch. medium gun nella terminologia militare britannica. Dati tecnici: Gittata massima, con granate ad alto esplosivo da 37 Kg, 16.400 metri circa; la squadra di servizio al pezzo era di nove uomini. I.V. HOGG, *I cannoni 1939-1945*, Parma, Albertelli editore, 1971.

[26] Cannone campale da 88 millimetri (25 libbre). Il migliore cannone britannico in assoluto. Era montato su di una ingegnosa piattaforma di tiro che permetteva al mezzo di essere brandeggiato per 360 gradi da un solo uomo. In dotazione a vari eserciti, tra cui quello italiano dopo la guerra, è ancora usato in vari paesi nel mondo. Dati tecnici: Gittata massima, con granate ad alto esplosivo da 12 Kg. 12.200 metri circa; squadra di servizio al pezzo 6 uomini. IAN V. HOGG, *I cannoni 1939-1945*, Parma, Albertelli editore, 1971.

[27] Per far capire l'intensità del fuoco di artiglieria basta dire che il solo 1/6 Reggimento di artiglieria da campo sparò, in in quei giorni, 3.500 granate. Jack Kros, *War in Italy* cit., p. 99

[28] Cannone semovente M7 da 105 mm. Obice di costruzione statunitense distribuito anche ai vari reparti alleati. Fu soprannominato *Priest-Prete* per la torretta simile ad un pulpito posta a lato del cannone, usava come telaio quello del carro Sherman. Risultò un riuscito tentativo di realizzare un obice in grado di accompagnare le unità corazzate nelle loro avanzate e di dare rapidamente un supporto di artiglieria. Caratteristiche: Peso 25 tonnellate; armamento un obice da 105 mm. e una mitragliatrice; velocità massima su strada 42 Km/h.; autonomia 241 Km.; equipaggio 7 uomini; gittata massima del cannone 11.114 metri circa. I.V. HOGG, *I cannoni 1939-1945* cit., p. 45.

[29] Il 24.3.1972, durante i lavori di rifacimento della facciata est dell'edificio di proprietà Baldetti, posto all'allora numero civico 66 di Via Porsenna, fu ritrovata in una cavità del muro la spoletta inesplosa di una granata di artiglieria; muta e terribile testimonianza di quei terribili momenti. Fonte: Ing. Silvio Baldetti, *nota sul ritrovamento di una spoletta di granata di artiglieria.* Archivio personale di Giorgio Bologni.

[30] Testimonianza di Bruno Tiezzi raccolta nel 1978.

[31] Questo è almeno quanto disse un maresciallo tedesco a Plinio Mannucci ed è una valutazione che condivido. Per altri quel fatto fu invece una uccisione a "sangue freddo". Vedi 'La Ragione", periodico cit., articolo *"Nel trentennale della liberazione"*, n. 5-6 del magg.- luglio 1974, p. 3.

[32] Testimonianza Plinio Mannucci raccolta il 17.10.1986 da Renato Nenci. Il Pieroni incontrò comunque il proprio destino in quei giorni, fu infatti

parti del tetto, di soffitti, di tramezzi e di muri del fabbricato. Vi fu pure qualche ferito e qualcuno, portato dall'esterno, sistemato alla meglio nell'attigua sacrestia della Chiesa della Misericordia; qualcuno più grave vi morì dopo aver ricevuto gli ultimi conforti religiosi dal cappellano Canonico Morviducci" [33]. Nei giorni 21-22, crollarono per i colpi le quattro corsie, la sala operatoria e di sterilizzazione, le sale raggi, fu resa inutilizzabile la cucina, in altre parole fu reso inservibile l'ospedale. Il Prof. Marri convenne allora di lasciare l'edificio, non prima di aver fatto trasportare via tutti i ricoverati. Sotto il tiro delle granate i feriti (erano 68 per la precisione) furono portati nelle case dei Conti Lucioli e del Dottor Domenico Baldetti [34], sulla Via Porsenna, per poi trasportarli dopo alcune ore nelle più sicure cantine della fattoria Casuccini in via Bonci. Intanto gli infermieri Sabatino Foderini e Giulio Sacco assieme al portiere Pietro Valdambrini, vennero costretti ad andare a raccogliere i feriti tedeschi nelle vicinanze del teatro ed a trasportarli fino al ricovero tedesco situato sotto alla fortezza. Suor Ermanna [35], suora addetta al servizio di sala operatoria, fu eccezionale, prodigandosi nel bisogno, poi rimase nella cantina Casuccini con i malati più gravi [36], tra cui Suor Amalia Fontana, che, ferita il 20 giugno mentre eseguiva dei "servizi di cucina", moriva 48 ore più tardi [37]. I feriti che abbisognavano di interventi chirurgici venivano portati allo studio del Dottor Baldetti dove fu impiantata una sala operatoria di fortuna che servì per tutti gli innumerevoli interventi che avvennero in quei tragici giorni. Purtroppo la mancanza di materiale di medicazione e disinfezione fecero morire la maggior parte di quei feriti [38].

La mattina del 22 giugno, alle 10, rimaneva ucciso, schiacciato sulla via Porsenna da un carro armato tedesco, Pietro Valdambrini, che, nonostante l'età avanzata, aveva accettato di rimanere a disposizione dell'ospedale di cui era portiere [39], come ricorda anche Dino dell'Agnello:

> "Era la mattina del giorno successivo alla battaglia nel teatro accaduta durante la notte. Facevo parte di un gruppo di collaboratori dei partigiani organizzati da Carlo Rossi. Stavamo al podere delle Fontanelle che era appunto del Rossi. Questi venne a chiederci di andare a Chiusi per aiutare a spostare i malati e i feriti dall'Ospedale Umberto I che stava crollando sotto le cannonate degli alleati. Accettai e venni con altri in paese per chiedere al primario dell'ospedale, dottor Marri, se e dove portare questi malati. L'ospedale era già in parte sfollato, con alcuni malati portati a Casa Baldetti e altri più in là a Casa Lucioli, in via Porsenna, poi dopo li portammo in Casa Bonci-Casuccini, in Via Bonci. Allora giravamo per l'abitato grazie ad un accordo tra il Marri ed il comando tedesco che era in Fortezza. Siccome anche i tedeschi si interessavano alla situazione igienica legata ai morti sparsi ovunque e che, dovevamo togliere per evitare la putrefazione, ci permettevano di girare con una fascia bianca con la croce rossa al braccio, e anche se poi ci fermavano spesso, ci facevano sempre passare. Insomma quel giorno mentre si veniva su, cominciò un bombardamento di artiglieria. Fischiavano le granate e cominciarono a cadere tegolini rotti da tutte le parti. Fioccavano le cannonate, e vedemmo dei tedeschi piazzati con una mitragliatrice, una di quelle con bipede, su per via Porsenna, che si misero ad urlarci. Noi ci s'infilò nelle case, chi in quella del Lucioli, chi in quella del Baldetti. Io andai in quest'ultima, al numero 66 di Via Porsenna (oggi è il n. 74 NdR). Ora, fuori dal portone di questa casa, proprio accanto, c'era parcheggiato un carro armato tedesco, di quelli grossi. Era fermo a pochi centimetri dal muro, con il muso rivolto verso Piazza del Duomo, verso il teatro, ed era talmente accostato che nel muoversi, quel giorno, lasciò il segno nella pietra serena del portone d'ingresso. Insomma mentre si entrava si vide questi tedeschi con la mitragliatrice che correvano a prendere posizione verso l'Olivazzo e altri che correvano da tutte le parti compreso il Duomo. Ci si infilò dentro, si chiuse il portone e, mentre gli altri, salivano le scale, io rimasi lì nel corridoio dell'ingresso perché qui c'era una rete da letto su cui era steso un ragazzo di vent'anni, malato di tisi e che stava male dal momento dell'inizio della battaglia. Ricoverato in ospedale, era stato trasportato lì e adesso era sdraiato solo e malato nell'ingresso, aveva paura e chiamava la sua mamma, anch'essa malata e ricoverata con lui nell'ospedale, solo che era stata portata già alla casa Bonci-Casuccini lasciando questo povero ragazzo solo. Allora decisi di fermarmi con lui per rincuorarlo, anche perché piangeva e mi faceva pena. Fu in quel preciso momento che io sentii bussare al portone, benché c'era tanto rumore, tanto chiasso, pensate al fragore delle cannonate, lo 'scrocciolio' delle tegole rotte dalle schegge e altro, benché il rumore insomma, io sentii bussare, ne sono certissimo. Feci per andare ad aprire, quando in quel momento da in fondo al corridoio apparve Severino Ciuffetti, il macellaio, che mi disse – Dino! Che fai? Io risposi che avevo sentito bussare e che pertanto aprivo. Lui, facendomi cenno di aspettare, venne lì, stette in ascolto dietro alla porta, poi tolse il catorcio e lo aprii un pochino la porta dicendo – Chi c'è?, Chi c'è? – La battaglia era in corso, si sentivano raffiche ed esplosioni. Non rispondendo nessuno, richiuse la porta. Successivamente, quando, in un attimo di pausa del bombardamento, noi si andò via, si vide il corpo del povero Pietro Valdambrini, stritolato venti passi più in là, davanti al negozio del barbiere. Sono sempre stato convinto che era il Valdambrini a bussare, e che se avessi aperto subito il portone si sarebbe salvato. Evidentemente era tornato alla casa del Baldetti proprio sotto il bombardamento, ed era salito sullo scalino per bussare al portone, nel preciso momento in cui il carro armato tedesco par-

trovato morto, per colpi d'arma da fuoco, il 26 giugno 1944.

[33] S. Marchetti, *La battaglia di Chiusi* cit., pp. 19 e 30-31.

[34] Questi era zio del partigiano Ermanno Mario Baldetti.

[35] Suor Ermanna, al secolo Zoe Attili, fu per diversi anni suora nell'ospedale cittadino fino al 1975, quando fu "collocata in pensione per raggiunti limiti di età". Negli anni di attività fu una figura che oggi definiremmo "mitica", la cui opera divenne un tutt'uno con l'ospedale.

[36] A.Cm.C.Chiusi, fasc. 598, riservate di carattere amministrativo, anni 1924-1944, ricompense al valor civile. Relazione Piero Marri cit.

[37] Dopo la guerra alcuni infermieri furno proposti per la decorazione al valore civile per l'opera di assistenza ai malati ed ai feriti: Suor Ermanna; Sabatino Foderini; Giulio Sacco; e alla memoria dei caduti Pietro Valdambrini, e Suor Amalia Fontana.

[38] Testimonianza di Suor Ermanna, raccolta l'8.9.1994 da Giorgio Bologni.

[39] S. Marchetti, *La battaglia di Chiusi* cit., p. 24.

tiva a tutto gas verso il Duomo. Questo, partendo, lo doveva aver travolto anche perché era letteralmente appoggiato al muro, tanto da strisciare la pietra come detto, e il povero Pietro non aveva avuto né tempo né spazio per scansarsi. Comunque non credo che i tedeschi abbiano fatto apposta, se è andata così. Il Valdambrini era troppo a ridosso del carro armato perché quelli dentro lo potessero vedere" [40].

Il Valdambrini, aveva fino a quel momento contribuito a portare cibo ed altro ai malati dell'ospedale. Andò inoltre a raccogliere, sotto le cannonate, i feriti e i caduti nelle vie. Non si tirò indietro neppure quando ci furono da sfollare i malati dall'ospedale. Compì con silenzioso coraggio quello che riteneva il proprio dovere e fu proprio durante uno degli ultimi viaggi che incontrò la morte [41].

Su quell'operazione di salvataggio dall'ospedale che crollava, Carlo Rossi ebbe poi a ricordare:

"La squadra da me capitanata che sotto il bombardamento consecutivo trasportava i malati dall'ospedale al palazzo dei Conti Lucioli e poi, dietro ordine dei tedeschi di sloggiare, trasferiva nelle cantine Casuccini i più infermi, gli altri al podere delle Fontanelle, non ha mai abbandonato il paese pensando di fornire i malati di latte, pane e carne e pensando a rimuovere feriti e a sotterrare i cadaveri" [42].

Il bombardamento di artiglieria che colpì Chiusi, visto dall'esterno del paese fu uno spettacolo terrificante, come ricorda Loris Scricciolo:

"Nel giugno piovoso della battaglia di Chiusi io mi trovavo nella zona del Monte Pausillo, dove ero stato mandato dal Marenco per unirmi ai partigiani. Della battaglia fui spettatore dalla collina di San Donato. Fu una cosa impressionante, perché vedere i tetti di Chiusi scomparire nel fumo e negli scoppi in quel modo ed essere impotenti era terribile. Da lì ho potuto assistere anche alla battaglia di Sanfatucchio verso il Lago Trasimeno... Ci misero tre giorni di battaglia per sfondare a Sanfatucchio, e fu proprio perché sfondarono lì, che i tedeschi abbandonarono poi Chiusi. La città era in un punto tale che, gli alleati, o la prendevano, o la accerchiavano o la distruggevano. Non riuscirono a prenderla e allora la accerchiarono, ma pensarono anche a distruggerla con un bombardamento aereo del tipo di quello di Cassino. Ne sono certo perché eravamo in contatto con loro in quel momento e alcuni ufficiali ce lo dissero" [43].

Intanto mentre gli eventi evolvevano in maniera sempre più sanguinosa i giornali pubblicarono i comunicati delle due parti in lotta. Il comunicato germanico riportò con risalto la notizia della resistenza a Chiusi:

"Fronte meridionale, 21 giugno! Nel settore centrale la battaglia si sviluppa ai due lati del Trasimeno... Più a sud-ovest Chiusi resiste nonostante che il nemico impieghi contingenti corazzati per la sua conquista" [44].

Gli alleati dovettero al contrario ammettere la sconfitta subita a Chiusi:

"Dal Quartier generale delle forze alleate. Giovedì 22 giugno. Accentuata resistenza. ...Una colonna dell'VIIIa armata che avanza lungo le sponde occidentali del Lago Trasimeno, ha incontrato più forte resistenza nemica a 3 chilometri e mezzo a sud di Castiglion del Lago. ...Un successivo comunicato informa che Castiglion del Lago e Villastrada sono state liberate. Le forze di retroguardia germaniche, durante le prime ore del mattino di ieri, hanno compiuto una ardita mossa infiltrandosi nella già conquistata Chiusi. Il combattimento si è riacceso nelle vie del centro ferroviario e stradale all'entrata della Val di Chiana. Tre contrattacchi tedeschi sono stati sferrati contro le forze dell'VIIIa Armata a Nord-Est di Chiusi. I due villaggi di Villastrada e Sanfatucchio, rispettivamente a 6 e 13 Km. a nord-est della città sono stati occupati dalle truppe alleate dopo accaniti combattimenti" [45].

Sui bombardamenti di artiglieria su Chiusi, l'allora bambino Raffaello Rubechi ricorda:

"Io allora avevo sette anni, ma quello che accadde allora non l'ho più dimenticato. Dopo che i tedeschi avevano demolito con le mine casa mia in Fontebranda, la mia famiglia assieme ad altre erano rifugiate in una galleria scavata nel tufo sotto alla Fortezza, sul lato sud, sopra all'attuale via della Violella. Il rifugio avrebbe dovuto essere costruito a forma di 'U', con due uscite, ma non ce la fecero a terminarlo. Quando nel giugno dovemmo andarci era solo una grotta dritta, di una quindicina di metri, con una sola uscita. In quel punto era tutto tufo giallo, era un 'teschio', durissimo. Eravamo parecchie famiglie, e posti furono dati in base a quanto uno aveva contribuito a scavare il rifugio. Siccome mio padre era stato tra gli ultimi, ci toccò un posto vicino all'ingresso. Durante il bombardamento ininterrotto di artiglieria, una granata scoppiò sopra l'ingresso della grotta. Niente di grave ma venne giù tanta terra dal 'greppo' sovrastante che chiuse completamente l'imboccatura. Passata la 'sfumata', si vide un po di chiarore, poco perché successe di notte, ma si vedeva il chiarore delle altre cannonate. Ricordo gli urli delle donne nel rifugio: – Siamo rimasti sepolti! Aiuto! Affoghiamo tutti! -Allora ci furono gli uomini che gridarono – State zitte !! – Con qualche 'madonna' dietro – Ci s'ha le pale nascoste dentro e c'è i picconi, non c'è paura di niente -Infatti c'erano gli attrezzi nascosti in fondo al rifugio e facilmente fu riaperto l'ingresso. Comunque era come detto solo terra, perché il tufo 'un si smosse' di un

[40] Testimonianza Dino dell'Agnello raccolta nel 1988. Sul fatto concordano anche le testimonianze citate di Roberto Rossi e Vinicio Betti. Sull'attività dei partigiani che intervennero per evacuare i malati dell'ospedale: STEFANO BISTARINI, *Perché gli altri non dimentichino*, manoscritto cit.; ORLANDO RAPI e GIOVACCHINO ROSSI, *Relazione partigiana del Nucleo comunale di Chiusi* cit., p. 3.

[41] La famiglia Valdambrini pagò in quei giorni un alto prezzo, perché morì per scoppio di mina anche una figlia di Pietro Valdambrini. Cfr. A.Cm.C Chiusi. fasc. 598, riservate di carattere amministrativo anni 1924-1944.

[42] Lettera dell'1.8.1946 inviata da Carlo Rossi al Sindaco del Comune di Chiusi. Si trova in A.Cm.C.Chiusi, fasc.598, Riservate di carattere amministrativo anni 1924-1944. Carlo Rossi venne nominato nel 1945-1946 commissario prefettizio dell'ospedale Umberto I.

[43] Testimonianza Loris Scricciolo raccolta nel 1988 e inoltre anche articolo di Loris Scricciolo in "La Libertà", numero unico cit., riportato anche nel libro citato, *Chiusi nella bufera*, alle pagine 103-104.

[44] "Il Corriere della Sera" del 22 giugno 1944.

[45] "L'Unità" del 23 giugno 1944. Da notare tra l'altro l'errata notizia della liberazione di Castiglion del Lago, avvenuta invece solo il 29 giugno. Sui combattimenti per Vaiano e Villastrada vedi anche: ERIC LINKLATER, *The*

centimetro. Il problema maggiore l'avemmo quando ci accorgemmo che la terra caduta aveva riempito una pentola di smalto, con dentro il nostro riso da mangiare. Piccolissime schegge della pentola finirono in mezzo al riso, inoltre lo scoppio aveva fatto saltare il coperchio e terra e sabbia di tufo si mescolarono con il riso. L'avevano coperto per un mezzo dito abbondante. Il giorno dopo ci toccò ripulire quel riso con un cucchiaio. Poi si mangiò lo stesso, visto che non c'era altro: o quello o niente. Toccò quasi a mettersi a scegliere chicco per chicco, anche perché c'era da togliere le schegge di smalto bianco che ci si erano mischiate. Ripenso sempre con orrore a quanto strideva quel riso tra i denti mentre lo mangiavo. Ricordo la mattina che ammazzarono il povero Giorgi. Questi andò a vedere come stava la sua casa, come faceva tutte le mattine. Scendeva lungo il muro della Violella, poi passava la statale ed entrava in casa. Quella mattina dopo che era andato si sentì una gran scarica di mitraglia, partiva da sopra, dalle mitragliatrici tedesche nella Fortezza. Dopo quella raffica tutto silenzio. Quando fu verso le undici la moglie cominciò a chiedersi perché il marito non tornava. Ricordo che stranamente quella mattina non pioveva. Stranamente, perché quello fu un periodo che piovve sempre, giorno e notte, invece quella mattina non pioveva. Allora le donne presero noi ragazzi, mia madre con mio fratello in collo, e me per mano e si andò. Eravamo tre o quattro donne coi figlioli e cominciammo ad avanzare dal rifugio verso il ciglio della strada, e quando si fu lì vidi, ma solo per un attimo perché subito mia mamma mi tirò indietro, insomma, per un attimo, ma vidi questo Giorgi proprio davanti al portone di casa sua immerso in una pozza di sangue. Ricordo l'urlo terrificante della moglie poi ritornammo tutti indietro di corsa" [46].

Una domanda affollava la mente di tutti – a quando la liberazione della martoriata città? – ma, come scrive nel suo diario Don Serafino Marchetti:

"Tragico, come una minaccia di assassinio, sembrava rispondere alle ansie dei cuori l'urlo degli hurrà che i soldati tedeschi radunati a rapporto presso il duomo, lanciavano al cielo sul far della notte, dopo che un loro ufficiale li aveva arringati e spronati alla resistenza" [47].

Fuori della città proseguivano intanto senza tregua i combattimenti tra gli opposti schieramenti. Nel corso del giorno 22, l'undicesima Brigata corazzata sudafricana cercò di migliorare le proprie posizioni sotto al cimitero di Chiusi, dove operava il battaglione *Prince Alfred Guards*. Tutto andò bene fin quando un carro armato tedesco mise a segno un colpo sul carro del comandante del battaglione che era andato ad impantanarsi nel corso di una visita allo Squadrone B. Quella fu però l'ultima azione del carro tedesco, perché, il cannoniere dello *sherman* del capitano Human, riuscì a centrare con due granate perforanti anticarro il *panzer*, che prese fuoco [48]. I movimenti dei carri armati sudafricani provocarono poi il fuoco dei cannoni tedeschi che li bombardarono pesantemente, e una granata da 155 millimetri ferì cinque uomini [49]. Virginio Patrizi era sfollato vicino al cimitero e così ricorda:

"Mio padre, Adelfo, era allora custode del cimitero di Chiusi e quando ci fu lo sfollamento da Chiusi, la nostra famiglia cercò rifugio al podere 'Colle', che si trova appunto sul colle del cimitero, lungo la strada che porta alla tomba etrusca del Colle. Questo podere è posto sul ciglio del colle, proprio dalla parte che guarda verso la piana della stazione. Quando gli alleati cominciarono i cannoneggimenti lì eravamo troppo in pericolo e ci rifugiammo tutti, noi, la famiglia del contadino ed altri, in una cantina, costruita esternamente dietro ad un grande castagno, dove piazzammo davanti all'ingresso un cancello di metallo. Saremo stati a cinquecento metri in linea d'aria dal cimitero. Sul colle del cimitero c'erano diversi tedeschi e con loro avevano un carro armato che sparava contro la stazione. Sentivamo questa cannonata vicina e poi quelle che arrivavano di risposta. Ricordo che questo carro armato si muoveva molto, veniva giù dalla Pietriccia saliva al cimitero e sparava. Sia di giorno che di notte. Approfittava della copertura dei cipressi posti lungo la strada per muoversi. In quella notte di bombe ne piovvero Dio solo può dire quante, e la mattina dopo contammo cinquanta schegge infilate dentro al cancello che avevamo messo per chiudere l'accesso alla cantina. Quella stessa mattina uscimmo dal rifugio io ed altri: io andai a gettare delle spighe di grano a dei polli e galline che avevamo lasciato liberi nel cimitero; altri andarono a prendere dell'acqua da bere. Durante questo lavoro si intravvide un gran fumo dalla parte del piazzale antistante il cimitero. Che cosa era successo lo capimmo il giorno della liberazione di Chiusi, quando trovammo nel piazzale il carro armato tedesco distrutto. Ricordo che lo trovammo bruciato con un buco tondo e preciso nella corazza, un cingolo spaccato ed un soldato morto, per terra lì accanto" [50].

Due compagnie dell'ILH/KimR stavano intanto appoggiando i carri dello *Special Service Battalion* sulle alture poste sulla sinistra di Chiusi. A dispetto dei frequenti acquazzoni e dei consistenti bombardamenti tedeschi, il battaglione SSB avanzando il 22 giugno distrusse tre cannoni anticarro tedeschi. L'intenso fuoco di mitragliatrici *spandaus* causò però perdite e durante la notte i carri armati sudafricani si ritirarono, riuscendo così ad evitare un pesante bombardamento di artiglieria e mortai con cui i tedeschi colpirono le posizioni appena conquistate [51].

Intanto sulla destra dei sudafricani, sulle colline sopra al lago di Chiusi, la Quarta divisione britannica aveva adesso schierato una brigata di rinforzo alla 78ª divisione britannica.

La battuta d'arresto dell'avanzata alleata era apertamente ammessa nel bollettino del 23 giugno riportato dai giornali:

"... Infuria la battaglia tra il Trasimeno e Chiusi... Con il migliorare delle condizioni atmosferiche, le forze alleate hanno avanzato tanto sul litorale orientale quanto su quello occidentale d'Italia, benché sul settore centrale i

*Campaign in Italy* cit., p. 306-308.

46 Testimonianza di Raffaello Rubechi raccolta nel 1988.

47 S. MARCHETTI, *La battaglia di Chiusi* cit., pp. 24-25.

48 Era un carro armato tedesco tipo Mark IV *Special*.

49 N. ORPEN, *Victory in Italy* cit., p. 105.

50 Testimonianza di Virginio Patrizi raccolta nel 1994.

51 N. ORPEN, *Victory in Italy* cit., p. 106.

violenti contrattacchi tedeschi abbiano riportato alla riconquista da parte del nemico della antica città di Chiusi. Traendo il massimo vantaggio da quasi una settimana di cattivo tempo, che rallentava i trasporti e ostacolava l'attività aerea degli alleati, le forze tedesche hanno coordinato la loro difesa, facendo uso dei campi di mine e demolizioni, battuti dal fuoco delle artiglierie piazzate su posizioni preordinate, lanciando forti contrattacchi... La resistenza nemica più accanita lungo l'intero fronte è stata incontrata nella zona che per un tratto di 33 Km. va da Chiusi verso est fino a Perugia. Ricacciate sulla sponda occidentale del Lago Trasimeno, forze nemiche hanno iniziato mercoledì sera una infiltrazione che ha permesso loro di rimettere piede a Chiusi, città posta sulla più occidentale delle due strade che costeggiano la fertile Val di Chiana. Ne sono seguiti tutto giovedì e la notte scorsa combattimenti di estrema violenza con l'uso da parte nemica di ben piazzati mortai e cannoni pesanti per conservare le posizioni nella riconquistata città. L'accesso alla città, cinta di mura, ed è una delle più antiche d'Italia, viene riferito difficile, Chiusi era stata occupata e data per sgomberata nella giornata di martedì. Le forze dell'VIII armata, entrate in un primo momento a Chiusi e spintesi sulle sponde sud-occidentali del Lago Trasimeno non costituivano importanti unità delle colonne alleate. Questo risulta dalla dichiarazione 'che un attacco in forze pare necessario per sloggiare i tedeschi dalle forti posizioni che hanno occupato fra il Lago Trasimeno e Chiusi. Parecchi contrattacchi nemici sono stati lanciati a tarda ora di mercoledì sera e ieri contro le forze alleate sulla sponda sud-occidentale del Lago Trasimeno. Questi attacchi sono stati respinti, ma le unità avanzate erano in questa zona ancora sotto al violento fuoco nemico. Si riferisce che il villaggio di Vaiano, un Km. e mezzo dal Lago di Chiusi è occupato da considerevoli forze nemiche" [52].

Il bollettino di guerra tedesco poteva invece vantare il successo ottenuto:

"Berlino, 23. ...Dalle due parti del Trasimeno ed a nord di Perugia si sono avuti violenti combattimenti nel corso dei quali i posti avanzati germanici sono stati ritirati in più punti della linea principale. Il tentativo di sfondamento eseguito dagli alleati è però, fallito con gravissime perdite. La linea del fronte parte, ora, dalla zona a nord di Grosseto, passa su ambo i lati di Roccastrada, attraversa Chiusi, corre lungo il Trasimeno, e passando a nord di Perugia, volge più a sud di Camerino verso l'Adriatico" [53].

La notizia del fallimento alleato, ascoltata alla radio da chi aspettava ben altre notizie, provocò sconforto [54].

[52] "L'Unità" del 24 giugno 1944, n. 17; anche "La Gazzetta del Mezzogiorno" del 24.6.1944.

53 "La Nazione" del 24 giugno 1944.

[54] Dal diario di Filomena Toppi Pennecchi: "Milano 24 giugno 1944. Dicono che i tedeschi hanno ripreso Chiusi. Quale angoscia! Qui non si va né avanti né indietro ... povere mamme! Quante famiglie rovinate!" PLIAMO PENNECCHI, *Piccola storia di una famiglia italiana cit.*, p. 184.

# X. LA LIBERAZIONE

*"...Venne il giorno della morte*
*e della libertà, il mondo martoriato*
*si riconobbe nuovo nella luce..."*
Pier Paolo Pasolini 1922-1975

**Aggirando Chiusi**

Mentre su Chiusi continuava più o meno duramente il bombardamento di artiglieria [1], il comando alleato visto il tragico fallimento dell'attacco frontale su Chiusi, decise di prendere il paese per aggiramento. Poiché anche i britannici stentavano ad avanzare sulla destra, stretti tra il lago di Chiusi e le colline di Vaiano, fu deciso di prendere le alture di Sarteano e di puntare su Chianciano per minacciare sul fianco lo schieramento germanico. Così, mentre all'undicesima brigata corazzata fu ordinato di resistere nell'area di Chiusi, l'iniziativa passava alla Brigata Guardie Britannica, che rinforzata dal battaglione corazzato *Pretoria Regiment* e dallo squadrone B dei *Natal Mounted Rifles*, partendo da Cetona, avrebbe dovuto prendere Sarteano e l'altopiano su cui sorge. Davanti avevano i tedeschi del *Kampfgruppe Tomsen* – gruppo da battaglia Tomsen, della 356ª divisione di fanteria, rinforzato da carri armati tipo *Tigre*. Le posizioni tenute erano state denominate *Anton Stellung* cioè sbarramento Anton. I sudafricani del battaglione WR/DLR tentarono il 22 giugno di avanzare oltre Cetona verso Sarteano ma furono bloccati, appena oltre Cetona, dal fuoco tedesco. I carri armati sudafricani del *Pretoria Regiment* furono bersagliati dal fuoco di un *Tigre* tedesco che sparava dal Belriguardo e che infine colpì uno *sherman*, uccidendone il guidatore. Il *Tigre* fu a sua volta colpito quattro volte, ma riuscì ugualmente a rifugiarsi al riparo mentre i cannoni pesanti alleati da 140 millimetri ed i cannoni semoventi anticarro M 10, tentavano di distruggerlo [2]. Gli uomini del WR/DLR inflissero delle perdite al nemico, ma la pioggia e le demolizioni rendevano l'avanzata molto difficile, infine il pesante bombardamento tedesco li fermò [3]. Temendo ulteriori attacchi da questa parte i tedeschi decisero allora di sottoporre Cetona ad un pesante e costante bombardamento di artiglieria e di mortai per sconvolgere i piani avversari. Fu così che per l'intera giornata del 22 giugno i sudafricani furono bombardati soffrendo 13 caduti. Venne preso sotto il fuoco anche il deposito di attrezzature del genio divisionale che veniva organizzato a Cetona in previsione del superamento del fiume Astrone: molti automezzi e buldozer vennero distrutti con 8 genieri uccisi e altri feriti. Per la notte tra il 22 e il 23 la situazione apparve talmente confusa che il Brigadiere Palmer, comandante della 12ª Brigata motorizzata, si trovò addirittura impegnato con la propria scorta a tenere un tratto di prima linea che appariva scoperto. Ma proprio in quella notte la 24ª Brigata Guardie era a Cetona, dove stabilì la propria base operativa e mosse, attraverso i reparti sudafricani, per prendere Sarteano. Il battaglione comando ed i trasporti rimasero nel paese di Cetona dove vennero "tartassati" dal fuoco dell'artiglieria per tutta la notte ed ebbero morti e feriti. Un primo sondaggio delle difese tedesche, fatto dal battaglione delle Guardie scozzesi, era fermato dal fuoco delle mitragliatrici e dai mortai davanti a un ruscello ai piedi della cresta di Sarteano. Il brigadiere Archer, decise comunque, il mattino seguente, di tentare l'attacco con due battaglioni rinforzati da carri armati. Alle prime luci del 23 giugno le Guardie scozzesi, lanciarono il loro attacco contro "la collina 685", chiave di volta della difesa tedesca, approfittando della bruma spessa che copriva i declivi sopra di loro. Sotto il fuoco di copertura dei carri armati le Guardie scozzesi, anche sfruttando abilmente il terreno, raggiunsero il loro obiettivo per le 9 di quella mattina. Un contrattacco tedesco, lanciato verso mezzogiorno era respinto, ma i tedeschi ripresero duramente a bombardare Cetona e le demolizioni stradali, che i genieri cercavano di riparare. Fu allora che il reggimento di artiglieria da campo sudafricano n. 1/6, intervenne pesantemente sulla scena con i cannoni da 25 libbre per eliminare l'artiglieria avversaria. Venne scatenato un furioso fuoco verso la cresta detta del Belriguardo e Sarteano. Per dare una idea del volume di fuoco sparato possiamo dire che per eliminare un cannone da 88 millimetri tedesco, venne utilizzato il fuoco concentrato dell'intero reggimento, ben 24 cannoni! [4]

Il partigiano Dino Faleri che si trovava in quel momento a Cetona e collaborava con altri partigiani della SIMAR con i britannici della Brigata Guardie, guardava quell'inferno di fuoco sparato verso Sarteano e non poteva fare a meno di temere per i suoi parenti che erano sotto le bombe. alle pressioni che i partigiani facevano presso gli alleati per attaccare lo schieramento tedesco, che appariva di scarsa consistenza, seguendo i sentieri più sicuri a loro noti, il comando alleato rispondeva che

[1] "23-24-25 giugno, venerdì, sabato e domenica. Aspri e continui bombardamenti." Don Talete Tapperi, diario cit.

[2] Un "Tigre" fu effettivamente distrutto vicino alla chiesa del Belriguardo, probabilmente questo.

[3] N. ORPEN, *Victory in Italy* cit., p. 105.

[4] N. ORPEN, *Victory in Italy* cit., p. 106-107.

i tedeschi avevano realizzato una linea di difesa ben guarnita e non intendevano rischiare troppo. La risposta era: – Per fare carro armato volere venti minuti, per fare uomo volere venti anni! – Era veramente esasperante vivere quella situazione di impotenza; veder bombardare il proprio paese senza poter fare nulla. Per una cannonata contro, gli alleati rispondevano con dieci [5].

Sulla destra si erano intanto mosse anche le Guardie dell'altro battaglione denominato *Coldstream Guards*. All'alba del 23 giugno le compagnie avanzarono aiutate dalla foschia. Per le 6,30 avevano raggiunto i loro obiettivi anche se con alcune perdite. Loro compito era quello di operare per liberare la strada Sarteano-Chiusi e collegarsi con i reparti sudafricani che erano più in basso vicino a Chiusi. Una pattuglia corazzata fu inviata lungo la strada per tentare il collegamento, ma la forte reazione tedesca lo impedì. Quando lo squadrone corazzato A del PR cercò di avanzare per eliminare postazioni di mitragliatrici tedesche fu inquadrato dal fuoco di un carro tigre. Lo sherman del tenente Probart fu colpito e prese fuoco. L'ufficiale, gravemente ustionato, morì nella notte all'ospedale da campo di Cetona [6].

Così i diari tedeschi ricordano quegli scontri:

> "23 giugno 1944. Ore 12. Attacco nemico contro l'ala destra della divisione corazzata paracadutisti Hermann Göring è stato respinto. Ore 17, attacco nemico con effettivi di battaglione con appoggio di carri armati, 3 chilometri est di Sarteano, respinto. Messo fuori combattimento un carro armato" [7]. "Presso 356ª divisione di fanteria, azioni nemiche in effettivi di compagnia fino a battaglione, appoggiati da 10 carri armati, da sud, contro 68/101 (come era chiamata in codice Sarteano *NdR*). Tutti gli attacchi sono stati respinti. ...Il fuoco nemico e l'osservazione di voli di aerei da ricognizione nemici sulle posizioni dell'artiglieria, fanno prevedere un grosso attacco" [8].

Nella zona di Chiusi stazione intanto, quanto rimaneva del battaglione *First City-Cape Town Highlanders* era mestamente rilevato nella giornata del 23 giugno dal battaglione del Natal, che si dispiegò nella piana tra la stazione e il cimitero. Gli highlanders ripiegarono per "curare i propri feriti e riorganizzarsi". Vedendo i movimenti nel campo alleato i tedeschi bombardarono pesantemente la stazione e aree limitrofe per l'intero 23 giugno. La compagnia dell'ILH/KimR ebbe morti e feriti tra cui il maggiore Strauss, comandante di compagnia, che fu ucciso [9].

Il successivo 24 giugno, il Maresciallo Smuts [10] in visita alle truppe in Italia, parlò ad una rappresentanza dei reparti della 6ª Divisione corazzata sudafricana. I reparti sfilarono in parata davanti a Smuts in uno spiazzo a pochi chilometri da Città della Pieve. Qui Smuts arringò le truppe con un discorso, in cui ottimisticamente predisse che i tedeschi sarebbero stati disfatti per la fine dell'estate. La previsione sarebbe stata presto smentita dagli eventi, ma Smuts, anche se non lo disse, parlava sull'onda emotiva creatagli dalle notizie degli esperimenti relativi alla bomba atomica, che avevano avuto luogo negli Stati Uniti [11]. Al termine del discorso accadde anche un fatto comico che è così ricordato dall'allora soldato Bill Bosch del *First City-Cape Town Highlanders Regiment:*

> "Il Maresciallo Smuts parlò al reggimento e successe il finimondo quando disse che al suo ritorno in Sudafrica ci avrebbe mandato molti *'Springboks'* [12]. Intendeva dire che avrebbe fatto in modo che ci arrivassero quei rinforzi in uomini che mancavano al reggimento dopo la battaglia di Chiusi, ma per l'appunto Springboks era anche il nome di una nota marca di sigarette e così dalle ultime file si alzò un grido: 'col filtro o senza ?' Scoppiò così la risata generale" [13].

### La marcia delle guardie

A Sarteano cannoneggiata, la popolazione civile viveva rifugiata negli scantinati e nelle grotte da alcuni giorni, e la mancanza di cibo cominciò a farsi sentire. Così, come ricorda Franca Giani Martini:

> ..."la gente non ebbe più a disposizione nemmeno quella fetta di pane, assegnata dal tesseramento, perché nessuno era in grado di impastarlo e cuocerlo. Le truppe tedesche aprirono gli ammassi del grano, al podere 'Chiusa' (allora Bargagli), e dell'olio. La famiglia di Dino Bianchi e la mia abitavano nello stesso caseggiato. Anche noi ci rifugiammo in un fondo grotta, adibito a legnaia. Dino ed io, andavamo sia alla Chiusa che in Piazza a cercare di prendere un poco di grano e olio. L'uno e l'altro ce n'erano a quintali, ma il più, (specialmente l'olio) con tanto dolore, fu versato dalla popolazione terrorizzata, per la piazza e nelle strade, essendo costretti a intingere pentole e brocche dentro ai bidoni (guardati dai soldati tedeschi) non essendoci mezzi migliori, o per meglio dire, tempo necessario, per poter agire altrimenti. Poi a noi accadde che la sorella di Dino, si ammalò. Su un materasso sopra un mucchio di fascine, e niente avevamo per poterla sostentare, all'infuori dell'acqua. Gli alleati sparavano sempre più vicino, perciò ogni giorno che passava era peggiore dell'altro. Le case crollavano, le strade ingombre di detriti di ogni genere (vetri, calcinacci, grondaie, pietre). Sembrava arrivata la fine del mondo" [14].

[5] DINO FALERI e UGO SEVERINI (a cura di), *Brigata Simar*, op. cit., pp. 131-132; inoltre le testimonianze citate di Elge Faleri ed Alma Faleri.

[6] N. ORPEN, *Victory in Italy* cit., p. 108.

[7] N.A.W., T.314, Roll 1574, Diario di guerra n. 2 del LXXVI° Panzerkorps, giornata del 23 giugno 1944, doc. nn. 000337-000338

[8] N.A.W., T.312, Roll 487, rapporto giornaliero della 14ª armata del 23.6.1944, doc. 8078996.

[9] N. ORPEN, *Victory in Italy* cit., p. 107.

[10] Jan Christiaan Smuts, maresciallo e uomo politico sudafricano, 1870-1950. Partecipò alla guerra anglo-boera, e alla prima guerra mondiale. Nel 1919 divenne primo ministro dell'Unione Sudafricana. Tornò al governo nel 1933 e a partire dal 1939 fu nuovamente primo ministro, mantenendo questa carica per tutta la durata della seconda guerra mondiale, fino al 1948. Durante la guerra fu anche comandante supremo delle forze armate dell'Unione Sudafricana. Fu l'unico uomo politico che abbia partecipato sia alla conferenza della pace di Versailles del 1919 che a quella di Parigi del 1946. Cfr. B.P.BOSCHESI, op. cit., vol. 2, p. 184.

[11] N. ORPEN, *Victory in Italy cit.*, pp. 107-108.

[12] *Springboks*-antilope presente in Sudafrica; era anche il nomignolo attribuito ai soldati sudafricani.

[13] Testimonianza di Bill Bosch citata.

[14] Articolo di Franca Giani Martini, in "Montepiesi", periodico di

Nella notte del 23/24 giugno le *Coldstream Guards* britanniche inviarono delle pattuglie a sondare lo schieramento nemico intorno a Sarteano. Una di queste al comando del tenente Bentick strisciò fino alle linee nemiche, e qui con una raffica di mitra uccise tre tedeschi. La mattina del 24 giugno la brigata Guardie mosse verso Sarteano, con le Guardie scozzesi sul fianco sinistro, le *Coldstream Guards* su quello destro e i Granatieri al centro. Molto facilmente una pattuglia delle Guardie scozzesi raggiunse la sommità della collina 685 trovandola abbandonata. Dietro la pattuglia avanzò il resto del battaglione che occupò la collina. La lotta era costata complessivamente 6 morti e 20 feriti. Lo squadrone A del *Pretoria Regiment* venne inviato in supporto alle Guardie scozzesi e da una cresta a circa 1000 metri di distanza da Sarteano inquadrò e aprì il fuoco su numerosi obiettivi tedeschi attorno al paese, incluso il carro armato che aveva incendiato lo *sherman* sudafricano il giorno prima. Così da circa un chilometro di distanza il sergente Stevens con il suo carro armato centrò con un colpo diretto il *Tigre*. Al suo secondo colpo si cominciò a vedere uscire del fumo dal mezzo tedesco, ma altri cinque colpi perforanti e tre colpi ad alto esplosivo furono sparati per maggior sicurezza. Nonostante questo il panzer indietreggiò e scomparve tra le case di Sarteano [15].

Intanto, come ricorda sempre Franca Giana Martini:

> "Alle prime luci dell'alba del mattino, uscimmo di casa per andare alla ricerca di un poco di latte... stranamente regnava un grande silenzio. Non ci potevamo rendere conto di questo fatto dopo le giornate passate. Prendemmo quatti quatti lungo i muri di Via Roma, Piazza San Martino per poter scendere verso Porta San Martino. Lì giunti, ci fu chiarito il perché del misterioso silenzio. Una sbalorditiva sorpresa si svelò ai nostri occhi: due file di soldati (camminando gattoni) si snodavano lungo tutta la via San Giovanni Bosco, armati e con i caratteristici elmetti in testa. Rimanemmo pietrificati sul momento, ma per breve tempo. Si fece chiaro nelle nostre menti che l'incubo era finalmente finito. La gente incominciò ad uscire dai rifugi... Fu quel mattino del 24 giugno 1944, che le truppe alleate entrarono in Sarteano veramente provato ed affamato. Era accaduto che il carro armato tedesco (che aveva tenuto il fronte fermo tutti quei giorni, andando su e giù dall'attuale piazza della libertà fino alla via dei cappuccini), fu colpito, o dal troppo sparare scoppiò il cannone. Questo fatto comportò la fine dei nostri triboli. Certo venivano tanti altri, ma, perlomeno le cannonate non si abbattevano più su di noi. Quel carro armato tedesco è stato per tanto tempo, al lato della chiesa di San Francesco" [16].

I reparti britannici che entrarono quella mattina in Sarteano erano del battaglione Granatieri della guardia. Scoprirono che il nemico se ne era andato e che, come scrive Neil Orpen, "i civili" li aspettavano per salutarli con *union jacks* [17] fatte in casa, fiori e vino. Nella piazza principale del paese fu trovato abbandonato e ancora fumante il *panzer Tigre* [18] colpito quella mattina [19]. Questo era il carro armato del sottotenente Engelhardt del battaglione carri pesanti 508, che aveva, praticamente da solo, retto il fronte tedesco in questo tratto nei giorni 22-23 giugno. Aveva assolto il suo compito estremamente bene visto che aveva colpito e incendiato 6 carri armati, un pezzo controcarro e alcuni autoveicoli alleati [20].

La previsione di un pesante attacco alleato contro Sarteano o punto 68/101, come era indicato il paese nei rapporti germanici, aveva spinto il comando della Quattordicesima armata tedesca a far ripiegare, nel corso della notte, i resti della 356ª Divisione fanteria sulla Linea Albert vera e propria, cioè sulla riva nord del torrente Astrone [21]. Sulla liberazione di Sarteano anche Alma Faleri ricorda:

> "Eravamo al podere Renaio, alla 'Pietra di Garibaldi'. Sopra Sarteano. Tutto intorno al podere, c'era un comando tedesco. Temevamo quello che avrebbero potuto fare questi tedeschi, perché dicevano che gli ultimi erano i più cattivi, ma questi erano ridotti proprio male e non ci fecero niente. Una notte sentimmo un gran rumore e il mattino successivo i tedeschi non c'erano più. Cominciammo allora a vedere arrivare i partigiani, alcuni con la fascia tricolore, poi si sentirono suonare le campane di Sarteano, perché era stata liberata" [22].

I partigiani della SIMAR avevano collaborato all'azione fornendo guide alle truppe britanniche [23].

A Sarteano gli ufficiali di osservazione delle Guardie salirono sulla sommità del torrione del castello del paese, da dove avevano una "estesa vista su Umbria e Toscana", come ricordano i loro rapporti. Dal castello,

Sarteano, n. 10, ottobre 1988, anno XIX, p. 9.

[15] N. ORPEN, *Victory in Italy*, Cit., p. 109

[16] Franca Giani Martini, articolo cit. in "Montepiesi" cit. Sul carro armato tedesco distrutto in piazza, cfr. anche le testimonianze citate di Alma Faleri e di Elge Faleri.

[17] Nomignolo dato alla bandiera britannica.

[18] *Panzerkampfwagen* VI tipo Tigre. Questo fu il più famoso carro armato germanico; fama dovuta al suo armamento che lo mise sempre in condizione di superiorità sui similari mezzi alleati. Fin dalla sua apparizione fu definito il "carro più potente del mondo". Caratteristiche: Peso tonn. 56; lunghezza m. 8,45; larghezza m. 3,56; altezza m. 3; velocità massima Km/h. 37-45; autonomia 195 Km.; equipaggio 5 uomini; armamento 1 cannone da 88 mm. e due mitragliatrici in casamatta e 1 mitragliatrice contraerea Cfr. *Storia dei mezzi corazzati* cit., vol. 2, profili, p. 313 e segg.

[19] N. ORPEN, *Victory in Italy* cit., p. 109.

[20] N.A.W., T.312, Roll 487, Doc. 8078996, Rapporto giornaliero della 14ª Armata del 23.6.1944.

[21] N.A.W., T.312, Roll 487, Doc. 8078993, Rapporto mattutino della 14ª Armata del 24.6.1944. Vedi anche il Diario di guerra n. 2 del LXXVI° Panzerkorps, alla data del 24 giugno 1944, N.A.W., T.314, Roll 1574, doc. 000338.

[22] Testimonianza Alma Faleri raccolta nel 1988.

[23] R. MANNO, *Le Bande Simar* cit., p. 78. Ai partigiani fu rilasciato una lettera di ringraziamento dell'opera prestata alle guardie: "Luglio 1944. I partigiani di Sarteano sotto il comando del colonnello Marenco, 2.com. Gabriele Brogi, prendevano contatto con questa brigata il 20 giugno. I patrioti hanno lavorato in cooperazione con la brigata prendendo ordini da questo Quartiere Generale. Molto spesso essi hanno inviato pattuglie in territorio nemico. Essi hanno reso eccezionali informazioni circa i campi minati e le posizioni nemiche di armi di grosso calibro. Il loro lavoro è stato importante e utile per la causa alleata. Firmato A.R.H. Hobson per il comando della *24 Guards Brigade*". Copia dell'attestato sta anche in: EZIO DE MICHELIS, *Comando raggruppamenti bande partigiane. Italia centrale. Attività delle bande* cit., p. 221.

essi poterono vedere i tedeschi [24] scavare lungo un'altra linea basata sulla profonda vallata del fiume Astrone [25]. I Granatieri superarono Sarteano appoggiati dai carri armati del PR e con i mezzi blindati da ricognizione del NMR in avanguardia. A circa tre chilometri a nord del paese i mezzi blindati da ricognizione incontrarono un intenso fuoco di artiglieria, armi portatili, e pezzi controcarro. Sotto a questo bombardamento i Granatieri raggiunsero le colline boscose che sovrastavano il torrente Astrone, che corre da Nord-ovest a sud-est sul terreno del comune di Sarteano e che taglia la strada che collega Chianciano Terme a Chiusi. Gli osservatori d'artiglieria, piazzati nel torrione del castello di Sarteano, si impegnarono a trovare obiettivi da colpire e ci riuscirono quella mattina facendo inquadrare dal tiro dei cannoni un carro armato tedesco piazzato dietro l'Astrone, che fu centrato da due granate in pieno. Pattuglie inglesi cercarono un passaggio sull'Astrone, ma il costante fuoco di artiglieria tedesco provocò forti perdite. Il brigadiere Archer ordinava frattanto alle Guardie scozzesi di mandare una colonna mobile sulla sinistra verso la collina posta sopra alla piccola fattoria detta "Podere Pietraporciana", indicata sulla carta come P. 846. Loro compito: avanzare verso il piccolo gruppo di casolari di La Foce, alla congiunzione stradale vicino alla fonte dell'Astrone. Intanto lo squadrone A del Pretoria Regiment, quello che avevamo visto impegnare e distruggere il *Tigre* a Sarteano, veniva inviato con le "Coldstream Guards" verso Chiusi lungo la strada che corre da nord-est. Anche qui incontrarono una forte opposizione di artiglieria. Le notizie fornite dai partigiani indicavano due ponti sulla strada. Le pattuglie d'avanguardia trovarono il primo intatto, ma il secondo era stato fatto saltare, e nascosto sull'altra parte della riva c'era un cannone da 88 millimetri che distrusse lo sherman di testa bloccando la ricognizione [26]. La liberazione di Sarteano [27] non poteva non segnare l'inizio della fine della resistenza tedesca anche a Chiusi [28], infatti gli alleati piazzarono nell'altopiano di Sarteano delle batterie di artiglieria, che battevano ora la città da tre direzioni. Inoltre, il fatto di controllare tutte le alture dominanti Chiusi consentiva loro di colpire una delle vie di ritirata dei tedeschi: la strada statale 146. La sola via di fuga che rimaneva ai tedeschi in Chiusi, era quella che passava dal lago di Chiusi. Chiusi però rimaneva un importante caposaldo della strategia difensiva tedesca, che anzi provvidero a rinforzarlo [29].

Intanto, nella zona compresa tra il Lago Trasimeno e quello di Chiusi, a partire dal 22 giugno si svolsero feroci combattimenti tra britannici e tedeschi. Qui i britannici premevano ulteriormente per sfondare. Alle 5,45 del 24 giugno, la 28ª Brigata della 4ª Divisione, che sostituiva nel settore i reparti della 78ª Divisione in via di ripiegamento per essere inviati in turno di riposo, scatenava un nuovo attacco contro la 334ª divisione tedesca. I nuovi arrivati, sostenuti dai carri armati canadesi del 12° reggimento corazzato *Three Rivers*, riuscivano a sfondare sui due lati della statale 71. La linea principale tedesca era così sopraffatta, e i tedeschi cercarono con affanno di ricostituirla lungo il tratto del torrente Pescia. Gli inglesi avanzarono ulteriormente, e a dispetto della pioggia e del fango che ostacolava i carri armati, la fanteria combatté con grande successo e si avvicinò a Badia e a La Villa. Lo sfondamento finale fu evitato in extremis dai tedeschi facendo intervenire nella lotta la compagnia carri armati "pantera" [30] del Quarto reggimento corazzato. Questi impegnarono in duri combattimenti i mezzi blindati canadesi, bloccandoli infine davanti al Pescia.

Anche se per il momento lo sfondamento non c'era stato, la 334ª divisione usciva però dai combattimenti fortemente provata, e per rinforzarla dovettero essere impiegate gran parte delle riserve disponibili, compreso il battaglione blindato da ricognizione della *"Hermann Göring"* – PzAA HG -, che venne così a mancare alle operazioni di supporto all'avamposto di Chiusi [31].

**Ma quando arrivano?..**

A Chiusi si viveva con trepidazione quelle ore, come scrive Don Marchetti:

> "Nella nottata fra il 24 e il 25 il bombardamento parve meno intenso, più frequente invece il tambureggiare delle mitragliatrici; nelle vie della città uno scarrozzare continuo di automezzi e su tre di essi, fermi da giorni sotto il segrato della facciata della cattedrale, il rumore metallico dei bossoli e di proiettili che non si poteva capire se ammassati o scaricati dai medesimi camion" [32].

La brigata corazzata sudafricana era ancora impan-

[24] Dietro all'Astrone c'era appostato il *Kampfgruppe Tomsen*, che era composto da quanto rimaneva dei Reggimenti di fanteria 871 e 869 della 356ª Divisione. Nella zona di Castiglioncello sul Trinoro e Pietraporciana c'erano invece i paracadutisti della Quarta divisione. Cfr. G. BOULLE, *Le Corps Expeditionaire Francais en Italie* cit., p. 192.

[25] N. ORPEN, *Victory in Italy* cit., p. 109.

[26] N. ORPEN, *Victory in Italy* cit., p. 109. Così ricordano quel combattimento i diari tedeschi: "24 giugno 1944. Nel tratto della divisione Hermann Göring, il nemico ha spinto con esitazione i suoi reparti avanzati fino al fiume Astrone. Un carro armato nemico incendiato dal fuoco dell'artiglieria. " N.A.W., T.314, Roll 1574, rapporti allegati al Diario di guerra n. 2 del LXXVI° Panzerkorps, doc. 000709.

[27] Nel comune di Sarteano ci furono complessivamente 29 caduti civili e 4 partigiani per cause belliche.

[28] Sull'importanza della presa di Sarteano da parte britannica vedi H.P. WILMOTT, *Giugno 1944* cit., p. 70.

[29] Così registrò il Diario di guerra del LXXVI Panzerkorps: "Poiché Chiusi è un importante punto rialzato, la città stessa è stata occupata da forti avamposti." N.A.W., T.314, Roll 1574, doc. 000338.

[30] Panzerkampfwagen Ausf.G, *"Panther-Pantera"*. Fu considerato uno dei migliori carri armati prodotti dai tedeschi durante la guerra. Caratteristiche: peso 44 tonnellate; lunghezza 8,86 metri; equipaggio 5 uomini; armamento 1 cannone da 75 millimetri e tre mitragliatrici.

[31] Sulla battaglia nel comune di Castiglion del Lago vedi per la versione alleata ERIC LINKLATER, *The campaign in Italy* cit., pp. 306-307; mentre per quella tedesca i Diari di guerra del LXXVI Panzerkorps e della 10ª armata; N.A.W., T.314, Roll 1574, doc. 000710 e doc.000338-000339; N.A.W., T.312, Roll 95, doc. 7621368-7621371.

[32] S. MARCHETTI, *La battaglia di Chiusi* cit., p. 33. Anche Vinicio Betti ricorda questi viaggi di veicoli tedeschi per rifornirsi di munizioni ammassate vicino al Duomo. Testimonianza Vinicio Betti raccolta nel 1988.

tanata davanti a Chiusi e ogni movimento arrischiato era duramente punito dal fuoco tedesco, proprio il 24 giugno sul carro armato del capitano Lamb del PAG cadde un razzo da 150 millimetri di un nebelwerfer, il colpo uccise il tenente Wathen e ferì tre altri uomini [33].

La situazione era ferma, ma ai civili questo appariva incomprensibile anche perché grazie alle informazioni portate dai partigiani e da quanti avevano il coraggio di circolare, tutti sapevano essere pochi i tedeschi ancora a Chiusi. Nicla Capitini ricorda quelle discussioni:

> "– Ma come mai non vengono gli Inglesi? – Ci si diceva – Capirai, la fame, noi tutti sudici dopo giorni dentro ai rifugi, non si vedeva l'ora che finisse. – Ma perché non vogliono venire se a Chiusi non ci sono molti tedeschi? – Ci chiedevamo. — Perché hanno paura, hanno paura dei tedeschi! – Rispondevano quelli che ci avevano parlato, – Noi ci siamo stati, glielo abbiamo detto che ci sono pochi tedeschi, ma è stato tutto inutile! Non si fidano!" [34]

Anche Zelinda Nasorri ricorda:

> "C'era della gente che andava e veniva, andavano fino alla stazione per parlare con questi inglesi, e ci dissero: -li abbiamo visti, gli inglesi, gli abbiamo detto, venite, venite, non c'è nessuno a Chiusi. – Ma questi rispondevano – No, perché sentire rumori, Chiusi grande resistenza – Invece questi rumori erano dati da un solo carro armato tedesco che si muoveva per il paese sparando di continuo. Niente non vengono! Era il nostro sconsolato commento" [35].

La mattina del 24 giugno, la famiglia Paolozzi era costretta dai tedeschi a sgomberare il palazzo della Fortezza assieme a tutti quelli che erano rifugiati con loro, tra cui il Podestà Galeotti. Il gruppo raggiungeva il podere Montebello, situato appena fuori di Chiusi, sul versante discendente verso il lago. Intorno al podere erano state piazzate le artiglierie tedesche [36]. Quel gruppo non fu il solo costretto a lasciare la città, la sera del sabato 24 giugno erano infatti scacciate dai tedeschi le persone rifugiate nella cantina dell'Arcipretura di Monsignor Mannelli. Scoperto il nucleo di civili, "senza ascoltare ragioni e preghiere", venne dato il perentorio ordine di sfollare, e questo mentre cadeva una pioggia dirotta. Così l'arciprete e gli altri disgraziati dovettero andare a ricoverarsi in alcune grotte a Montevenere e a Dolciano [37].

La prosecuzione della battaglia veniva seguita con inquietudine dai vari Chiusini che si trovavano altrove, tra cui Mario Fé Marini. Questi era prigioniero di guerra dei francesi in Algeria e la mattina del 25 giugno lesse sul giornale in lingua francese stampato a Orano del protrarsi degli scontri. L'accanita resistenza e le analogie con un'altra ben nota località italiana, indussero il giornalista ad chiamare Chiusi nell'articolo *"Le petit Cassino* – La piccola Cassino" [38].

L'asprezza della lotta che coinvolgeva i due contendenti traspare chiaramente dai comunicati emessi allora e che possiamo leggere nei giornali dell'epoca. Il comunicato dei comandi alleata riportava:

> "Si combatte fra le rovine di Chiusi... 24 giugno. Aspri combattimenti nel settore del Lago Trasimeno – Chiusi, del fronte italiano, poiché le forze tedesche delle quali fa parte quella che fu una volta la formidabile divisione corazzata di paracadutisti *Hermann Göring*, si sono battute disperatamente per frenare l'avanzata nella Val di Chiana, che conduce a Firenze. Le forze dell'VIIIa armata si sono aperte ieri nuovamente la strada nella vecchia città di Chiusi tra le cui rovine si combatte duramente. Essa è stata al centro di duri combattimenti lungo la linea fortemente difesa di colline, che si estende fra la città e il Lago Trasimeno. Il nemico usava l'artiglieria in modo da concentrare un violento fuoco su alcuni settori, fra cui le rovine di Cetona a oltre 6 Km. a sud-ovest di Chiusi" [39].

La *"Gazzetta del Mezzogiorno"*, riportava inoltre:

> "24 giugno... nell'interno e nelle vicinanze della città di Chiusi, in cui il nemico è tornato ad infiltrarsi, continua aspra la lotta con l'impiego di truppe scelte e di paracadutisti. I contrattacchi avversari vengono sostenuti con unità corazzate di cui fanno parte carri armati del tipo 'Tigre'" [40].

I tedeschi nel loro comunicato esaltavano invece il successo della battuta d'arresto alleata a Chiusi:

> "Fronte meridionale, 24. Dopo un intenso fuoco di artiglieria le truppe mercenarie sono riuscite a infiltrarsi temporaneamente nelle linee tedesche nei pressi di Città della Pieve. Con una concentrazione sul fianco, reparti tedeschi obbligavano queste unità ausiliarie a ritornare sulle posizioni di partenza dopo aver subito perdite considerevoli in uomini e materiali. Nella serata tutti i principali apprestamenti difensivi si trovavano in saldo possesso dei germanici. Rilevante il numero dei prigionieri catturati. Nel corso di azioni di mezzi corazzati, Chiusi è stata riconquistata dai germanici. Più a est nulla di importante da segnalare" [41].

### Il settimo giorno

Sette giorni erano trascorsi dalla domenica 18, quando la popolazione era stata fatta sfollare. Già molto sangue era scorso. Il sole e le speranze dei primi giorni di giugno si erano trasformate nella tragica calma che gravava dopo ogni bombardamento. Su tutto, strade, case, rifugi, macerie, cadeva persistente la pioggia [42],

[33] N. ORPEN, *Victory in Italy* cit., p. 111.

[34] Testimonianza di Nicla Capitini Maccabruni raccolta nel 1988.

[35] Testimonianza di Zelinda Nasorri raccolta nel 1988.

[36] F. PAOLOZZI, op. cit., pp. 11-13.

[37] S. MARCHETTI, *La battaglia di Chiusi* cit., pp. 38-39 e conversazione avuta con Monsignor Nello Mannelli nel 1974. I tedeschi non si comportarono sempre in modo così disumano. Virginio Patrizi ricorda infatti come da loro, al colle del cimitero, l'ufficiale austriaco che comandava il reparto, vedendo i vecchi, i bambini e le donne nel rifugio, ordinò di lasciarli stare e fece dormire i suoi uomini all'aperto, sotto alla pioggia, coperti solo dai teli di tenda. Testimonianza di Virginio Patrizi raccolta nel 1994.

[38] "La Libertà" cit., articolo: "Ricordi di un prigioniero".

[39] "L'Unità" del 25 giugno 1944, n. 18.

[40] "La Gazzetta del Mezzogiorno" del 25 giugno 1944.

[41] Il comunicato fu riportato da "La Nazione", 25-26 giugno 1944. Vedi anche "La Repubblica Fascista", quotidiano del 25 giugno 1944, che segnala Chiusi come ..."riconquistata ieri da un azione di sorpresa di mezzi blindati del Reich".

[42] Circa la pioggia alcuni ritennero che fosse stata provocata dagli spostamenti d'aria delle granate d'artiglieria sparati in quei giorni. Sulla cosa però non

come un incubo che sottolineava la tragica situazione [43]. Ma qualcosa si muoveva, come ricorda Federico Paolozzi sfollato nel podere Montebello, che si trovava immediatamente fuori di Chiusi.

"Dall'alba del 25 giugno ...cominciava la ritirata dei carri armati e delle truppe tedesche dal lato settentrionale di Chiusi, passarono anche per il podere Montebello soldati germanici che non mostrarono intenzioni aggressive, a differenza dei giorni precedenti, e che anzi avevano gettato via parte del loro armamento e dei loro effetti personali" [44].

In questo momento i soldati tedeschi cercavano ogni modo ed ogni mezzo per fuggire, come ricorda Plinio Mannucci:

"Ci eravamo rifugiati in un podere, da 'Golo' al Volpaio e venne un soldato tedesco che chiese una bicicletta, altrimenti sparava. Io che parlavo tedesco gli dissi 'ma che spari, vieni a vedé che non ci sono biciclette'. Ma quello insisteva perché, diceva, doveva fare tanta strada per riunirsi alle sue truppe. Allora per convincerlo lo portai nei fondi del podere per vedere di persona che non c'erano biciclette. Per entrare nei fondi questo soldato mi dette in mano addirittura il fucile, che se voleva uno lo poteva anche ammazzare" [45].

Quel 25 giugno il comando tedesco decise di diminuire le forze tedesche presenti a Chiusi. La pressione britannica contro la 334ª divisione a Castiglion del Lago era infatti continuata, ed erano cominciati anche attacchi contro la Prima divisione paracadutisti. Attacchi che portarono la sera del 25 a liberare il paese di La Villa dopo duri combattimenti casa per casa. I tedeschi erano ormai in una situazione critica, per creare riserve mobili non rimaneva loro che attingere ai reparti limitrofi, ma sguarnendo la linea non potevano sperare di tenere tutto il fronte. Così la *Hermann Göring* venne autorizzata, nelle prime ore del 25, a ridurre le truppe di retroguardia in Chiusi ed a schierare il grosso in posizione arretrata. A prendere questa decisione contribuì soprattutto il fatto che le scorte di munizioni per i lanciarazzi nebelwerfer si erano molto ridotte. Era stato l'uso concentrato dell'artiglieria ed in particolare di tali lanciarazzi a consentire alla difesa tedesca di resistere, ma adesso, la diminuzione delle scorte di munizioni riduceva le possibilità di utilizzo in futuri combattimenti. Si rendeva insomma necessario al LXXVI Panzerkorps rivedere l'intero schieramento, per recuperare truppe da impiegare nella zona messa in crisi dagli attacchi nemici [46].

Ora che si avvicinava la fine, i tedeschi, stavano per mettere in esecuzione il piano di brillamento delle mine che avevano predisposto nel paese, e come ricorda Liliana Domenichelli:

"Eravamo nascosti in casa, a Chiusi, dove ci scoprirono i tedeschi che cominciarono a dirci di andare via, perché facevano come a Cassino. Fuoco! Davano fuoco a tutto! Così ci misero insieme ad altri civili e, incolonnati in fila indiana, ci mandarono nuovamente via da Chiusi. Molti andarono a rifugiarsi nelle tombe etrusche, altri nei poderi, altri nelle macchie. Noi andammo sotto a Montevenere. Gli ultimi due giorni furono particolarmente duri, perché cominciò un brutto bombardamento di artiglieria in quella zona, in cui morirono tra gli altri Graziano Morgantini, Giuseppe Facchielli, due bambine dei figli degli italiani all'estero, poi il figliolo del Rosati e altre due bambine vennero ferite, e tutto questo sangue in un batter d'occhio. Si misero a cannoneggiare Montevenere e fecero tutti questi morti e feriti" [47].

Anche Zelinda Nasorri e Nicla Capitini ricordano quel repentino bombardamento:

"Un giorno gli uomini che erano rifugiati al bosco con noi cominciarono a dire – riparatevi! Riparatevi! C'è un tiro lungo! – Stavano cannoneggiando Chiusi e le cannonate cominciarono a cadere su di noi. Ci riparammo sotto ad una 'greppa' e le schegge volavano dappertutto [48]. Colpirono così due anziani, moglie e marito, qualcuno gli aveva dato delle sedie e ce li avevano messi seduti in uno spiazzo. Furono feriti e morirono tutti e due d'infezione. Si sentirono anche dei grandi strilli. Erano le bambine del collegio dei 'Figli degli Italiani all'Estero'. Le avevano colpite alcune cannonate mentre erano rifugiate nei boschi. Alcune di loro furono solo ferite ma altre morirono [49]. Quella notte cominciammo

ho trovato alcuna conferma scientifica. Appare poi tragicamente curioso il fatto che, con l'autunno del 1944, cominciò un periodo di siccità che terminò solo nel 1946 con le conseguenze facili ad immaginare per l'attività agricola. Cfr. ALDO LUSINI, *Almanacco Senese 1947*, Siena, 1947, p. 109.

[43] Puntigliosamente i tedeschi registrarono nei loro diari anche il tempo in zona: "...20 giugno, annuvolato, piovoso, visibilità ridotta. ... 21 giugno, nelle ore di mattina coperto, verso mezzogiorno schiarita. ...22 giugno, mattina soleggiato, pomeriggio nuvoloso. ...23 giugno, cambio di annuvolamento, in parte sole in parte pioggia. ...24 giugno cambio di annuvolamento, pioggia, tempo piovoso e coperto. ...25 giugno, leggermente annuvolato, scarsa pioggia. N.A.W., T.312, Roll 95, Diario di guerra della 10ª armata.

[44] F. PAOLOZZI, op. cit., p. 11-13. L'atteggiamento demoralizzato delle truppe tedesche, prossime al ripiegamento è ricordato anche da S. MARCHETTI, *La battaglia di Chiusi* cit., p. 33.

[45] Testimonianza di Plinio Mannucci citata.

[46] N.A.W., T.312, Roll 95, Allegati al Diario di guerra n. 7 della 10a armata, doc.7621456 e 7621478.

[47] Testimonianza di Liliana Domenichelli raccolta nel 1975.

[48] Molti testimoni parlano di fuoco di artiglieria con schegge a Shrapnel, dal nome dato a quel tipo di granata, ma sbagliano perché nessun esercito le usò sul fronte italiano. Le granate, pur similari, che gli artiglieri sudafricani spararono contro Chiusi in quei giorni erano granate HE (*High Explosive*-Alto esplosivo) con spoletta a tempo. Queste scoppiavano in aria sopra l'obiettivo da colpire per inondarlo con schegge antiuomo, con lo scopo di colpire le truppe avversarie poste al coperto. Il fine era ottenuto con spolette a tempo graduate prima del lancio con congegni ad orologeria. La differenza con le granate a Shrapnel usate durante la prima guerra mondiale, era che queste bombe HE, *scagliavano* le schegge invece di farle *cadere*. L'aspetto distruttivo era così ampliato, e più ampia era la zona di terreno interessata alla 'rosa' delle schegge. Cfr. I.V. HOGG, *Cannoni 1939-1945* cit., pp. 23-29.

[49] Nell'estate del 1943 era stato sfollato a Chiusi il collegio femminile per i "*Figli degli italiani all'estero*", che, dipendente dal Ministero degli Affari Esteri, era composto da circa 150 persone, in maggioranza bambine dai tre ai dodici anni ed era stato alloggiato nei locali del "Regio Conservatorio di Santo Stefano". Queste persone, costrette ad evacuare il paese il 18 giugno, erano andate ai rifugi della Fortezza e poi, scacciate nuovamente il 24 giugno, insegnanti e bambine erano andati nel bosco laterale alla "tomba della scimmia". Cfr. STEFANO BISTARINI, *Perché gli altri non dimentichino*, manoscritto cit.; A.Cm.C. Chiusi, Fasc. 592, Carteggio 1943; A.Cm.C. Chiusi, Fasc. 614, carteggi diversi 1945; inoltre anche La Ragione cit., n.

a sentire urlare un tedesco ferito, e quanto urlava, era spaventoso. Due uomini decisero di andare a vedere cosa era successo. Venivano tirati continuamente bengala illuminanti, così si mossero negli attimi di buio. Quando tornarono ci dissero – Oddio, c'è un tedesco ferito, ora che faranno i tedeschi se lo trovano! ? – Non penseranno mica che è colpa nostra ???! – Ci raccontarono che avevano cercato di soccorrerlo ma che era gravemente ferito, così erano ritornati per prendere qualcosa per fasciarlo. In quel mentre si smise di sentirlo urlare. -Meno male – si disse tutti, – o è morto, o l'hanno portato via i suoi compagni! -" [50].

Erano i suoi compagni, infatti...

"Eravamo rifugiati in una grotta nel 'Monte', e una notte vennero i tedeschi, portavano un loro camerata ferito grave, aveva una brutta ferita al polmone e perdeva tanto sangue. Questo militare tedesco spirò lì dentro alla grotta, ma prima dette ai suoi camerati tutte le indicazioni sulla famiglia. Poi i tedeschi andando via si presero mio padre e lo portarono con sé. Era buio pesto e fuori era una notte di terribili bombardamenti. Mia madre piangeva, io piangevo, eravamo disperate. – Ora l'ammazzano! L'ammazzano! – Ci si diceva. Fortunatamente invece lo vedemmo tornare. Era scappato a rotoloni per una china. Il giorno dopo temendo che i tedeschi potessero tornare, ci allontanammo da questa grotta sul 'Monte' per andare in un'altra più sotto vicina ad un podere. Tra l'altro la grotta risultò essere più grande, e siccome mio padre conosceva i contadini, questi ci dettero da mangiare, e, dopo aver patito alcuni giorni di digiuno, fu splendido. Rimanemmo lì dentro per tutto il tempo e uscivamo solo per fare in nostri bisogni, quando non sparavano" [51].

Quel tiro d'artiglieria fece evacuare d'urgenza anche il podere delle Fontanelle, fino ad allora rifugio di decine di persone, come ricorda Dino dell'Agnello:

"Gran parte del paese era sfollato nelle grotte sotto al podere, e tanta gente era senza niente, mancava anche il pane. Poco prima della liberazione, uno o due giorni prima, cominciarono ad arrivare le cannonate. Così noi tutti si dovette andare via dal posto perché era pericoloso rimanere: si prese lungo un fosso di scolo delle acque, mentre piovevano le cannonate, e si giunse al Fosso Rielle. Qui ci si fermò, perché la zona era più calma.
Quella notte la passammo all'aperto, eravamo in tanti, sembravamo formiche. Siccome continuarono a cadere le bombe ci si sparse un pò dappertutto e La mattina visto un attimo di calma si 'sgattaiolò' via verso il Lago. Io e altri si arrivò ad un altro podere della signora Nardi-Dei allo sfocio del torrente Tresa. In questo podere accadde il fatto comico, visti i i frangenti, della discussione che sorse sul chi doveva pagare le tasse sulla macellazione di un vitello che uccidevamo per mangiare. In mezzo a quel macello di morte e distruzione ci fu chi pensava alla burocrazia !" [52].

Questo fatto fu "il primo sorriso dopo la battaglia", come ebbe a scrivere Azelio Bistarini.

"Negli ultimi giorni della battaglia, noi, quasi un centinaio, avevamo finito ogni nostra risorsa in fatto di cibo, e perciò ci rivolgemmo all'ingegner Pianigiani, che ci ospitava nel suo podere perché uccidesse un vitello. L'ingegnere accolse subito la nostra proposta e noi ci recammo a immolare la tenera vittima alla nostra fame. Il vitellino è pronto, il coltello sta per recidere il suo collo, quando l'ingegnere si precipita verso di noi: – Un momento, un momento! Ma chi andrà a denunciare la macellazione al dazio? – È il primo sorriso, il primo distendersi delle nostre rughe" [53].

I cannoneggiamenti alleati in quella zona, che andava tra Montevenere e Chiusi, furono particolarmente pesanti perché i sudafricani cercavano di colpire una batteria di artiglieria da 150 millimetri piazzata vicino al podere di Montebello, come ricorda Plinio Mannucci:

"Gli alleati volevano colpire questa batteria tedesca posta in un boschetto a Montebello, poiché non distinguevano dove fosse cominciarono una notte un bombardamento a tappeto per due ore, dalle nove alle undici, con il tiro di artiglieria che si alzava gradatamente. Seminarono di proiettili tutta la zona e come al solito i danni maggiori furono per la popolazione civile, perché i militari tedeschi si erano scavati rifugi ed erano protetti ma i civili no!" [54]

I tedeschi si ritirarono infine anche dal cimitero, come ricorda Virginio Patrizi:

"Una sera vennero dei soldati tedeschi a cercare gli uomini nel nostro rifugio. Presero tutti gli uomini validi, tra cui io e mio padre, e ci portarono alle catacombe di Santa Mustiola dove avevano rastrellato altra gente. Qui ci consegnarono delle casse di munizioni e di granate da portare a nord. A me toccò una cassa di munizioni. Dovemmo portare tutto fino a Poggio Gaiella, vicino a Dolciano, dove ci dissero di lasciare tutto per terra e di andare via. Fu l'ultima sera che li vedemmo" [55].

Non fu questo l'unico caso di civili costretti a spostare armi e munizioni dei tedeschi, successe anche ad altri nella zona di Montevenere, come ricorda anche Plinio Mannucci:

"Vennero dei soldati tedeschi che cercavano dei prigionieri inglesi fuggiti, dicevano – Tommi, tommi, wo sind, dove sono? – parlando tedesco riuscii a fargli capire che non ce n'erano e così ci lasciarono stare ma andando via chiesero a me e ad altri due di andare con loro per spostare un mortaio e le munizioni, così facemmo e portammo questo mortaio fino alla 'brecciaia'. Certo ce lo chiesero non ce lo ordinarono ma certamente non ci si poteva rifiutare altrimenti sarebbero state, diciamo così, discussioni con esiti poco felici. Non era un ordine ma

5-6 del maggio-luglio 1974, anno VIII, p. 3.

[50] Testimonianza di Zelinda Nasorri raccolta nel 1988.

[51] Testimonianza di Nicla Capitini Maccabruni raccolta nel 1988.

[52] Testimonianza di Dino Dell'agnello raccolta nel 1988. Altri profughi dalle *Fontanelle* andarono al *Monte*, dove furono nuovamente bombardati dai cannoni alleati; Cfr. Testimonianza di Roberto Rossi raccolta nel 1988.

[53] Articolo di Azelio Bistarini da "*La Libertà*" cit. Quel piccolo fatto è ricordato anche da Carlo Bologni che racconta anche come finì: "Si oppose l'ingegner Pianigiani, sostenendo che violavamo la legge del dazio. Ovviamente non fu ascoltato, ma l'ingegner Pianigiani, uomo intelligente ma ligio e scrupoloso, proibì alla sua famiglia di mangiare quella carne". Carlo Bologni, *Le bombe, la paura, l'amore*, articolo pubblicato nel periodico "Il Giovedì", 16.6.1994.

[54] Testimonianza di Plinio Mannucci citata.

[55] Testimonianza di Virginio Patrizi raccolta nel 1994.

solo un invito con un certo obbligo. Di contro accadde che, quando finimmo il trasporto, questi soldati tedeschi mi consegnarono un barattolo di tonno, del pane e della cioccolata. Avevano visto che nel posto dove eravamo rifugiati eravamo privi di viveri e c'erano anche dei bambini, così mi dettero queste cose per sfamarci"[56].

**Il bombardamento aereo**

La necessità di sbloccare quella situazione di stallo aveva del resto spinto il comando della 6ª Divisione corazzata sudafricana a prendere in considerazione il bombardamento aereo di Chiusi Città. Attendevano solo il miglioramento delle condizioni del tempo, perché la presenza di nuvole basse impediva la precisione nel bombardamento. Gli *Squadrons* 5 e 7 dell'aviazione sudafricana, *SAAF-South African Air Force*, con cacciabombardieri tipo *Kittyhawk IV*[57] e tipo *Mustangs*[58], erano pronti a partire su allarme alla prima richiesta. Un miglioramento del tempo era previsto per la giornata del 26 giugno 1944.

I partigiani di Chiusi nei loro viaggi notturni per prendere contatti con gli alleati si erano resi conto del progetto di bombardamento e del rischio che correvano quanti erano ancora dentro al centro abitato. Così, come ricorda Paolo Barni, ci fu un partigiano, un capostazione, probabilmente Orlando Rapi, che andò dai vari gruppi ancora rifugiati nelle cantine di Chiusi, dicendo che era temuto un bombardamento aereo.

"Alcuni, tra cui la mia famiglia, abbandonarono le cantine in cui eravamo rifugiati e fuggirono fuori del paese, verso il podere Paccianese nella piana del lago. I tedeschi che incontravamo ci dicevano – A nord! A nord! – Ma noi volevamo andare verso il lago, dove ritenevamo ci fossero già gli inglesi. Al podere rimanemmo, ammucchiati in una cantina come bestie con un pò di paglia sul pavimento"[59].

Probabilmente gli abitanti di Chiusi fuggirono avendo nella mente quanto era successo a Cassino, dove, davanti al caposaldo che gli alleati non riuscivano ad espugnare, rasero al suolo l'Abbazia con un bombardamento aereo a tappeto. In questo frangente maturò la decisione di andare ulteriormente a sollecitare i soldati alleati ad avanzare celermente su Chiusi ormai scarsamente difesa dai tedeschi. Frattanto gli inglesi avanzavano e minacciavano l'ultima via di fuga dei tedeschi dal paese. Il 25 giugno i mezzi blindati inglesi del Quarto reggimento da ricognizione della 4ª divisione, avevano raggiunto la sponda nord del lago di Chiusi[60].

"La sera del 25 giugno, eludendo la vigilanza delle sentinelle tedesche, Giovacchino Rossi e Orlando Rapi, accompagnati da Lino Talozzi e Corrado Benicchi, riuscirono a raggiungere le prime linee alleate alla stazione, per informare il comando sudafricano delle forze nemiche dislocate a difesa della città"[61]. "...Scesero la via del Bagnolo, ...raggiunsero la Chianette in piena, che aveva esondato tutti i campi intorno. Poco più in là della Chianetta, scorsero una camionetta alleata di pattuglia. Sventolando un fazzoletto per farsi riconoscere, vennero presi in consegna da questi militari. Portarono la notizia che Chiusi era ormai sgombra, o quasi, dai tedeschi. Ma lì per lì non vennero creduti e condotti tutti zuppi di pioggia, al comando di divisione alleato che era in Orvieto. Qui furono interrogati a lungo dal controspionaggio e, alla fine vennero creduti. Non ci fu bombardamento aereo"[62].

Questo avvenne anche perché proprio nella giornata del 25 giugno, gli osservatori avanzati della 7/64a batteria da campo sudafricana, posti sulla destra di Chiusi, avevano segnalato al comando che "i tedeschi sembravano essere in procinto di uscire verso nord". Anche i reparti sudafricani del WR/DLR schierati sulla sinistra di Chiusi, nella zona vicino il torrente Astrone, avvertirono il diradamento dello schieramento tedesco nella giornata del 25 giugno. Fu così che quando questa improvvisata commissione di civili[63] indicò i tedeschi in via di ripiegamento vennero creduti anche se con molti dubbi residui[64]. Del resto i militari tedeschi erano ormai esausti, come anche i civili potevano vedere ad occhio nudo. Molti di loro erano pronti a cedere, e solo la loro rigida disciplina li faceva ancora far fronte al "nemico". Un esempio di questo fu veduto in quanto accadde nella piana del lago di Chiusi, dove avvenne la fucilazione sul posto di due ragazzi austriaci[65], facenti

[56] Testimonianza di Plinio Mannucci citata.

[57] Kittyhawk Iv-Curtiss P. 40 N. Aereo cacciabombardiere monoposto statunitense fornito a tutte le aviazioni alleate durante la guerra.

[58] North American P. 51b Mustang. Aereo cacciabombardiere monoposto, uno tra i più famosi aerei americani della seconda guerra mondiale.

[59] Testimonianza di Paolo Barni raccolta nel 1976.

[60] ERIC LINKLATER, *The Campaign in Italy*, Cit., p. 307.

[61] ROSSI GIOVACCHINO e RAPI ORLANDO, *Relazione partigiana del nucleo comunale di Chiusi* cit. Giovacchino Rossi detto 'Nino', era allora un venticinquenne sottotenente del Regio Esercito che aveva aderito al nucleo di Chiusi della Simar e ne era divenuto il "comandante militare". Orlando Rapi, era invece suo zio. Capostazione delle ferrovie, fece anch'esso parte del nucleo della Simar, più anziano e più politicizzato, era di idee repubblicane, fu una specie di "Commissario Politico" del gruppo.

[62] "La Ragione", periodico cit., n. 1 del gennaio 1985, articolo *Un episodio inedito di storia*, e "La Ragione" cit., n. 2-3 del febbraio-marzo 1985. A Chiusi Città però diverse persone ricordano che anche Luigi Momicchioli raggiunse le linee alleate al Vaiano per avvertire dell'inutilità di bombardare Chiusi, in quanto ormai sgombra dai tedeschi. Testimonianza di Vinicio Betti cit.

[63] Nella relazione sudafricana il fatto è ricordato: "affermazioni dei civili sembravano porre questi (i tedeschi Ndr) fuori di Chiusi." N. ORPEN, *Victory in Italy* cit., p. 110.

[64] Il bombardamento risparmiato a Chiusi andò invece a colpire la zona di Castiglion del lago, dove, dalla mattina del 26 giugno 1944, si scatenarono attacchi in forze di bombardieri e cacciabombardieri contro le posizioni tedesche. Cfr: N.A.W., T.312, Roll 95, Diario di guerra della 10ª armata, doc. n. 7619930.

[65] Questi erano probabilmente i due disertori ricordati da Carlo Bologni e che avevano in più di un caso salvato gli abitanti di Chiusi, sfollati nel podere di Poggio Casale, dalle violenze dei loro ex.commilitoni. Abbandonarono il podere perché obbligati dagli sfollati, per decisione della maggioranza e nonostante l'opposizione di alcuni, per andare a consegnarsi agli inglesi che avevano preso possesso di una collina in territorio umbro. CARLO BOLOGNI, *Le bombe, la paura, l'amore*, articolo pubblicato nel periodico "Il Giovedì", 16.6.1994. In effetti il sergente Karl-Heinz Dietrich, nato a Vienna nel 1921, risulta sepolto alla tomba

parte della Wehrmacht, accusati di diserzione perché diretti verso i canneti del lago, cioè verso le linee inglesi [66]. Continuava anche la guerra dei comunicati. Quello tedesco:

"Fronte meridionale, 26. Nei dintorni di Chiusi si combatte con immutata asprezza per il possesso della cittadina, chiave di volta settentrionale di tutto il residuo schieramento tedesco sull'Amiata. Chiusi si trova ancora saldamente in mano tedesca" [67].

Quello alleato invece, pur ammettendo il blocco nell'avanzata, parlava di progressi sul fronte del Trasimeno:

"Sul fronte centrale la battaglia infuria ferocemente sui due lati del Trasimeno... A nord-est del Lago di Chiusi, mentre la città omonima è ancora in mano nemica e teatro di sanguinosi combattimenti; gli alleati stanno avvicinandosi ad alcune località minori" [68].

A Chiusi intanto, come ricorda Don Marchetti, qualcuno nei rifugi "aveva notato che alcuni colpi di cannone sembravano partire dalla parte di Chianciano e del Trasimeno" perciò sembravano sparati dai tedeschi in fuga. Infatti nella giornata del 25 giugno vennero fatte esplodere parecchie mine, cosa che sembrava preludere alla definitiva uscita dei tedeschi dalla città. È sempre Don Marchetti che ricorda come, con nuova emozione, i cittadini nei rifugi videro tornare la notte che "speravano fosse l'ultima" [69].

Gli osservatori sudafricani dislocati fuori di Chiusi segnalarono, nella notte tra il 25 e il 26 giugno, che "trasporti nemici si stavano muovendo lungo la strada a nord della città". Questo provocò l'intervento del 4/22 reggimento di artiglieria da campo, a partire dalle 22 di quella notte [70].

Il comandante tedesco di settore, aveva deciso di sgomberare Chiusi quella notte, ormai rischiava l'aggiramento sia sulla sinistra che sulla destra. Lo sganciamento sarebbe dovuto avvenire simultaneamente per tutti gli avamposti per le ore due. L'unico problema era come far comprendere a tutti i reparti che era giunto il momento. Problema che fu risolto facendo deflagrare la bomba piazzata sotto Porta San Pietro e le altre messe nella grotta di via Garibaldi [71] che, per la quantità di esplosivo, avrebbe sicuramente fatto "un bel botto". Questa distruzione, perfettamente inutile sul piano militare, avrebbe così rappresentato una punizione per la popolazione di Chiusi, accusata di aver collaborato con i sudafricani e ritenuta collettivamente colpevole del "fatto del ciliegio"!

**L'alba della libertà**

La tanto sospirata liberazione arrivò infine segnalata da una formidabile esplosione, come ricorda Don Marchetti:

"Già da tempo era trascorsa la mezzanotte [72] quando uno schianto formidabile, terrificante, fece tremare non soltanto qualche fabbricato, ma i sotterranei, il sottosuolo e quasi sembrò che tutta la collina, su cui sorge la città, sussultasse [73]. Si seppe poi che era stata fatta esplodere la grande mina collocata sotto la Porta San Pietro all'ingresso della città ed erano crollate diverse case vicine [74], mentre si era sollevato e divelto un lungo tratto di selciato del piano stradale, accumulando rottami e macerie tutto intorno. Subito dopo la paurosa detonazione, un rumoreggiare di automezzi, uno scambio di ordini e di richiami gridati a gran voce e poi un confuso cozzare di ferraglie, urli e colpi di moschetto e di rivoltelle, un ansimare di motori e un fragoroso cigolio di ingranaggi segnavano la fine sospirata dei dieci giorni dell'assedio di Chiusi. Nessuno poteva averne però la certezza perché le tenebre non permettevano di scorgere nulla" [75].

Quanto stava accadendo a Chiusi venne ovviamente percepito anche dai sudafricani all'esterno. Fu così che alle due di quella notte, una pattuglia della compagnia C del RNC raggiunse un punto imprecisato attorno al fianco destro di Chiusi scoprendo che i tedeschi poco prima dell'alba si erano definitivamente ritirati. La compagnia B del RNC trovò l'area del cimitero evacuata, e l'ILH/KimR segnalò un forte movimento di veicoli nemici proprio in Chiusi alle ore 4,30 di quella notte [76].

Federico Paolozzi, dal podere Montebello, udì quella spaventosa detonazione e decise di rientrare in paese, come ricorda nel suo diario:

"Nella notte si ode l'ultima grande detonazione della porta d'ingresso del paese, questa è la postuma beffa degli unni ma pur la conferma assoluta della fine della loro resistenza. Decido perciò senz'altro di incamminarmi seguito da Livia e dai contadini Dell'Agnello e Cioncoloni, verso Chiusi appena spunta il sole, per un sicuro sentiero incassato fra i poggi. Giungiamo così alle cinque del mattino alla Porta Lavinia sul versante settentrionale di Chiusi, ed entriamo nella città simultaneamente alla prima pattuglia inglese di avanguardia. Grido – Welcome to the liberators – e mi abbraccio ad un soldato sudafricano di origine portoghese, stringo la mano ad un simpatico e fine tenente, il quale guardingo e prudente ci fa attendere nell'atrio del palazzo municipale per poi assicurarsi che nel paese non vi erano

n. 1143 del Cimitero Militare Germanico di Costermano (Verona). Fonte: Volksbund Deutsche Kriegsgräberfürsorge e. V.-Roma.

[66] "La Ragione" cit. n. 5-6, magg. luglio 1974, a. VIII, p. 3.

[67] "Il Corriere della Sera ", 27 giugno 1944. Vedi anche "La Nazione" del 27 giugno 1944, che riporta nei titoli: "Chiusi tutt'ora in mano germanica".

68 "La Gazzetta del Mezzogiorno" del 27 giugno 1944.

[69] S. Marchetti, *La battaglia di Chiusi* cit., p. 33-34.

[70] N. Orpen, *Victory in Italy* cit., p. 111-112

[71] Queste bombe piazzate nel rifugio di via Garibaldi non esplosero e Don Nello Mannelli, parlandone con lo scrivente nel 1974, attribuì il fatto all'azione di un maresciallo austriaco che, contrario a questo atto gratuito di distruzione, avrebbe promesso al sacerdote il sabotaggio dei detonatori.

[72] Ci fu chi prese nota dell'ora precisa: "Alle 2,30 incendio della mina alla Porta della città." Dal diario di Don Talete Tapperi cit.

73 "Quando scoppiò la bomba sotto Porta San Pietro, tremò tutta la terra, fu impressionante perché sembrava che la terra si aprisse." Testimonianza di Liliana Domenichelli raccolta nel 1975.

[74] I danni furono gravissimi, fu infatti distrutta oltre alla Porta, l'intera area di abitazioni detta 'costarella dell'Olivazzo'. Cfr. A.Cm.C.Chiusi, ufficio tecnico. *"Registro delle notizie di carattere amministrativo e tecnico relative a lavori pubblici, redatto per disposizione del Sindaco Tiradritti"*, manoscritto, Chiusi, 1947-1949, p. 9.

[75] S. Marchetti, *La battaglia di Chiusi* cit., pp. 34-35.

[76] N. Orpen, *Victory in Italy* cit., pp. 111-112.

più tedeschi ci conduce verso la piazza Vittorio Veneto... prospiciente la nostra casa. Entriamo in essa e per fortuna non la troviamo così saccheggiata come lo sono purtroppo le altre del disgraziato paese" [77].

Questa prima pattuglia entrata in Chiusi era quella del tenente Pearse dell'ottavo Squadrone da campo del genio sudafricano, che per primo alle 5,15 di quella mattina, come registrano i documenti sudafricani: "fece una ricognizione nei sobborghi di Chiusi". Successivamente, alle sette circa, fece il suo ingresso in forze a Chiusi la compagnia C dei *Royal Natal Carabineers*. Questa esplorò la città senza opposizione, trovò 16 uomini del *First City-Cape Town Highlanders* nascosti nelle case e li mandò indietro nelle retrovie per riunirsi al loro battaglione" [78].

L'incontro con la popolazione fu chiaramente festoso anche se non privo di sospetti, come ricorda Gino Pagliai:

"Il 26 giugno 1944, all'alba, erano circa le sei, data la calma che regnava decidemmo, io e mia moglie, di uscire dal rifugio, posto vicino al cimitero, e di andare in paese per controllare le condizioni della nostra casa, che si trovava vicino al Teatro comunale. Tutto era silenzio e distruzione, constatammo con sollievo che la casa era ancora in piedi. In quel momento vedemmo in strada alcuni soldati alleati, probabilmente la prima pattuglia in avanscoperta. Subito corremmo loro incontro con i bottiglioni del vino e i bicchieri, ma una volta da loro i militari alleati lo rifiutavano guardandosi poi l'un l'altro interrogativamente. Sicuramente temevano qualche scherzo nel vino. Capimmo che non si fidavano, allora io bevvi per primo un bicchiere, dopo di che accettarono cordialmente! " [79]

Anche Don Marchetti uscì dal rifugio incontro ai militari alleati e così ricorda:

"I primi soldati alleati si videro comparire verso le sei, dapprima isolati o in tre o quattro, poi più numerosi; camminavano ai margini delle vie, lenti, guardinghi, cautamente, quasi saggiando il terreno, perché la dura esperienza faceva loro temere dovunque l'insidia micidiale delle mine; e dove ne vedevano affiorare qualcuna vi ponevano dei segnali. Erano soldati per lo più sudafricani, canadesi o neozelandesi e qualche inglese, che poi durante la giornata furono avvicinati dai cittadini che via via cominciavano a rientrare, sciamando dai rifugi vicini e lontani. Prima di mezzogiorno i rifugi si popolarono nuovamente di cittadini, dal momento che i tedeschi pur essendo in ripiegamento, sparavano di quando in quando da nord contro l'esercito che l'inseguiva e contro Chiusi e dintorni" [80].

Al comando tedesco venne segnalata la perdita di Chiusi.

"26 giugno 1944. Dopo un duro combattimento, forze di fanteria nemiche con mezzi corazzati e mezzi blindati di perlustrazione sono penetrati in Chiusi. Gli avamposti qui impegnati combattono attualmente per ritirarsi sulla nostra linea principale di combattimento... Le retroguardie della divisione corazzata paracadutisti Hermann Göring, che si trovavano a Chiusi, si ritirano, dopo duri combattimenti con le superiori forze nemiche, su 'Il Monte'. Nelle ore pomeridiane il nemico è avanzato con una perlustrazione corazzata sulla strada principale in direzione Montallese" [81].

La statale 146 era ancora sotto il fuoco dei mortai tedeschi, ciò nonostante, fu sgomberata dalle macerie e ripristinata rapidamente al traffico dall'ottavo squadrone da campo del genio sudafricano [82].

A quella operazione di ripristino assisté Zaira Rubechi:

"Quando arrivarono i sudafricani presero una di quelle pale meccaniche, un buldozer, e con quella inforcarono' tutto: travi; pietre: mattoni; e le buttarono da una parte nella discesa sotto alla strada. Così sgomberarono la strada senza fermarsi per niente [83]. Noi credevamo che sarebbero stati bloccati a togliere macerie per chissà quanto tempo, e invece sgombrarono la strada in quattro e quattr'otto. Dietro ai buldozer si vedeva una fila di macchine che andava dal Po Bandino in qua, macchine e camions, che poi ripresero la loro marcia verso Montallese" [84].

Quella lunga colonna di veicoli in movimento fu vista anche da Raffaello Rubechi che ricorda anche qualche particolare in più.

"...Spostarono tutte le macerie. Poi cominciò a passare un lunga fila di carri armati alleati che ad un certo punto si fermarono. Io scesi al cancello dell'albergo "Leon d'oro". Qui, noi bambini si stava lì a guardare questi militari alleati che mangiavano. Mangiavano pane bianco, praticamente non l'avevo mai visto, che fame avevo! Vedendomi guardarlo, uno di questi soldati decise di darmene un pochino. Feci prima a mangiarlo che a prenderlo. Rimase con le mani a mezz'aria che l'avevo già mangiato. Allora ci dettero una scatola di cioccolata e anche quella lì sparì subito" [85].

Con una delle prime pattuglie sudafricane fecero il loro ritorno a Chiusi i partigiani della Simar rimasti bloccati a Ficomontano per tutta la durata della battaglia, come ricorda Deo Totini:

"La mattina della liberazione di Chiusi rientrammo in paese aggregati ad una pattuglia della military police alleata. Ricordo che in testa al reparto c'erano due genieri sudafricani che continuamente sondavano il terreno alla ricerca delle mine. Era con noi anche un capitano della polizia militare alleata con un elenco di sei o sette abitanti

[77] F. PAOLOZZI, op. cit., p. 11-13.

[78] N. ORPEN, *Victory in Italy* cit., p. 112.

[79] Testimonianza di Gino Pagliai raccolta nel 1973.

[80] S. MARCHETTI, *La battaglia di Chiusi* cit., pp. 35-37.

[81] N.A.W., T.312, Roll 95, allegati al Diario di guerra n. 7 della 10a armata, rapporti del giorno 26 giugno 1944, doc. nn. 7621485 e 7621494; vedi anche T.314, Roll 1574, allegati al Diario di guerra n. 2 del LXXVI Panzerkorps, doc. n. 000677. La località 'Il Monte' venne infine liberata dalla compagnia B dei *Royal Natal Carbineers* appoggiata da due carri armati, alle 12,30 del 26 giugno, dopo uno scontro con un gruppo tedesco di retroguardia. Cfr. CLAUDIO BISCARINI, *1943-1944: vicende belliche e resistenza;* cit. p. 88.

[82] N. ORPEN, *Victory in Italy* cit., pp. 112-113.

[83] Nella loro ritirata i tedeschi applicarono un'efficace tecnica di distruzioni per la cui entità è sufficiente ricordare che la sola 6ª divisione corazzata sudafricana, lungo la propria direttrice di avanzata, nel corso di quel mese di giugno 1944, dovette ricostruire 50 ponti, tracciare 40 deviazioni e bonificare 111 crateri di bombe. Cfr: H. P. WILLMOTT, *Giugno 1944* cit., p. 69.

[84] Testimonianza di Zaira Rubechi raccolta nel 1975.

di Chiusi, presunti fascisti pericolosi, da fermare e interrogare. Una volta a Chiusi prendemmo possesso della Tenenza dei carabinieri e io fui nominato da Nino Rossi e Orlando Rapi, responsabile della sicurezza e della protezione di quel centinaio di bambine 'figlie degli italiani all'estero' e delle maestre che le accompagnavano. Ricordo che l'ufficiale della military police ci raccomandò di chiuderci dentro la caserma la sera e di non far entrare nessuno, poiché c'erano questi soldati alleati di colore che spesso si ubriacavano" [86].

La notizia della liberazione si sparse in un baleno fra gli sfollati di Chiusi, come ricorda Roberto Rossi:

> "Al Colle, dietro Chiusi, sapemmo che avevano liberato il paese, e allora si ritornò. Il fronte era ancora un pò confuso, infatti io stesso vidi una sparatoria. Ero andato al 'Prato' a vedere come era ridotto e vidi tutta una fila di soldati sudafricani che sparavano appoggiati al muro della balconata di Piazza Vittorio Veneto. Accostandomi, incoscientemente, vidi che sparavano contro tre tedeschi che scappavano nella valletta lì sotto con una mitragliatrice. Ricordo che uno di questi tedeschi aveva al collo come collane, dei nastri di munizioni, uno la mitragliatrice e l'ultimo correva curvo sotto al peso del treppiede. Correvano disperatamente per il monte verso Giovancorso, ricordo anche che si vedeva la traiettoria delle pallottole perché i sudafricani sparavano con i traccianti. Non ho mai saputo se li colpirono, perché un sudafricano vedendomi mi fece andare via" [87].

Su questo fatto della confusa presenza di militari tedeschi ancora presenti nella zona dopo il ripiegamento generale ancora il ricordo di Raffaello Rubechi:

> "La mattina seguente alla sfilate dei carri armati alleati sotto al nostro rifugio, era passato un giorno abbondante, successe un fatto comico; noi si stava lì quando si trovò nell'orto un soldato tedesco. Aveva l'elmetto legato alla cintura, in testa una bustina e il fucile a tracolla. Aveva una bobina di legno in mano e tirava un filo che era steso lungo l'orto e che non saprei dire dove andava. Quando ci vide fece – Camerati, miei camerati, dove? – Noi tutti stupiti lo guardammo, e allora mio padre disse – Camerati via! Americani ora qui! – Americani!? – disse, posò il fucile, il rotolo di filo, l'elmetto, ogni cosa e via; scappò di corsa. Prese giù per la violella e scomparve" [88].

Nel settore di Sarteano intanto un tentativo di superare l'Astrone, con la messa in opera di un ponte sulla strada per Chianciano, falliva miseramente, proprio in quella notte fra il 25 e il 26 giugno. Il fallimento costava la perdita della maggior parte di un plotone del battaglione Guardie granatieri e del ponteggio. La situazione in questa zona fu infine risolta dalle Guardie scozzesi che nella giornata del 26 giugno sconfissero i tedeschi che tenevano la collina "P. 846" vicino a Pietraporciana. Così fu possibile liberare La Foce vicino a Chianciano e i tedeschi abbandonarono la linea dell'Astrone. A Chiusi, alle 15 del pomeriggio del 26 giugno, lo squadrone A dello *Special Service Battalion* riprese l'avanzata verso nord, verso Chianciano lungo la statale 146 o *strada Rossa* come era detta in codice. Al *Natal Mounted Rifles Battalion* venne dato l'incarico di ripulire la riva nord dell'Astrone per aiutare il collegamento con la Brigata Guardie a Sarteano. L'operazione venne intrapresa solo il giorno successivo 27, e fu ostacolata sulla strada da alberi abbattuti e dalla resistenza di piccoli nuclei di fanteria tedesca, l'avanzata verso Chianciano fece così ben pochi progressi [89]. Nel pomeriggio del 26 giugno, il battaglione WR/DLR, riuscì ad avanzare nelle strette valli poste ad est del Monte Cetona e occupava il poggio detto "Montolle" [90].

La zona intorno a Chiusi risultava fortemente minata, con interruzioni stradali e presenza di trappole esplosive dette anche in gergo *Booby Traps* [91]. Il fuoco di artiglieria tedesco continuò per tutto il 27 contro Chiusi e la strada limitrofa, costringendo la popolazione a tornare nei rifugi [92]. Un grosso veicolo da recupero carri armati venne colpito e distrutto sulla statale vicino alla stazione di Chiusi, e il caporale Patrick O'Dea, che era bordo, rimase ucciso. Nella zona di Macciano i sudafricani registrarono nuovamente la presenza di carri armati tedeschi, due *Panzer Mark IV* per la precisione, e il loro fuoco il 27 giugno mise fuori combattimento uno sherman e ne danneggiò altri due. Fu una giornata di duro lavoro per i genieri impegnati nello sminamento sulla strada tra Chiusi e Chianciano, opera in cui morirono il caporale Renou e lo zappatore Meiring. Anche sull'altra strada per Chianciano, la "strada Verde", furono ripuliti diversi campi minati ai bordi della strada da Sarteano [93].

Il 27 giugno fu liberata la zona del lago di Chiusi. Nei giorni della battaglia i tedeschi avevano lasciato la piana del lago "terra di nessuno", limitandosi a controllare i poderi posti nelle colline sopra al lago stesso. La zona fu liberata dagli inglesi che venivano dalla parte umbra del lago [94], come ricorda Paolo Barni che era allora al podere Paccianese:

> "Quella una mattina verso le quattro, ma forse prima, incominciarono a transitare i tedeschi in ritirata, la sera avevamo avuto la visita di due esploratori inglesi che ci dissero che Chiusi era libera ma che ancora i tedeschi persistevano nella resistenza. Così la mattina arrivarono i

[85] Testimonianza di Raffaello Rubechi raccolta nel 1988.
[86] Testimonianza di Deo Totini raccolta il 13.1.1996.
[87] Testimonianza di Roberto Rossi raccolta nel 1988.
[88] Testimonianza Raffaello Rubechi raccolta nel 1988
[89] N. ORPEN, *Victory in Italy* cit., pp. 112-113.
[90] N. ORPEN, *The Cape Town Highlanders* cit., p. 244.
[91] Booby Traps, letteralmente trappole da stupidi. Erano trappole esplosive composte da oggetti apparentemente innocui (portafogli, matite, saponette) collegati a mine, che scoppiavano in faccia a chi toccava le esche.
[92] S. MARCHETTI, *La battaglia di Chiusi* cit., p. 41
[93] N. ORPEN, *Victory in Italy* cit., pp. 112-113. I militari alleati nel loro lavoro di sminatura nella zona di Sarteano, in quel giugno e anche nel successivo luglio, furono aiutati dai partigiani della SIMAR. Attività non esente da gravi rischi. Come dimostrò la tragedia accaduta il 13 luglio 1944, quando, in località Fosso Marzio sulla rotabile Sarteano-Chianciano, per scoppio di mina perdettero la vita due partigiani: Dezzoni e Marietti. Entrambi i partigiani furono decorati al valor militare: – Itilio Marietti fu decorato con la medaglia di Bronzo. Vedi "Gazzetta Ufficiale della Repubblica Italiana", n. 136 del 9.6.1958; – Onorato Dezzoni fu decorato con la Croce di guerra. Vedi "La Gazzetta Ufficiale della Repubblica Italiana" del 7.9.1966.

tedeschi che presero gli uomini per spostare le armi pesanti. I tedeschi dicevano – Noi partire! Noi andare via! – La sera verso le 16 si sentirono nella strada rumori strani, si andò a vedere, erano dei carri armati inglesi che si erano appostati nei dintorni del lago. Quando ci videro specialmente a noi bambini, ci offrirono caramelle, cioccolata e biscotti. Non ne mangiavo più da prima della guerra" [95].

Era giunto infine l'agognato momento del ritorno alle proprie case, se queste c'erano ancora, come ricorda Nicla Capitini:

"Una mattina, i soliti che si muovevano di notte, ci vennero a dire che Chiusi era libera, mia madre subito chiese – Ma la mia casa c'è sempre? – La risposta fu – Le case ci sono tutte! Magari danneggiate, ma ci sono tutte! – Così si tornò a casa. Quando arrivammo trovammo la porta spalancata: i tedeschi avevano dormito nei letti. La casa era sottosopra, ma non mancava niente di importante" [96].

La difficile realtà quotidiana non poteva non riaffacciarsi alla mente di tutti dopo quella tragedia, come ha significativamente sintetizzato Azelio Bistarini:

"...Le macerie di Chiusi, i nostri dolori, i pianti sono infiniti. Ci guardiamo l'uno con l'altro e istintivamente ci viene la voglia di abbracciarci. Consideriamo come bene supremo quello di essere ancora vivi. Problemi e problemi si affollano alla nostra mente: l'acqua, la carne, il pane, i fagioli, le mine. Non abbiamo il tempo di pensare a tutto..." [97].

**Attenti alle mine!**

Che la guerra ancora non era finita ci pensò a ricordarlo un'insidia ancora nascosta sotto terra e tra le macerie: le mine! Iniziò così sinistramente ad udirsi il boato provocato dall'esplosione delle mine antiuomo [98] che le truppe germaniche avevano disseminato in vari punti della città e nei suoi dintorni [99] e che continueranno a mietere vittime per anni dopo la guerra. Oltre alle vittime delle mine è doveroso ricordare chi andò volontariamente a toglierle e pagò con la vita questa coraggiosa scelta. Le prime mine furono tolte infatti, negli ultimi giorni del giugno, dalle squadre di genieri sudafricani al seguito delle truppe avanzanti e non fu un compito semplice come ricorda Dino dell'Agnello:

"Il giorno dopo la liberazione, io e altri collaboratori dei partigiani, eravamo tornati in via Bonci all'ospedale provvisorio per dare una mano. Ci fu detto di andare a prendere dei feriti che stavano nell'orto vicino ai Forti. Quella zona dei giardini era stata tutta minata e ci morirono in diversi. Noi insomma si prese e si partì, ero io e Mario Barni. Avemmo una gran fortuna: si arrivò al cancelletto dell'orto della Sveda, che confinava con quello del Paolozzi, e si prese ad andare nell'orto. Eravamo già entrati quando d'improvviso si sentì gridare in inglese e si vide un militare sudafricano che gesticolando ripeteva -Mine! Mine! Stop! Stop! Fermi! – Ci fece capire che non ci dovevamo muovere. Allora venne giù anche lui, pianino, e quando fu da noi, si buttò in terra e cominciò a spostare la terra. Vedemmo così che intorno a me e a Mario c'erano due o tre mine. Noi si rimase immobili, mentre questo trafficava. Davanti avevamo la tragica immagine di un soldato sudafricano che si lamentava, l'esplosione della mina gli aveva sfracellato la gamba. Dopo ci raccontarono che le schegge della stessa mina avevano anche ferito la povera Sveda Monaci. Intanto il sudafricano sdraiato ai nostri piedi ci fece vedere i tre 'pistacchi' delle mine che apparivano tra l'erba dell'orto. Si alzò, e a gesti ci fece comprendere di mettere i piedi dove li metteva lui. Camminando così, si arrivò a quel disgraziato, si sollevò e si portò alla barella. Fu tutto inutile, lui e la Sveda morirono poi all'ospedale. Non fu quello l'unico caso in cui rischiai la vita quel giorno poiché in quel pomeriggio venni chiamato ancora perché c'erano dei morti dentro alla 'grotta dei Paolozzi' al campo della Fiera. Per l'esattezza mi venne a cercare uno dei figli del Possieri. Questi con la famiglia si era rifugiato in una delle 'tombe del Pulcino' al Campo della Fiera, e la mattina precedente alla liberazione era uscito per recarsi a casa sua a prendere delle cose senza fare più ritorno. Il figlio temeva che fosse morto dentro a quel rifugio e mi chiese di aiutarlo a cercarlo. Io allora abitavo vicino a lui e conoscevo lui e la famiglia, così io ed un altro andammo al Campo della Fiera ed entrammo nella grotta trovando quattro morti: tre erano sudafricani, uno all'ingresso e due in fondo alla grotta, ormai gonfi e neri, evidentemente morti da diversi giorni, il quarto era questo poveretto. Era appoggiato ad una colonna di mattoni messa per sorreggere il soffitto della grotta, aveva il braccio alzato, la bocca aperta, ormai rigido nella morte. Aveva la bocca piena di mosche... fu una immagine spaventosa. Risoluto entrai con un ramo di tiglio e scacciai le mosche, poi lo portammo all'aperto e vedemmo davanti, all'altezza del cuore aveva tre piccoli forellini, forse schegge, colpi di pistola, chissà? Lo prendemmo e lo portammo in paese dove venne messo dentro ad una delle casse che erano in preparazione inchiodando quattro tavoloni. I tre sudafricani li lasciammo lì e fu un bene perché poi fu scoperto che questi sudafricani [100] giacevano

[94] Testimonianza di Fulco Biagini raccolta nel 1976.

[95] Testimonianza Paolo Barni raccolta nel 1976

[96] Testimonianza Nicla Capitini Maccabruni raccolta nel 1988. Non a tutti andò così bene, molti trovarono la casa svaligiata.

[97] Da un articolo di AZELIO BISTARINI in "La Libertà" cit., p. 3.

[98] Fulco Biagini ricorda di aver visto queste mine: "...erano di un tipo strano, con tre piccoli spunzoni che sporgevano dal terreno e quando scoppiavano lanciavano tante piccole schegge pericolosissime." Queste erano le *S.mine 35*, abbreviazione di Shrapnell-Mine, tra le mine antiuomo la più usata in guerra dai tedeschi. Dal terreno sporgevano solo le asticelle dell'innesco. Una piccola pressione di 5-7 chili bastava a provocare l'accensione dell'innesco, che faceva esplodere una carica di 480 grammi di *'amatolo'* che lanciava in aria il contenitore, carico di frammenti metallici. Ad un'altezza di circa un metro e trenta dal suolo il contenitore esplodeva proiettando in giro micidiali schegge metalliche e 350 pallette di acciaio. C'erano poi le mine *Schü 42*, in contenitori di legno, a cui occorreva una pressione di circa 8 chili per esplodere e che si "limitavano" a distruggere piedi e gambe. Cfr. J.B. KING, *Fanteria in guerra 1939-1945* cit., p. 46; MINISTERO DELLA GUERRA -*Ispettorato bonifica immobili da ordigni esplosivi-mine e bonifica di campi minati*, Vol, I, Roma, 1946.

[99] Qualcuno, al Comune di Chiusi, registrò in quei giorni le zone dove furono rinvenute delle mine. L'elenco raggiunse il numero di 37 zone minate di cui ben 27 poste intorno al centro storico di Chiusi città. A.Cm.C.Chiusi, fasc. 600, carteggio 1944, atti vari categoria I/V.

[100] I tre sudafricani morti nella grotta erano i soldati Klose, Golden e Tobin della compagnia "D" del FC/CTH caduti nello sfortunato attacco del 22

accanto a delle mine, se li avessimo toccati saremmo probabilmente morti" [101].

Dopo una prima opera di bonifica che ripulì i luoghi più importanti, i reparti alleati si allontanarono. Fu dunque obbligo per i civili di Chiusi organizzarsi, anche perché non c'era molto da aspettarsi in quella situazione. Così un gruppo di coraggiosi si improvvisarono "sminatori" e, nel corso del successivo mese di luglio 1944, ripulirono molte zone minate. L'opera si avviò positivamente e furono tolte e fatte brillare circa 50 mine, poi accadde l'incidente [102]. Ricorda Renato Spadea:

"Tornando dai rifugi avevamo trovato queste mine, si cominciò a vedere questi cartelli con sopra scritto "mines - mines", ma altre venivano fuori per esplosioni casuali, ora nell'orto di tizio ora nell'orto di caio. Natale Tiradritti e altri formarono così un gruppo impegnandosi a toglierle grazie ai rudimenti che avevano imparato in guerra. Ad un certo punto ci fu la segnalazione del Paolozzi che nella striscia di orto posto tra casa sua e i giardini "dei Forti" c'erano delle mine. Io non fui presente ma mi hanno raccontato che compresero quante mine c'erano perché, trovarono due cassette portamine, ogni cassetta ne conteneva sei, dunque dovevano esserci dodici mine. Lavorarono tutto il giorno finché c'era luce, senonché all'imbrunire ne avevano trovate e rimosse solo undici. Che si fa, che non si fa, la dodicesima mina non si trovava. Stava facendo buio e così fu deciso di sospendere il lavoro. Proprio mentre stavano andando via, uno disse agli altri, – guardate che belle pere – e il Tiradritti girandosi per prenderne una, pestò la dodicesima mina! La ferita non sembrò immediatamente mortale, ma la gamba era persa e fu amputata. Natale si ritenne spacciato, sapeva bene che difficilmente ci si salvava da quelle ferite. Non coltivava nessuna speranza, poi invece passarono i giorni e andava tutto bene, credette di potersi salvare e si riattaccò alla vita. Senonché quando si cominciò a sperare che tutta andasse per il meglio vedemmo diventargli bluastro il piede rimasto. Pensarono di salvarlo amputandoglielo, ma l'infezione era ormai salita alla coscia, tentarono una seconda amputazione, ma ormai era troppo tardi" [103].

Natale Tiradritti moriva per cancrena gassosa il 9 agosto 1944 [104]. In occasione dei funerali venne dichiarato il lutto cittadino.

### La guerra si allontana

Finalmente i giornali dell'Italia libera pubblicavano il comunicato alleato che rivendicava la vittoria:

"Fronte Italiano – La battaglia del Lago Trasimeno verso il suo epilogo vittorioso. Zona di operazioni, 27 giugno. Le forze sudafricane hanno riconquistato le rovine di Chiusi, dopo sei giorni di aspra lotta le truppe dell'VIIIa armata avanzano contemporaneamente ad oriente ed ad occidente del Lago Trasimeno ... Chiusi situata su una altura all'estremità della vallata che conduce verso nord ad Arezzo e lungo la vallata dell'Arno a Firenze, è caduta in mano agli alleati ieri, dopo che le truppe sudafricane hanno occupato le alture nelle vicinanze della città. Benché gli stanchi e sconfitti veterani della divisione corazzata "Hermann Goering" che hanno così disperatamente resistito nelle loro posizioni in caverne della città, abbiano lanciato un immediato contrattacco essi sono stati respinti e le truppe alleate avanzano ora a nord.ovest della città. Le truppe dell'VIII armata hanno ieri effettuato progressi lungo i costoni che si estendono verso oriente tra Chiusi e il Lago Trasimeno. Benché il nemico abbia aspramente combattuto dalle posizioni che occupa sulle colline per ritardare l'avanzata alleata le forze britanniche hanno occupato i villaggi di Vaiano e La Villa e si sono avvicinate al borgo di Lopi" [105].

E anche *la Gazzetta del Mezzogiorno* titolava:

"Chiusi in saldo possesso degli Alleati. 27 giugno. Dopo averla difesa accanitamente per più giorni, i tedeschi sopraffatti dall'impeto delle forze alleate, hanno abbandonato la città di Chiusi... Ancora ieri in quella limitata zona del Trasimeno e del Lago di Chiusi la linea di combattimento era incerta e fluttuante. ...Chiusi non era stata ancora interamente occupata e nelle sue strade si svolgevano aspri combattimenti; sulla destra altri reparti s'erano spinti un pò più innanzi giungendo a 4 chilometri da Castiglion del Lago. Oggi le truppe del generale Leese hanno spazzato da Chiusi le superstiti forze tedesche, rea-

giugno; vennero sepolti uno accanto all'altro. Un loro compagno sopravvissuto raccontò che uno di essi, che aveva combattuto anche nella Legione Straniera, era stato ucciso mentre sparava con il suo Bren appoggiato sul fianco. Testimonianza Bill Bosch citata.

[101] Testimonianze di Dino Dell'agnello raccolta nel 1988 e di Domenico Nenci detto Bengasi raccolta nel 1976, che ricorda: "Quando tornai a casa mia vicino ai forti, scoprii che il mio orto era pieno di mine tedesche. Su queste mine saltò una donna di Chiusi e un soldato sudafricano, a quest'ultimo l'esplosione strappò la gamba e la spedì al campo della fiera, cento metri sotto. La grotta sotto la casa, era anch'essa piena di mine, allora venne un soldato con il cercamine e le levò tutte." La donna si chiamava Sveda Monaci, mentre il militare alleato era il geniere sudafricano C.Hinckley del diciassettesimo reparto da campo del genio. Cfr. N. ORPEN, *Victory in Italy* cit., p. 114.

[102] "25 Luglio", numero unico cit., del 6.8.1944.

[103] Testimonianza di Renato Spadea raccolta nel 1988. Tra l'altro anche lo Spadea, che era nipote del Tiradritti, venne ferito da una mina tedesca ad un anno esatto di distanza dalla morte dello zio. Saltò infatti su di una mina tedesca vicino a Chianciano l'8 agosto 1945 e, pur salvando la vita, rimase mutilato di una gamba.

[104] Per onorare il sacrificio di chi, volontariamente, era andato a compiere un rischioso lavoro di comune utilità, la sezione di Chiusi Città del Partito Comunista Italiano decise di intitolarsi 'Sezione Natale Tiradritti', nome che ha mantenuto fino al 1990. Cfr: *Veniamo da lontano e andiamo lontano, 1921/1971. Cinquant'anni di lotte dei comunisti di Chiusi,* Chiusi, 1972, p. 14. La scelta venne anche motivata dal fatto che il Tiradritti, in quei pochi giorni di libera attività politica che aveva fatto da dopo la liberazione, aveva ampiamente dimostrato le sue simpatie politiche e le sue grandi qualità, come ricorda Renato Spadea: "Natale Tiradritti, nato nel 1908, era allora segretario amministrativo all'Ospedale Umberto I. Fu tra i fondatori del partito comunista a Chiusi Città. La sua figura colpì tutti, non solo per la tragica fine, ma per le capacita e la moralità che tutti gli riconoscevano e che non poté esprimere fino in fondo perché scomparve troppo presto. Fu lui infatti a prendere in mano la gestione del vecchio ospedale, quando, passato il fronte, si dovette pensare come ripristinarlo alla meglio nei vecchi locali sinistrati. E quei lavori li fece anche materialmente, perché fu tra quelli che, con le maniche tirate su, trasportò i malati nei locali riattati alla meglio. Non era di quelli che ordinava e basta ma si rendeva disponibile in prima persona. Dal punto di vista politico ebbe una vita molto breve, perché è morto appena un mese dopo la liberazione, ma lasciò in tutti una traccia molto profonda".

[105] "L'Unità" del 28 giugno 1944.

lizzando subito dopo un'avanzata in direzione nord-ovest, il che porterà presumibilmente alla rettificazione delle linee rispetto al punto già raggiunto ieri nei pressi di Castiglione, che tutt'ora difendono con estrema energia. ... I combattimenti infuriano a cavaliere della rotabile 71. Secondo le ultime notizie della sera nell'avanzata a nord e a nord-ovest di Chiusi gli alleati hanno raggiunto la linea del fiume Astrone dopo aver respinto forti reparti nemici oltre il fiume stesso... Sulla strada per Castiglion del Lago è stato superato il fiume Pescia. .. Un reparto sudafricano, che era stato tagliato fuori nei recenti combattimenti per Chiusi, si è ora ricongiunto al grosso" [106].

Anche i tedeschi ammettevano la sconfitta:

"Fronte Italiano, 27. Da oriente del Lago Trasimeno le forze britanniche si sono spinte più vicino alle posizioni difensive germaniche senza per altro dare luogo a violenti combattimenti ...I cardini della resistenza della Wehrmacht si trovano a Castiglion del lago ed a Magione, situate rispettivamente sulle riva occidentale e orientale del Trasimeno. Verso sud, dopo duri scontri ed alterne vicende, Chiusi è stata evacuata dalla difesa. Fra Chiusi e Perugia reparti sudafricani dell'VIIIa armata sono stati decimati dopo accanita lotta" [107].

L'avanzata alleata proseguì, l'intera 6ª Divisione corazzata sudafricana era in movimento lungo le strade "rossa" e "verde". Macciano fu "ripulita" dai tedeschi dal battaglione corazzato SSB appoggiato dalla fanteria. Duri scontri opposero i mezzi blindati sudafricani del battaglione *Prince Alfred's Guards* ai tedeschi del primo battaglione del Panzer Grenadier reggiment della *Hermann Göring*, in un punto a nord di Montallese. I sudafricani ebbero tre morti e 8 feriti, ma presero 30 prigionieri [108]. Montallese subì gravi danni a causa dei bombardamenti di artiglieria di aerei e delle mine tedesche. Tra l'altro, le truppe germaniche in ritirata, fecero saltare la vecchia chiesa di Santa Maria al Piano, la scuola elementare e il posto telefonico pubblico [109].

Questi erano stati gli ultimi strascichi della "guerra combattuta": il 28 giugno 1944 tutto il comune era libero [110]. La lotta per rompere definitivamente la Linea Albert proseguì accanita sulla riva del Lago Trasimeno a Castiglion del lago fino alle prime ore del 30 giugno 1944, quando gli alleati constatarono con sollievo che i tedeschi si erano ritirati durante la notte. Kesselring aveva stimato che era giunto il momento di disimpegnarsi e di attestarsi su un'altra posizione, che egli riteneva di poter tenere prima di ritirarsi sull'Arno. La sua ritirata fu abbastanza rapida fino al 5 luglio, quando si attestò su una nuova linea che partiva da Cecina e passava per le alture a sud di Arezzo [111].

Per forzare i tedeschi a ripiegare, tra l'altro gli alleati ricorsero a interventi in forze dell'aviazione, e fu così che il bombardamento, risparmiato a Chiusi dal maltempo, investì e devastò il 28 giugno 1944 il centro del paese di Pozzuolo umbro vicino a Castiglion del lago [112]. Il bombardamento fu effettuato per sconvolgere le retrovie germaniche del fronte del Trasimeno e conseguì qualche risultato peraltro non decisivo visto che Kesselring era ormai deciso a ripiegare [113]. Otto preziosi giorni erano stati guadagnati da Kesselring. Ma quanto sangue erano costati!

[106] "La Gazzetta del Mezzogiorno" del 28 giugno 1944.

[107] "La Repubblica Fascista", quotidiano cit., 28 giugno 1944, e vedi anche "La Nazione" del 28 giugno 1944, e "Il Corriere della Sera" del 28 giugno 1944.

[108] N. ORPEN, *Victory in Italy* cit., p. 118.

[109] G. BERSOTTI, *Guida storico artistica della città e dintorni* cit., p. 151; vedi anche A.Cm.C.Chiusi, Ufficio tecnico,*Registro delle notizie di carattere amministrativo e tecnico relative a lavori pubblici cit.*, pp. 47 e 55.

[110] Il 29 giugno fu liberata anche Chianciano, che aveva partecipato indirettamente alla battaglia di Chiusi in quanto retrovia del fronte, venne pertanto ripetutamente bombardata dalle artiglierie da lunga gittata alleate tra il 16 e il 28 giugno 1944. Cfr. *Chianciano 1900/1945* cit., pp. 443-446; e P. EUSEBIO MORI, *Diario della mia permanenza al collegio della GIL durante i giorni tristi del saccheggiamento e dei cannoneggiamenti a Chianciano*, sta in Isrt, Firenze, Fondo Clero, fascicolo X, diocesi Chiusi e Pienza.

[111] W.G.F. JACKSON, op. cit., p. 327. La scelta del nuovo fronte sotto Arezzo, confermò le valutazioni fatte dal maggiore Sauer nella sua relazione che abbiamo precedentemente citato.

[112] La resistenza nella zona operativa della Brigata Risorgimento (Pievese, Castiglionese e dintorni), a cura di SOLISMO SACCO cit., pp. 29-64.

[113] Sugli ultimi feroci combattimenti che portarono alla liberazione di Castiglion del Lago, vedi: ERIC LINKLATER, *The Campaign in Italy* cit., pp. 307-308.

# XI. LA RICOSTRUZIONE DOPO LA TRAGEDIA

*In questa vita non è difficile morire.*
*Vivere è di gran lunga più difficile.*
Vladimir V. Majakovskij (1894-1930)

Il 28 giugno, data la calma assoluta che ormai regnava, quasi tutti i rifugiati tornarono alle loro case.

"Così – *come ricorda Don Marchetti* -senza indugio si iniziò l'opera di rimozione delle macerie, di pulizia delle vie, di riparazione dei danni riparabili e soprattutto di ricerca e di tumulazione delle salme delle vittime cittadine, alleate e tedesche, qualcuna insepolta, altre appena sommariamente interrate qua e là. La città presentava un aspetto impressionante di distruzione e rovina. Si sentiva che l'aria stessa era ammorbata da esalazioni di ogni specie" [1].

In quel 28 giugno si insediò come Governatore militare alleato di Chiusi il maggiore Zerduvachi, ufficiale britannico di origine egiziana che parlava correntemente la lingua italiana [2].

Lo stesso giorno si riuniva ufficialmente il Comitato Provvisorio di Liberazione, "la sala consiliare del comune tornava così ad essere l'aula delle discussioni dove le idee si incontrano, si rispettano e si associano" [3]. Il CLN decise di dichiarare decaduto dalle proprie funzioni il Podestà Galeotti e di nominare provvisoriamente come Sindaco il Presidente del comitato stesso: Luigi Romanini, assistito nella sua opera dal CLN, che sostituì provvisoriamente il "futuro Consiglio Comunale di elezione popolare". Oltre al Romanini [4] questi furono gli altri componenti il CLN e i partiti di cui facevano parte [5]:

| | |
|---|---|
| Bruno Donati | Socialista, vice-presidente |
| Carlo Rossi | Socialista |
| Giuseppe Venturini | Socialista [6] |
| Pietro Duchini | Comunista |
| Francesco Bianchi | Socialista, detto *'Checco d'Argante'* |
| Egone Marchini | Comunista |
| Guido Del Buono | Comunista |
| Loris Scricciolo | Partito d'Azione |
| Luigi Boni | Cattolico popolare, poi aderente alla Democrazia Cristiana |
| Lauro Tofani | Partito Democratico del Lavoro |
| Mario Bologni | Partito d'Azione |
| Virgilio Crociani | Partito Democratico del Lavoro |
| Enrico Roselli [7] | Indipendente. |

Fu approvata all'unanimità la seguente mozione:

"Gli esponenti delle varie correnti politiche che avversarono il fascismo ed i loro alleati tedeschi, consapevoli che l'ora che volge li chiama ad assumere responsabilità di ordine pubblico, spinti dall'incrollabile certezza delle sorti della Patria, nella comune fede nella libertà e desiderosi d'interpretare in fraterna comunanza i voleri di tutti, si sono costituiti in Comitato Provvisorio di Liberazione" [8].

Non era certamente facile impresa reggere le sorti del Comune in quel momento. Mancava l'energia elettrica [9] e l'acqua potabile, malamente e scarsamente supplita da quella portata dalla campagna con l'autopompa o estratta da non certo igienici pozzi esistenti sotto il piano stradale nell'interno della città [10]. C'era il pericolo di epidemie, che fortunatamente non si verificarono. L'illuminazione pubblica era rimasta gravemente danneggiata; l'80 % dei vani di abitazione era stato colpito in maniera grave o distrutto completamente. Praticamente non c'era casa che non avesse avuto danni seppur minimi, soprattutto nei tetti colpiti dalle schegge delle granate di artiglieria. Gravi danni avevano sofferto le scuole elementari e medie, e gli altri edifici pubblici come il Palazzo Comunale e l'edificio della pesa pubblica. Gravissimi anche i danni al patrimonio immobiliare storico. La già ricordata Porta San Pietro era stata completamente rasa al suolo dalle mine e con essa anche la pavimentazione stradale e le case intorno. I costi per la riedificazione della porta e delle vicine case furono stimati, nel 1947 dall'Ingegnere Guido Dringoli di Siena, in "almeno 15 milioni di lire". Il mi-

[1] S. MARCHETTI, *La battaglia di Chiusi* cit., pp. 43-44.

[2] F. PAOLOZZI, op. cit., p. 11-13.

[3] "25 Luglio", numero unico cit., 6 agosto 1944, articolo, "Dal Comitato Provvisorio di Liberazione alla Giunta Comunale".

[4] Luigi Romanini, 1883-1976. Commerciante, proveniente da una famiglia di tradizioni socialiste fu tra i fondatori della sezione della Gioventù Socialista a Chiusi nei primi anni del secolo. La sua correttezza e la fedeltà alle proprie idee ne fecero il naturale presidente del CLN di Chiusi fin dal 1943. Fu il primo sindaco dopo la liberazione. Amareggiato dai contrasti con i comunisti nella gestione amministrativa del Comune, si ritirò dalla vita politica. Cfr. "La Ragione", periodico cit., n. 8-9, del nov.dic. 1976, Inoltre Testimonianza di Loris Scricciolo raccolta nel 1988.

[5] Testimonianza di Loris Scricciolo cit. e gli articoli sulla Storia del C.L.N. di Chiusi, apparsi su "La Ragione", periodico cit., nel periodo tra il novembre 1982 ed il dicembre 1983.

[6] Questi era il figlio di Venturini Oreste detto 'il Rossino', l'ultimo sindaco socialista di Chiusi liberamente eletto prima del regime fascista. Di professione esercente, era stato ammonito come antifascista nel 1927. Cfr. RINEO CIRRI, *L'antifascismo senese cit.*, p. 82.

[7] Enrico Roselli, di professione marmista, fu tra i primi socialisti di Chiusi ed ottenne 210 voti nelle elezioni amministrative del 1904 in cui il PSI ottenne per la prima volta la maggioranza nel consiglio. Cfr. "La Nuova Etruria", periodico del PCI sezione di Chiusi, anno II, n. 11, aprile 1963, e "La Martinella", periodico socialista, edito a Colle Val d'Elsa del 24.12.1904; Biblioteca Comunale di Siena.

[8] "25 Luglio" numero unico cit. del 6.8.1944.

[9] L'energia elettrica fu ripristinata in tutto il comune nell'agosto 1944. "25 Luglio" numero unico cit. del 6.8.1944.

[10] S. MARCHETTI, *La battaglia di Chiusi* cit., pp. 44-45.

nistero per l'assistenza post-bellica erogò però un contributo di sole lire 2.400.000. Così a causa della mancanza di fondi, per le zone maggiormente danneggiate come quella dell'olivazzo, Porta San Pietro e Fontebranda-Bivio della Dogana, venne fatto redigere un "piano di ricostruzione parziale" [11], in attesa di poter realizzare quella integrale. Per Porta San Pietro questo momento non non venne mai! La cattedrale di San Secondiano era stata colpita da schegge e granate con gravi danni al tetto, inoltre una mina era stata fatta esplodere dai tedeschi nella sacrestia, con danni fortunatamente minori di quelli previsti dai guastatori tedeschi [12]. Danneggiato anche il Museo ma senza danni per i reperti archeologici che erano stati messi al sicuro prima dell'infuriare della battaglia [13]. Le vie di comunicazione erano state ridotte ai minimi termini. La linea e la stazione ferroviaria erano fuori uso [14]. Gravi danni aveva sofferto il tratto della strada Querce al Pino-San Giusto, facente parte della statale Chiusi-Chianciano (s.s. 146). Questo tratto era asfaltato fino al 1943, ma il passaggio di carri armati, veicoli pesanti e l'esplosione di mine resero la strada impraticabile al traffico. La circolazione stradale fu resa difficile anche dal fatto che sei ponti stradali esistenti nell'ambito del Comune erano stati sbriciolati dalle mine tedesche: Ponte Montelungo; Ponte di Passo alle Querce; Ponte di Sasso; Ponte sul Gragnano; Ponte sul Parce; Ponte sul Tresa. Gravissimi i danni al Teatro Comunale [15]. Vi era poi il problema dei feriti che stavano aumentando di giorno in giorno per le mine, non si sapeva dove curarli, poiché l'Ospedale Umberto I° era andato praticamente distrutto. Mancavano le medicine e fu anche in conseguenza di ciò, che vari feriti morirono per cancrena. Scarseggiavano i viveri, dal momento che i magazzini ed i silos erano stati razziati dai tedeschi che avevano poi distrutto tutti i mulini. In quel fine giugno vennero trovati solo 19 sacchi di farina che in ogni caso dovettero essere panificati a mano perché mancava l'energia elettrica. La ricerca e l'acquisto delle derrate più indispensabili nelle zone vicine si presentò oltremodo difficile per la completa mancanza di mezzi di trasporto [16]. Una delle prime deliberazioni del nuovo sindaco fu proprio quella di richiedere a tutti gli esercenti un "elenco preciso e dettagliato delle rimanenze dei generi alimentari" rimasti nei vari negozi e magazzini [17].

Lauro Tofani, così sintetizzò la situazione di Chiusi in quel momento:

> "Una città distrutta, senza acqua, senza luce, senza ospedale e medicinali, senza pane, non un mulino in opera, e le fogne squarciate, sessanta cadaveri appena interrati, i servizi igienici e sanitari infranti. Tutto da rifare" [18].

In totale si legge sul "Piano quinquennale dei lavori pubblici" redatto nel 1947 che il Comune stimava la cifra occorrente per il ripristino dei danni di guerra delle opere pubbliche di competenza del Comune, quindi esclusa la stazione ferroviaria – l'Ospedale – e la rete viaria, in lire 119.400.000. Una bella cifra per allora! [19]

Il primo luglio il Vescovo Baldini, che divideva il compito pastorale risiedendo un mese a Pienza e un mese a Chiusi, tornò in paese [20].

Furono i cittadini, nella città disastrata, ad andare a riattare, non solo le proprie case, ma anche gli edifici pubblici e, come ricorda Pliamo Pennecchi, l'opera più impegnativa fu quella di sgombero delle macerie alla Porta San Pietro [21]. Non venne guardato in faccia niente e nessuno per ricostruire la città: furono costretti a lavorare anche i fautori del caduto regime, come ricorda Domenico Nenci.

> "Dopo la liberazione assieme a dei partigiani andammo a cercare a casa tutti i fascisti più esposti col regime e li portammo volenti o nolenti a togliere le pietre e le macerie soprattutto intorno alle rovine di Porta San Pietro.

[11] Cfr. A.Cm.C.Chiusi, ufficio tecnico, *Registro delle notizie di carattere amministrativo e tecnico relative a lavori pubblici* cit., pp. 4 e segg. Altri danni al patrimonio artistico vennero dopo la guerra. L'8 ottobre 1945, un camion militare neozelandese in transito, abbatté la colonna medicea di Piazza Venezia: ingenti i danni.

[12] S. Marchetti, *La battaglia di Chiusi* cit., pp. 27-28.

[13] Fin dal 30 settembre 1943 il Podestà Galeotti aveva cercato di porre in atto iniziative per far evitare rischi ai migliori cimeli etruschi e romani del Museo civico, che infine vennero murati segretamente in nicchie poste nei sotterranei del Museo, dal muratore Bruno Capitini, che aveva anche murato gli arredi sacri ed i corali "dell'Opera del Duomo" e delle altre chiese del territorio Comunale. Oltre al Podestà, conoscevano il segreto soltanto l'Arciprete Don Nello Mannelli e l'Ing. Flaminio Betti, che era addetto alla manutenzione dei fabbricati ecclesiastici. Piero Galeotti, *Chiusi realtà e leggenda*, Terni, 1978, pp. 45-49; testimonianza di Nicla Capitini Maccabruni cit.; A.Cm.C. Chiusi, Fasc. 592, Carteggio 1943, Cat. X-XV.

[14] I lavori di ricostruzione dei fabbricati della stazione di Chiusi furono ultimati solo nel corso del 1948. Camillo Lacchè, *Ferrovie italiane cit.*, p. 172.

[15] A.Cm.C.Chiusi, Ufficio tecnico, *Registro delle notizie di carattere amministrativo e tecnico relative a lavori pubblici* cit., pp. 4 e segg.

[16] *"25 Luglio"*, numero unico cit., 6.8.1944.

[17] A.Cm.C. Chiusi, Atti Documenti e Carteggi relativi al servizio Annonario, Cat. XI, anno 1944. Lettera del sindaco Romanini del 30.6.1944. La lettera terminava perentoriamente: "Raccomando la massima esattezza, perché i dati esposti verranno rigorosamente controllati".

[18] Relazione di Lauro Tofani per la seduta del CLN del 17 luglio 1944. In Archivio ANPI, sezione di Chiusi.

[19] A.Cm.C. Chiusi, *Registro delle notizie di carattere amministrativo e tecnico relative a lavori pubblici* cit., p. 66. Da allora la città di Chiusi ha continuato a portare due ferite aperte: la prima fu la Porta San Pietro mai più riedificata, l'altra fu il Conservatorio di Santo Stefano. Questo fu molto danneggiato dalla guerra, ma ancor più dagli sfollati che avendo avuto le case demolite avevano trovato rifugio nell'edificio parzialmente riattato. Non venne più riparato in maniera adeguata ed anzi fu lasciato cadere in rovina. Dal 1971 questo edificio era passato ad un ente morale che poi si spogliò del bene donandolo al Comune di Chiusi esclusa una piccola porzione. Nel 1977 il Comune portò a termine dei lavori di risanamento di una parte dei locali utilizzati poi come aule dall'Istituto Professionale di Stato, ma le due ali a destra e sinistra rimasero a rudere in attesa di crollare. Nel 1988 l'immobile fu ceduto dal Comune all'Amministrazione Provinciale di Siena e finalmente nel 1994, grazie anche all'impegno della nuova amministrazione comunale, sono stati avviati i lavori per un recupero complessivo dell'edificio ai fini di un suo uso come complesso scolastico. Cfr. "La Ragione", periodico cit., n. 1 gennaio 1975, a. IX, e n. 3-4-5 del marzo-maggio 1980, a. XIII. Sull'importanza del Conservatorio di S. Stefano come "istituzione pedagogica" vedi: *Il Conservatorio di S. Stefano*, a cura di S.S. Macchietti, Chiusi, As.PE.I-Sez. di Chiusi, 1993.

[20] S.Marchetti, *La battaglia di Chiusi* cit., p. 47.

[21] Pliamo Pennecchi, *Piccola storia di una famiglia italiana* cit., p. 185.

Io stesso presi due ex-gerarchi fascisti e li misi a pulire la fogna scoperchiata in mezzo alla Via Porsenna"[22].

Anche il cimitero era da ripristinare. Abbiamo visto come molte granate di artiglieria vi erano cadute distruggendo varie cappelle e loculi, mentre alcuni cadaveri erano stati portati allo scoperto tra il raccapriccio generale. Un fatto singolare emerse durante i lavori di ripristino; il custode, Adelfo Patrizi, scoprì, in alcune delle cappelle gentilizie colpite dalle cannonate, diversi piccoli tesori di oggetti d'oro. Evidentemente i proprietari delle cappelle avevano fatto murare nei loculi gli "ori di famiglia", timorosi dei saccheggi dovuti al passaggio del fronte [23].Tutti gli oggetti furono restituiti ai legittimi proprietari.

### Un errore?

Il 30 giugno 1944, "L'Unità", titolava:

"La gloriosa azione partigiana nella regione di Chiusi nel ricordo del compagno Alfio Marchini, comandante militare della zona. " Nell'articolo che seguiva veniva ricostruita la vita operativa della formazione partigiana "Brigata Risorgimento" che operò nella confinante zona dell'Umbria. Per ovvi motivi di propaganda politica venne inserito nell'articolo anche il seguente passo:

> "Il distaccamento (di Chiusi) al comando del tenente Rossi occupava combattendo il centro della città nonostante la disperata difesa tedesca. ...Si combatté decisamente per tutto il giorno finchè i tedeschi furono costretti a fuggire da Chiusi. Le truppe alleate, fermatesi per ragioni militari, entrarono nella città all'alba del giorno seguente" [24].

Fu così che "L'Unità" montò, per fini propagandistici, un falso storico, visto che da tutte le testimonianze risulta un generale accordo sul fatto che i partigiani a Chiusi furono presenti ma non dal punto di vista militare, in quanto nulla poterono fare per intervenire nel corso della battaglia [25]. La presenza partigiana del Nucleo comunale della Simar fu allora preziosa, come già detto, nell'adempiere incarichi prevalentemente umanitari. Ma soprattutto non poté essere presente a Chiusi la "Brigata Risorgimento", poiché questa operò solamente nei comuni dell'Umbria limitrofi a Chiusi, come del resto confermano alcuni studi sulla formazione [26].

L'errore dell'"Unità" fu probabilmente dovuto alla eccessiva fiducia data a notizie pervenute da una zona così lontana da Roma, ma certamente giocò anche il fattore "propaganda" che in fondo vuol dire raccontare anche bugie, pur se rivolte ad "un giusto fine". L'errata notizia ricompare però anche in lavori di ben altro spessore e serietà, come la "Storia del Partito Comunista" di Paolo Spriano, dove troviamo scritto:

> "In molti centri i partigiani sono giunti prima delle truppe alleate. Impetuoso, e persino sorprendente per la distanza dai centri di comando del partito, si rivela il contributo che le brigate garibaldi danno al movimento partigiano da Terni, a Foligno a Chiusi, da Ancona a Macerata. ...Spoleto è liberata dai partigiani della Brigata Melis, Foligno dai garibaldini del battaglione comandato da Odoardo Marinelli, Chiusi da reparti della Brigata Risorgimento comandata da Alfio Marchini" [27].

Evidentemente Spriano riprese la notizia dalle pagine dell'"Unità" edita nel 1944, senza verificarla alla luce di altri studi, che pure esistevano [28].

### La vita prosegue

Il primo luglio 1944 "...il popolo di Chiusi riprende la vita normale ed a sera ascolta in cattedrale la parola del Vescovo Mons. Baldini, per la vigilia della festa di Santa Mustiola, patrona della città. Di notte un apparecchio tedesco lancia proiettili incendiari causando morti e feriti nella periferica località dalla Pietriccia" [29]. Infatti a partire dalla notte del 29-30 giugno, i tedeschi lanciarono formazioni di bombardieri notturni, racimolati alla meglio, all'attacco delle strade di comunicazione alleate sul fronte di avanzata nella zona della Val di Chiana, i quali colpivano tutti gli obiettivi che scoprivano nel buio [30]. Un gruppo di persone, che stava a prendere il fresco fuori casa senza rispettare le norme dell'oscura-

[22] Testimonianza di Domenico Nenci (Bengasi) raccolta nel 1976. Anche Vinicio Betti ricorda questo particolare dei partigiani che prelevarono da casa i fascisti, o presunti tali, e li portarono a togliere macerie alla Porta; i lavori di sgombero durarono una settimana.

[23] Testimonianza di Virginio Patrizi raccolta nel 1994.

[24] "L'Unità" cit., n. 22 del 30 giugno 1944. L'errata notizia fu ripresa anche dal bollettino del Fronte della Resistenza italiana, che così riferì: "L'attività dei patrioti alle spalle delle truppe tedesche si estende e si intensifica sempre più. ... Un altro vivace combattimento si è svolto nelle vie di Chiusi, dove i patrioti, dopo essersi impadroniti di un quartiere cittadino costrinsero i tedeschi a fuggire." "La Gazzetta del Mezzogiorno" del 2 luglio 1944.

[25] In verità nella citata *"Relazione partigiana del Nucleo comunale di Chiusi"*, si fa anche cenno ad alcune azioni di guerriglia urbana compiute in quei giorni, approfittando della confusione dei bombardamenti di artiglieria. Queste azioni portarono all'uccisione di tre tedeschi sorpresi isolati nelle strade di Chiusi, tra cui un ufficiale. Inoltre, come viene scritto nella relazione: " ...in una di queste operazioni, i partigiani Rapi Orlando, Rossi Giovacchino, Talozzi Lino, Marcantonini Nublio e Meloni Spartaco, sorpresi armati e catturati da una numerosa pattuglia tedesca, solo per il loro sangue freddo e la loro scaltrezza, miracolosamente riuscirono a salvarsi dalla feroce rappresaglia nemica. "

[26] Solismo Sacco, *La resistenza nella zona operativa della Brigata Risorgimento*, cit; Solismo Sacco, *Storia della Resistenza nella zona sud-ovest del Trasimeno*, op. cit.

[27] Paolo Spriano, *Storia del Partito Comunista Italiano*, vol. V. '*La Resistenza, Togliatti e il partito nuovo*'. Einaudi editore, Torino, 1975, p. 357.

[28] Vedi ad esempio: AA.VV, *L'Umbria nella Resistenza*, a cura di Sergio Bovini, Editori Riuniti, Roma 1972, vol. II, *Relazione riepilogativa sull'attività della Brigata Risorgimento*, pp. 99-117; *La Brigata Risorgimento: Antifascismo e lotta armata nel Pievese e nel Castiglionese*, a cura dell'Istituto Umbro di studi e ricerche Pietro Farini, Perugia, 1965.

[29] F. Paolozzi, op. cit., pp. 11-13. La stessa notte fu mitraglia e spezzonata anche la zona di Dolciano. A.Cm.C. Chiusi, fasc. 600, carteggio 1944, atti vari cat. I-V. Il fatto accadde la sera del primo luglio, alle ore 22. Vedi anche S. Marchetti, *La battaglia di Chiusi* cit., p. 45, che ricorda come l'aereo volteggiò alquanto sopra Chiusi prima di attaccare.

[30] "Il Corriere della Sera", primo luglio 1944.

mento, perché tanto la "guerra era ormai finita", attirò il fuoco di uno di questi bombardieri di passaggio[31].

Valentina Meo, allora quindicenne, ricorda così quei momenti:

"Abitavamo alla Pietriccia, al 'palazzo rosso' ed eravamo da poco tornati a casa dalle Catacombe di Santa Mustiola, dove ci eravamo rifugiati durante il 'passaggio del fronte'. la sera del primo di luglio 1944, saranno state le nove, eravamo fuori di casa, c'erano tante persone e mi sembra che ci fosse stato anche qualcuno che fumava le sigarette. La mamma era stata tutto il giorno a mietere il grano da 'Golo' a Giovancorso, ed era da poco tornata, aveva portato un fascio d'erba che aveva fatto al campo per i conigli. ricordo la mamma che chiamò me e la mi' sorella e ci disse di andare in casa. In questo momento arrivò un aereo che cominciò a sganciare spezzoni [32] che colpirono tutti quelli che erano fuori. Ci furono tanti feriti, tra questi ricordo il Marcantonini che morì il giorno dopo. La mamma fu invece colpita da una scheggia alla gola e morì subito dissanguata. Dopo fu una gran confusione, con tutti che scappavano, si credeva che avessero tirato del gas e non si sapeva cosa fare. Solo dopo abbiamo saputo che era stato un aereo tedesco che cercava di colpire gli alleati accampati al lago. Così nella confusione portammo la mamma nel corridoio dentro casa e la mettemmo sopra ad un materasso, poi scappammo nel rifugio. La mattina dopo tornai a casa, da sola, volli lavare il cadavere della mamma e vestirla bene. Poi la lasciai lì, in attesa degli addetti del comune che vennero dopo a portar via tutti i morti tra cui Pia Sacco, la mia mamma. Avevo solo quindici anni allora, potete immaginare quanta pena [33]."

Il sette luglio venne dissepolto e riportato a Chiusi dalla Val d'Orcia, Ermanno Baldetti. Il feretro giunse a Chiusi attraversando Sarteano e Cetona con una grande partecipazione di gente. Ai funerali, celebrati dal Vescovo di Chiusi, parteciparono anche l'ex-Podestà Galeotti e l'Ing. Betti Flaminio, anch'egli ex-Podestà. Al termine, mentre fu lasciato stare il Galeotti che era sempre stato un moderato, il Betti Flaminio fu percosso da alcuni elementi della folla [34]. Insomma anche Chiusi ebbe il suo strascico di risentimenti e 'regolamento di conti' che però non terminarono qui, vennero infatti cercati e percossi anche altri ex-squadristi [35]. Quegli incidenti costrinsero ad intervenire lo stesso sindaco Romanini, che dovette fare affiggere un manifesto, dove, oltre che deplorare gli "spiacevoli incidenti" invitò fermamente a placare gli animi per evitare "atti inconsulti che sarebbero inevitabilmente puniti", anche perché, – proseguiva – "...dobbiamo garantire a tutti quanti libertà. Anche ai nemici! Altrimenti quale diritto potremo invocare per dirigere le sorti di un paese? Oppure dovremo iniziare le nostre fortune con un'altre guerra civile ?" [36]

La vita normale fu anche riprendere a studiare, come racconta Raffaello Rubechi:

"Rammento di quell'estate dopo il passaggio del fronte, che Pietro Tiradritti ci fece un corso di recupero della prima classe elementare a noi bambini per non perdere l'anno. Si fece questo corso all'aperto a partire dal luglio, nel cortile delle scuole elementari di Chiusi Città, lì sotto ai tigli, con un pò di banchi, senza scarpe, senza matite, nè quaderni. Si fece questi due mesi di recupero, così ad ottobre, quando riaprirono le scuole, ci si ritrovò in seconda, senza perdere quell'anno di scuola" [37].

L'8 luglio 1944 i servizi di propaganda alleati fecero affiggere nei paesi della zona alcuni manifesti; uno di essi diceva: "Italiani! – Con il nostro sangue vi rendiamo i vostri campi. Vi chiediamo di fecondarli con il vostro lavoro!" [38]

### Il C.L.N. di Chiusi

Abbiamo visto come il "Comitato Provvisorio di Liberazione", avesse deciso di accollarsi il compito di essere, sia organo amministrativo, sia organo politico del Comune, ma il tre luglio 1944 [39], accadde che, come ricorda Loris Scricciolo, i componenti del CLN alcuni giorni dopo la liberazione si trovarono davanti al capitano Dawson dell'Ottava Armata britannica, governatore militare alleato [40] definitivo per Chiusi.

"Era un ufficiale proveniente dagli eserciti coloniali bri-

[31] Testimonianza di Vinicio Betti raccolta nel 1988 che fu fra i primi a soccorrere i feriti.

[32] Spezzoni: bombe di aereo delle dimensioni di un tubo di stufa, larghe 10 cm. e lunghe 60, munite di spoletta ad impatto. Al momento dello scoppio si frammentavano in una miriade di schegge con una portata utile di circa 300 metri con una micidiale funzione antiuomo.

[33] Testimonianza di Valentina Meo raccolta da Renato Nenci il 28.12.1995.

[34] S. Bistarini, *Perché gli altri non dimentichino*, manoscritto cit.

[35] S. Marchetti, *La battaglia di Chiusi* cit., pp. 51.

[36] Il testo integrale del manifesto si trova in Giacomo Bersotti, *Storia di Chiusi* cit., p. 276.

[37] Testimonianza di Raffaello Rubechi raccolta nel 1988.

[38] Primo Tiradritti, *Diario di guerra a Montepulciano* cit., p. 123.

[39] In altre fonti il fatto è indicato come accaduto il 5.7.1944.

[40] Le truppe alleate delle Nazioni Unite crearono, nelle provincie italiane liberate, un'amministrazione militare di controllo sull'attività degli organi politici locali. Tale ente amministrativo, denominato *Allied Military Governement of Occupied Territories-A.M.G.O.T.,* ebbe come compiti primari quelli di: garantire la sicurezza delle linee di comunicazione delle forze alleate; fornire generi alimentari alle popolazioni civili; provvedere all'utilizzazione delle risorse economiche dei territori amministrati; individuare le eventuali misure di riforme politiche e amministrative da compiere. Tutto quanto era però visto ovviamente sempre e solo nell'ottica delle esigenze militari alleate che richiedevano situazioni calme e prive di tensioni. L'amministrazione militare alleata, come già accadde al Sud, anche nell'Italia centrale cercò così di favorire largamente gli elementi moderati nell'attribuzione degli incarichi politici e di penalizzare quelli "rivoluzionari". Gli alleati previdero di dividere in due fasi l'amministrazione dei "territori occupati". Nella prima, subito dopo il passaggio della linea del fronte, l'amministrazione militare sarebbe stata curata da governatori insediati capillarmente nei centri più grandi o più importanti strategicamente. Questi sarebbero dipesi direttamente dalle armate alleate che avevano liberato quei territori e sarebbero stati diretti amministratori dei comuni loro affidati. Nella seconda fase i governatori locali sarebbero scomparsi dai paesi per rimanere a livello provinciale, con funzioni di commissione di controllo sulle strutture burocratiche italiane, Prefetto e Questore, rimesse in grado di operare. Quindi ripristinare l'assetto politico e amministrativo dello stato liberale italiano prefascista. Per la provincia di Siena la prima fase andò dal luglio fino all'8 settembre 1944, quando fu inserita nella regione amministrativa dell'Amgot definita VIIIa (Tuscany). Per maggiori particolari rinvio a C.R.S. Harris, *Allied Military Administration of Italy 1943-1945*, London, Her Majesty's Stationery Office, 1957. Tra la ricca bibliografia italiana sui CLN in Toscana si vedano: La ricostruzione in Toscana dal CLN

tannici, con la classica mentalità imperialistica, non voglio sottolineare quanto conservatrice e reazionaria. Ci convocò e ci chiese chi eravamo. Noi rispondemmo leggendo il decreto che avevamo votato il 28 giugno all'atto dell'insediamento del CLN. Cito a memoria – Dichiarato decaduto il fascismo, il CLN di Chiusi derivando i suoi poteri dal CLN nazionale si erge automaticamente ad amministratore del Comune di Chiusi, assumendosene tutti i poteri. – Ci eravamo autonominati, insomma rispondemmo. La risposta di Dawson fu secca; – Io non voglio sentir parlare di Comitato di Liberazione Nazionale, io non riconosco il CLN! – Si installò nell'ufficio del Romanini, che era poi quello del Podestà. Praticamente cacciò il Romanini, cioè lo mandò via dicendogli – Si trovi un'altra stanza, qui ci sto io! – Poi, rivolto a tutti noi, aggiunse: -Io riconosco solo una Giunta provvisoria! Il CLN è sciolto! Portatemi un elenco di pochi nomi di elementi, che si costituiscono in Giunta con il mio riconoscimento, e con quello del Governo militare alleato" [41].

Le "forzose" dimissioni del CLN per escludere tutti gli esponenti comunisti furono poi ratificate con un voto unanime ed una mozione, presentata dal presidente Romanini:

> "Il Comitato Provvisorio di Liberazione, così come risulta dalla sua composizione del 26.6.1944, considerando esaurito il proprio mandato, allo scopo di favorire il suo rimaneggiamento e la sua ricomposizione su più solide basi rassegna le proprie dimissioni" [42].

Luigi Romanini fu poi nominato "Sindaco provvisorio della Città", a capo di una "Giunta provvisoria" [43], così composta:

| | |
|---|---|
| Mario Bologni | Pda |
| Luigi Boni | Dc |
| Loris Scricciolo | Pda |
| Foresto Paolucci | Psi |
| Bruno Donati | Psi |
| Carlo Rossi | Psi |
| Lauro Tofani | PDdL |
| Eligio Innocentini (Montallese) | Psi |

Solo successivamente entrava nella Giunta anche Pietro Duchini in rappresentanza del partito Comunista [44], mentre Bruno Donati, socialista, era nominato, Vice sindaco [45].

> "Di questa situazione – *continua Scricciolo* – noi avvertimmo Roma e il CLN nazionale: la risposta fu vaga, anche perché era uno dei primi casi di incomprensione con il governo provvisorio alleato [46]. Tra l'altro in quell'occasione da Roma ci dissero, che per riconoscerci come CLN dovevamo aprire ai cattolici, cioè ai Democratici Cristiani. Così fu, anzi il Boni divenne anche Vice-Sindaco" [47]. Dopo questi contatti venne così rifondato il CLN con compiti esclusivamente di organo di collegamento tra i partiti.

Come abbiamo visto, il CLN di Chiusi in questo periodo aveva contatti prevalenti con Roma, quelli con il Cln di Siena erano invece rari e limitati, per la distanza e la difficoltà di spostamento in conseguenza dell'inesistenza di collegamenti ferroviari e stradali pubblici, interrotti dalla guerra. Lo stesso CLN di Siena era d'altronde impegnato, nei primi tempi dopo la liberazione, a superare i forti ostacoli che frapponeva alla sua attività il governatore militare alleato. Solo nel settembre del 1944, trasformandosi in un Comitato Provinciale di Liberazione Nazionale, come scrive Alessandro Orlandini [48], riuscì infine ad imporre un potere di convalida delle nomine degli amministratori locali stabilite dagli alleati al momento del passaggio del fronte. Per poter meglio espletare tali compiti di convalida e controllo, si rendeva necessario impartire suggerimenti e direttive per regolarizzare le strutture e il funzionamento dei Cln comunali, cosa che si concretizzò, nel successivo ottobre del 1944, con l'invio di una circolare [49] a tutti i sindaci della provincia, onde rimuovere le "irregolarità riscontrate nella costituzione e nel funzionamento di alcuni CLN".

Il Cln di Chiusi era tra questi; difatti come scrive al CPLN di Siena in data 5 ottobre 1944:

ai partiti, a cura di ETTORE ROTELLI, vol. II *(I partiti politici)* della collana *"Il sistema delle autonomie. Rapporti tra Stato e Società civile"*, ricerca promossa dal Consiglio Regionale della Toscana in occasione del XXX della Repubblica e della Costituzione, Bologna, Il Mulino, 1981; *La Toscana nel secondo dopoguerra*, a cura di PIER LUIGI BALLINI, LUIGI LOTTI, MARIO G.ROSSI, atti dell'omonimo convegno promosso dall'ISRT e svoltosi a Firenze il 31 gennaio-1-2 febbraio 1985, Milano, Franco Angeli, 1991.

[41] Testimonianza di Loris Scricciolo raccolta nel 1988. Nel primo articolo de "La Ragione", sulla *Storia del C.L.N. di Chiusi,* del novembre 1982, viene inoltre riportata la notizia che l'AMGOT avrebbe preferito insediare come Sindaco di Chiusi il conte Piero Lucioli aderente al Partito Liberale; operazione abortita sul nascere per la "situazione locale".

[42] Comunicato del 13 luglio 1944 del Sindaco Luigi Romanini alla popolazione di Chiusi, in Archivio ANPI sezione di Chiusi.

[43] S.BISTARINI, *Perché gli altri non dimentichino*, manoscritto cit.

[44] A.Cm.C.Chiusi, fasc. 600, carteggio 1944, atti vari, Cat. I/V, lettera del sindaco al comando stazione CCRR di Chiusi del 15.7.1944.

[45] A.cm.C. Chiusi, fasc. 599, attività del CLN di Chiusi, anni 1944-1945, dichiarazione del CLN dell'8 settembre 1945.

[46] Quello di Chiusi fu uno dei primi casi in Toscana di scontro CLN-alleati e non fu certamente l'ultimo. Furono rapporti tesi, caratterizzati da sostituzioni forzate dei sindaci eletti dai Cln, con esponenti politici scelti invece dagli alleati, solo per ragioni di moderazione politica. Questa situazione di tensione raggiunse il culmine con lo scontro che si aprì a Siena tra il CLN provinciale e il governatore militare alleato. Anche qui l'ufficiale inglese non volle riconoscere il Comitato di Liberazione Nazionale e pretese che variasse il suo nome in "Comitato di Unità Nazionale", considerandolo un semplice Comitato consultivo di privati cittadini. La fattiva collaborazione fra governatore alleato (colonnello R.A.B. Hamilton) e CPLN a Grosseto, già segnalato da Francesco Chioccon nel citato La Resistenza e gli alleati, fu un caso isolato nella Toscana liberata. Si veda in proposito NICLA CAPITINI MACCABRUNI, *Appunti su politica e amministrazione a Grosseto nel primo decennio repubblicano*, in *La Toscana nel primo dopoguerra* cit., pp. 761-797. Cfr. l'intervento di GIUSEPPE BETTALLI, "La resistenza e gli alleati in provincia di Siena", in: *La resistenza e gli alleati in Toscana*, Firenze, 1964, pp. 101-103.

[47] Testimonianza di Loris Scricciolo raccolta nel 1988.

[48] ALESSANDRO ORLANDINI, *L'archivio del Comitato Provinciale di Liberazione di Siena*, in *Scritti per Mario Delle Piane*, Ed. Scientifiche Italiane, Napoli, 1986, pp. 393-394

[49] Era la circolare n. 431 del 3.10.1944; si trova in ASS, CPLN, Busta n. 10. Aspetti salienti della circolare erano: "Chi propone la costituzione del Comitato locale deve riunire i rappresentanti dei partiti antifascisti partecipanti al Governo di ricostruzione nazionale, rappresentanti la cui nomina deve essere liberamente effettuata da ogni singolo partito. Successivamente dovrà essere comunicata a questo Comitato Provinciale

"Cogliamo l'occasione per notificarVi che il nostro Comitato fu inizialmente costituito sulla base di uomini rappresentativi, più che sulla base di Partiti politici allora in formazione. Provvedemmo in un secondo momento a correggere tale difetto. Ma, per quanto taluni partiti (Comunista, e d'Azione) si sforzassero, non fu possibile raggiungere la parità nel numero dei rappresentanti per ciascuna sezione dei partiti esistenti. Cosicché, al momento attuale, il locale CLN poggia su basi di disparità, né può esservi perciò l'accordo indispensabile" [50].

Il problema sul numero dei rappresentanti per ciascun partito era legata al fatto che il CPLN voleva due membri per ogni partito, mentre alcuni partiti a Chiusi volevano nominarne un numero superiore. La trattativa giunse infine a far nominare, nel novembre, un Cln composto da tre membri per ognuno dei partiti presenti, conclusione non modificabile, poiché, come scriveva il Cln di Chiusi al CPLN, nella persona del suo segretario Scricciolo:

"...La situazione politica della città e concordi vedute dei cinque partiti [51] qui costituiti, concludono che, solo sulla base di tre rappresentanti sia possibile assicurare al nostro Comitato quell'equilibrio e quella funzionalità che gli é richiesta dalle circostanze" [52].

Con questa comunicazione si regolarizzavano i rapporti tra il Cln di Chiusi e CPLN di Siena.

Mentre la vita politica a Chiusi si animava, l'amministrazione militare alleata nel luglio 1944 avviava i lavori di ripristino della linea ferroviaria Roma -Firenze. I lavori, compiuti dalla *38th South African Railway Construction Company* – 38ª Compagnia sudafricana di costruzioni ferroviarie, utilizzando come operai anche i ferrovieri per togliere i binari divelti [53], permisero, fin dal 10 agosto, il ripristino provvisorio a fini militari della linea Roma-Orte-Arezzo, sia pure ad un solo binario [54]. L'amministrazione militare alleata a Chiusi fu inoltre rappresentata da un reparto di polizia militare dislocato, dal novembre 1944, a Chiusi Stazione per il controllo del traffico militare sulle ferrovie: la *418th FSS unit*, l'unità 418 del Field Security Service ovvero Servizio di Sicurezza da campo [55].

L'atto politico maggiore del CLN fu quello di avocare a sé la gestione e lo sfruttamento del Lago di Chiusi. Il quale, proprietà demaniale fin dal secolo scorso, a partire dal 1925 era stato ceduto in sfruttamento a privati [56], ed era poi stato affidato alla gestione del Comm. Dr. Giuseppe Giulietti (Medaglia d'oro al Valor Militare della prima guerra mondiale, Console onorario della MVSN e Podestà di Chianciano dal 1940 all'aprile 1944) che aveva stipulato nel 1939 un contratto per un periodo di 18 anni. Il 29 giugno 1944, "allo scopo di soccorrere la situazione alimentare della popolazione" il CLN decise di dichiarare decaduto il contratto del 1939 [57]. Il Ministero competente da Roma intervenne subito con un decreto che approvava l'operato del CLN, rescindendo il contratto di affitto, anche perché il Giulietti sembrava essersi trasferito nel Nord-Italia occupato dai tedeschi [58]. La Giunta comunale provvisoria recepì nei propri atti l'avocazione della gestione del lago fatta da parte del CLN [59] il quale, come fu scritto in un articolo sulla *Storia del CLN di Chiusi*,

"...si sostituiva al governo nazionale in una decisione che, a rigore, spettava solo al ministro delle finanze dell'Italia liberata che, in quel momento, aveva altro da fare. E del resto Chiusi era ancora soggetta all'autorità delle truppe di occupazione anglo-americane, che tuttavia lasciarono fare e, benché piene di dubbi, non misero alcun veto. E potevano farlo; ma la delibera del Cln trovava il pieno consenso di tutta la popolazione ed era suffragata da esigenze impellenti di pubblica necessità: quella di far affluire il pesce ai mercati, allo scopo di alimentare i cittadini che, nell'immediato, non trovavano facilmente di che cibarsi, nonostante tutti gli aiuti degli alleati" [60].

Negli anni successivi la questione sfocerà in una lunga serie di processi, che porteranno infine alla condanna solidale del Comune di Chiusi e dello Stato, ed al pagamento, nel 1963, di ben 75 milioni di lire di danni a favore del Comm. Giulietti. Lo Stato anticipò

la composizione del Comitato Locale, affinché si possa procedere al riconoscimento ufficiale e alla convalida dei componenti. È ovvio chiarire che, del comitato stesso, non portranno far parte elementi non iscritti ai partiti. Vi preghiamo pertanto di prendere l'iniziativa, qualora costà non esista un CLN costituito secondo i criteri sopraindicati, di promuovere la regolarizzazione del Comitato locale."

50 ASS, CPLN, Busta n. 1, fasc. 29; lettera del CLN di Chiusi al CPLN del 5.10.1944.

51 I partiti erano: Partito Socialista; Partito Comunista; Partito Democratico Cristiano; Partito D'Azione, Partito Democratico del Lavoro.

52 ASS, CPLN, Busta n. 1, fasc. 29; lettere del CLN di Chiusi al CPLN del 21.11.1944 e del 17.12.1944.

53 Giovanni Giulietti, *Le mie memorie* cit., pp. 182-183.

54 Camillo Lacchè, *Ferrovie italiane* cit., pp. 69-78.

55 A.Cm.C.Chiusi, fasc. 599, attività del Cln di Chiusi, anni 1944-1945, Relazione del CLN del 22.2.1945. Il reparto era formato da 15 soldati e 2 sergenti italiani, comandati da due sergenti britannici. Questo reparto ed in particolare il suo comandante, il sergente Giorgio Gordon, con i suoi comportamenti ritenuti "prepotenti", presto si scontrò con alcuni componenti del Cln di Chiusi, in particolare con Lauro Tofani, tanto che infine questi venne arrestato dai militari inglesi. Per farlo liberare una delegazione del Cln chiusino dovette così recarsi a Siena, dal comando superiore dell'8a Armata britannica. Cfr. "La Ragione", periodico, *La storia del CLN di Chiusi* cit., nov-dic. 1982.

56 La gestione del lago di Chiusi fu iniziata da una cooperativa di ex-combattenti con esito però fallimentare. Cfr. "*La Nuova Etruria*", periodico cit., anno II, n. 14, luglio 1963; vedi anche "25 Luglio", numero unico, 6.8.1944.

57 Fino al 1939 i chiusini avevano goduto dei cosiddetti "usi civici" del lago. Vi avevano potuto fare "erbatico, legnatico e pescatico" senza corrispondere canone o procurarsi autorizzazioni. Questi benefici erano stati però annullati dal Giulietti, cosa che aveva lasciato un diffuso risentimento nella popolazione. Cfr. "La Ragione", periodico, *La storia del CLN di Chiusi* cit., dic. 1982.

58 In realtà era rimasto in zona e nel settembre 1944 denunciò il CLN al tribunale di Montepulciano.

59 Copia della delibera si trova in A.Cm.C.Chiusi, fasc. 599, atti vari del CLN 1944-1946. La gestione del lago venne affidata ad una commissione amministratrice formata da: Mario Bologni; Emilio Momicchioli e Foresto Paolucci. Cfr. "La Ragione", articolo *La storia del CLN di Chiusi* cit. Dic.1982.

60 "La Ragione", articolo *La storia del CLN di Chiusi* cit. Dic.1982. Nell'ottobre 1944 fu emanato un calmiere dei prezzi di vendita del pesce; si andava dalle 55 lire al chilogrammo dell'anguilla, alle 50 lire al Kg. per

la cifra, rifacendosene poi sul Comune di Chiusi che la rimborsò nel corso degli anni [61].

Un altro grave problema all'attenzione del CLN e della Giunta comunale era quello dei senza tetto e delle riparazioni delle abitazioni danneggiate dalla guerra. Fu un problema grave, per la cui soluzione, la ritrovata libertà imponeva comportamenti trasparenti. Furono così creati due comitati: uno per l'assegnazione alloggi ai rimasti senza tetto in dipendenza di azioni belliche; l'altro per le riparazioni edilizie. Entrambi svolsero un lavoro intenso documentato da una mole spaventosa di carte rimaste nell'archivio comunale di Chiusi, cercando di dare un riparo, sia morale che materiale, ai sinistrati [62].

Fin dalle prime decisioni però, sorsero delle incomprensioni tra i partiti componenti il CLN che andarono in particolare ad incidere sui rapporti tra socialisti e comunisti. Il 5 agosto 1944, infatti, la sezione chiusina del PSI inviò una sintomatica lettera a quella del PCI, in cui chiedeva di "addivenire ad una chiarificazione" perché, – continuava la lettera – "se ci sono dell'angolosità, riferentesi ai singoli, o a situazioni locali, smussiamole, ma in famiglia! Tra il Partito Socialista e Comunista deve esserci critica costruttiva, non lotta!" [63]

Questa lettera dimostra che fu subito scontro politico a sinistra, non solo sulla differenza di idee ma anche sulle persone, e, soprattutto, sul modo di valutare i comportamenti tenuti da chi amministrava i beni comunali. Come ho accennato, alcune discussioni c'erano state anche sulla composizione del Cln stesso. Infatti il 27.8.1944 il Nucleo partigiano di Chiusi aveva reclamato la partecipazione di due partigiani nella Giunta comunale provvisoria e nel CLN perché ai partigiani in quanto tali, fosse "affidato un controllo di tutte le entrate riguardanti generi alimentari e materiali vari di utilità pubblica". Nel dibattito che si aprì in seno al CLN, la maggioranza dei partiti si oppose alla richiesta che venne così respinta. Si opposero: il Partito Socialista, la Democrazia Cristiana e il Partito Democratico del Lavoro [64].

I primi dissapori tra i gruppi politici sulla gestione comunale sorsero in ragione del contenzioso sindacale aperto sul pagamento agli operai comunali di una serie di indennità, come quella "di bombardamento" e sulla corresponsione dell'anticipo indennità carovita. Indennità che poi gli operai ottennero perché previsto dalla legislazione corrente. Tra l'altro all'Amministrazione Comunale di Chiusi venne rimproverato di dare poca importanza alla Camera del Lavoro di Chiusi e di averla "osteggiata fino a privarla della sede" [65].

Questi fatti, sommati ad altri minori, fecero considerare il Sindaco un tipo intransigente, un "decisionista", come si direbbe oggi. Se questo da una parte poteva sembrare negativo agli occhi della popolazione, dall'altra faceva sperare che avrebbe potuto risolvere gravi problemi, come quelli dell'alimentazione e delle case per i sinistrati. Nodi che però non potevano essere sciolti da un semplice Sindaco, seppure "decisionista".

L'aspetto della ricostruzione materiale delle case fu affrontato con la difficoltà tipica di una situazione dove mancava tutto. Tegole, tabelloni e travi, per riparare i tetti e ricostruire gli infissi, arrivarono solo ad ottobre di quel 1944. Per i vetri bisognò attendere il novembre [66]. Inoltre tra le prime disposizioni dell'A.M.G. ci fu la limitazione dei movimenti dei civili, che non potevano allontanarsi per una distanza superiore ai 10 chilometri dal proprio luogo di residenza [67]. I servizi postali erano inesistenti in quello scorcio di '44, e vennero parzialmente ripristinati, tra i comuni della provincia di Siena e l'Italia centro meridionale, solo il 18 dicembre 1944. Naturalmente tutta la corrispondenza era soggetta a censura e poteva essere scritta solo in lingua italiana o inglese [68]. La situazione economica a Chiusi come nel resto dell'Italia libera era caotica e, come scrive Giuseppe Mammarella, nell'inverno del 1944-1945 l'Italia visse i suoi giorni più tristi. Larghi strati della popolazione si trovarono in uno stato di pericolosa denutrizione e di indigenza quasi completa: da 2795 calorie al giorno (media degli anni '36-'40) si era scesi nel 1945 a 1733 calorie [69]. Il raccolto del 1944 fu in parte compromesso dagli eventi bellici [70], mentre il patrimonio zootecnico

i pesci tipo: ceriola, tinca, luccio, persico reale, regina ed albo. Il pesce veniva venduto a Chiusi Città tutti i giorni e a Chiusi Scalo il mercoledì. A.Cm.C. Chiusi, Fasc. 600, Atti, Documenti e Carteggi relativi al Servizio Annonanrio, anno 1944, Cat.XI.

[61] "La Nuova Etruria", periodico cit., A.I., n. 14, luglio 1963.

[62] A.Cm.C. Chiusi, Pratiche danni di guerra, anni 1946 e segg., Fascicoli 628-633. L'intera materia fu regolamentata dai DLL n. 366 del 17.11.1944 e DLL n. 4 del 18.1.1945 e infine dalla Legge 25.6.1949 n. 409.

[63] Roberto Gagliardi, *La ricostituzione del Partito Socialista nella Provincia di Siena (1944-1945)*, quaderni de "La Martinella", Siena, 1974, p. 8.

[64] A.Cm.C.Chiusi, Fasc. 599, Atti vari del CLN di Chiusi, anni 1944-1946.

[65] A.Cm.C.Chiusi, Fasc. 613, Atti del CLN di Chiusi, anni 1944-1946, inoltre A.Cm.C.Chiusi, fasc. 600, atti vari, Cat. I/V. Lettera del Prefetto di Siena del 2.11.1944, che riconobbe il diritto di tutti i dipendenti comunali ad avere l'indennità di bombardamento. Vedi anche Pliamo Pennecchi, *Piccola storia di una famiglia italiana cit.*, p. 203. Il nuovo tipo di amministrazione fu rappresentato anche dalla decisione di considerare *"avventizi"* tutti gli impiegati assunti senza concorso durante il regime fascista e di licenziare, con decorrenza 31 luglio 1944, otto impiegati, per *"diminuire il numero dei dipendenti"*. il numero dei dipendenti comunali scese infine dai 43 del 1943, ai 23 del gennaio 1945. A.Cm.C.Chiusi, Fasc. 600, carteggio 1944, atti vari cat.I/V, Ordinanza del Sindaco del 14.7.1944; A.Cm.C.Chiusi, Fasc. 614, carteggi diversi anno 1945.

[66] A.Cm.C.Chiusi, Fasc. 600, Atti, Documenti e Carteggi relativi al servizio Annonario, Cat. XI, anno 1944.

[67] A.Cm.Sarteano, Carteggio 1944, Ordinanza generale dell'A.M.G. n. 24 del 7.8.1944.

[68] Gli uffici postali ripresero i servizi accettando però solo cartoline o lettere fino al peso di 210 grammi. L'affrancatura costava 30 centesimi per spedire cartoline nella provincia di Siena e 60 centesimi per la spedizione fuori provincia; spedire lettere costava invece 50 centesimi, ogni 15 grammi di peso, nel distretto, e una lira, ogni 15 grammi, fuori distretto. Cfr. *"Rinascita"*, periodico edito a Siena, n. 39 del 17.12.1944.

[69] Giuseppe Mammarella, *L'Italia dalla caduta del fascismo a oggi* cit., pp. 141-142.

[70] I lavori di trebbiatura del grano non poterono cominciare che a luglio inoltrato, a causa del rischio delle mine nascoste nei campi e del grave pro-

era ridotto all'86% di quello del 1943 [71]. I contingentamenti, il razionamento, ed il blocco dei salari e dei prezzi continuarono così anche dopo la liberazione [72] ma i prezzi non poterono non risentire della situazione complessiva del paese. Al 10 luglio 1944 era, ad esempio, emesso il nuovo listino dei prezzi massimi da praticare nel comune di Chiusi per i generi alimentari. Il costo del pane era confermato a Lire 2,50 al chilo, come quello della pasta a 4,70 [73], la farina di frumento a 2,20 al Kg. il latte era a 5 lire al litro, l'olio di oliva sopraffino era a 20 lire al chilo. Ad agosto i prezzi di alcuni alimenti salivano, come quello del pane che andava a 3 lire al chilo o la farina di frumento a 2,70 al Kg. o l'olio di oliva a 30 lire al Kg. [74]. La situazione del razionamento alimentare si fece pesante soprattutto per chi doveva vivere di salario o di sussidi.

Gli alleati contribuirono a fornire viveri e materiali per la popolazione ma, impegnati come erano a concludere la guerra, non potevano che riservare limitata attenzione ai problemi della popolazione civile italiana. Organizzativamente però intervennero a variare il sistema distributivo dei viveri, semplificandolo. La Sepral provinciale continuò a sussistere, ma divenne l'unico intermediario per la distribuzione delle merci ai Comuni che dovevano ritirare la merce a Siena, nei magazzini alleati, con propri automezzi e pagavano la Sepral, che riscuoteva per conto dell'A.M.G., fornitore delle merci [75]. I singoli Comuni dovevano infine distribuire le merci ai rivenditori e controllare il rispetto dei prezzi e dei contingentamenti fissati in base alle disponibilità.

La situazione era grave al punto che ad ottobre 1944 furono emanate disposizioni che riducevano la razione giornaliera di farina di grano, compreso pane e generi da minestra, in 160 grammi a persona contro i 200 precedenti e solo alla fine di novembre fu ripristinata la precedente razione viveri [76].

Per dare una idea con cosa si dovesse vivere allora ecco un elenco delle razioni viveri giornalieri personali: pane 200 grammi; vegetali secchi 20 grammi; polvere per zuppa (disidratata) 28 grammi; pasta 30 grammi; formaggio, carne o carne e vegetale 60 grammi [77].

Sempre in ottobre l'amministrazione militare alleata emanava l'Ordinanza Regionale n. 3 con cui veniva posta sotto stretto controllo la macellazione del bestiame. lo scopo dell'ordinanza era quello di evitare che fosse macellato. Anche il bestiame da lavoro, che era da salvaguardare per i futuri lavori agricoli. La cosa che dava il senso dell'importanza attribuita alla questione era data dal fatto che l'eventuale violazione di tale norma sarebbe stata giudicata dal Tribunale Militare Alleato [78]. La popolazione del comune ammontava in questo momento a 9.547 abitanti [79].

Solo nel novembre del 1944 venne ripristinata una corsa settimanale di autobus per Siena [80].

La "situazione annonaria" della zona era giunta oramai ad un punto preoccupante, sia per la rarefazione delle merci che per il continuo aumento dei prezzi. A questo era da ggiungere che nei comuni limitrofi della zona come Cetona, Sarteano, Chianciano e Città della Pieve, venivano praticati dei calmieri prezzi differenti. Il Cln di Chiusi cercò pertanto di intervenire organizzando una riunione degli elementi dei Cln e delle amministrazioni comunali di questi comuni, per concordare una linea comune di condotta per quanto atteneva i prezzi. La riunione si svolse il 23 novembre 1944 [81]. Non sappiamo che accordi furono presi ma, poiché i prezzi continuarono a salire, possiamo ritenere che non approdò a nulla di concreto.

blema della mancanza del carburante per le macchine trebbiatrici. Presso alcune fattorie, come quella di Dolciano ad esempio, al 28 agosto 1944, erano ancora in corso i lavori di trebbiatura, ritardati appunto dalla mancanza di carburante. A.Cm.C.Chiusi, Fasc. 600, Atti, Documenti e Carteggi relativi al servizio Annonario, Cat. XI, anno 1944. Anche la produzione agricola dell'annata 1945 segnò una diminuzione valutata nel 40% in meno rispetto a quella del 1938. Il calo era conseguenza anche della mancanza di fertilizzanti e di mano d'opera prolungatasi negli anni della guerra. Basti pensare che il rendimento di un ettaro coltivato a grano, che nel 1938 era in media di 16 quintali, era sceso fino a 13 quintali. GIUSEPPE MAMMARELLA, *L'Italia dalla caduta del fascismo a oggi* cit., p. 143. Al calo di quantità si aggiunse anche lo scadimento di qualità dei fertilizzanti chimici "nazionali" disponibili. Cfr. LIBERTARIO GUERRINI, *La Resistenza e il mondo contadino -dalle origini del movimento alla Repubblica: 1900-1946* cit., p. 56.

[71] Al 10 agosto 1944 risultarono presenti, nel territorio comunale 1.867 capi di bestiame. A.Cm.C.Chiusi, Fasc. 600, Atti, Documenti e Carteggi relativi al servizio Annonario, Cat. XI, anno 1944.

[72] I contingentamenti ed i tesseramenti del tempo di guerra cessarono solo nel 1947, molto più a lungo rimasero in vigore gli ammassi obbligatori. GIUSEPPE MAMMARELLA, *L'Italia dalla caduta del fascismo a oggi* cit., p. 180.

[73] Subito dopo la liberazione il Governo Militare Alleato aveva emanato un'ordinanza che cercava di calmierare i prezzi dei generi di prima necessità, fissando il prezzo del pane a 5 lire al Kg. e quello della pasta a 7 lire al Kg. A.Cm.Sarteano, Carteggio 1944, Ordinanza generale dell'A.M.G. n. 30 del 25.6.1944.

[74] A.Cm.C.Chiusi, Fasc. 600, Atti, Documenti e Carteggi relativi al servizio Annonario, Cat. XI, anno 1944. Listini dei prezzi massimi del luglio e agosto 1944. Per comprendere quanto fosse difficile quel momento, basti considerare che nel 1939 un chilo di pane, "confezionato con farina di tipo unico", costava 1,84 lire; un litro d'olio "sopraffino vergine" 8,73 lire e un litro di latte 1,18 lire. Cfr. ISTAT, I*stituto Centrale di Statistica del Regno d'Italia, Prezzi in Italia nell'anno 1941 e confronto con gli anni precedenti*, Roma, Ist.Poligrafico dello Stato, 1943.

[75] A.Cm.C.Chiusi, Fasc. 600, Atti, Documenti e Carteggi relativi al servizio Annonario, Cat. XI, anno 1944. Circolare dell'A.M.G. del 29 agosto 1944.

[76] A.Cm.C.Chiusi, Fasc. 600, Atti, Documenti e Carteggi relativi al servizio Annonario, Cat. XI, anno 1944. Circolare della Sepral di Siena del 26 ottobre 1944.

[77] A.Cm.C.Chiusi, Fasc. 600, Atti, Documenti e Carteggi relativi al servizio Annonario, Cat. XI, anno 1944. Circolare dell'A.M.G. di Siena del 29 novembre 1944.

[78] A.Cm.C.Chiusi, Fasc. 600, Atti, Documenti e Carteggi relativi al servizio Annonario, Cat. XI, anno 1944. Circolare dell'A.M.G. di Siena del 13 ottobre 1944.

[79] In dettaglio erano presenti: popolazione residente n. 8.622; sfollati n. 605; forze armate n. 70; collegi, ospedale e comunità religiose n. 250; A.Cm.C.Chiusi, Fasc. 600, Atti, Documenti e Carteggi relativi al servizio Annonario, Cat. XI, anno 1944. Lettere del Sindaco di Chiusi del 21.8.1944 e 26.10.1944.

[80] A.Cm.C. Chiusi, Registri delle Delibere Comunali, Registro n° 594, Delibera n° 47 del 6.3.1945.

[81] A.Cm.C.Chiusi, Fasc. 600, Atti, Documenti e Carteggi relativi al servizio Annonario, Cat. XI, anno 1944. Lettera del Cln di Chiusi ai sindaci dei comuni limitrofi in data 14.11.1944.

Ad aggravare la situazione ci fu chi, tra i produttori locali, si mise a speculare nel "mercato nero", spedendo nelle grandi città vicine, autocarri colmi di prodotti agricoli, sotto gli occhi esterrefatti degli abitanti di Chiusi. Fu così che, come ricorda Pliamo Pennecchi:

"...questo stato di cose provocò un forte malumore che sfociò in una serie di assemblee organizzate dall'U.D.I. (Unione Donne d'Italia) da cui scaturì la richiesta, 'a carattere ultimativo', indirizzata al Sindaco e al CLN il 15 dicembre 1944 e che chiedeva che fosse vietata l'asportazione d'olio di oliva da Chiusi fino a nuovo ordine; che il prezzo dell'olio fosse ribassato a Lire 60 il Kg. come si era già verificato negli altri Comuni vicini; che la razione personale fosse portata a 500 grammi". La richiesta terminava con il perentorio invito ad una risposta entro le 10 del giorno successivo altrimenti "la popolazione adotterà quei provvedimenti che riterrà opportuno per la salvaguardia dei suoi interessi" [82].

Questa energica richiesta fu accettata. La situazione comunque continuò a deteriorare; il mercato nero e certi comportamenti di accaparramento delle merci costrinsero la stessa Sepral provinciale a proprorre, nel gennaio 1945, l'istituzione di un "corpo ausiliario annonario". Il Comune di Chiusi doveva proporre cinque nominativi, ma preferì demandare tale compito al Cln [83] in cui si stava intanto facendo avanti una situazione di malessere, che traeva origine dai partiti antifascisti che lo componevano e che stavano riorganizzandosi. Il problema era, che troppo sbilanciati erano i rapporti di forza all'interno del Cln stesso. Tutti i partiti vi erano rappresentati, ma i socialisti, che potevano vantare la loro antica tradizione politica a Chiusi, vi facevano la parte del leone con il Presidente, poi divenuto Sindaco. Il Partito Comunista di Chiusi era poca cosa in questo momento, come ricorda Rineo Cirri, che fu inviato in zona, nel novembre 1944, dal comitato federale del PCI di Siena per coordinare l'organizzazione del partito, e che trovò una sezione con pochi iscritti, senza autorevolezza tra la gente del capoluogo e senza un vero legame con la popolazione delle campagne. Trovò anche che la cellula di Chiusi Scalo non riconosceva l'autorità di direzione della sezione di Chiusi Città. Come egli stesso ricorda:

"La sede della sezione era nella ex casa del fascio e quasi tutte le sere verso le cinque veniva aperta da un giovanetto. Segretario di sezione era un compagno ferroviere che mi sembra si chiamasse Foresto Paolucci; abitava a Chiusi Scalo e in sezione non lo vedevano spesso. Dopo non molto passò al P.S.I. e dopo la scissione socialdemocratica al P.S.L.I. Più spesso in sezione andavano i compagni Duchini, Del Buono, Bistarini, un impiegato comunale che si occupava dell'organizzazione sindacale e qualche altro di cui non ricordo il nome".

Il Cirri fece organizzare subito una riunione degli iscritti:

"... la maggioranza dei compagni che parteciparono alla riunione pose subito la questione di andare a far parte della federazione di Perugia in attesa che il Comune di Chiusi perfezionasse le pratiche per essere incluso nella provincia di Perugia; a detta di quei compagni questa era la volontà di gran parte della popolazione di Chiusi, convinta che Chiusi era stata trascurata dalle autorità senesi e che certi problemi sarebbero stati risolti più facilmente con l'annessione alla provincia di Perugia. ... I rapporti con il PSI, che aveva a Chiusi Scalo una sezione abbastanza numerosa non erano buoni" [84].

Il Cirri comprese immediatamente che i due problemi più urgenti da affrontare erano quelli del reclutamento degli iscritti, in particolare nelle campagne, e quello di rafforzare la direzione della sezione, problema che fu risolto incaricando un giovane contadino: Aldo Rosati. Venne così organizzato un programma di assemblee di mezzadri e braccianti, uomini e donne, da tenersi nelle zone di Montallese, Macciano, Montevenere e Chiusi Scalo. Erano assemblee in cui venivano contemporaneamente spiegati sia i motivi per cui i lavoratori dovevano iscriversi al partito comunista, sia i termini della piattaforma rivendicativa del sindacato dei mezzadri, la Federterra. Con questo sistema vennero iscritti centinaia di persone, uomini e donne, vennero costituite diverse cellule nelle campagne e la lega contadina, della quale fu proclamato segretario Aldo Rosati, cominciò veramente ad esistere. Fu in questo periodo, tra l'inverno 1944 e la primavera del 1945, che avvenne il grosso del lavoro di organizzazione del PCI a Chiusi [85], come ricorda anche Pliamo Pennecchi:

"Durante la raccolta stagionale dei fieni, nella primavera del 1945, le riunioni delle Cellule contadine iniziavano verso le ventidue, poiché soltanto a quell'ora i compagni rientravano dai campi stanchi e ...affamati. Il Comitato Direttivo di Sezione mi aveva designato quella sera a presiedere l'assemblea della Cellula che si riuniva di solito alla "Paccianese ... In mancanza dell'energia elettrica una ragazza reggeva in mano una lucerna ad olio per consentire al Capo Cellula di leggere la 'traccia' che gli avevo portato... Intanto ognuno mangiava qualche cosa che si era portato con sé, mentre i numerosi bambini presenti, seduti alla turca sul pavimento, seguivano con estrema attenzione le discussioni senza dar segno alcuno d'impazienza. Si stava trattando l'argomento delle elezioni amministrative -ritenute imminenti – e quello della necessità di rafforzare sempre più strettamente l'alleanza tra operai e contadini. Tutti volevano esprimersi e riuscivamo a stento a disciplinare gli interventi. Prima del termine della riunione mi vennero presentati una decina di simpatizzanti (tra uomini e e donne) che chiesero l'iscrizione al partito. Poi, era quasi mezzanotte, alcuni mi accompagnarono per un bel tratto di strada, commentando vivamente i problemi esaminati" [86].

[82] Il testo completo della richiesta si trova in Pliamo Pennecchi, *Piccola storia di una famiglia italiana cit.*, p. 213.

[83] A.Cm.C. Chiusi, Registri delle Delibere Comunali, Registro n. 594, Delibera n. 2 del 12.1.1945.

[84] Rineo Cirri, *Tra cospirazione e partito nuovo (Empoli-Siena), Testimonianza*, Montepulciano, Editori del Grifo, 1990, pp. 195-198.

[85] Nel gennaio 1945 venne trasformata in sezione la cellula presente a Chiusi Scalo mentre fu costituita una nuova sezione a Montallese.

[86] Pliamo Pennecchi, *Piccola storia di una famiglia italiana* cit., p. 222 e p. 193. Pliamo Pennecchi, nato a Milano nel 1912 da genitori chiusini,

Fu sempre durante questo inverno che prese avvio la grande vertenza agraria nel senese, di cui ci limiteremo solo ad un accenno, necessario a far capire la tensione politica di quei giorni; giorni in cui, lotta politica e rivendicazione sociale saldamente si intrecciarono [87].

Nel dicembre 1944 si era costituita in provincia di Siena la Federterra, o "Sindacato unitario dei campi", i mesi successivi videro l'inizio di lotte lunghe ed ampie. Il 20 e 21 maggio 1945 a Siena venne tenuto il primo convegno regionale della Federterra, da cui scaturì la piattaforma rivendicativa per la revisione del "patto colonico di mezzadria". Affermato che il "patto colonico" imposto dal fascismo era da intendersi abolito, le rivendicazioni principali erano riassumibili in nove punti: 1) diritto del colono a partecipare alla direzione dell'azienda attraverso la commissione interna e il consiglio di fattoria, in situazione di effettiva parità tra colono e proprietario del fondo; 2) ripartizione del prodotto 60 % al mezzadro e 40 % al proprietario; 3) contratto a tempo indeterminato e disdetta solo per giusta causa; 4) diritto del colono a rimanere nel podere in caso di vendita; 5) regolare tenuta del libretto dei conti; 6) divisione a metà del costo della manodopera occasionale impiegata nella lavorazione del podere; 7) abolizione degli obbighi colonici e di tutte le prestazioni gratuite; 8) reintegrazione a spese del padrone del bestiame e dei prodotti perduti per il passaggio della guerra; 9) compenso ai mezzadri, da parte del padrone, di tutto ciò che era stato possibile salvare dalle razzie e dalle distruzioni belliche. Infine la riparazione dei danni di guerra sarebbe stato a totale carico dei proprietari [88].

Appare evidente da queste richieste, come i mezzadri puntassero a cambiare completamente i vecchi rapporti con la proprietà ritenendo esaurito il patto colonico di mezzadria [89]. La risposta dell'associazione degli agrari fu un secco rifiuto, non solo sul merito della "piattaforma rivendicativa", ma anche sulla semplice apertura di trattative. Così i contadini andarono a prepararsi alle trebbiature del giugno 1945 preparandosi alla lotta contro la proprietà [90].

Queste lotte contadine nacquero nel senese e nel grossetano, poi si estesero all'intera Toscana e a tutte le altre zone mezzadrili dell'Italia centrale. Continuarono con vigore anche negli anni seguenti, fino ad ottenere un primo significativo successo legislativo con il "Lodo De Gasperi" [91].

Variegato fu l'atteggiamento dei partiti politici nei confronti delle rivendicazioni mezzadrili: il Partito Comunista promosse e si identificò totalmente nelle lotte mezzadrili, senza porre riserve, dimostrando di appoggiare la tradizionale aspirazione dei contadini alla proprietà della terra ma riconoscendo, di fatto, il loro fondamentale contributo alla guerra di liberazione. Nel corso di queste lotte il radicamento del PCI nel mondo

dove si diplomò e si impiegò, fin da giovanissimo fu militante comunista. Fu arrestato nel marzo 1939 e condannato, con sentenza n° 117 del 17.10.1939, dal Tribunale Speciale fascista a otto anni di carcere per "associazione comunista, propaganda sovversiva e spionaggio politico-militare". Aveva scontato quattro anni di carcere quando fu liberato con la fine del regime. Dopo l'8 settembre 1943 collaborò alla lotta partigiana nella zona di Montepulciano. La sua attività politica, in quei mesi a cavallo tra il 1944 e il 1945, fu frenetica, tanto da collezionare una rosa veramente incredibile di incarichi: 1) Componente del CLN di Chiusi; 2) Segretario della Commissione d'inchiesta per le sanzioni contro il fascismo del Comune di Chiusi; 3) Responsabile politico della Sezione Comunale del PCI; 4) Segretario della Zona Val di Chiana del PCI; 5) Responsabile della sezione femminile del PCI; 6) Dirigente sindacale del Pubblico impiego; 7) Redattore del giornale murale pubblico. Cfr.: AA.VV, *Aula IV-Tutti i processi del Tribunale speciale fascista*, a cura dell'ANPPIA, Roma, 1961.

[87] Ampia è la pubblicistica sull'argomento, rimandiamo ai vari lavori tra cui, in particolare: LIBERTARIO GUERRINI, *La Resistenza e il mondo contadino -dalle origini del movimento alla Repubblica: 1900-1946*, citato; TAMARA GASPARRI, *La Resistenza in provincia di Siena-8 settembre 1943/3 Luglio 1944,* Firenze, Olschki, 1976, da p. 296 a 300; SANDRO ORLANDINI, *Luglio 1948, L'insurrezione proletaria nella provincia di Siena in risposta all'attentato a Togliatti,* Firenze, Cooperativa editrice universitaria, 1976. EMO BONIFAZI, *Lotte contadine in Val d'Orcia, 1944-1978,* supplemento al *Nuovo Corriere Senese,* n. 45 del 24 ottobre 1979, Siena, 1979. ALESSANDRO ORLANDINI, GIORGIO VENTURINI, *Padrone Arrivedello a Battitura, lotte mezzadrili nel senese nel secondo dopoguerra,* Milano, Feltrinelli, 1980; AA.VV, *La ricostruzione in Toscana, dal CLN ai partiti,* citato, pp. 142-144, 431-433, 600-605, e infine pp. 775 e segg.; ILARIO ROSATI, *Lo sfratto dei Bugno-Colle Val d'Elsa 1952,* Montepulciano, Editori del Grifo, *1984;* RINEO CIRRI, *Tra cospirazione e partito nuovo (Empoli-Siena)*, citato.

[88] SANDRO ORLANDINI, *Luglio 1948* cit., p. 37 e A.ORLANDINI e G. VENTURINI, *Padrone arrivedello a battitura* cit., pp. 98-99.

[89] La Mezzadria è un contratto agrario presupponente un sistema di conduzione delle aziende agricole che è una via di mezzo tra la conduzione diretta e l'affitto. Consiste nella gestione in comune, da parte di un proprietario fondiario e di una famiglia di contadini, di un determinato podere, col patto di dividersi i prodotti ottenuti, partecipando altresì congiuntamente ai rischi dell'impresa. Fin dai primi contratti in vigore la divisione era prevista a perfetta metà. Nel corso degli anni però, numerose modificazioni agli usi contrattuali avevano portato all'imposizione, per la famiglia contadina, di una serie di pesi assai gravosi, come il riservarsi, da parte dei proprietari, la direzione dei lavori agrari ed il diritto di vendere il bestiame anche senza il consenso del colono. L'aspetto maggiormente odiato del contratto era però la possibilità da parte del padrone di annullare facilmente il contratto, scacciando dal podere il mezzadro. Attualmente questa forma di contratto pur essendo ancora prevista dal nostro Codice Civile (Artt. 2141 e segg.), e dalla legge 15 settembre 1964 n. 756, è andato lentamente scomparendo poiché la sopra citata legge ha vietato, tra l'altro, "la stipulazione di nuovi contratti di mezzadria".

[90] La forma di lotta scelta dai mezzadri in quell'estate fu anch'essa rivoluzionaria. Non lo sciopero, che avrebbe danneggiato i raccolti e gli stessi contadini, alienando loro tra l'altro le simpatie e il sostegno degli altri lavoratori "affamati dalla guerra persa". Non bisogna infatti dimenticare che questo era il primo raccolto dalla fine della guerra. Al contrario, fu attuata una forma altrettanto efficace e drastica: l'accantonamento immediato dei prodotti secondo la percentuale stabilita dal sindacato, nonché il rifiuto di ottemperare a tutti gli obblighi colonici, tipo il non corrispondere più la regalia pasquale ai proprietari da parte dei contadini. La risposta degli agrari fu una raffica di denunce e diffide. Sandro Orlandini, *Luglio 1948 cit.*, p. 40.

[91] "Il Lodo", emanato con decreto legge il 27 maggio 1947, pur non essendo una legge rivoluzionaria, fu per molti versi importante. Riconobbe infatti il pagamento dei danni di guerra al mezzadro nella misura del 24 % del prodotto lordo di parte padronale, mentre il bestiame razziato doveva essere reintegrato con la contribuzione per il 70 % a carico dei proprietari. Di fatto fu ritenuta ingiusta la ripartizione "fascista" al 50 %, e venne introdotto un nuovo modo di intendere il rapporto colonico di mezzadria. Rimase insoluto però il succo vero delle richieste contadine, cioè l'abolizione della mezzadria come forma di rapporto produttivo tra proprietà e contadini. Il lodo chiuse una fase nelle lotte per farne aprire poi

contadino si fece ancora più saldo [92]. L'altro partito della sinistra, il Partito Socialista, in questo inizio del 1945, affrontò invece il problema della vertenza con una concezione superata dalla realtà sociale contadina. Legato ancora ideologicamente ai vecchi schemi massimalisti delle lotte bracciantili di prima del fascismo, il PSIUP, prospettò a livello nazionale la teoria della formula "la terra proprietà della collettività in uso a chi la lavora". Con questa presa di posizione rifiutò di fatto il frazionamento delle terre, che la direttiva della "terra ai contadini" avrebbe creato. Inoltre i socialisti toscani definirono "demagogiche" (oggi probabilmente si direbbe "corporative") le richieste avanzate dal PCI, perché, in quel momento la modifica delle misure di ripartizione dei prodotti padrone-mezzadro, avrebbe potuto creare delle fratture nel mondo del lavoro dalle conseguenze imprevedibili [93]. Questo timore affiora anche nell'affermazione socialista circa le condizioni dei mezzadri toscani che consideravano non tra le peggiori esistenti. Così il PCI, forte del fatto di essere un partito formato da quadri politici capaci di guardare alle campagne e alle lotte popolari con un'ottica "nuova", poté cogliere i frutti di un capillare ed entusiastico lavoro organizzativo che nasceva, non da astratte e teoriche richieste, ma da concrete e semplici aspirazioni della "gente semplice". Il PCI seppe quindi presentarsi come l'unica forza politica "disposta a raccogliere le istanze del mondo mezzadrile, l'unico alleato nelle lotte quotidiane contro i concedenti, ottusi ed egoisti" [94]. Questo farsi portavoce per la categoria mezzadrile di richieste che erano ad un tempo politiche, sociali e sindacali, portò il PCI senese ad avere una caratterizzazione tutta particolare nella realtà sociale regionale, fino a fargli assumere le caratteristiche di un vero e proprio "partito contadino" [95].

La Democrazia Cristiana con una composita messe di interpretazioni si pose sostanzialmente in una posizione intermedia. Pur non schierandosi apertamente dalla parte dei mezzadri, denunciò la grave responsabilità dei proprietari agrari che si erano rifiutati di trattare [96]. Sostanzialmente comunque, in provincia di Siena la DC disse il suo "no", alla riforma del patto colonico dietro la pressione rivendicativa e ai patti sindacali, dicendosi invece disponibile a caldeggiare una sua "ponderata" revisione in sede legislativa. Il Partito Liberale si schierò, solitario, decisamente dalla parte dell'Associazione Agricoltori difendendo l'istituto della mezzadria "come vitale" [97].

Un'altra battaglia molto sentita a livello popolare era la lotta contro il "mercato nero" dei prodotti agricoli che si andava manifestando in quegli ultimi mesi di guerra. L'accusa che veniva portata avanti e che chiaramente si innestava nella lotta sindacale che si stava aprendo, era che gli accumulatori e gli imboscatori erano da ricercarsi tra i grossi proprietari e i loro agenti agrari.

### Le "dimissioni" del sindaco Romanini

Mentre la guerra volgeva ormai al termine, e si stava svolgendo la campagna per stimolare l'arruolamento di volontari nel nuovo esercito italiano di liberazione, anche a Chiusi il 18 febbraio 1945 si ebbe "la giornata del partigiano e del soldato" [98]. Sentiamo il racconto di Eraldo Morgantini in proposito.

> "Entrato a far parte dell'Ufficio Comunale Patrioti... stilai un appello indirizzato ai giovani invitandoli all'arruolamento e feci stampare una decina di manifesti tricolori, firmati dall'Ufficio. Non ritenni conveniente firmarli come Comando Partigiani in quanto i partigiani si sarebbero sentiti quasi obbligati, almeno loro, ad arruolarsi. Sarebbe stato pretendere troppo. Due copie furono depositate nell'apposito ufficio comunale, e le altre otto fu-

un'altra. S. ORLANDINI, *Luglio 1948* cit., pp. 61-62; EMO BONIFAZI, *Lotte contadine in Val d'Orcia* cit., pp. 65-69.

[92] Cfr. in proposito RENZO MARTINELLI, *Il PCI in Toscana 1948-1958, appunti per una storia del "partito nuovo"*, in *La Toscana nel secondo dopoguerra*, cit, pp. 467-485, e nello stesso volume, alle pp. 425-466, il saggio di MARIO G. ROSSI, *Politica e Amministrazione alle origini della Toscana "rossa"*.

[93] Su questo aspetto della divaricazione fra PCI e PSIUP in merito alla vertenza mezzadrile vedi l'articolo di GIUSEPPE MUZZI, *Il Partito Socialista*, in *La ricostruzione in Toscana dal Cln ai partiti* cit., pp. 600-605. In verità nel corso del 1945, il dibattito all'interno del PSIUP fu ampio e la posizione si modificò marcatamente mentre le lotte mezzadrili prendevano piede, fino a giungere ad attestarsi, sul finire dell'anno, su di una linea di deciso appoggio alle rivendicazioni mezzadrili. Questo alternarsi di posizioni però non poteva non far sembrare incerta e moderata la linea socialista agli occhi dei mezzadri, che al contrario sentivano impellente e necessario un rapido cambiamento delle cose. Al PSIUP, in Toscana e probabilmente anche a Chiusi, mancarono in questa fase quadri giovanili e intellettuali, che immettessero nel partito linfe di energie nuove, tali da permettergli di rivedere schemi e mentalità ormai inadeguati. La complessità e la multiformità del socialismo toscano durante il decennio '46-'56 è chiaramente evidenziato nel saggio di ARIANE LANDUYT, *Per una storia del socialismo toscano. Un'area alla ricerca della propria identità politica (1946-1956)*, in *La Tosana nel secondo dopoguerra* cit., pp. 487-572.

[94] P. TADDEI, *Cinque anni di lotte contadine in Valdelsa: 1945-1950*, in "*Miscellanea storica della Valdelsa*", LXXVII-LXXIX, gennaio-dicembre 1971-1973, nn. 1-3, p. 64, in Biblioteca "Gracco del Secco", Colle Val d'Elsa.

[95] Il PCI raccolse la massa dei suoi iscritti in Provincia di Siena appunto tra i mezzadri. Per dare un'idea, nel dicembre 1947, la Federazione senese del PCI aveva 51.933 iscritti di cui 29.714 erano contadini. Cfr. "Unità e Lavoro", Bollettino della Federazione Comunista Senese, a. IV, n. 50, 6-12-1947, in Biblioteca Comunale di Siena. Vedi anche l'articolo di TAMARA GASPARRI E RENZO MARTINELLI, *Il Partito Comunista Italiano: appunti per una ricerca*, paragrafo riguardante la prov. di Siena. In: *La ricostruzione in Toscana, dal Cln ai Partiti* cit., pp. 853-874. Da sottolineare soprattutto come all'interno delle lotte mezzadrili di quegli anni le donne vi partecipassero direttamente e spesso in prima fila, a dimostrazione di come esse "avessero preso coscienza del proprio ruolo produttivo" all'interno dei nuclei familiari contadini.

[96] Sul dibattito interno alla DC vedi lo studio di PIER LUIGI BALLINI, *La Democrazia Cristiana*, in *La ricostruzione in Toscana, dal Cln ai partiti* cit., pp. 142-144, e p. 432, oltre al saggio dello stesso autore, *La dinamica elettorale 1946-1963*, in *La Toscana nel secondo dopoguerra* cit., pp. 327-377 e gli altri studi in questo stesso volume di RITA PASQUINI, *La DC a Firenze 1946-1956*, alle pp. 573-632 e di TULLIO INNOCENTINI, *La DC ad Arezzo dal 1944 alla vigilia degli anni Sessanta*, pp. 633-652.

[97] Vedi il saggio di SANDRO ROGARI, *Il Partito Liberale Italiano*, in i, *La ricostruzione in Toscana, dal Cln ai partiti cit.*, pp. 431-433. Il colonnello Marenco, esponente provinciale del PLI, in questa fase caldeggiò duramente la necessità di sostenere una linea di "intransigente difesa" del patto colonico di mezzadria.

[98] P. PENNECCHI, *Piccola storia di una famiglia italiana* cit., p. 216.

rono affisse. Poiché partimmo in sette, ci fu evidentemente una copia di troppo. Furono con me: Elvio Barni, Lino Toppi, Nilo Marchetti, Gino Santoni, Elio Laurini, e Giuseppe Poggioni" [99].

Con il marzo del 1945 sempre più sorsero contrasti sull'operato della Giunta Comunale, tanto che in data 3 marzo 1945, lo stesso CLN rilevava come si registrasse uno scarso funzionamento della stessa e pertanto chiese al Sindaco di studiare e adottare i mezzi che riteneva più idonei ad assicurare una sua azione più decisa e responsabile [100]. A tal proposito il CLN chiese una maggiore coesione e cooperazione fra l'organo politico, il CLN appunto, e quello amministrativo, la Giunta.

Un altro grave problema che dovette essere affrontato dalle emergenti forze politiche fu quello legato alla politica di punizione dei "delitti fascisti" e "dell'epurazione". A tal riguardo nell'autunno del 1944 fu costituita in Comune la "Commissione d'inchiesta per i reati dei fascisti" e, come scrive Pliamo Pennecchi, "Dopo le prime esitazioni... fioccarono le denunce che raccogliemmo con cura e trasmettemmo alla Commissione Provinciale di Siena. Ma chi ne seppe più nulla? [101]"

Le accuse più gravi riguardarono l'indicazione di alcuni nominativi accusati di azioni squadristiche nel biennio 1921-1922, ed in particolare la partecipazione alla spedizione punitiva che, il 19 maggio 1921, aveva causato la morte di tre contadini al Rione Carducci di Chiusi [102]. Le accuse non ebbero però alcun seguito. Il 19 e 20 marzo 1945 alcuni cittadini stanchi dei ritardi, a loro opinione eccessivi, nell'opera di epurazione dei fascisti, scelsero di regolare da sé conti di passate persecuzioni politiche, picchiando degli ex-squadristi. Sulle valutazioni da attribuire all'accaduto ci furono delle forti tensioni fra i gli esponenti politici [103].

In quei giorni così difficili, la libera circolazione dei veicoli era ancora sottoposta a rigida disciplina. I permessi erano rilasciati sempre dal comune e questo ci consente di conoscere quanti veicoli esistessero allora a Chiusi: 17 motocicli; 15 autovetture; 30 autocarri [104].

Il 25 aprile 1945 arrivarono le notizie dell'insurrezione del nord-Italia, della morte di Mussolini e della fine della guerra. Tutti presero coscienza della fine di un'era e della nascita di una nuova, ma soprattutto alcuni ritennero che le vecchie solidarietà antifasciste fossero ormai superate.

La tensione, montante fra i vari partiti, sfociò infine nel 'fattaccio' del 26 maggio 1945, così ricordato da Pliamo Pennecchi

"...in tale giorno, il grave malcontento sviluppatosi tra la popolazione per la penuria dei generi di prima necessità, sfociò in una grande dimostrazione di piazza, a stento controllata dal Circolo UDI di Chiusi ...una folla di oltre duemila donne, esasperate anche dalle manovre degli speculatori che nascondevano le merci per poi rivenderle a prezzi proibitivi di borsa nera, dopo aver percorso le strade della cittadina, invase addirittura il palazzo Municipale reclamando a gran voce le dimissioni dell'amministrazione. Riuscimmo con enorme difficoltà a calmare parzialmente le dimostranti indicendo, seduta stante, la riunione straordinaria del CLN nella sala consiliare del Comune in cui venne introdotta una delegazione di dieci donne, tra cui le dirigenti locali dell'UDI". Questa delegazione avanzò la richiesta delle dimissioni del sindaco allora in carica; l'arresto di tutti i fascisti repubblichini e degli ex.squadristi; l'istituzione di un calmiere per i generi di prima necessità e riconoscimento da parte del CLN di commissioni popolari di vigilanza per il mantenimento dei prezzi fissati. Sentite le illustrazioni verbali di alcune tra le delegate e udito il parere della maggioranza dei membri del CLN venne constatato che il Sindaco e l'intera Giunta Comunale avevano rassegnato seduta stante le loro dimissioni; venne stabilito che tutti i cittadini che avevano denunce da fare a carico di fascisti lo avrebbero dovuto fare legalmente rivolgendosi alla commissione d'inchiesta per le sanzioni contro il fascismo; ed inoltre alla prima riunione della nuova Giunta sarebbero state invitate alcune delegate dell'UDI allo scopo di concordare i richiesti provvedimenti calmieratori. Il CLN poi – in riunione separata – approvò il seguente ordine del giorno: "Il Comitato, preso atto della crisi, nel mentre dichiara che la stessa deve essere risolta dall'unanime volontà dei partiti coalizzati, ritiene necessario aprire consultazioni fra gli stessi per poter appianare eventuali divergenze che potessero sorgere nella nomina della nuova Amministrazione Comunale. Si stabilisce per giovedì dell'entrante settimana la prossima riunione del CLN per l'elezione del Sindaco e della Giunta. Intanto le donne scioglievano ordinatamente la dimostrazione ripercorrendo le strade della città allegramente per la vittoriosa conclusione della loro lotta" [105].

Fin qui la versione dei fatti data dal Pennecchi; di ben altro avviso Loris Scricciolo:

"Ormai Chiusi era stata restituita dal governo militare alleato all'amministrazione del governo di Roma [106]. La vita politica si svolgeva con il CLN che esercitava poteri

[99] Testimonianza di Eraldo Morgantini cit. Questi sette volontari furono inviati sulla Linea Gotica prima del crollo finale, ma a dispetto del loro desiderio di combattere finirono quasi tutti ad operare nelle salmerie, chi con la Va Armata USA chi con l'VIIIa Armata britannica.

[100] A.cm.C. Chiusi, Fasc. 599, atti vari del CLN di Chiusi, anni 1944-1946. Questo problema del coordinamento tra Cln e Giunta aveva già portato, nel febbraio 1945, a far stabilire che la giunta comunale si riunisse ogni quindici giorni e "precisamente il giovedì successivo alle riunioni del Cln". A.Cm.C. Chiusi, Registri delle Delibere, Registro n. 594, Delibera n° 68 del 13.2.1945

[101] P. PENNECCHI, *Piccola storia di una famiglia italiana* cit., p. 206-207.

[102] Il 19 maggio 1921, si stavano svolgendo i funerali "civili" del figlio del sindaco socialista di Chiusi Oreste Venturini, nell'intenzione degli organizzatori il funerale si doveva trasformare in una grande manifestazione antifascista, ma il corteo venne aggredito, in prossimità del podere "Casanova" (nell'attuale Rione Carducci), da tre camions di squadristi provenienti da diverse località dell'Umbria e della Toscana che prima provocarono i partecipanti al funerale e poi aprirono il fuoco. Tre lavoratori: Benicchi Averino, Meconcelli Ferdinando e Trabalsini Giovanni, rimasero uccisi. Cfr. *Veniamo da lontano e andiamo lontano, 50 anni di lotta dei comunisti di Chiusi* cit., p. 3; GIOVANNI GIULIETTI, *Le mie memorie* cit., pp. 43-49; A.ORLANDINI-G.VENTURINI, *I giudici e la Resistenza cit.*, p. 69.

[103] A.Cm.C.Chiusi, fasc. 599, atti vari del Cln, anni 1944-1946.

[104] Tra questi c'era un motociclo, marca Bianchi 175, targato SI 16 ed un autocarro Fiat 501, con targa SI 718. A.Cm.C. Chiusi, Registri delle Delibere Comunali, Registro n° 594, Delibera n° 97 del 23 aprile 1945.

[105] P. PENNECCHI, *Piccola storia di una famiglia italiana cit.*, pp. 223.

politici e la Giunta Comunale che esercitava poteri di amministrazione... Io ero presente sia nel CLN come segretario, che nella Giunta come assessore alla pubblica istruzione. Allora ero nel partito d'Azione, questo lo ricordo per dire che assistei a quei fatti come testimone e non come parte in causa. In quell'inverno 1944-1945 avvenne che il partito comunista grazie al grosso lavoro di proselitismo del Pliamo Pennecchi si rafforzò enormemente. I socialisti infatti pensavano a consolidare il loro potere dentro Chiusi inseguendo l'illusione che nulla fosse cambiato dal periodo 1905-1919 quando erano il partito egemone, i comunisti invece passarono all'attacco nelle campagne organizzandosi prevalentemente sulla base contadina. Prima di tutto fondarono leghe sindacali contadine. Tanta era la commistione, che gli stessi non distinguevano più quando si riunivano come sindacato o come cellula di partito. Così il partito comunista a Chiusi si espanse enormemente. Forti erano anche i socialisti, ma quest'ultimi lo erano nel ceto urbano, i comunisti in quello contadino. Pennecchi e gli altri partivano, sera per sera, battendo le campagne, le case dei contadini e racimolando decine di iscritti per volta. Ricordo che lo slogan allora era, che il partito comunista era il partito giovane, mentre il partito socialista era il partito vecchio. Tant'è che nelle famiglie contadine succedeva che, i vecchi che ricordavano il partito socialista, alla proposta di iscrizione al PCI rispondevano – No! No! Io sono socialista, pigliate il mio figliolo semmai, voi che siete il partito più giovane! -. Così il partito comunista si rafforzava, mentre quello socialista si cullava. Così ad un certo punto il Pennecchi pensò che un forte partito quale era diventato il PCI a Chiusi, non fosse adeguatamente rappresentato nella Giunta Comunale provvisoria, e che invece i socialisti fossero sopravvalutati. Cominciarono così a correre voci che il Romanini quanto il Donati, suo factotum, non avevano capacità di gestire le cose comunali sempre con le mani limpide e con la trasparenza necessaria. Questa voce era tanto circolata ed era tanto accreditata che ne conseguiva una grossa squalifica del partito socialista. Così giunse il momento che al Pliamo Pennecchi, vecchia anima stalinista, sembrava adatto per aizzare una manifestazione di donne capeggiate da alcune 'pasionarie' dell'UDI. La manifestazione fu prima in piazza, poi queste invasero in numero cospicuo il Palazzo Comunale e aggredirono il Sindaco Romanini dopo essere entrate nel suo ufficio [107]. Lo presero per un braccio e lo estromisero 'con la violenza'. Lo estromisero con la stessa tecnica che fu attuata dai fascisti nel 1921 contro il povero ultimo sindaco socialista il 'Rossino', proprio fisicamente. Fu sollevato dalla sua sedia e trascinato fuori dal palazzo... Così avvennero le 'dimissioni' di Luigi Romanini dalla carica di Sindaco della giunta provvisoria di Chiusi. Io sono stato testimone disgustato e diretto di questo fatto che portò alla rottura a Chiusi del patto d'unità e d'azione fra PCI e PSI. Merito di questo fu del Pliamo Pennecchi, che dalla sua carica di Segretario di sezione aveva fin dall'ottobre 1944 proposto di insediare al posto di Romanini un sindaco del PCI. L'operazione non aveva trovato concordi i moderati all'interno del PCI che temevano di restare isolati nel CLN, ma la presa d'atto della propria forza numerica che si fece avanti con la primavera all'interno del PCI di Chiusi, sommata al malcontento che si era andato sviluppando su quella che era ritenuta nella popolazione l'errata gestione dei beni comunali, portò invece alla manifestazione del 26 maggio. Con il 'fatto Romanini', il PCI e il PSI si dovettero confrontare con la nascita di una situazione di rapporti tesi, rapporti che da allora a Chiusi non vennero più completamente recuperati. Anche perché queste 'dimissioni' misero a nudo la debolezza reale del PSI Chiusino. L'aggressione subita bruciava al PSI e si venne a creare così una situazione in cui nonostante l'intervento del CLN provinciale e delle federazioni provinciali del PSI e del PCI si ebbe una serie di veti incrociati sul nuovo sindaco da nominare. I socialisti premevano perché fosse sconfessata l'operazione, ma trovandosi isolati, finirono per accettare l'aspirazione comunista di avere un Sindaco. Pretesero però di designare loro il sindaco comunista. Continuò così il litigio. Alla fine venne fuori la candidatura di un uomo molto serio: Pietro Duchini; comunista; antifascista serio; una persona dignitosa che diventò Sindaco [108]. La crisi della Giunta Comunale passò poi nel CLN, divenuto da quel momento una sede invivibile di risse e puntigli. La rottura dell'unanimismo alla base del CLN portò al blocco totale dell'operato del CLN comunale" [109].

Quest'ultimo, dalla seconda metà del 1945, fu presieduto appunto da Loris Scricciolo.

È doveroso comunque evidenziare che l'andamento dei prezzi dei generi alimentari e dei manufatti, continuò a salire, in questo scorcio del 1945, in maniera fuori della norma, come fu evidenziato da un volantino distribuito a Chiusi nel novembre 1945 dal Partito Democratico del Lavoro:

" ...Il costo della vita in Chiusi é superiore a quello di qualsiasi altro centro della Toscana, e per moltissimi generi di largo consumo i prezzi sono superiori a quelli stessi praticati nella città di Roma. Per cui Chiusi deve considerarsi sede economicamente disagiata" [110].

Durante i fatti che avevano portato alle dimissioni del Sindaco, come già detto, il PSI si era trovato isolato

[106] La provincia di Siena, assieme a quelle di Arezzo e Grosseto, vennero restituite all'amministrazione del governo italiano il 10 maggio 1945. Cfr: C.R.S. HARRIS, *Allied Military Administration of Italy 1943-1945* cit., p. 178 e cartina a pp. 366-367, e anche F. CHABOD, *L'Italia contemporanea 1918-1948* cit., p. 129.

[107] tra le voci che circolarono a Chiusi allora, ce ne fu anche una che attribuì ad una donna, facente parte della manifestazione, la frase detta nei riguardi del Romanini: "Te sei entrato dalla porta, ma noi ti si fà uscire dalla finestra". Testimonianza di Vinicio Betti raccolta nel 1988

[108] Pietro Duchini fu nominato Sindaco di Chiusi dal Prefetto della provincia di Siena con Decreto del 22 giugno 1945. Il Prefetto chiese poi al CLN di Chiusi di inoltrargli le proposte per le nomine degli altri assessori con cui costituire la Giunta; cosa che fu fatta nel successivo luglio. Cfr. ASS, CPLN, Busta 1, fasc. 29.

[109] Testimonianza di Loris Scricciolo raccolta nel 1988. Vedi anche i citati articoli sulla storia del CLN di Chiusi, pubblicati a puntate su "La Ragione" tra il novembre 1982 ed il dicembre del 1983. Le lotte mezzadrili in pieno svolgimento avevano intanto coinvolto anche il Cln. Nel settembre del 1945, dopo un "dimostrazione di massa dei mezzadri", al Cln fu chiesto di farsi mediatore sulla vertenza. Il Cln acconsentì ma si scontrò a con un rifiuto dell'Associazione agricoltori a trattare. "Sicché la crisi di autorità del Cln ... esplose da allora anche sul piano sociale oltreché politico". *"La Ragione"*, *La storia del CLN di Chiusi* cit., Apr. 1983.

[110] ASS, CPLN, Busta 1, fasc. 29, Ordine del giorno della sezione del

nel CLN, con tutti gli altri partiti contro che puntavano a ridimensionarne la posizione. Atteggiamento che proseguì anche dopo e che fu il motivo scatenante della fine del CLN stesso.

Lo scontro finale nacque sulla nomina, a componente socialista del CLN, di Bruno Donati, che si ritrovò ad essere preso nel vortice di una situazione in cui l'attacco sulla sua persona, non fu altro che un mezzo per colpire il PSI. Il Donati nel maggio 1945 si era dimesso dal CLN, lamentandosi che le sue proposte fossero regolarmente accantonate, e neppure prese in considerazione. Il 20 ottobre 1945 il PSI lo nominò nuovamente a far parte del CLN, ma, nella votazione a scrutinio segreto di ratifica della sua nomina nel CLN, l'assemblea dei partiti presenti la respinse con 4 no e 1 si [111]. Questo ennesimo smacco spinse il PSI a ritirare i propri rappresentanti dal CLN il 15 novembre 1945 che da questo momento si trovò costretto a rinviare le proprie riunioni. La situazione parve sbloccarsi quasi subito, perché il PRI, che fino ad allora era voluto rimanere fuori dal CLN di Chiusi [112], proprio il 27 novembre 1945 formalizzò la sua richiesta a farne parte, nell'ottica della creazione della "concentrazione repubblicana" in vista del referendum istituzionale del 2 giugno 1946. L'entrata del PRI nel CLN, spingeva il PSI a far tornare i propri rappresentanti, ma, persistendo il rifiuto sulla ratifica della nomina di Bruno Donati, ci fu un nuovo congelamento della situazione. Si cercò di far risolvere la questione al CLN provinciale, ma la cosa appariva difficile visto la richiesta del PSI che: "...il CLN di Chiusi fosse epurato dagli elementi che lo componevano e che si investivano della qualità di giudici" [113]. L'accusa era principalmente rivolta ad alcuni elementi del Partito Democratico del Lavoro e del Partito d'Azione presenti nel CLN. In attesa di trovare una soluzione a questo problema il Cln sospese ogni attività ufficiale.

La situazione degradò definitivamente quando in ragione del 'Patto di unità e d'azione' intercorrente fra PSI e PCI a livello nazionale, la sezione del Partito Comunista di Chiusi fece sapere al Presidente del CLN, Scricciolo, che a partire dalla metà del dicembre 1945, non avrebbe più preso parte a riunioni del CLN in assenza del PSI. Lo Scricciolo pose allora come termine ultimo della vertenza il 31 gennaio 1946, altrimenti, il CLN "s'intendeva definitivamente sciolto" [114]. "Poiché nessuno recedette dalle proprie posizioni, il CLN si sciolse tra lo squallore generale" [115].

Il 5 febbraio 1946 tramite il CPLN provinciale fu trovato un accordo "all'italiana": il Donati sarebbe stato accettato in seno al CLN con nuova votazione e poi si sarebbe dimesso entro il 28 febbraio [116]; era già troppo tardi. Ormai si andava a grandi passi verso le elezioni amministrative della primavera del 1946: quella pasticciata soluzione del problema CLN non interessava più nessuno, visto che i partiti stavano andando a contarsi realmente, per la prima volta dopo tanti anni. Fu così che il CLN di Chiusi non venne più ricomposto [117].

Per quelle elezioni i socialisti, che avevano cambiato il loro nome in PSIUP, e i comunisti si presentarono in lista unica sotto il simbolo di "Blocco Socialcomunista". Prevedendo che sarebbero stati maggioranza, e che sarebbero toccati loro 16 seggi, fu stabilito che otto sa-

Partito del Lavoro di Chiusi del 25.11.1945.

[111] I partiti presenti nell'assemblea erano il PCI, PSI, Pd'Az., PDdL, e la DC.

[112] Il PRI non era rappresentato nel Comitato di Liberazione Nazionale, in quanto non riconosceva l'istituzione monarchica, a cui i CLN, dovevano sottomettersi come parte delle istituzioni dello stato italiano. Questa era una posizione comune a tutto il Partito Repubblicano Italiano, e fu un elemento che lo spinse a porsi fuori dai vari governi ciellenistici su scala nazionale. Al riguardo vedi BRUNO DI PORTO, *Il Partito Repubblicano Italiano-Profilo per una storia dalle origini alle odierne battaglie*, Roma, 1963 e il saggio di SANDRO ROGARI, *Le forze laiche: fra terza forza e soggezione alla DC*, in *La Toscana nel secondo dopoguerra* cit. pp. 557-572.

[113] A.Cm.C.Chiusi, fasc. 599, atti vari del CLN 1944-1946, che contiene tutta la corrispondenza relativa. Purtroppo non è stato possibile rintracciare i verbali del CLN: né nell'Archivio del Comune di Chiusi, né presso l'Archivio di Stato di Siena nel "Fondo CPLN".

[114] La storia del CLN di Chiusi, in "La Ragione", periodico cit., dic. 1983. Vedi anche ASS, CPLN, Busta 1, fasc. 29, lettera del Cln di Chiusi al CPLN del 22 gennaio 1946.

[115] La storia del CLN di Chiusi, in "La Ragione", periodico cit., dicembre 1983.

[116] A.Cm.C.Chiusi, fasc. 599, atti vari del CLN, 1944-1946.

[117] La crisi che colpì il CLN di Chiusi in quello scorcio di 1945, fu tutt'altro che un caso isolato. Episodi simili accaddero anche altrove. In quel periodo iniziale della "ricostruzione", ampio e controverso fu il dibattito sull'assetto da dare alla "nuova Italia" risorgente dalle ceneri del fascismo; sia sul piano istituzionale (repubblica o Monarchia) che su quello sociale (capitalismo o socialismo). Quale funzione dovevano avere nella ricostruzione i CLN? Questo fu l'interrogativo che si posero i partiti. Su tale funzione si scontrarono le due animedell'antifascismo. Quella progressista e repubblicana dei partiti di sinistra, (PCI, PSIUP, P d'Az.) voleva i CLN come organi permanenti del nuovo governo democratico, in una posizione di animatori della rinascita della vita politica e sociale, come "enti periferici della nuova democrazia", che sarebbe dovuta essere repubblicana e per "il governo del popolo". Ad essi si contrappose l'anima moderata (DC,PLI, e monarchici) che si mostrò fermamente contraria a queste tendenze. Vedevano nei CLN solo comitati d'emergenza, nati per affrontare il preciso momento di lotta militare antifascista, e che dovevano quanto prima cedere il passo alle forze politiche liberamente scelte ed elette. Fu in questo momento che maggiormente si appalesò nei CLN, la propria debolezza e l'incapacità di emanare una direttiva politica unitaria sui grandi e piccoli problemi che si presentavano. Così, mentre con la nascita dei vari governi democratici, locali e nazionali, la concentrazione dei partiti si sdoppiava, cessando di avere come espressione esclusiva i CLN, questi ultimi entrarono in crisi come soggetto politico. Tale crisi fu ancor più inevitabile con la progressiva riorganizzazione dei partiti, che andarono inevitabilmente a perseguire proprie linee, spesso contrastanti. Così i CLN, resi deboli dalla regola dell'unanimità che poneva tutti i partiti alla stessa stregua senza distinzione di forza numerica o politica, cessarono tutti nel corso del 1946. Il CPLN di Siena si sciolse, ad esempio, nel luglio. Per una storia dei Comitati di Liberazione Nazionale vedi: MARIO DELLE PIANE, *Funzione storica dei Comitati di Liberazione nazionale,* Firenze, Le Monnier, 1946; G. QUAZZA, L.VALIANI, E.VOLTERRA, *Il governo dei CLN,* Torino, Giappichelli, 1966; L. VALIANI, G. BIANCHI, E. RAGIONIERI, *Azionisti, cattolici e comunisti nella resistenza italiana,* Milano, Angeli editore, 1971; *"Verso il governo del popolo", atti e documenti del CLNAI 1943/1946,* introduzione e cura di Gaetano Grassi, Milano, Feltrinelli, 1977.

[118] Le elezioni amministrative del 1946 non si svolsero simultaneamente in tutti i comuni, ma ebbero luogo in cinque domeniche consecutive tra il 10 marzo ed il 7 aprile. Nei comuni non capoluoghi di provincia con

rebbero andati ai comunisti e otto ai socialisti [118]. Lo schieramento dei partiti moderati si concretizzò nella lista del Blocco Democratico Cristiano. Le elezioni avvenute il 7 aprile, portarono come previsto alla vittoria del Blocco Socialcomunista [119]. Sindaco, il primo liberamente eletto dopo venti anni di dittatura, fu il comunista Pietro Tiradritti [120]. Difficile e travagliata fu la vita di questa amministrazione comunale. Fu infatti sciolta, con Decreto del Presidente della Repubblica, il 4 novembre 1948, per "irregolarità compiute nella gestione comunale della concessione del Lago di Chiusi". Vennero inoltre anche addebitati al sindaco e alla Giunta comunale: "atti di ribellione verso la superiore autorità tutoria, con l'insistere ad inoltrare deliberazioni già precedentemente respinte perché contrarie agli interessi dell'amministrazione comunale" [121].

L'aprile del 1946 portò anche alla riattivazione per il traffico passeggeri dell'intera linea Roma-Firenze, in gran parte ancora a binario unico [122], e della linea Empoli-Siena-Chiusi [123].

Il 2 giugno 1946 ci fu un'ulteriore controprova della vittoria politica che avevano conseguito i partiti della sinistra a Chiusi. Il 'test elettorale', come si direbbe oggi, a cui parteciparono per la prima volta in Italia anche le donne, fu doppio. Il più importante fu quello istituzionale del referendum Repubblica-Monarchia. Qui, la presenza della forte concentrazione dei voti dei partiti Repubblicani [124], portò alla vittoria della Repubblica anche a Chiusi con i seguenti voti:

| REPUBBLICA | MONARCHIA | BIANCHE E NULLE |
|---|---|---|
| 4.600 | 638 | 211 |

L'altro voto fu per eleggere i membri dell'Assemblea Costituente.

| | | |
|---|---|---|
| Elettori | 5.720 | |
| Votanti | 5.406 | |
| *Partiti* | *Voti* | *Percentuale* |
| Pci | 2.884 | 55,3 % |
| Psiup | 1.173 | 22,5 % |
| Dc | 592 | 11,4 % |
| Fronte dell'uomo qualunque | 132 | 2,5 % |
| Pri | 218 | 4,2 % |
| Unione Democratica Nazionale (Pli-Pddl) | 87 | 1,7 % |
| Partito Cristiano Sociale | 30 | 0,6 % |
| P. D' Azione | 75 | 1,4 % |
| Blocco Naz. Della Libertà | 20 | 0,3 % |
| Totale voti validi espressi a Chiusi | | 5.211 |
| Schede Bianche e Nulle | | 195 [125] |

Il 10 giugno, alle ore 18, la popolazione di Chiusi si radunò in piazza XX settembre, davanti al palazzo municipale, per ascoltare dalla radio la proclamazione dei risultati nazionali del referendum, da parte della Corte suprema di Cassazione [126]. Nei giorni successivi la proclamazione della Repubblica e l'insediamento dell'Assemblea Costituente sanzionarono per l'Italia la fine di un epoca e l'inizio di una nuova. Cominciò così, anche per Chiusi, il democratico confronto politico... ma questa è un'altra storia!

La popolazione, per ricordare perennemente i drammatici giorni della guerra, aprì il 29 ottobre 1947, una sottoscrizione per elevare un "Monumento alla Libertà". L'iniziativa non andò in porto ma venne comunque realizzata una lapide posta, nel sesto anniversario della liberazione, sulla facciata del palazzo comunale.

popolazione inferiore ai 30.000 abitanti si votò con il "sistema maggioritario plurinominale con il voto limitato ai quattro quinti". Questo significava che i 4-5 dei seggi, cioè sedici seggi su venti, sarebbero andati alla lista maggioritaria nei voti. ISTAT-MINISTERO DELL'INTERNO, *Statistiche delle elezioni amministrative dell'anno 1946 per la ricostituzione dei Consigli Comunali*, Roma, Ist. Poligrafico dello Stato, 1946.

119 Questi furono i risultati elettorali: Blocco Socialcomunista Voti 3.820, Seggi 16; Blocco Democratico Cristiano Voti 732, Seggi 4; Inoltre il Partito d'Azione e il Partito Repubblicano si associarono in una lista comune che ebbe 447 voti ma che non conseguì alcun seggio. Cfr: LUSINI ALDO, *Almanacco Senese 1947* cit., pp. 80-81 e p. 194.

120 Pietro Tiradritti, (1907-1978), segretario amministrativo di scuola media ad Arezzo. Era il fratello di Natale Tiradritti, deceduto nell'agosto 1944 durante l'opera di sminamento. Si impegnò a fondo nella politica amministrativa per Chiusi, realizzando i primi piani regolatori, e dando vita alla gestione comunale di autolinee di collegamento con le grandi linee di comunicazione. Amante di teatro, creò a Chiusi il 'teatro popolare di massa', riuscendo così ad avvicinare a questo anche la gente più semplice.

121 "La Nazione Italiana", quotidiano di Firenze, n. 271 del 19 novembre 1948, e "La Nazione Italiana" del 17 marzo 1949. Vedi anche: RINEO CIRRI, *Tra cospirazione e partito nuovo (Empoli-Siena)* cit., pp. 275-276. Sulla questione del Lago di Chiusi e sullo scioglimento dell'amministrazione comunale, si ebbe anche un ampio dibattito alla Camera dei Deputati. Due interpellanze parlamentari, sostennero infatti che lo scioglimento dell'amministrazione comunale, poteva portare a sfavorevoli conseguenze alla causa giudiziaria in corso tra il Comune di Chiusi e il comm. Giulietti. Tutte le proteste furono inutili. Lo scioglimento venne confermato e a gestire il Comune si insediò un commissario prefettizio. Le nuove elezioni comunali furono indette per la domenica del 15 maggio 1949. Furono elezioni precedute da una lunga serie di perquisizioni delle forze polizia, che portarono alla scoperta di due piccoli depositi di armi da guerra nei cimiteri di Montallese e Quercialpino. Furono inoltre perquisite la Casa del popolo e la Camera del Lavoro di Chiusi. La vittoria nelle elezioni andò ai socialcomunisti, che oltre a rieleggere il Tiradritti sindaco, ottennero anche di escludere dal consiglio comunale i rappresentanti del centro e della destra. Furono infatti presentate tre liste, due socialcomuniste ed una formata da democristiani, repubblicani, saragattiani ed indipendenti. I voti degli elettori di sinistra vennero fatti confluire sia su una che sull'altra delle liste socialcomuniste, in modo che anche la seconda delle liste riportasse comunque un numero maggiore di voti di quella democristiana. Così i socialcomunisti si aggiudicarono sia i 16 seggi della maggioranza che i 4 della minoranza. "La Nazione Italiana", 18 maggio 1949; 27 aprile 1949; 18 febbraio 1949.

122 CAMILLO LACCHÈ, *Ferrovie italiane* cit., p. 164. Nel 1947 fu completato il raddoppio dei binari e la rielettrificazione della linea.

123 ADRIANO BETTI CARBONCINI, *Siena e il treno*, Cortona, Calosci, 1991, p. 151.

124 Invitarono i propri elettori a votare Repubblica: il PCI; il PSIUP; il Pd.Az.; e il PRI; mentre la DC lasciò liberi i propri di votare "secondo coscienza". GIUSEPPE MAMMARELLA, *L'Italia dalla caduta del fascismo ad oggi* cit., p. 133.

125 Elaborazione su dati tratti da: Regione Toscana, Dipartimento statistica informazione documentazione, *Dalla Costituente alla Regione, il comportamento elettorale in Toscana dal 1946 al 1970*, fascicolo 9, Siena, Firenze, 1972, Tabelle 1-3; inoltre cfr. ALDO LUSINI, *Almanacco Senese* cit., pp. 80-81.

126 Non si può fare a meno di notare che, per ironia della sorte, proprio sei anni prima, il 10 giugno 1940, alla stessa ora del pomeriggio, dallo "storico" balcone di Palazzo Venezia, Benito Mussolini aveva "annunciato" al popolo italiano la proclamazione della guerra!

Dal 16 Al 26 Giugno 1944
la Guerra Imperverso'
Furibonda nelle Nostre Contrade
88 Civili Lasciarono la Vita
L'80 % delle Case Distrutte o Danneggiate
il Popolo di Chiusi Memore Delle Infinite
Sofferenze Eleva Un Pensiero a Quanti Sono Morti
con la Visione
di un Mondo Piu' Giusto
Assume Solenne Impegno
di Pretendere la Pace Patrimonio di Tutti i Popoli
Civili

Chiusi 26 Giugno 1950

*La guerra che verrà*
*Non è la prima.*
*Prima ci sono state altre guerre.*
*alla fine dell'ultima*
*c'erano vincitori e vinti.*
*fra i vinti la povera gente*
*faceva la fame. fra i*
*vincitori faceva la fame...*
*la povera gente egualmente!*

Bertolt Brecht, (1898-1956)

# FONTI E BIBLIOGRAFIA


A – DOCUMENTI UFFICIALI

1) ARCHIVIO DEL COMUNE DELLA CITTÀ DI CHIUSI, (CITATO COME A.CM.C.CHIUSI):

Fascicolo 591, ufficio notizie militari alle armi, anno 1943, Categoria VIII;
Fascicolo 591, carteggio 1943, cat. I, elenco nominativo personale dipendente al 17.3.1943;
Fascicolo 592, carteggio 1943, Cat. X-XV;
Fascicolo 598, riservate di carattere amministrativo anni 1924-1944;
Fascicolo 599, atti vari del CLN di Chiusi, anni 1944-1946;
Fascicolo 600, carteggio 1944, atti vari, categorie I-V;
Fascicolo 600, atti, documenti e carteggi relativi al servizio Annonario, cat. XI, anno 1944;
Fascicolo 606, atti, documenti e carteggi relativi al Servizio Annonario, cat. XI, anno 1944;
Fascicolo 613, CLN di Chiusi, atti relativi alla liberazione, 1944-1945;
Fascicolo 613, atti del Comitato di Liberazione Nazionale di Chiusi, anni 1944-1946;
Fascicolo 613, Atti CLN di Chiusi, "somministrazioni alle truppe tedesche";
Fascicolo 614, carteggi diversi 1945;
Fascicoli 628-633, Pratiche danni di guerra, anni 1946 e segg.;

A.CM.C.CHIUSI, REGISTRI DELLE DELIBERE COMUNALI: Registro n. 544, Delibera del 14 febbraio 1944; Registro n. 544, Delibera n. 29 del 9 maggio 1944; Registro n. 544, Delibere nn. 39-42 del 9.6.1944 Registro n. 594, Delibera n. 2 del 12.1.1945; Registro n. 594, Delibera n. 47 del 6.3.1945; Registro n. 594, Delibera n. 55 del 13.2.1945;

A.CM.C.CHIUSI, UFFICIO TECNICO, *Registro delle notizie di carattere amministrativo e tecnico relative a lavori pubblici, redatto per disposizione del Sindaco Tiradritti*, manoscritto, Chiusi, 1947-1949;

ARCHIVIO UFFICIO ANAGRAFE DEL COMUNE DELLA CITTÀ DI CHIUSI.
– Registri Atti di morte anni 1940-1970;
– Visite Necroscopiche, anni 1943-1944.

2) ARCHIVIO DI STATO DI SIENA (ASS)
Fondo Archivio del Comitato Provinciale di Liberazione di Siena (CPLN)
Busta n. 1, fascicolo 29 – corrispondenza del CPLN di Siena con il CLN di Chiusi;
Busta n. 10 – pratiche riguardanti tutti i CLN della Provincia di Siena;

3) ISTITUTO STORICO DELLA RESISTENZA IN TOSCANA (ISRT), FIRENZE:
Fondo Archivio Centrale di Stato (ACS), Ministero degli Interni, Pubblica Sicurezza, AGR, (1930-1955), cat. K1 B/15, b. 36A, fascicolo 5, Relazione del Questore di Siena del 27 marzo 1942;
Fondo Formazioni Simar-Silvio Marenco, *Elenco combattimenti svolti durante il periodo della liberazione, allegato all'elenco per il riconoscimento delle qualifiche partigiane.*

4) NATIONAL ARCHIVES – WASHINGTON (DC)-U.S.A.- (N.A.W.);
National Archives and Records Services, Fondo German Records Microfilmed at Alexandria, Virginia-USA. Questo fondo è composto dai diari di guerra dei reparti germanici catturati dopo la vittoria alleata e che gli americani provvidero a microfilmare e a conservare nei propri archivi storici. Gli originali, restituiti ai tedeschi, si trovano ora presso il Bundesarchiv – Abt. Militärarchiv, Freiburg i. Br., Germania Federale;
N.A.W., T.312, ROLL 94, Diario di guerra n. 7 della 10ª armata tedesca (KTB n. 7-AOK 10), periodo 1.6-31.7.1944;
N.A.W., T.312, ROLL 95, allegati al Diario di guerra n. 7 della 10ª armata, (Anlagen z. KTB n. 7-AOK 10);
N.A.W., T.312, ROLL 97, mappe allegate al Diario di guerra n. 7 della 10a armata;
N.A.W., T.312, ROLL 97, allegati al Diario di guerra n. 7 della 10ª armata, *Elenchi degli ufficiali della 10ª armata*: *Ruolini della divisione "Hermann Göring"* e della *Prima divisione paracadutisti;*
*** Presso il Bundesarchiv i documenti dell'AOK 10. sono classificati come RH 20-10

N.A.W., T-312, ROLL 480, allegati al primo diario di guerra della 14a armata, (Anlagenband z. KTB 1 -AOK 14), nov.18,1943-10 jan. 1944.

N.A.W., T 312, ROLL 486, diario di guerra n. 3 della 14a armata, (KTB N.3-AOK.14), periodo 1.4-30.6.1944;

N.A.W., T.312, ROLL 487, allegati al diario di guerra n. 3 della 14a Armata, (Anlagen z. KTB n. 3-AOK 14);

*** Presso il Bundesarchiv i documenti dell'AOK 14. sono classificati come RH 20-14;

N.A.W., T.314, ROLL 1574, diario di guerra n. 2 del LXXVI° Panzerkorps, periodo 1.6-30.6.1944;

N.A.W., T.314, ROLL 1574, allegati al diario di guerra n. 2 del LXXVI° Panzerkorps;

*** Presso il Bundesarchiv i documenti del LXXVI. Panzerkorps sono classificati come RH 24-76;

N.A.W., T.315, ROLL 73, diario di guerra divisionale e documenti vari della Prima Divisione Paracadutisti;

*** Presso il Bundesarchiv i documenti relativi ai reparti di paracadutisti sono classificati come RL 33;

N.A.W., T. 315, ROLL 173, diario di guerra divisionale e allegati della 3a Divisione Panzergrenadier;

*** Presso il Bundesarchiv i documenti relativi alla 3ª Div. PzGr. sono classificati come RH 26-3;

N.A.W., T.315, Roll 2293/2297, diario di guerra divisionale e documenti vari della divisione "*Hermann Göring*";

*** Presso il Bundesarchiv i documenti relativi alla Divisione "*Hermann Göring*" sono classificati come RL 32;

Relazione del maggiore Heinrich Sauer dello Stato Maggiore generale al LI corpo d'armata da Montagna, Rep. Quartiermastro, dell'11.11.1943, allegato al Primo Diario di guerra della 14a armata – AOK 14, Anlagenband z. KTB 1, nov.18,1943-jan. 10,1944;

5) ARCHIVIO DEL COMUNE DI SARTEANO

A.Cm.Sarteano, Carteggio 1944; Ordinanza generale dell'A.M.G. n. 24 del 7.8.1944.

Ordinanza generale n. 30 dell'A.M.G. del 25.6.1944.

6) COMMISSIONE PRESSO LA PRESIDENZA DEL CONSIGLIO DEI MINISTRI PER LE PROVVIDENZE AI PERSEGUITATI POLITICI ANTIFASCISTI O RAZZIALI

Deliberazione n. 35612 del 20 gennaio 1970;

7) ARCHIVIO DELLA DIOCESI DI CHIUSI E PIENZA

*Relazione dell'evacuazione di Chiusi "manu militari", trasmessa alla curia vescovile di Chiusi dall'arciprete della cattedrale di Chiusi Mons.Nello Mannelli*, in Archivio Vescovile della Diocesi di Chiusi, sez. B, filza n. 30, visionato nel 1974, copia in Archivio Don Giacomo Bersotti;

8) ALBERT F.SIMPSON HISTORICAL RESEARCH CENTER DI MAXWELL-ALABAMA (U.S.A.)

Relazioni ufficiali dell'aviazione statunitense archiviate in microfilm presso lo "Albert F. Simpson Historical Research Center" di Maxwell-Alabama (U.S.A).

Comando 57° Gruppo Caccia USA-Riassunto operativo e informativo n. 340 del 28 aprile 1944. HQ 57° Fighter Group-Op. & Intelligence Summary-Bobina Microfilm B 0153;

Comando 57° Gruppo Caccia USA-riassunto oper. e informativo n. 341 del 29 aprile1944. HQ 57° Fighter Group-Op. & Intelligence Summary -Bobina Microfilm B 0153;

Comando 57° Gruppo Caccia USA -riassunto oper. e informativo n. 354 del 12 maggio 1944. HQ 57° Fighter Group-Op. & Intelligence Summary -Bobina Microfilm B 0153;

Comando 57° Gruppo Caccia USA -Riassunti oper. e informativi nn. 367-368 del 26 e 27 maggio 1944. HQ 57° Fighter Group-Op. & Intelligence Summary-bobina microfilm B 0153;

9) BUNDESARCHIV UND MILITÄRARCHIV, FREIBURG, GERMANIA FEDERALE. BA.MA-

RH 36/466, MK 1003, Monatlicher lagebericht, Florenz, den 13.4.1944;

10) THE WAR DEAD OF THE BRITISH COMMONWEALTH AND EMPIRE, THE REGISTER OF THE NAMES OF THOSE WHO FELL IN THE 1939-1945 WAR AND BURIED IN CEMETERIES IN ITALY, COMPILED AND PUBLISHED BY ORDER OF THE IMPERIAL WAR GRAVES COMMISSION, LONDON, HER MAYESTY'S STATIONERY OFFICE, 1955.

Elenco nominativo dei caduti britannici e dei paesi del Commonwealth nella seconda Guerra Mondiale;

11) Volksbund Deutsche Kriegsgräeberfürsorge E.V., Kassel, Repubbica Federale di Germania.- Volksbund Deutsche Kriegsgräberfürsorge e. V. -Servizio per le Onoranze ai Caduti Germanici, Roma; Elenco nominativo dei caduti tedeschi della seconda Guerra Mondiale.

12) Monumento ai caduti in guerra della Città di Chiusi in piazzale Vittorio Veneto;

13) Archivio delle Forze Armate Sudafricane-South African Defence Forces (Sadf)-Pretoria, Sudafrica.
Diario di guerra del First City-Cape Town Highlanders Regiment, periodo 15-30 giugno 1944;

B – Documenti non ufficiali, diari, testimonianze scritte ma non pubblicate etc.

1) Diario di Monsignor Serafino Marchetti, Canonico Sacrista della cattedrale di Chiusi e vicario generale della Diocesi. Diario scritto a Chiusi nel luglio 1944, citato come *La Battaglia Di Chiusi 16-26 Giugno 1944*. Si trova in Archivio Vescovile della Diocesi di Chiusi, Sez. B, Fascicolo Chiusi, e presso L'Istituto Storico della Resistenza in Toscana (ISRT) a Firenze,- Fondo Clero-Fascicolo X -Diocesi di Chiusi e Pienza;

2) Stefano Bistarini, *Perché gli altri non dimentichino, CHIUSI – cronaca di dolori, lutti e distruzioni in un solo anno dei suoi 40 secoli di vita, luglio 1943-luglio 1944,* manoscritto inedito, presso Archivio ANPI di Chiusi;

3) *Relazione Partigiana del Nucleo comunale di Chiusi*, senza data ma presumibilmente del luglio 1944, redatta da Orlando Rapi e Giovacchino Rossi, giacente presso l'archivio della Sez. ANPI di Chiusi, dattiloscritto;

4) Petti Loretta, *L'amministrazione militare tedesca in Toscana e lo sfruttamento delle risorse della regione (1943-1944)*, Tesi di Laurea, Università di Firenze 1977-1978, dattiloscritto inedito;

5) Silvio Marenco, *Rapporto informativo sul servizio prestato nel raggruppamento Bande Simar dal Patriotta Ermanno Mario Baldetti*, Sarteano, 2 febbraio 1945, in archivio della Sez. ANPI di Chiusi;

6) Diario di Don Talete Tapperi del giugno 1944, manoscritto inedito;

7) Relazione di Lauro Tofani per la seduta del CLN del 17 luglio 1944. In Archivio ANPI, sezione di Chiusi;

8) Relazione Prof. Piero Marri, chirurgo primario e direttore dell'Ospedale Umberto I° di Chiusi. Si trova in A.Cm.C. Chiusi, fascicolo 598, Riservate di carattere amministrativo anni 1924-1944, Ricompense al valor civile;

9) Comunicazione di Sandro Rogari, *L'opinione pubblica in Toscana*, al convegno, *La Toscana nella Seconda Guerra Mondiale*, Firenze 31 gennaio-2 febbraio 1985.

10) Ing. Silvio Baldetti, nota sul ritrovamento di una spoletta di granata di artiglieria, Archivio personale di Giorgio Bologni;

11) Comunicato del 13 luglio 1944 del Sindaco Luigi Romanini alla popolazione di Chiusi, in Archivio ANPI sezione di Chiusi.

12) Walter Stiewing, *Memoria su Chiusi*, relazione scritta nel settembre 1994 all'autore (traduzione di Frieder Düvel);

13) Herbert Zidek, *Chiusi im Juni 1944*, testimonianza scritta rilasciata all'autore il 24.9.1994 (traduzione di Frieder Düvel);

C – Giornali, riviste, etc.

1) "La Ragione", periodico socialista di politica e informazione, Chiusi, tipografia Gentilini, numeri vari tra il 1974 e il 1985;

2) Franco Bandini e Fernando Rivara, *Ecco perché Roma non fu difesa*, in "Storia Illustrata", 286, (settembre 1981);

3) Articolo di Vittorio Luoni, pubblicato su "Historia", mensile illustrato di storia. Milano, industrie grafiche Cino del Duca SpA n. 177 del settembre 1972, pp. 26-33;

4) "La Nazione", quotidiano, edito a Firenze, 14 settembre 1943; numeri vari del giugno 1944; del 2.9.1975; 6.1.1985; 8.3.1984, Cronaca di Siena;

5) "La Nazione italiana", quotidiano edito a Firenze, n. 271 del 19 novembre 1948 e del 17 marzo 1949;

6) "La Libertà", numero unico *pel sesto anniversario della liberazione di Chiusi*, Chiusi, 26 giugno 1950, Tipografia Gentilini;

7) "La Gazzetta Ufficiale della Repubblica Italiana", n. 71 del 28.3.1949, n. 83 del 10.4.1953, n. 36 del 13.2.1953;

8) "Il Settimanale", rivista, n. 37, 10.9.1975;

9) "Il Corriere della Sera", quotidiano edito a Milano, numeri vari del giugno e luglio 1944;

10) "L'Unità" organo del Partito Comunista Italiano, edizione di Roma, (Ultima serie) anno XXI, numeri vari del giugno e luglio 1944;

11) "La Gazzetta del Mezzogiorno", quotidiano edito a Bari, numeri vari del giugno e luglio 1944;

12) "25 Luglio", bollettino d'informazioni del mandamento di Chiusi, numero unico del 6.8.1944, stampato a cura del Comitato di Liberazione di Chiusi dalla Tipografia Gentilini di Chiusi.

13) "La Gazzetta di Siena", giornale quotidiano, edito a Siena, numeri del 21.9.1989, del 27.10.1989 e 16.4.1991;

14) Articolo di C.Falessi E B.Pafi sul *Panzer Mark IV* in "Storia Illustrata", mensile, Milano, A.Mondadori edit., n. 154, anno XIV, settembre 1970;

15) Articolo di Franca Giani Martini, in "Montepiesi", periodico di Sarteano, n. 10, ottobre 1988, anno XIX, p. 9;

16) "La Repubblica Fascista", quotidiano edito a Milano, numeri vari del giugno 1944;

17) Carlo Bologni, *Le bombe, la paura, l'amore*, articolo pubblicato nel periodico "Il Giovedì" del 16.6.1994;

18) "La Nuova Etruria", periodico del PCI sezione di Chiusi, numeri vari del 1963;

19) "La Martinella", periodico socialista, edito a Colle Val d'Elsa, 24.12.1904;

20) "Unità e Lavoro", Bollettino della Federazione Comunista Senese, a. IV, n. 50 del 6.12.1947;

21) "Der Deutsche Fallschirmjäger", rivista dell'associazione dei paracadutisti tedeschi e dei veterani del corpo corazzato paracadutista, edito a Schongau-Germania Federale, n. 2-93 del marzo-aprile 1993.

22) Articolo di Loris Rizzi, pubblicato su "Historia", mensile illustrato di storia, Milano, industrie grafiche Cino del Duca SpA n. 263 del gennaio 1980, pp. 98-107;

D – Libri

Aa. Vv, Aula IV – *Tutti i processi del Tribunale speciale fascista*, a cura dell'ANPPIA, Roma, 1961.

Aa. Vv, *1943-1944, Buonconvento ricorda. ..*, Sovicille, Arti grafiche Ticci, 1994;

Aa. Vv, *Chianciano Terme, 1900-1945, cronache, documenti, testimonianze*, Comune di Chianciano Terme, Siena, Tip. Pericciolі, 1984;

Aa. Vv., *Corpi di Elite, uomini-armi-reparti speciali*, Novara, Ist.Geografico De Agostini, 1988, vol. 8, pp. 2348-2353;

Aa. Vv., *Fascismo e antifascismo nel senese*, a cura di Alessandro Orlandini, atti del convegno di studio svoltosi a Siena il 10-11 dicembre 1993, A.S.M.O.S., Regione Toscana – Giunta Regionale, Firenze, 1994;

Aa. Vv., *I 45 giorni inToscana*, da *La Resistenza in Toscana*, atti e studi dell'Istituto Storico della resistenza in Toscana, 9-10, Firenze, La Nuova Italia, 1974;

Aa. Vv., *La ricostruzione in Toscana dal CLN ai partiti*, a cura di Ettore Rotelli, vol. II (*I partiti politici*) della collana "*Il sistema delle autonomie. Rapporti tra Stato e Società civile*", ricerca promossa dal Consiglio Regionale della Toscana in occasione del XXX della Repubblica e della Costituzione, Bologna, Il Mulino, 1981;

Aa. Vv., *La Toscana nel secondo dopoguerra*, a cura di Pier Luigi Ballini, Luigi Lotti, Mario G.Rossi, atti del convegno promosso dall'ISRT e svoltosi a Firenze il 31 gennaio-1-2 febbraio 1985, Milano, Franco Angeli, 1991;

Aa. Vv, *L'Umbria nella Resistenza*, a cura di Sergio Bovini, Editori Riuniti, Roma 1972, vol. II, *Relazione riepilogativa sull'attività della Brigata Risorgimento*;

Aa. Vv., *Ragazzi in gamba perché*, a cura di S. S.Macchietti, Comune Città di Chiusi, La Nuova Stampa, Città di Castello, 1982.

Aa. Vv., *Storia dell'aviazione*, vol. 4., Milano, F.lli Fabbri editori, 1973;

Aa. Vv., *Storia dei mezzi corazzati*, Milano, F.lli Fabbri, 1976;

Aa. Vv, *Storia della Seconda Guerra Mondiale*, articolo di Rudolf Böhmler, *Da Roma alla Linea Gotica*, ed.Rizzoli-Purnell, Milano, 1966-1967, vol. 5, pp. 426-427;

Aa. Vv., *1943-1945, La liberazione in Toscana – la storia la memoria*, Firenze, Pagnini Editore, 1994;

*Storia del XXII Reggimento fanteria "Cremona". 1° ottobre 1848 – 1° novembre 1950*, Torino, Tip. Fratelli Viamino, 1950;

*Criminali alla sbarra, il processo di Montemaggio*, a cura dell'ANPI di Siena, Siena, La Poligrafica, 1948;

*Ebrei in Italia: deportazione, resistenza*, a cura del Centro di Documentazione Ebraica Contemporanea di Milano, Firenze, Tip. Giuntina, 1974;

*Enciclopedia dell'antifascismo e della Resistenza*, Milano, La Pietra editore, 1968-1976;

*Il Clero Toscano nella Resistenza*, Atti del convegno di Lucca, 4-6 aprile 1975, Firenze, La Nuova Europa edit., 1975;

Aa. Vv., C.E.T. – Conferenza Episcopale Toscana, *Chiese Toscane, cronache di guerra, 1940-1945*, a cura di Giulio Villani E Fabrizio Poli, Libreria Editrice Fiorentina, S.Casciano V.di Pesa-Firenze, Off.Grafiche Stianti, 1995;

*Il processo di Sarteano*, opuscolo senza data ma del 1952, stampato a cura del Comitato Provinciale dell'ANPI di Siena;

*La resistenza e gli alleati in Toscana*, Firenze, 1964, intervento di Giuseppe Bettalli, *La resistenza e gli alleati in provincia di Siena*;

Ussme, Ministero della Difesa, Ufficio Storico, Stato Maggiore dell'Esercito, *L'azione dello Stato Maggiore Generale per lo sviluppo del movimento di liberazione*, Roma, 1975;

Ussme, Ministero della Difesa, Ufficio Storico, Stato Maggiore dell'Esercito, *Le Operazioni delle unità italiane nel settembre-ottobre 1943*, Roma, 1975;

Ministero della Guerra-*Ispettorato bonifica immobili da ordigni esplosivi e bonifica dei campi minati*, vol. I°, Roma, 1946;

*Lettere di condannati a morte della Resistenza Italiana, (8 settembre 1943-25 aprile 1945)*, Torino, Einaudi editore, 1952;

ISTITUTO STORICO DELLA RESISTENZA SENESE, *Messaggi di Pietra. Immagini della Resistenza senese*, Testi di V. Meoni, Fotografie di M.Stefanini, Introduzione di B.Talluri, Siena, nuova immagine editrice, 1992;

*La Brigata Risorgimento, antifascismo e lotta armata nel Pievese e nel Castiglionese*, a cura dell'Istituto Umbro di studi e ricerche Pietro Farini, Perugia, 1965.

*Relazione riepilogativa sull'attività della "Brigata Risorgimento"*, a firma Marchini Alfio del 5 luglio 1944, in: SERGIO BOVINI, *Quaderni della Resistenza, La Brigata Risorgimento: Antifascismo e lotta armata nel Pievese e nel Castiglionese*, a cura dell'Istituto Umbro Studi e Ricerche "Pietro Farini", Perugia, Giugno, 1965;

"*Veniamo da lontano e andiamo lontano" 1921-1971, 50 anni di lotta dei comunisti di Chiusi*, fascicolo edito nel 1972 a cura del Comitato Comunale del Partito Comunista Italiano di Chiusi.

"*Verbali delle riunioni tenute dal capo di S.M. Generale*", vol. 3 (genn. 1942-dic.1942), a cura dello Stato Maggiore dell'Esercito, Ufficio Storico, Roma, 1985;

F. ENRICO ACCOLLA, *Lotta su 3 fronti, introduzione alla storia della Repubblica Sociale Italiana*, Milano, Greco & Greco editori, 1991;

*Le memorie del Maresciallo Alexander 1940-1945*, a cura di John North, Milano, Garzanti, 1963;

FRIEDRICH ANDRAE, *Auch gegen Frauen und Kinder, Der Krieg der deutschen Wehrmacht gegen die Zivilbevölkerung in Italien 1943-1945,* Monaco, Piper, 1995;

BINO BALLAMO, *Lettere censurate*, Milano, Longanesi, 1975;

*La popolazione della Toscana dal 1810 al 1959*, a cura di Pierfrancesco Bandettini, Firenze, Scuola di statistica della Università di Firenze, 1961;

VITTORIO BARDINI, *Storia di un comunista*, Firenze, Guaraldi editore, 1977;

A.J. BARKER, *Armi delle fanterie inglese e americana nella seconda guerra mondiale*, Parma, Ermanno Albertelli editore, 1972;

A.J. BARKER, *Armi della fanteria tedesca nella seconda guerra mondiale*, Parma, Ermanno Albertelli editore, 1972;

FULVIO BARNI, *Così parlava Chiusi, vocaboli, proverbi e modi di dire della lingua Chiusina*, Chiusi, Tipografia "La Gente", 1993;

ROBERTO BATTAGLIA, *Storia della Resistenza italiana, (8 settembre 1943-25 aprile 1945)*, Torino, Einaudi, 1953;

EDDY BAUER, *Storia Controversa della Seconda Guerra Mondiale*, Novara, Ist.Geografico De Agostini, 1977, vol. 4;

*Fronte Russo; c'ero anch'io*, a cura di Giulio Bedeschi, Milano, Mursia editore, 1982;

BENTIVEGNA ROSARIO, *Achtung Banditen*, Milano, Mursia, 1982;

GIACOMO BERSOTTI, *Chiusi, Guida storico artistica della città e dintorni*, Chiusi, E.P.T. Pro loco Chiusi, Tipografia Gentilini-La Gente, 1ª edizione 1974, 2ª edizione 1981, 3ª edizione 1994;

GIACOMO BERSOTTI,, *Un patrimonio storico e artistico: la Cattedrale*, Chiusi, Tip. Gentilini, 1978;

GIACOMO BERSOTTI, *Feste e folclore nella storia e nelle tradizioni di Chiusi*, Chiusi, Tip. Gentilini, 1982;

GIACOMO BERSOTTI, *Storia di Chiusi, dall'età comunale alla Seconda guerra mondiale*, Chiusi, Amm.ne Comunale Chiusi, Labirinto Editrice, 1989;

ADRIANO BETTI CARBONCINI, *Siena e il treno*, Cortona, Calosci, 1991;

CLAUDIO BISCARINI, *1944: i francesi e la liberazione di Siena, storia e immagini delle operazioni militari*, Siena, Nuova immagine editrice, 1991;

L'articolo di CLAUDIO BISCARINI, *La battaglia del Monte Amiata (16-25 giugno 1944)*, in "Amiata, storia e territorio", periodico, anno IV, n. 11, agosto 1991;

GIORGIO BOCCA, *Storia dell'Italia partigiana. Settembre 1943-maggio 1945*, Bari, Laterza, 1966; rist. Mondadori editore, Milano, 1995;

*Lettere pastorali dei Vescovi della Toscana*, a cura di Bruna Bocchini Camaiani e Daniele Menozzi, Genova, Marietti, 1990;

CARLO BOLOGNI, *Eco della gioventù -come eravamo*, Chiusi, 1991;

EMO BONIFAZI, *Lotte contadine in Val d'Orcia, 1944-1978*, supplemento al "Nuovo Corriere Senese", n. 45 del 24 ottobre 1979, Siena, 1979.

B.P. BOSCHESI, *Il chi è della seconda guerra mondiale*, Milano, A. Mondadori edit., 1975, volumi 1 e 2;

B.P. BOSCHESI, *Le armi i protagonisti le battaglie gli eroismi segreti della guerra di Mussolini 1940-1943*, allegato a fascicoli su "Storia Illustrata", Milano, A.Mondadori editore, 1984-1985;

GEORGES BOULLE, *Le Corps Expeditionaire Francais en Italie (1943-1944)*, Paris, Imprimerie Nationale, 1973, Ministère des Armees -Etat-Major de l'Armèe de terre, Service Historique;

GIUSEPPE CAFORIO, *Sociologia e Forze Armate, sviluppo storico della sociologia della istituzione militare,* Lucca, Maria Pacini Fazzi editore, 1987;

Mons. Fiorenzo Canuti, *Diario storico di Città della Pieve*, Perugia, tip. Donnini, 1956;

Nicla Capitini Maccabruni, *La situazione in Toscana nel giugno 1944 in alcune lettere di Pavolini al Duce*, in Ricerche Storiche, a. VIII, 1978, n. 2, pp. 523-547;

Pietro Caporilli, *Sette Anni di Guerra, fotostoria del secondo conflitto mondiale visto dalle due parti in lotta*, Roma, Ed.Ardita, 1967[4], vol. III;

Filippo Caruso, *Carabinieri d'Italia, esempi – martirio – gloria*, Roma Ist. Poligrafico dello Stato, 1948;

Luciano Casella, *La toscana nella guerra di liberazione*, Carrara, La Nuova Europa Editrice, 1972;

Giuliano Catoni, *Il Monte dei Paschi di Siena. Nei due secoli della Deputazione Amministratrice (1786-1986)*, Siena, edizione a cura del Monte dei Paschi di Siena, 1986;

L.Ceva, *Le forze Armate*, Torino, UTET, 1981;

Federico Chabod, *L'Italia contemporanea (1918-1948)*, Torino, Einaudi, 1961;

G.A. Chiurco, *Fascismo senese*, Siena, 1923;

G.A. Chiurco, *Storia della rivoluzione fascista*, Firenze, Vallecchi, cinque volumi, 1929;

Winston Churchill, *La seconda guerra mondiale*, Milano, Mondadori, 1970, 12 volumi;

Pietro Ciabattini, *Siena fra la scure e la falce e martello; cronaca e memorie dal 1926 al 1950*, Siena, ed. I Mori A.G. Ticci, 1991;

Rineo Cirri, *Tra cospirazione e partito nuovo (Empoli-Siena)*, Montepulciano, Editori del Grifo, 1990;

Rineo Cirri, *L'antifascismo senese nei documenti della Polizia e del Tribunale Speciale, (1926-1943)*, Siena, nuova immagine editrice, 1993;

Enzo Collotti, *L'amministrazione tedesca dell'Italia occupata, 1943-45, Studio e documenti*, Milano, Lerici editore, 1963;

Fausto Coen, *16 ottobre 1943, la grande razzia degli ebrei di Roma*, Firenze, Editrice La Giuntina, 1993;

Brian L. Davis, *Uniformi e distintivi dell'esercito tedesco 1939-1945*, Albertelli editore, 1972;

W.J.K. Davies, *German army handbook*, New York, Arco Publishing Inc., 1984;

Giacomo Debenedetti, *16 ottobre 1943*, Milano, Il Saggiatore, 1959, ristampa del 1961;

Giacomo Debenedetti, *16 ottobre 1943, otto ebrei*, Roma, Editori Riuniti, 1978;

Giovanni De Luna, *Storia del Partito d'Azione 1942-1947*, Milano, Feltrinelli, 1982;

Frederick W. Deakin, *Storia della Repubblica di Salò*, Torino, Einaudi, 1963, due volumi;

Nicola della Volpe, *Difesa del territorio e protezione antiaerea (1915-1943)*, Roma, Stato Maggiore Esercito, Ufficio Storico, 1986;

Mario delle Piane, *Funzione storica dei Comitati di liberazione nazionale*, Firenze, Le Monnier, 1946;

Franco Del Zanna, *Achtung! Bonbengefahr! Cronaca poggibonsese 1943-1944*, Poggibonsi, Arti Grafiche Nencini, 1982;

Franco del Zanna, *Le operazioni aeree alleate in Toscana durante la Seconda Guerra Mondiale*. Comunicazione fatta al convegno "*La Toscana nella seconda Guerra Mondiale*", Firenze 31 gennaio-2 febbraio 1985;

Franco del Zanna, *Le operazioni aeree alleate in Toscana durante la Seconda Guerra Mondiale*, Castelfiorentino, Società Storica della Valdelsa, 1986;

Ezio de Michelis, *Comando raggruppamenti bande partigiane, Italia Centrale, attività delle bande, settembre 1943-luglio 1944*, Roma, 1945;

Giorgio de Nova, *Codice Civile e leggi collegate*, Bologna, Zanichelli ed., 1979-1994;

Bruno di Porto, *Il Partito Repubblicano Italiano-Profilo per una storia dalle origini alle odierne battaglie*, Roma, 1963;

Franco Fabrizi, *Chiusi, Il labirinto di Porsenna, leggenda e realtà*, Cortona, Calosci, 1987;

*Das Bundesarchiv und seine bestände*, a cura di Facius, Booms, Boberach, Boppard am Rehin, Harald Boldt Verlag, R.F.T., 1977;

Dino Faleri, Ugo Severini (a cura di), *Movimento di Liberazione nell'Italia Centrale, Raggruppamento Monti Soratte e Cetona, Brigata Simar, Memorie, Documenti*, Testimonianze, Edizione ANPI – Sezione di Sarteano, Città della Pieve 1995;

Cesare Falessi, *Dizionario tecnico dei corazzati*, Milano, Fabbri ed., 1976,

Ernest F. Fisher Jr., *From Cassino to the Alps*, Center of military History, US ARMY, Washington DC, 1977, ristampa del 1979;

Roberto Gagliardi, *La ricostituzione del Partito Socialista nella Provincia di Siena (1944-1945)*, quaderni de "La Martinella", Siena, 1974;

Piero Galeotti, *Chiusi, realtà e leggende*, Terni, Soc. Arti Grafiche Nobili, 1978;

L.Garros, *Storia della Legione Straniera*, Ginevra, Ed. Ferni, 1972;

Articolo di Tamara Gasparri, *Un documento della Wehrmacht sulla resistenza in Toscana dal Bundesarchiv – Militärarchiv di Friburgo*, in "Ricerche Storiche", Rivista semestrale del Centro Piombinese di Studi Storici, A. IV, n. 1 (genn-giugno), Firenze, Olschki edit., 1974, pp. 65-73;

Tamara Gasparri, *La resistenza in provincia di Siena, 8 settembre 1943-3 luglio 1944*, Firenze, Olschki editore, 1976;

Stefano Gestro. *La divisione italiana partigiana Garibaldi, Montenegro 1943-1945*, Milano, Mursia, 1981;

Silvio Ghiara E Guido Scarlini, *L'uovo di colore oliva*, Grosseto, 1979;

Celso Ghini e Adriano Dal Pont, *Gli antifascisti al Confino,* Roma, Editori Riuniti, 1971;

A.M. Giachino e G. Rossetto Sertoli, *Poesia tedesca del novecento*, Milano, Rizzoli, 1977;

Luigi Giometti, *Guida di Chiusi, con cenni storici sulla Città*, Poggibonsi, Tip. P. Cappelli e C., 1928;

Giorgi Emilio, *Guerra e pace a Montepulciano-Diario autentico di un testimone oculare*, Montepulciano, L'Araldo Poliziano, 1985;

Giovanni Giulietti, *Le mie memorie*, Chiusi, Tip. Del Buono, 1990;

*Verso il governo del popolo, atti e documenti del CLNAI 1943-1946*, introduzione e cura di Gaetano Grassi, Milano, Feltrinelli, 1977.

Reginald Griffiths, *First City: a Saga of Service*, Cape Town, Howard Timmins, 1970;

Libertario Guerrini, *La Resistenza e il mondo contadino, dalle origini del movimento alla Repubblica: 1900-1946,* contributo per il convegno *Mondo contadino e Resistenza*, Foiano della Chiana, 15 marzo 1975;

Albert Kesselring, *Memorie di guerra,* Milano, Garzanti, 1954;

Franz Kurowski, *The history of the Fallschirmpanzerkorps Hermann Göring, soldiers of the Reichsmarschall*, Ed. Fedorowicz Publishing Inc., Canada, 1995;

C.R.S. Harris, *Allied Military Administration of Italy 1943-1945,* London, Her Majesty's Stationery Office, 1957;

Ian V. Hogg, *I cannoni 1939-1945*, Parma, Albertelli editore, 1971;

Gerhard Hümmelchen, *Die Kämpfe um Florenz im Sommer 1944, Studiengesellshaft fur Zeitprobleme*, Bonn, 1965;

J.B. King, *Fanteria in guerra 1939-1945*, Milano, Ed.A.I.D., 1977;

Lutz Klinkhammer, *L'occupazione tedesca in Italia, 1943-1945*, Torino, Bollati Boringhieri, 1993;

Jack Kros, *War in Italy, with the South Africans from Taranto to the Alps*, Rivonia-South Africa, Ashanti Publishing Pty, 1992;

Ist. Centrale di Statistica del Regno d'Italia, *VIII Censimento generale della popolazione del 21 aprile 1936*, vol. II, fascicolo 52, Prov. di Siena, Roma, Tip. Failli, 1937;

Ist.Centrale di Statistica del Regno d'Italia, *Prezzi in Italia nell'anno 1941 e confronto con gli anni precedenti*, Roma, Istituto Poligrafico dello Stato, 1943, supplemento alla "Gazzetta Ufficiale" n. 98 del 28.4.1943;

Istat-Ministero dell'Interno, *Statistiche delle elezioni amministrative dell'anno 1946 per la ricostituzione dei Consigli Comunali,* Roma, Ist. poligrafico dello Stato, 1946;

W.G.F. Jackson, *La battaglia d'Italia*, Milano, Baldini e Castoldi, 1970;

Marechal Juin, *Mémoires,* Paris, Lib.Arthème, Fayard, 1959;

Marechal Juin, *La campagne d'Italie,* Besançon, Ed. Guy Victor, 1962;

Camillo Lacchè, *Ferrovie italiane, gli anni della distruzione, gli anni della ricostruzione*, Roma, Editrice Agnesotti, 1990;

*1933-1945, le voci della storia,documenti sonori*, a cura di Roberto Leydi, Milano, F.lli Fabbri editori, 1978;

Doro Levi, *Il Museo Civico di Chiusi*, Roma, Libreria dello stato, 1935.

Eric Linklater, *The Campaign in Italy*, London Her Majesty's stationery office, 1977, Unwin brothers ltd., The Gresham Press, Old Woking, Surrey, Questa è la seconda ristampa del libro del 1951;

Vittorio Luoni, *Un anno sul fronte russo (diario 1942-43)*, Roma, Rivista Militare, 1990;

Aldo Lusini, *Almanacco Senese*, Siena, Tip. La Diana, 1947;

Jean Mabire, *La Panzerdivision Hermann Goering*, Paris, Ed. Jacques Grancher, 1992;

*Il Conservatorio di S.Stefano*, a cura di S.S.Macchietti, Chiusi, As.PE.I-Sez. di Chiusi, 1993.

Giuseppe Mammarella, *L'Italia dalla caduta del fascismo ad oggi,* Bologna, Il Mulino, 1978;

Rosalia Manno, *Le Bande SIMAR dal settembre 1943 al giugno 1944. Aspetti della lotta partigiana nell'Italia centrale*, in "Il movimento di liberazione in Italia", a. XXII, n. 101 dell'ottobre-dicembre 1970 e a. XXIII, n. 102 del genn. -marzo 1971;

Vittorio Meoni, *Una vittoria partigiana (Monticchiello-6 aprile 1944)*, Siena, ANPI, 1978;

Andrew Mollo e Malcom Mcgregor, *Uniformi delle marine e delle aviazioni nella Seconda Guerra Mondiale*, Roma, Ed. Paoline, 1981;

Mario Montanari, *Le operazioni in Africa settentrionale*, vol. 1, Roma, S.M.E. Uff.Storico dello Stato Maggiore Esercito, 1985;

Amedeo Montemaggi, *L'offensiva della Linea Gotica: autunno 1944*, Bologna, Guidicini e Rosa editori, 1980;

M. Moretti e C. Sowden, *Literature into language*, Milano, Garzanti, 1986;

L.G. Murray, *FC-CTH in the Italian Campaign – A short history*, Cape Town, 1945;

Maria Notari Olivotti, *Luce di scomparsi*, Siena, 1922, vol. 2;

Iris Origo, *Guerra in Val d'Orcia*, Firenze, Vallecchi Ed., 1968;

Sandro Orlandini, *Luglio 1948, L'insurrezione proletaria nella provincia di Siena in risposta all'attentato a Togliatti,* Firenze, Cooperativa editrice universitaria, 1976;

Alessandro Orlandini, Giorgio Venturini, *Padrone arrivedello a battitura, lotte mezzadrili nel senese nel secondo dopoguerra,* Milano, Feltrinelli, 1980;

Alessandro Orlandini, Giorgio Venturini, *I giudici e la resistenza, dal fallimento dell'epurazione ai processi contro i partigiani, il caso di Siena*, Milano, La Pietra, 1983;

Alessandro Orlandini, *L'archivio del Comitato Provinciale di Liberazione di Siena,* in *Scritti per Mario Delle Piane*, Ed. Scientifiche Italiane, Napoli, 1986;

Neil Orpen, *The Cape Town Highlanders 1885-1970,* The Cape Town Highlanders History Committee, Cape Town-South Africa, 1970;

Neil Orpen, *The Cape Town Highlanders 1885-1985*, The Cape Town Highlanders History Committee, Cape Town-South Africa, 1986;

Neil Orpen, *Victory in Italy, South African Forces in World War Two,* vol. 5, Cape Town, Purnell and Sons, 1975;

Alfred Otte, *Die weissen Spiegel, vom Regiment zum Fallschirm-Panzerkorps, Storia ufficiale della divisione "Hermann Göring"* edita in Germania nel 1974, ristampa in lingua inglese a cura della Schiffer Military ed., USA, 1989;

Ottiero Ottieri, *Memorie dell'incoscienza*, Torino, Einaudi Editore, 1954;

Giampaolo Pansa, *L'esercito di Salò*, Verona, Mondadori, 1970;

P. Paoletti, C. Biscarini, V. Meoni, *1943-1944: vicende belliche e Resistenza in terra di Siena*, Siena, nuova immagine editrice, 1994;

Federico Paolozzi, *Note quasi semestrali ed una memoria sulla battaglia di Chiusi, 1939-1952*, fascicolo a stampa senza indicazione del luogo e della casa editrice ma presumibilmente Chiusi, 1955;

Umberto Patella, *Le Confraternite di Misericordia in Toscana,* Siena, Anonima Artigrafiche S.Bernardino, 1926;

Pliamo Pennecchi, *Piccola storia di una famiglia italiana*, Milano, 1977;

Giorgio Pisanò, *Storia della guerra civile in Italia, (1943-1945)*, Milano, 1966, vol. 3;

Giorgio Pisanò, *Storia delle forze armate della RSI,* Milano ed. FPE, 1967-1969, pp. 2115-2117, vol. 3;

H. Pound, *Salerno!*, Milano, Longanesi, 1961;

Giuliano Procacci, *Storia degli italiani*, Bari, Laterza, 1972;

*Codice di Giustizia Militare Germanico*, articolo n. 59, citato in R. Quadri, *Diritto Internazionale Pubblico*, Napoli, 1968;

G. Quazza, L. Valiani, E. Volterra, *Il governo dei CLN*, Torino, Giappichelli, 1966;

"*Ultime lettere da Stalingrado*", trad. M.Ranchetti, Ed.Einaudi, Torino, 1958, pag. 50.

Regione Toscana, Dipartimento statistica informazione documentazione, *Dalla Costituente alla Regione, il comportamento elettorale in Toscana dal 1946 al 1970*, fascicolo 9, Siena, Firenze, 1972, Tabelle 1-3;

Ricciotti Lazzero, *Le SS italiane*, Milano, Rizzoli, 1982;

Cornelius Ryan, *Il giorno più lungo, 6 giugno 1944,* Milano, Garzanti, 1964;

Jacques Robichon, *Le Corps expeditionnaire Français en Italie 1943-1944,* Paris, Presses de la Cité, 1981;

Gianni Rocca, *Fucilate gli ammiragli, la tragedia della marina italiana nella seconda guerra mondiale*, Milano, Mondadori, 1987;

Giorgio Rochat, Giulio Massobrio, *Breve storia dell'esercito italiano dal 1861 al 1943*, Torino, Einaudi, 1978;

Ilario Rosati, *Lo sfratto dei Bugno – Colle Val d'Elsa 1952,* Montepulciano, Editori del Grifo, 1984.

Guido Rosignoli, *Army, badges and insignia of World War 2*, book One, Poole, Dorset, Blandford Press, 1972;

Guido Rosignoli, *Army badges and insignia of World War Two*, Book Two, Dorset UK, Blanford Press LTD, 1975;

*La resistenza nella zona operativa della Brigata Risorgimento, (Pievese, Castiglionese e dintorni)* a cura di Solismo Sacco, Foligno, Edit.Umbra, 1986

Solismo Sacco, *Storia della Resistenza nella zona sud-ovest Trasimeno,* Quaderni Regione dell'Umbria, numero speciale, Stab. tipografico "Pliniana", Selci-Lama, Perugia, 1991;

Massimo Sani, *Prigionieri, I soldati italiani nei campi di concentramento, 1940-1947,* Torino, ERI, 1987;

*2194 giorni di guerra, cronologia illustrata della seconda guerra mondiale*, a cura di Cesare Salmaggi E Alfredo Pallavisini, Milano, Mondadori, 1977;

Luigi Salvatorelli, Giovanni Mira, *Storia d'Italia nel periodo fascista*, Verona, Oscar Mondadori, 1969-1972, 2 voll. ;

Giuseppe Santoro, *L'aereonautica Italiana nella seconda guerra mondiale*, Milano-Roma, Esseedizioni, 1957;

Loris Scricciolo, *Chiusi nella bufera*, Chiusi, Tip. del Buono, 1991;

Secchia-Frassati, *Storia della Resistenza*, Roma, Ed. Riuniti, 1965;

G.A. Shepperd, *La Campagna d'Italia*, Milano, Garzanti, 1970;

Pier Giacomo Sottoriva, *I giorni della guerra in provincia di Littoria,* Latina, Cipes, 1974;
Paolo Spriano, *Storia del Partito Comunista Italiano, la resistenza, Togliatti e il partito nuovo*, vol. V, Torino, Einaudi editore, 1975;
Filippo Stefani, *La storia della dottrina e degli ordinamenti dell'Esercito Italiano*, vol. II, tomo 2., Roma, Stato Maggiore dell'Esercito, ufficio storico, 1985;
P. Taddei, *Cinque anni di lotte contadine in Valdelsa: 1945-1950*, in "Miscellanea storica della Valdelsa", LXXVII-LXXIX, gennaio-dicembre 1971-1973, nn. 1-3, p. 64;
Georg Tessin, *Verbände und truppen der deutschen Wehrmacht und Waffen-SS im Zweiten Weltkrieg 1939-1945*, Osnabrück, Biblioverlag, 1979-1988, 15 volumi;
Tucidide, *La guerra del Peloponneso,* Traduzione di L.Annibaletto, A.Mondadori editore, Milano 1952, I.22;
L. Valiani, G. Bianchi, E. Ragionieri, *Azionisti, cattolici e comunisti nella resistenza italiana*, Milano, Angeli editore, 1971;
Giovanni Verni, *Appunti per una ricerca sulla Resistenza fra Umbria e Toscana*, in *Politica e società in Italia dal fascismo alla resistenza,* Bologna, Il Mulino, 1978;
Francesco Viglione, *Tentativo di ricostruzione di un mattino di guerra del 132° reggimento carri*, in *Studi Storico Militari*, 1987, SME-Ufficio Storico, Roma 1988;
Mario Villani, *Antifascismo e Resistenza (appunti di storia Pievese)*, Città della Pieve, tip. Dante, 1965;
Ambrogio Viviani, *Servizi segreti italiani, 1815-1985,* Roma, ADN Kronos libri, 1985, due volumi;
H.P. Willmott, *Giugno 1944*, Poole-Dorset, Blandford Press, 1984, edito in Italia da Luigi Reverdito editore, Trento, 1985;
Ruggero Zangrandi, *1943-25 luglio-8 settembre*, Milano, Feltrinelli, 1964.

# APPENDICE A*

Il presente lavoro è stato realizzato usando varie fonti ma dando prevalenza ai registri degli atti di morte dell'ufficio anagrafe del Comune della Città di Chiusi. Da questi sono state riprese le professioni e le età dei deceduti. Nel presente elenco sono considerati solo i morti per cause belliche, non sono stati inclusi tutti quei cittadini le cui cause di decesso denunciate furono per eventi 'naturali', come malattia, collassi cardiaci etc. molte delle quali sono però probabilmente connesse a quanto accadde in quei giorni; è ragionevole dunque ritenere che il numero effettivo di morti, causati dal "passaggio del fronte" per Chiusi, sia in realtà più elevato. Per quanto riguarda la dizione di "atta a casa", è da precisare che era usato allora al posto dell'attuale "casalinga", non è stato ritenuto necessario sostituirlo per rendere meglio il senso del "passato". Come si potrà notare scorrendo l'elenco dei caduti civili, vi sono compresi anche chi, pur non residente nel Comune di Chiusi, vi sono però morti per cause di guerra.

1) ELENCO DEI CADUTI CIVILI NELLA SECONDA GUERRA MONDIALE 1940 -1945

A) ANNO 1943:

1) BERTOCCI LETIZIA * Di anni 49, atta a casa, morta per ferite da incursione aerea il 21 Novembre 1943 alle ore 14,30 presso l'ospedale civile di Chiusi

2) BONOMINI ADELAIDE * Di anni 45, atta a casa, morta in seguito a incursione aerea alla stazione di Chiusi il 21.11.1943 alle ore 13,55

3) BORSETTI BIXIO * Di anni 50, commerciante, residente a Sorano (GR), morto in seguito a incursione aerea il 21.11.1943 alla stazione di Chiusi. Il corpo fu rinvenuto il 20 marzo 1944 sotto ai rottami di un carro cisterna

4) CREZZINI GIULIO * Di anni 48, ferroviere, morto in seguito ad incursione aerea alla stazione di Chiusi il 21.11.1943. Non ritrovato dopo l'incursione venne dato per disperso. Il corpo fu trovato solo il 24 dicembre 1943.

5) LUCACCINI IVO * Di anni 27, ferroviere, morto in seguito a ferite da incursione aerea il 21.11.1943 alle ore17, presso l'ospedale civile di Chiusi

6) MEONI RAFFAELE * Di anni 56, manovale delle ferrovie, morto in seguito ad incursione aerea alla stazione di Chiusi il 21.11.1943 alle ore 13,55

7) ROCCHINI ANNUNZIATA * Di anni 37, colona, morta in seguito ad incursione aerea alla stazione di Chiusi il 21.11.1943 alle ore 13,55

8) BERTACCHI GIOVANNI * Di anni 42, minatore, residente ad Ala (Trento), morto in seguito a ferite da incursione aerea all'ospedale di Chiusi il 25.11.1943

B) ANNO 1944:

9) GUAZZINI PIERINA * Di anni 28, atta a casa, morta per incursione aerea l'11 marzo 1944 alle ore 13,30 nella Città di Firenze

10) SANTONI DINA * Di anni 52, atta a casa, morta per incursione aerea l'11 marzo 1944 alle ore 12,30 nella Città di Firenze

11) TESTA RISCATTO * Di anni 35, meccanico, morto per schiacciamento emitorace in seguito ad incidente con veicoli militari il 13.3.1944 alle ore 23 presso l'Ospedale di Chiusi

12) BAGLIONI ISOLINA * Di anni 69, atta a casa, morta per ferite di incursione aerea l'11 aprile 1944 alle ore 16 presso l'Ospedale di Chiusi

13) VANNUCCINI ROSA * Di anni 76, atta a casa, morta per ferite da incursione aerea l'11 aprile 1944 alle ore 15,30, presso l'Ospedale di Chiusi

14) FEI NEDO * Di anni 15, studente, morto il 12 aprile 1944, per ferite di incursione aerea dell'11.4 presso l'Ospedale di Chiusi

15) PARRINI CATERINA * Di anni 68, atta a casa, morta per ferite da incursione aerea il 22 aprile 1944 alle ore10, presso l'Ospedale di Chiusi

16) ROCCHI ONELIA * Di anni 23, casalinga, morta per incursione aerea il 22 aprile 1944 in località Passo alla Quercia

17) TIRADRITTI MIRIA * Di anni 4, figlia di Rocchi Onelia, morta per ferite da incursione aerea il 22.4.1944 in loc.Passo alla Quercia (Chiusi)

18) PELLEGRINI BARTOLOMEO * Di anni 37, artista, residente a Roma, morto per ferite da incursione aerea il 12 maggio 1944 alle ore 17 presso l'Ospedale di Chiusi

19) MARCHI RENATA * Di anni 20, atta a casa, morta per ferite d'arma da fuoco il 24 maggio 1944 alle ore 18 presso l'Ospedale di Chiusi. Risultò essere stata ferita sul Monte Cetona.

20) CACIOLI REMO * Di anni 19, operaio, residente a Cetona, morto per ferite d'arma da fuoco il 9 giugno 1944 alle ore 13 presso l'Ospedale di Chiusi. Partigiano della Banda SIMAR, ferito sul Monte Cetona.

21) NASORRI CARLO * Di anni 29, bracciante, fucilato da militari tedeschi nella propria abitazione di via Giovancorso 90 il 10 giugno 1944 alle ore 22

22) PERUGINI LUIGI * Di anni 52, colono, morto in seguito a fucilazione tedesca in località Acquasanta del Comune di Chianciano il 13 giugno 1944 alle ore 20 assieme ai figli Dino e Oreste.

23) PERUGINI DINO * Di anni 20, colono, figlio di Perugini Luigi, vedi al precedente

24) PERUGINI ORESTE * Di anni 18, colono, figlio di Perugini Luigi, vedi al precedente

C) BATTAGLIA DI CHIUSI: 16-27 GIUGNO 1944

25) CAMILLONI ANGIOLO * Di anni 49, colono, morto per ferite d'arma da fuoco in località Vignagrande il 18 giugno 1944 alle ore 19

26) CAMILLONI BRUNO * Di anni 22, colono, figlio di Angiolo, morto per ferite d'arma da fuoco in località Vignagrande il 18 giugno 1944 alle ore 19

27) MANGIAVACCHI ALVARO * Di anni 14, scolaro, morto per ferite da scoppio di mina il 19 giugno 1944 alle ore 9,30 in località S. Eolo

28) PAOLUCCI GIUSEPPE * Di anni 66, colono, morto per ferite d'arma da fuoco il 19 giugno 1944 alleore 18 in località tiro a segno

29) D'ANDREA GIUSEPPE * Di anni 54, bracciante, morto per ferite d'arma da fuoco in località Tomba della Scimmia il 20 giugno 1944 alle ore 10

30) GIORGI AMEDEO * Di anni 49, esercente, morto per ferite d'arma da fuoco in località Cassia Aurelia 12 il 21 giugno 1944 alle ore 7

31) PELACCI FRANCESCO * Di anni 68, possidente, morto per feriteda mitragliamento in località Asso di Picche il 21 giugno 1944 alle ore 7,30

32) BENICCHI BRUNO * Di anni 44, colono, morto per ferited'arma da fuoco in località Gonzarelli il 22 giugno 1944 alle ore 22

33) BENICCHI MARIO * Altrove MARINO, di anni 19, colono, figlio di Bruno, morto per ferite d'arma da fuoco in località Gonzarelli il 22 giugno 1944 alle ore 22

34) MAZZETTI LIONELLO * Di anni 49, colono, morto per ferite d'arma da fuoco in località Gonzarelli il 22 giugno 1944 alle ore 22

35) PERUGINI GIOVANNI * Di anni 33, bracciante, morto per ferite d'arma da fuoco in località Gonzarelli il 22 giugno 1944 alle ore 22

36) FANCIULLI ANNA * Di anni 32, atta a casa, morta per ferite d'arma da fuoco in località Monte il 22 giugno 1944 alle ore 17

37) FONTANA PIERINA * Di anni 49, Suora, morta per ferite di schegge di granata nell'Ospedale provvisorio di Via Porsenna 56 il 22giugno 1944 alle ore 3

38) GIOMETTI PASQUA * Di anni 70, atta a casa, morta per schiacciamento da crollo di macerie in località Fonte all'aia il 22 giugno 1944 alle ore 6

39) GRANELLI GIUSEPPE * Detto Mariella, di anni 76, inabile, morto per ferite d'arma da fuoco e colpi di pugnale il 22 giugno 1944 alle ore 17 in Via Porsenna

40) MASINI ROSA * Di anni 79, inabile, morta per ferite di schegge di granata presso l'Ospedale provvisorio il 22 giugno 1944 alle ore 10

41) MONTAINI GIULIA * Di anni 76, pensionata, morta per ferite da schegge di granata in località Monte il 22 giugno 1944 alle ore 10

42) MUCCIOLI CATERINA * Di anni 63, atta a casa, morta per ferite di schegge di granata presso l'Ospedale provvisorio il 22 giugno 1944 alle ore 12

43) NENCI PIETRO * Di anni 70, colono, morto per ferite d'arma da fuoco in via S. Annunziata il 22 giugno 1944 alle ore 18

44) PAOLUCCI DOMENICO * Di anni 50, guardia comunale, morto per ferite d'arma da fuoco il 22 giugno 1944 alle ore 17 in Rione Carducci 12

45) SANCHINI SABATINO * Di anni 61, colono, morto per ferite di schegge di mina in vicolo Pilella 127 il 22 giugno 1944 alle ore 11

46) VALDAMBRINI PIETRO * Di anni 70, portiere Ospedale, morto per schiacciamento da carro armato tedesco in via Porsenna il 22 giugno 1944 alle ore 10

47) FEI ENRICHETTA * Di anni 59, atta a casa, morta per ferite da mitragliamento in loc. Buffalce il 23 giugno 1944 alle ore 22,40

48) PARRINI GIULIO * Di anni 68, operaio, morto per ferite da mitragliamento in località Bufferia il 23 giugno 1944 alle ore 22,30

49) COSSU ANGELO * Di anni 16, studente, morto per ferite d'arma da fuoco in località Peschiera il 24 giugno 1944 alle ore 17,30

50) DEL BUONO TERESA * Di anni 61, atta a casa, morta per feriteda mitragliamento in località Gonzarelli il 24 giugno 1944 alle ore 16

51) Grazi Maria * Di anni 72, operaia, morta per ferite d'arma da mitragliamento in località Gonzarelli il 24 giugno 1944 alle ore 16

52) Micheletti Quirino * Di anni 69, stagnino, morto per ferite d'arma da fuoco il 24 giugno 1944 ore 18 in via Bonci presso l'Ospedale provvisorio

53) Testa Siria * Di anni 14, atta a casa, morta per ferite di schegge di granata il 24 giugno 1944 alle ore 16 in via Montevenere 29

54) De Vettori Angela * Di anni 10, "figlia di italiani all'estero", morta per scheggia di granata in località Montevenere il 25 giugno 1944 alle ore 17

55) Feri Ezio * Di anni 36, colono, morto per ferite d'arma da fuoco il 25 giugno 1944 in via Fornaci 116

56) Marchi Quintilio * Di anni 52, colono, morto per ferite d'arma da fuoco il località Le Paccianesi il 25 giugno 1944 alle ore 17

57) Morgantini Graziano * Di anni 19, bracciante, morto per ferite di schegge di granata il 25 giugno 1944 alle ore 17 in località Montevenere

58) Paci Anna Maria * Di anni 7, "figlia di italiani all'estero", morta per ferite da schegge di granata in località Montevenere il 25 giugno 1944 alle ore 17,30. Nel 1953 il nome venne variato in Zogno Anna Maria

59) Sodi Alfredo * Di anni 40, colono, morto per ferite da schegge di granata il 25 giugno 1944 alle ore 9 presso il torrente Montelungo

60) Ciufegni Elena * Di anni 40, operaia, coniugata Margheriti, morta per ferite da schegge di granata il 26 giugno 1944 alle ore 18, in località Monte

61) Dell'Agnello Enrico * Di anni 41, colono, morto per ferite di schegge di mina il 26 giugno 1944 alle ore 7 in località Bagnolo 19

62) Fe' Onelia * Di anni 10, atta a casa, morta per ferite d'arma da fuoco il 26 giugno 1944 alle ore 13 in località Fonte all'aia

63) Fei Giulio * Di anni 20, colono, morto per ferite di schegge di mina presso l'ospedale provvisorio di via Bonci il 26 giugno 1944 alle ore 18

64) Papini Giulio * Di anni 54, ferroviere, morto per ferite di scoppio di mina il 26 giugno 1944 alle ore 7 in località Bagnolo

65) Possieri Nazzareno * Di anni 49, esercente, morto per ferite d'arma da fuoco il 26 giugno 1944 alle ore 11 in viale Garibaldi

66) Pieroni Domenico * Di anni 55, senza professione, morto per ferite d'arma da fuoco in località Fortezza il 26 giugno 1944 alle ore 12

67) Facchielli Giuseppe * Di anni 23, operaio, morto per ferite di schegge di granata il 27 giugno 1944 alle ore 19 in località Romitorio

68) Foderini Letizia * Di anni 56, pensionata, morta per ferite di schegge di granata il 27 giugno 1944 alle ore 11 in via Cassia Aurelia 55

69) Marcellini Carla * Di anni 2, morta per ferite di schegge di granata il 27 giugno 1944 alle ore 11 in via Cassia Aurelia 55

70) Margheriti Ivana * Di anni 13, colona, figlia di Ciufegni Elena al n.60, morta per ferite di schegge di granata il 27 giugno 1944 alle ore 2 presso l'ospedale provvisorio di via Bonci

71) Rocchi Amleto * Di anni 9, colono, morto per ferite di schegge di granata il 27 giugno 1944 alle ore 9 in località S.Giuseppe

72) Rosati Francesco * Di anni 17, apprendista, morto per ferite di schegge di granata il 27 giugno 1944 alle ore 16 presso l'Ospedale provvisorio di via Bonci

73) Rossi Santi * Di anni 64, pensionato, morto per ferite di schegge di mina il 27 giugno 1944 alle ore 8 in via Cassia Aurelia 59

74) Santoni Mario * Di anni 24, operaio, morto per ferite di schegge di mina in località Montelungo il 27 giugno 1944 alle ore 15

75) Tistarelli Pasquino * Di anni 66, bracciante, morto per ferite di scoppio di mina il 27 giugno 1944 alle ore 6 in via Fonteregina 145

76) Valdambrini Giovannina * Di anni 52, atta a casa, moglie di Tistarelli Pasquino, morta per ferite di schegge di mina il 27 giugno 1944 alle ore 6

d) Caduti successivamente alla "Battaglia"

77) Castri Deo * Di anni 35, macellaio, morto per ferite di schegge di mina il 28 giugno 1944 alle ore 8 in località Passo alla Quercia

78) Croccolino Carolina * Di anni 62, colona, morta per ferite di scoppio di mina il 28 giugno 1944 alle ore 10 in località Fonteregina

79) Monaci Sveda * Di anni 32, atta a casa, morta per ferite da schegge di mina il 30 giugno 1944 alle ore 3 presso l'Ospedale provvisorio di via Bonci

80) Meconcelli Amedeo * Di anni 54, bracciante, morto per ferite di scoppio di mina il 1 luglio 1944 alle ore 12 in via del Fornello 56

81) Sacco Pia * Di anni 41, atta a casa, morta per mitragliamento aereo tedesco il 1 luglio 1944 alle ore 22 in via Pietriccia 11

82) Marcantonini Paolo * Di anni 26, operaio, morto per ferite da mitragliamento aereo tedesco, in via Pietriccia 11, il 2 luglio 1944 alle ore 16.

83) Agostinelli Isolina * Di anni 47, atta a casa , morta per ferite da scoppio di mina il 6 luglio 1944 alle ore 5 in località Bagnolo

84) Culicchi Gino * Di anni 44, salariato comunale, morto per scoppio di mina il 6 luglio 1944 alle ore 15,30 presso l'Ospedale Umberto I.

85) Facchielli Pietro * Di anni 17, operaio, morto per ferite di scoppio di mina il 7 luglio 1944 alle ore 8.30 presso l'Ospedale

86) Segala Giuseppe * Altrove Segato, di anni 19, senza professione, residente a Verona, morto per ferite da investimento da mezzo militare il 7 luglio 1944 alle ore 15,30 presso l'Ospedale

87) Trabalzini Adelio * Di anni 26, colono, morto per scoppio di mina il 14 luglio 1944 alle ore 8 in località Casaccia

88) Morgantini Pierina * Di anni 45, atta a casa, morta per ferite di scoppio di mina il 19 luglio 1944 alle ore 10 presso l'Ospedale

89) Trabalzini Ferdinando * Di anni 48, colono, morto per scoppio di mina il 19 luglio 1944 alle ore 10 in località Casaccia

90) Margheriti Anna * Di anni 40, pastaia, morta per ferite di schegge di granata il 21 luglio 1944 alle ore 22,30 presso l'Ospedale

91) Bardelli Duilio * Di anni 19, bracciante, morto per ferite di schegge di mina il 30 luglio 1944 nei pressi dei Salcheti

92) Bertolini Bruno * Di anni 30, elettricista, morto in seguito a scoppio di mina il 1 agosto 1944 alle ore 16,30 in località Morellino del comune di Chianciano

93) Tiradritti Natale * Di anni 35, impiegato, morto per ferite da scoppio di mina il 9 agosto 1944 alle ore 15 presso l'Ospedale

94) Danieli Giovanni * Di anni 20, attore, residente a Schio (VI), morto per ferite di scoppio di mina il 10 agosto 1944 alle ore 19,15 in località Tronchino

95) Carloni Guglielma * Di anni 53, atta a casa, morta per ferite di scoppio di mina il 31 agosto 1944 alle ore 9,30 in loc. podere Colombaio S.Polo

96) Vannuccini Ferdinando * Di anni 24, colono, morto per ferite di scoppio di mina il 9 settembre 1944 alle ore 15 presso l'Ospedale

97) Sodi Ermenegildo * Di anni 69, colono, morto per ferite da scoppio di mina il 22 novembre 1944 alle ore 13,30 presso l'Ospedale

98) Meloni Garibaldi * Di anni 21, colono, residente a Radicofani, morto per ferite da scoppio di mina il 7 giugno 1945 presso l'Ospedale di Chiusi

99) Scacciatella Franco * Di anni 8, residente a Piegaro (PG), morto per ferite di scoppio di mina il 22 ottobre 1945 alle ore 8 presso l'Ospedaledi Chiusi

100) Giometti Luigi * Di anni 9, morto per ferite di scoppio di mina il 2 settembre 1947 all'Ospedale di Chiusi

101) Minetti Giuseppe * Di anni 72, colono, morto per ferite di scoppio di mina il 31 agosto 1949 in loc.Poggetto

102) Perugini Leopoldo * Di anni 23, colono, morto per le ferite da scoppio di mina il 26 giugno 1950 alle ore 10 in loc.Fosso Marzio - Comune di Sarteano

2) Elenco dei militari di Chiusi caduti in servizio nella guerra 1940-1945

103) Barni Enrico - Sottotenente, 24 anni. Militare disperso in guerra in luogo e data sconosciuti. Cancellato dal registro dei residenti a seguito del Censimento Generale della Popolazione del 1951.

104) Benicchi Giulio - Soldato dell'841° battaglione comando tappa di Rodi, catturato dai tedeschi dopo l'8.9.1943. Venne dato per disperso nell'affondamento della nave che, con altri 4000 italiani prigionieri, lo trasportava sulla terraferma. Isola di Goidano, mare Egeo, 11.2.1944.

105) Biagi Federigo - Sergente, 28 anni, catturato dai tedeschi dopo l'8.9.1943 e morto il 27.4.1945 a Treyniltz (Germania)

106) Binella Gino - Soldato, carrista, 20 anni, morto per incidente il 30.3.1943 a Kairouan in Tunisia.

107) Caciotti Loris - Soldato, 24 anni, del 131° Reggimento artiglieria della Divisione corazzata Centauro, morto in combattimento il 21.12.1940 a Lervat in Albania

108) Chiti Angelo - Soldato, 21 anni, del 248° Autoreparto pesante, dato per disperso nella zona di Stalingrado, fronte Russo, il 6.2.1943

109) Chincini Elio - Soldato, 29 anni, dell'84° Reggimento fanteria Div.Venezia, morto in combattimento il 15.11.1940 a Vertelka in Albania. Nel monumento ai caduti è registrato come Chiucini.

110) Culicchi Ottavio -Carabiniere, 35 anni, il cadavere fu ritrovato annegato il 21.1.1943 a Brindisi.

111) Del Buono Giuseppe - Soldato, 25 anni, del 53° Reggt. fanteria Div.Sforzesca, dato per disperso sul fronte Russo, zona del Don il 25.1.1943

112) Del Buono Virgilio - Soldato, 33 anni, del 208° Regg. fanteria div. Taro. Il 2 dicembre 1940, sul fronte greco-albanese in zona Bregu i Mucit, Quota 1021, venne gravemente ferito nel corso di un combattimento. Per l'atto di valore mostrato fu decorato di medaglia d'Argento al Valor Militare sul campo. Questa la motivazione: " Porta arma tiratore, colpito alle mani da violenta raffica di mitragliatrice, incitava i compagni alla resistenza. Continuava a sparare e abbandonava l'arma soltanto quando stremato di forze, si piegava al suolo. " Rimpatriato gravemente ferito e sconvolto, non riuscì più a recuperare la pienezza delle proprie facoltà mentali, fino a dover essere ricoverato presso l'ospedale Psichiatrico di Siena dove morì l'11.2.1949 [1].

113) Dragoni Roberto - Soldato, deceduto per malattia presso il 78° Ospedale da campo a Salonicco in Grecia il 12.10.1944

114) Fei Manfredo - Soldato, 25 anni, del 208° Reggimento fanteria Div.Taro, morto in combattimento il 4.12.1940 a Elbasan in Albania

115) Fiorini Pietro - Sergente maggiore di Marina, 30 anni, morto il 13.8.1943 nello specchio di mare antistante Brindisi

116) Giliotti Giuseppe -Soldato, 30 anni, dell'83° Reggt. fanteria Div.Venezia, deceduto all'ospedale militare di Sarajevo, Bosnia, il 15.6.1943

117) Guazzini Pietro - Sottotenente, 22 anni, dell'84° Reggimento fanteria div.Venezia. Riconosciuto poi come caduto della Divisione partigiana Garibaldi, combattente contro i tedeschi in Jugoslavia. Fucilato nella notte del 31.10.1943 nei pressi della stazione di Mioce, zona di Priboj in Montenegro. I tragici eventi che portarono alla morte di questo giovane ufficiale e dei suoi commilitoni sono ricordati nel libro di Stefano Gestro, *La divisione italiana partigiana Garibaldi, Montenegro 1943-1945*, Milano, Mursia, 1981, pp. 265-266

118) Licciardello Orazio -Tenente di Marina, 39 anni, del comando marina in Dalmazia, Jugoslavia, catturato dai tedeschi dopo l'8.9.1943 e morto il prigionia il 27.2.1945, a Lipsia in Germania, durante un bombardamento aereo.

119) Lucioli Dino - Sottocapo di Marina, 20 anni, disperso in mare il 29.5.1942, nell'affondamento del cacciatorpediniere "Pessagno" avvenuto nel mediterraneo centrale a 60/70 miglia da Bengasi. Da sottolineare che il "Pessagno", privo di ecogoniometro indispensabile alla lotta antisommergibile, venne silurato da un sottomarino britannico proprio mentre disimpegnava una scorta antisommergibile ad un convoglio per l'Africa. Venne colpito da due siluri, di cui uno al deposito munizioni. Affondò in meno di un minuto. Ci furono 250 morti fra l'equipaggio. Fonte: *"Verbali delle riunioni tenute dal capo di S.M. Generale"*, Vol.3 (genn.1942-dic.1942), a cura dello Stato Maggiore dell'Esercito, Ufficio Storico, Roma, 1985, p. 541 e 545

120) Lucioli Elio - Marinaio, 19 anni, dato per disperso in mare il 28.5.1943 nell'affondamento nel porto di Livorno della motonave "Caralis" in conseguenza di bombardamento aereo

121) Lucioli Gino - Marinaio, 35 anni, deceduto per malattia contratta in servizio il 18.2.1942 a Chiusi.

122) Maccari Agostino - Soldato, 29 anni, del 1° Battaglione Chimico, dato per disperso il 19.12.1942 sul Fronte del Don in Russia

123) Manini Bruno - Soldato, autiere, 27 anni, della Divisione GG.FF., (Giovani Fascisti), morto per mitragliamento aereo a Sedala in Tunisia il 17.1.1943

124) Minetti Primo - Soldato, 22 anni, del 22° Reggimento fanteria Div.Cremona, morto il 15.12.1942 a Colle S.Antonio in Corsica

125) Moretti Filiberto -Soldato, autiere, 21 anni, del 2° Autoraggruppamento d'Armata, dato per disperso il 20.12.1942 a Kamenka sul Fronte Russo

126) Pacchieri Sesto - Soldato, 22 anni, del 31° Regg. fanteria, div. Siena, dato per disperso il 22.1.1941 a Klisura in Albania.

127) Pagliai Gino - Soldato, 33 anni, del 128° Reggimento fanteria Div. Firenze, catturato dai tedeschi dopo l'8.9.1943 e morto nel campo di concentramento Stalag XB 957, in Germania

128) Perugini Alcide - Soldato, 21 anni, del 2° Reggimento di artiglieria, dato per disperso il 23.1.1943 sul Fronte Russo.

129) Poggiani Lino - Soldato, autiere, 26 anni, deceduto per malattia contratta in servizio il 1.10.1941 a Chiusi

130) Ramini Silvio - Soldato, 25 anni, del 53° Reggimento fanteria, div.Sforzesca, dato per disperso il 22.12.1942 sul fronte del Don in Russia

[1] Tragico rapporto di questa famiglia con la guerra, infatti il padre, Del Buono Pasquino, era morto durante la prima guerra mondiale a Vertoiba nel 1916. Cfr: Maria Notari Olivotti, Luce di scomparsi, Siena, 1922, Vol.2, p. 575.

131) RINALDINI GETTULIO -Soldato, del 31° Reggimento fanteria Div.Siena, catturato dai tedeschi dopo l'8.9.1943, deceduto a Rodi, in Grecia il 30.5.1945

132) ROCCHI ANTONIO - Soldato, 28 anni, militare disperso in guerra in data e luoghi sconosciuti. Cancellato dal registro dei residenti a seguito del Censimento Generale della Popolazione del 1951.

133) ROSSI LEALDO - Soldato, 25 anni, dell'ARMIR, morto in loc.imprecisata del Fronte Russo il 31.1.1943

134) ROSSI VALENTINO - Bersagliere, 30 anni, del 39° Battaglione, aggregato alla Div. La Spezia, morto in combattimento in Tunisia il 7.4.1943

135) TIEZZI VINCENZO - Soldato, 28 anni, militare in licenza, dato per disperso in mare il 3.8.1943, nell'affondamentdel piroscafo "Città di Catania" silurato mentre tornava in Italia, zona del Basso Adriatico.

136) VANNONI FRANCESCO -Capitano, 32 anni, dei bersaglieri assegnato all'aereonautica, morto per incidente il 23.3.1941 a Harar in Africa Orientale Italiana, ora Etiopia.

## 3) PARTIGIANI DI CHIUSI CADUTI

137) BALDETTI ERMANNO MARIO * Di anni 21, studente, nato a Chiusi nel 1923, partigiano della Banda SIMAR, morto in combattimento contro i tedeschi in località LA NUTA - Sarteano - il 16 giugno 1944 alle ore 17,20. Sepolto nel cimitero di Chiusi. Decorato con Medaglia di Bronzo al Valor Militare

138) MORELLI DINO * Di anni 21, operaio, nato a Chiusi il 18 aprile 1924, partigiano della Banda SIMAR, morto, per malattia contratta durante la lotta partigiana, il 18 maggio 1945 a Chiusi [2].

## 4) MILITARI CADUTI DURANTE LA LOTTA DI LIBERAZIONE

139) MORGANTINI MARIO * Di anni 25, nato a Chiusi nel 1920. Soldato, matricola 2634, del CCI battaglione, 22° Reggimento fanteria, Divisione "Cremona". Combatté sul fronte occidentale e in Corsica. Dopo l'8 settembre 1943 partecipò alla lotta contro i tedeschi nel Gruppo di combattimento "Cremona". Inviato a sud delle valli di Comacchio, sulla Linea Gotica, rimase ucciso in combattimento contro i tedeschi a Casa Marini, fiume Senio, nella zona di Alfonsine (Ravenna), il 10 aprile 1945. Decorato di Medaglia d'Oro al Valor Militare . La salma fu sepolta a Camerlona (RA) nel cimitero militare del Gruppo di Combattimento "Cremona" alla tomba 145 e successivamente esumata e traslata al cimitero di Chiusi [3].

## 5) ALTRI DECEDUTI PER CAUSE BELLICHE

140) CACIOLI VITTORIO * Di anni 57, possidente, morto per ferite d'arma da fuoco il 27 aprile 1944 in Loc. Fonte dell'Aia.

141) ABBATI GIOVANNI * Di anni 34, barbiere. Il Pisanò nel suo libro: *Storia della guerra civile in Italia*, citato, lo indica come "fascista ucciso dai partigiani nel giugno 1944". All'Anagrafe del Comune di Chiusi risulta come "militare disperso in guerra" e con questa dizione è stato cancellato dal registro dei residenti per "irreperibilità", in seguito al Censimento Generale della Popolazione del 1951

Ritengo infine doveroso ricordare anche la memoria di Ermanno Margheriti, nato l'8.4.1919 a Cremona da genitori chiusini (di Adelfo e Giovanna Scaramelli). Perito elettrotecnico, laureando all'Università "Bocconi" di Milano. Sottotenente del genio alpino, rimpatriò dopo l'8 settembre 1943 dalla Francia, entrando nella formazione partigiana che operava in Val Trompia e nella stessa città di Brescia. Fu tra i fondatori della formazione partigiana "Tito Speri" di cui fu capo-settore, distinguendosi per audacia e sprezzo del pericolo. Arrestato venne deferito al Tribunale militare fascista e condannato

[2] Altri partigiani di Chiusi morirono negli anni successivi alla guerra per malattie dovute agli strapazzi della lotta partigiana, pur non potendoli comprendere in questo elenco perché deceduti in epoche successive riteniamo doveroso rammentarne i nomi: Libero Betti, Giuseppe Carlini, Lido Lisi.

[3] Motivazione della medaglia d'oro: "Marconista in servizio presso un comando di battaglione in linea sul fiume Senio, alla vigilia dell'offensiva finale, dopo aver già partecipato a numerose azioni chiedeva ed otteneva di essere assegnato ad una compagnia avanzata, prendendo così parte ad un attacco contro munitissime posizioni avversarie. Ancora una volta rifulsero le sue eccezionali doti di valoroso combattente. Dopo una dura giornata di aspri combattimenti chiese ed ottenne di formare con altri animosi una pattuglia di osservazione per prendere contatto col nemico in ritirata e ne assunse il comando. individuato un centro di fuoco isolato, lo assaltava con lancio di bombe, intimando la resa ai difensori. Ferito una prima volta non desisteva riuscendo ad uccidere il suo feritore. Colpito a morte una seconda volta dalla raffica di una mitragliatrice, ai suoi compagni che si accingevano ad accorrere in suo soccorso, intimava di non esporsi inutilmente e di ritirarsi. Riportato dopo qualche ora nelle nostre linee, ripresa per un attimo conoscenza, chiedeva se le notizie attinte dalla sua pattuglia fossero state comunicate al comando superiore e spirava dichiarandosi felice di dare la vita per la Patria. Case Marini (Zona Alfonsine) 10 aprile 1945. Cfr.: *Storia del XXII Reggimento fanteria "Cremona"*, 1° ottobre 1848 - 1° novembre 1950, Torino, Tip. F.lli Viamino, 1950.

a morte mediante fucilazione assieme ad Astolfo Lunardi, il 6 febbraio 1944 a Brescia. Fu decorato al valor militare. A suo nome fu intitolata una delle brigate partigiane "Fiamme Verdi" della Val Trompia. Pur non abitando a Chiusi era conosciuto come del resto la famiglia, la notizia della morte suscitò emozione e commozione fra la popolazione. Nell'ultima lettera alla madre prima della fucilazione scrisse:

> "La giustizia degli uomini mi ha condannato, ma Dio, quando vedrà la mia anima pulita da ogni peccato terreno, giudicherà in miglior modo degli uomini. "

## 6) Alcune considerazioni su delle cifre

I precedenti elenchi ci mostrano che a Chiusi ci furono per cause belliche, durante e dopo la seconda guerra mondiale, 141 morti tra civili e militari, di cui 130 erano residenti nel Comune ed i restanti 11 residenti in altri Comuni. Trentasette furono i caduti ed i dispersi militari (compresi i partigiani), nelle seguenti zone di operazione:

4 in Africa; 9 nei Balcani; 8 in Italia; 1 in Corsica; 3 in Germania in prigionia; 7 sul Fronte Russo; 3 dispersi in mare; 2 dispersi in zone sconosciute.

Di questi caduti militari ben 10, cioè circa il 30 % del totale, morirono o andarono dispersi dopo l'8 settembre 1943.

I caduti civili furono invece complessivamente 104, tutti nel periodo successivo all'8 settembre 1943, e di questi furono:

36 donne - (35 %) – 68 uomini - (65 %)

Raffronto dei dati caduti a livello nazionale/Chiusi:

Nella Prima Guerra Mondiale

| | |
|---|---|
| **Italia** | 650.000 *caduti militari* |
| **Chiusi** | 120 *caduti militari* |

Nella Seconda Guerra Mondiale

| | | | | |
|---|---|---|---|---|
| **Italia** | *caduti militari* | *caduti civili* | *totale* | |
| | 330.000 | 85.000 | 415.000 [4] | |
| % | 79,5 % | 20,5 % | 100 % | |
| **Chiusi** | 37 | 104 | 141 | compresi partigiani |
| % | 26,2 % | 73,8 % | 100 % | |
| (solo residenti) | 37 | 93 | 130 | |
| % | 28,5 % | 71,5 % | | |

Come si può vedere dalla tabella precedente, mentre a livello nazionale il rapporto caduti civili/militari è di circa un caduto civile ogni quattro caduti militari, a Chiusi il rapporto si ribalta ed è quasi di un caduto militare ogni tre caduti civili e sta a dimostrare che è stata la popolazione civile quella che ha pagato il contributo di sangue maggiore alla guerra. Nella prima guerra mondiale i soli ad essere stati colpiti sono stati i combattenti al fronte, ma nel corso della seconda, la guerra è passata per tutti i paesi, senza riguardo a condizioni sociali o età; Chiusi non fece eccezione, tra le vittime: donne, vecchi e bambini; poveri e ricchi. E' da rimarcare infine che il grosso delle vittime, circa l'80 % del totale, avvenne nel periodo successivo all'8 settembre 1943. A dimostrazione che dopo l'armistizio finimmo col perdere più vite umane di quante ne erano andate perse nella precedente lunga guerra di 39 mesi, dal giugno 1940 all'agosto 1943.

Davanti a tanti morti e tanta sofferenza è doveroso meditare.

Infine, a completamento, ritengo opportuno inserire una scheda statistica sull'evoluzione demografica del comune di Chiusi tra il 1943 ed il 1948, tratto dal libro di Pierfrancesco Bandettini sulla Popolazione della Toscana [5].

[4] La cifra è arrotondata per difetto. Cfr. AAVV, *Storia della Seconda Guerra Mondiale,* cit., Vol. 6°, pp. 524-525.

[5] PIERFRANCESCO BANDETTINI, *La popolazione della Toscana dal 1810 al 1959,* Firenze, Scuola di statistica della Università di Firenze, 1961, p. 357.

Comune di CHIUSI

| ANNO | AMMONTARE POPOLAZIONE | MATRIMONI | NASCITE | MORTI |
|---|---|---|---|---|
| 1943 | 8.316 | 26 | 130 | 99 |
| 1944 | 8.245 | 35 | 110 | 197 |
| 1945 | 8.238 | 77 | 105 | 105 |
| 1946 | 8.250 | 96 | 160 | 99 |
| 1947 | 8.368 | 104 | 151 | 111 |
| 1948 | 8.541 | 86 | 179 | 87 |

Nel numero dei morti sono ovviamente compresi anche quelli per cause naturali, mentre il dato dell'ammontare della popolazione è ottenuto considerando quella presente a metà dell'anno.

Di questa tabella è opportuno far notare due punti:

- Il primo è l'andamento dei matrimoni, che ha una diminuzione negli anni di guerra (vedi anche la tabella alla premessa) per rialzarsi repentinamente negli anni 1945/1946 e raggiungere il culmine nel 1947: evidente segno della pace ritrovata. In questo l'andamento è identico a quello che si evidenzia negli anni della prima guerra mondiale, quando si registra un numero minimo di matrimoni negli anni 1915/1918 ed un rialzo cospicuo negli anni 1919/1921.
- Il secondo sono le nascite che rimangono sostanzialmente costanti (una media di 130 all'anno), anche nei primi anni di guerra, con un calo sensibile solo nel biennio 1944-1945, in conseguenza evidentemente del "passaggio del fronte"; calo che è, comunque, ampiamente recuperato negli anni successivi.

## 7) I PRIGIONIERI DI GUERRA

Una pagina a parte di questa nostra storia umana è rappresentata dai prigionieri di guerra. In guerra oltre ai morti ai feriti ed ai dispersi ci furono anche i prigionieri e per loro la guerra oltre che sangue e paura fu anche fame, nostalgia, tristezza e lacrime. A quelli che vanno in guerra rimane difficile pensare di diventare prigioniero, ma, purtroppo, le regole della guerra lo prevedono. I prigionieri di guerra italiani, catturati durante l'ultimo conflitto sui vari fronti, furono circa 1.300.000, di questi, 136 [6], erano provenienti da Chiusi . In coloro che vissero quella triste esperienza dietro il filo spinato dei campi di prigionia si aprirono drammi personali difficilmente comprensibili. Come ha scritto uno di tali reduci: "Essere prigionieri ... è il più grosso dramma che possa capitare ad un uomo. La sensazione di essere chiusi nelle quattro mura è veramente drammatica. Chi non l'ha provata non può neppure immaginarla." [7]

I reduci da questa esperienza difficilmente la raccontano; alcuni lo fanno per non ricordare, altri perché ritengono degradanti quelle situazioni e i compromessi fatti per sopravvivere. La società italiana del dopo guerra voleva dimenticare e così, spesso, la tragedia particolare di questi reduci venne sottovalutata.

Le lettere scritte ai familiari e inviate per il tramite della Croce Rossa Internazionale, furono l'unico esile collegamento rimasto ai prigionieri di guerra con i luoghi di origine durante la detenzione. Dalla lettura di queste lettere è possibile cogliere degli stati d'animo veramente angoscianti. Per ricordare questa triste pagina di dolente umanità, di seguito riporto una lettera, scritta nel 1944 da uno di questi prigionieri di guerra e indirizzata alla madre a Chiusi. Il nome dell'autore viene omesso per motivi di ovvio riserbo, posso solo dire che aveva 28 anni quando la scrisse, che era un mezzadro e viveva nella zona di Macciano, che era stato fatto prigioniero agli inizi del 1941 in Africa e che infine era detenuto nel Campo POW - Prisioner of War - n. 6934, in Gran Bretagna. La lettera, che si commenta da sola, viene pubblicata integralmente senza alcuna correzione:

> "Mamma carissima. Vengo con la mia presente tanto per comunicarvi le mie notizie le quali di salute ottima, così mi auguro di voi, compreso Bruna e Mario. Mamma cara vi voglio dire che dopo sono nato non sono mai stato così travolto da tanti pensieri purtroppo oggi ci sono, maledico il momento in cui sono nato quando mi dovevo trovare ha cose del genere, ma pazienza solo Dio mi può confortare. Dispiacentissimo di essere privo di vostre notizie dal mese di marzo e mi provedo che starete poco bene, no come salute ma di altre cose, speriamo di no! Speriamo che tutto presto abbia fine, e poter tornare sano e salvo vicino a voi che non ha altri al mondo. Termino inviandovi i miei più cari saluti e Baci unita a Bruna e Mario, vostro Aff.mo figlio Corrado. Più saluti a tutti i parenti compreso i vicini e chi domanda di me. Ciao. Data li 9.9.1944 ." [8]

[6] GIACOMO BERSOTTI, *Storia di Chiusi, dall'età comunale alla Seconda Guerra Mondiale,* cit., p. 278.

[7] Ricordi di Elios Toschi, si trovano in: MASSIMO SANI, *Prigionieri, I soldati italiani nei campi di concentramento, 1940-1947,* Torino, ERI, 1987, p. 21.

[8] La lettera mi è stata fornita da Renato Nenci.

## 8) L'uomo che non è mai esistito

La mattina del 30 settembre 1984 venne inaugurato a Chiusi, presso il parco comunale "I Forti" [9], alla presenza di numerose autorità, il "Monumento a tre martiri della Resistenza"; scultura in bronzo e travertino di 220 cm di altezza, pregevole opera artistica di Vasco Nasorri. Come venne detto dai vari oratori che si alternarono nella commemorazione per l'occasione, l'opera era dedicata a tre cittadini di Chiusi caduti nel corso della lotta di liberazione: Mario Morgantini; Ermanno Baldetti; Mario Bardelli. Il primo era stato decorato di medaglia d'oro al valor militare, mentre gli altri due di medaglia di bronzo.

Durante la fase di ricerche preparatorie di questo lavoro sorse però un problema, infatti mentre dei primi due si trovava ampio riscontro documentario e testimoniale sulla loro attività ed "esistenza", del terzo, cioè Mario Bardelli, nulla si trovava. Nessun Bardelli Mario risultava essere morto a Chiusi o dintorni negli anni 1939-1945 o quantomeno nessuno con questo nome esisteva negli archivi comunali di Chiusi tra gli atti di morte, né tantomeno risultava esservi stato un caduto partigiano a nome Bardelli in Provincia di Siena nel corso della lotta partigiana [10]. Nel 1991 venne infine appurato che si trattava di un grossolano errore, dovuto ad una errata lettura dei verbali del CLN, che riportavano come caduti partigiani di Chiusi i nomi di Ermanno Baldetti, Mario Morgantini e tal Mario Bardelli. Come scrisse Maurizio Bologni nel suo articolo "In memoria di un partigiano mai esistito":

> "Ermanno Baldetti e Mario Bardelli "... Possono sembrare due diversi eroi della Resistenza nati e vissuti a Chiusi, ma in realtà si tratta della stessa persona. In alcuni passaggi degli atti del Cln si legge inequivocabilmente il nome di Ermanno Baldetti. In altri compare il nome di tal Mario, ma il cognome non sarebbe di facile lettura. La terza lettera del nome, una "l" viene scambiata dai ricercatori per una "r", e le due "t" senza lineetta, sesta e settima lettera che compongono il cognome, vengono lette come due "l". Agli occhi del distratto ricercatore il nome di Mario Baldetti diventa quindi Mario Bardelli e l'errore, certamente in buona fede è fatto. Quello che nei racconti era lo stesso martire della Resistenza si sdoppia in due eroi: ovvero Mario Ermanno Baldetti, registrato all'anagrafe con il doppio nome (Ermanno si chiamava anche suo padre) ... e lo "storpiato" Mario Bardelli [11].

L'errore fu successivamente corretto nel 1994, togliendo il nome errato ed aggiungendo i nomi dei caduti partigiani Pietro Guazzini e Dino Morelli .

## 9) Due ferrovieri coraggiosi

Voglio concludere questo libro ricordando due "eroi" silenziosi, due uomini che non si tirarono indietro quando un loro intervento si rese necessario.

L'8 luglio 1945 entrava nella stazione di Chiusi un convoglio di 40 carri ferroviari carichi di munizioni ed esplosivi, per cause sconosciute uno dei vagoni cominciava a bruciare. L'incendio appariva subito grave, l'esplosione del carro avrebbe ovviamente attivato una reazione a catena che, provocando il deflagrare di tutti gli esplosivi presenti nei vagoni, avrebbe avuto conseguenze micidiali per la stazione e l'abitato circostante. Bisognava dunque staccare il carro incendiato ma il compito si presentava rischioso e molti si defilavano, infine si offrirono volontari due "manovali delle FF. SS": Goracci Eduino e Cocchi Angiolo [12]; che riuscivano coraggiosamente a staccare il carro in fiamme consentendo di limitare i danni ed evitare il peggio [13]. I due coraggiosi ferrovieri furono entrambi decorati con la medaglia di bronzo con lode al valore civile, con la seguente motivazione:

> "Noncurante dell'imminente pericolo, si offriva, unitamente ad altro valoroso, per sganciare da un treno merci un carro carico di esplosivi nel quale si era sviluppato un incendio. Poteva, così, essere isolato il vagone ed evitato il propagarsi delle fiamme agli altri carri di munizioni. Ammirevole esempio di audacia e sprezzo del pericolo." [14]

[9] In seguito il monumento venne spostato nei giardini prospicienti la cattedrale ed il Museo nazionale etrusco dove ancora oggi (1996) si trova.

[10] Vedi al riguardo l'elenco pubblicato nel libro: *Criminali alla sbarra - il processo di Montemaggio*, edito a cura dell'ANPI di Siena, Siena, La Poligrafica, 1948, pp. 4/5. Questo nome non risulta neanche nel fascicolo edito dalla sez. di Chiusi del Partito Comunista nel dicembre 1971: "Veniamo da lontano e andiamo lontano - 1921/1971, cinquant'anni di lotta dei comunisti di Chiusi", che alle pagine 11 e 12 riporta i nomi di tutti i caduti partigiani.

[11] "La Gazzetta di Siena", quotidiano edito a Siena, 16.4.1991

[12] Goracci Eduino (1915-1984); Cocchi Angiolo (1912-1989).

[13] Il fatto viene ricordato anche nel libro di Don Giacomo Bersotti, *Storia di Chiusi, dall'età comunale alla Seconda guerra mondiale,* cit., p. 285, ma riportando errati i nomi di entrambi i protagonisti del fatto.

[14] Le medaglie furono conferite con Decreto del Presidente della Repubblica del 13 ottobre 1950.

# APPENDICE B

## 1) Elenco dei militari Sudafricani del battaglione "First City/Cape Town Highlanders" caduti a Chiusi nella notte tra il 21-22 Giugno 1944

1) Irvine J.E.S. * Sergente, altrove Ervine, di anni 35
2) Sangster O.M. * Sergente, matricola 8667V
3) Hooper A.J. * Caporale,
4) Mackenzie D.M. * Caporale, altrove Mackenzine, matricola 8644V
5) Ritchie F.J. * Caporale, matricola 8779V
6) Abrahamson D.R. * Soldato, matricola 8719V, di anni 21
7) Golden M.G. * Soldato, matricola 82586V
8) Gush G.H. * Soldato, matricola 8625V, di anni 26
9) Gush R.G. * Soldato, matricola 8626V, di anni 33
10) Jarman J. * Soldato,
11) Klose F.H.J. * Soldato,
12) Mcnaught-Davis J. * Soldato, matricola 19203V
13) Nash L.G. * Soldato, matricola 229975V, di anni 20
14) Page S.B. * Soldato,
15) Parkes A.T. * Soldato, matricola 226255V, di anni 20
16) Gayne-Tobin T.W.* Soldato, matricola 231752V, di anni 22
17) Tosen W. * Soldato, matricola 329114V, di anni 22
18) Lakati S. * Caporale scelto sanità.

Questa è solo ovviamente una piccola parte dei molti militari della 6ª Divisione corazzata sudafricana morti durante la battaglia di Chiusi. La maggior parte di essi, caduti nel corso dei combattimenti, sono sepolti nel cimitero militare britannico di Bolsena (VT), tranne alcuni portati a Foiano della Chiana (AR) e a Orvieto (TR). Fonte: The war dead of the British Commonwealth and Empire, the register of the names of those who fell in the 1939-1945 war and buried in cemeteries in Italy, compiled and published by order of the imperial war graves commission, London, Her Mayesty's stationery office, 1955.

## 2) Elenco ufficiali germanici caduti nella "Battaglia di Chiusi"

1) Thor Hans * Di anni 26, era nato il 26.1.1918, Major (maggiore) già Hauptmann (capitano), comandante del Secondo battaglione del Regg.Granatieri corazzati paracadutisti 2., divisione Hermann Göring, caduto in combattimento il 26 giugno 1944; il corpo non fu recuperato.

2) Könneke Georg * Di anni 26, era nato il 22.1.1918, Hauptmann (capitano), ufficiale addetto al comando del "reparto per compiti speciali" del battaglione Comunicazioni divisione Hermann Göring, caduto in combattimento a Chiusi il 22 giugno 1944; sepolto al Cimitero Militare germanico di Pomezia (Roma), al riquadro K - tomba 115.

3) Kolek Georg * Di anni 25, era nato l'1.5.1919, Hauptmann (capitano) già Oberleutnant (tenente), comandante dell'11ª batteria, del reggimento artiglieria controaerea della divisione Hermann Göring, caduto in combattimento a Chiusi il 22 giugno 1944; sepolto al Cimitero Militare germanico di Pomezia (Roma), al riquadro K - tomba 42.

4) Rohde Ernst * Di anni 22, era nato il 29.6.1922, Oberleutnant (tenente) già Leutnant (sottotenente), comandante di plotone nel Regg.Gran.Cor.Paracad. 2., divisione Hermann Göring, caduto in combattimento il 25 giugno 1944 nei dintorni di Chiusi. sepolto al Cimitero Militare germanico di Pomezia (Roma), al riquadro K - tomba 251

Negli archivi tedeschi non sono disponibili elenchi dei militari tedeschi caduti durante la battaglia, anche perché molti corpi vennero bruciati dopo il passaggio del fronte e non fu possibile identificarli. L'unico dato disponibile è rappresentato dall'elenco dei nomi degli ufficiali segnalati come caduti in quei giorni.

Dopo la guerra furono esumati, nel territorio del comune di Chiusi, i corpi di 60 militari tedeschi deceduti durante i combattimenti, furono trasportati a Pomezia (Roma) e qui sepolti nel Cimitero Militare Germanico - Deutscher Soldatenfriedhof - in cui riposano 27.437 caduti tedeschi della seconda Guerra Mondiale.

Fonte:
- Volksbund Deutsche Kriegsgräberfürsorge e.V. -Servizio per le Onoranze ai Caduti Germanici, Roma; Elenco nominativo dei cadutitedeschi della seconda Guerra Mondiale
- National ArchivesWashington (N.A.W.), Ruolini della Divisione Hermann Goering, T.312, Roll 97, Doc. da n. 7624144 al 7624199.

Vedi anche: *Elenco cimiteri militari germanici della prima e seconda guerra mondiale in Italia*, fascicolo a stampa senza indicazione della data di edizione redatto dal Volksbund Deutsche Kriegsgräeberfürsorge e.V., Kassel, Repubbica Federale di Germania.

# INDICE DEI NOMI DI PERSONA CITATI NEL TESTO

**Avvertenze:**
I numeri accanto ai nomi indicano le pagine in cui sono riportati i nomi, mentre i numeri tra parentesi indicano il riferimento dove rintracciare in appendice le schede dei caduti civili e militari

*1. 2. 1932: La stazione ferroviaria di Chiusi e uno scorcio di piazza Dante Alighieri.*

*3. 4. - La stazione ferroviaria di Chiusi-Chianciano Terme nel 1940.*

*5-6. La stazione ferroviaria di Chiusi dopo il bombardamento aereo del 21 novembre 1943 (Archivio Giorgio Bologni).*

*7. 8. La stazione ferroviaria di Chiusi dopo il bombardamento aereo del 21 novembre 1943 (Archivio Giorgio Bologni)*

9. 10. *-La stazione ferroviaria di Chiusi dopo i bombardamenti ærei. (Foto Vinicio Betti)*

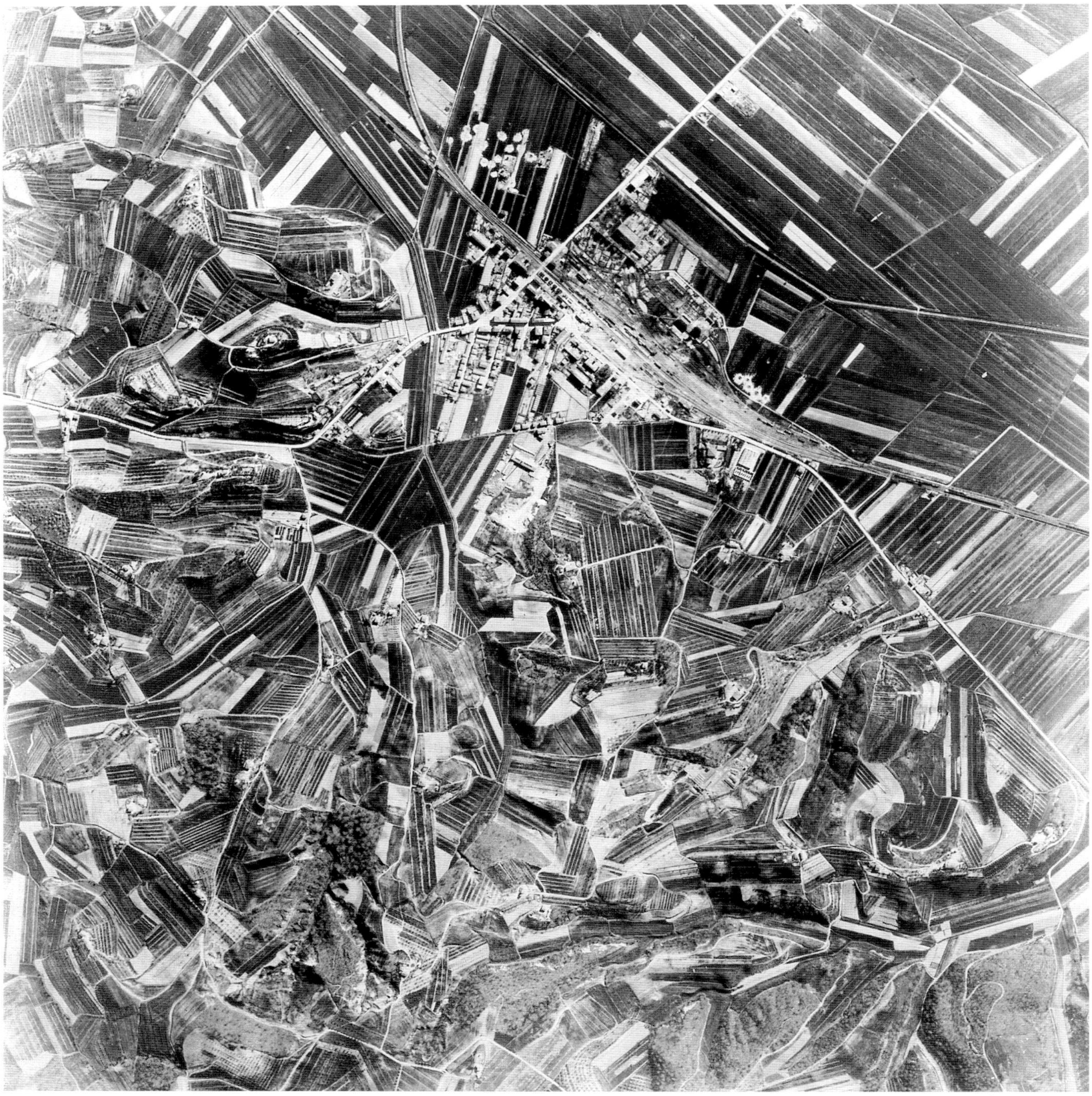

*11 - 24 aprile 1944, ore 9,30. Ecco come appariva la stazione di Chiusi ripresa da 25.000 piedi di altezza da un ricognitore della Royal Air Force britannica. Visibilissimi i crateri aperti dalle bombe nell'area dello scalo ferroviario e nella zona circostante. Notare come molti crateri sono vicini agli scambi sud, sulla linea per Roma e a nord vicino alla diramazione della linea tra Siena e Arezzo. (Foto I.C.C.D. - Istituto Centrale per il Catalogo e la Documentazione - Laboratorio per la Fotointerpretazione e la Aerofotogrammetria - ROMA - concessione a divulgazione 1239 del 20.12.1991)*

*12 - 21 aprile 1944: Un cacciabombardiere P 47 "Thunderbolt" statunitense ripreso mentre si lancia in picchiata contro la stazione di Chiusi. (Foto Vinicio Betti)*

*13 - 24 aprile 1944, ore 9,30. Chiusi Città ripresa da un ricognitore della Royal Air Force britannica. (Foto I.C.C.D. - Istituto Centrale per il Catalogo e la Documentazione - Laboratorio per la Fotointerpretazione e la Aerofotogrammetria - ROMA - concessione a divulgazione 1239 del 20.12.1991)*

*14 - Il Monte Cetona in una inquadratura del 1944. (Foto Vinicio Betti)*

*15 - Il Professor Piero Galeotti, Podestà di Chiusi dal 1931 al 1944.*

*16 - Monsignor Carlo Baldini, Vescovo di Chiusi e Pienza dal 1941 al 1970.*

*17 - Due paracadutisti tedeschi della 1a divisione e la loro motocarrozzetta BMW R750, ripresi durante una sosta nel corso della ritirata del giugno 1944. (Bundesarchiv)*

*18 - Dintorni di Chiusi, giugno 1944. Un cannone contraereo tedesco montato su di un semicingolato. (Bundesarchiv)*

*19 - Chiusi, giugno 1944. Due granatieri della Fj-Pz Division "Hermann Göring". (Bundesarchiv)*

*20 - 1939: Il rione Carducci, in alto il podere Casenove*

*20 bis - Alcuni ufficiali del First City/Cape Town Highlanders stanno concertando l'attacco contro Chiusi, al centro il Tenente Colonnello Duncan. (Archivio The Cape Town Highlanders - Cape Town)*

*21 - Gli ufficiali sudafricani impegnati a Chiusi: da sinistra il generale Bierman; il generale Furstenburg comandante dell'11a brigata corazzata; il tenente colonnello Oswald Flemmer comandante del First City/Cape Town Highlanders; il generale W.H.E. Poole comandante della 6a divisione corazzata; il generale Palmer comandante della 12a brigata motorizzata. (Archivio The Cape Town Highlanders - Cape Town)*

*22 - Il capitano Dennis Lloyd*

*23 - Il tenente Lionel Wylie*

*24 - La bandiera reggimentale dei Cape Town Highlanders con elencate le battaglie in cui ha combattuto il reggimento, tra queste è presente anche Chiusi. (Archivio The Cape Town Highlanders - Cape Town)*

*25 - Il teatro "Pietro Mascagni", 1939*

*26 - L'interno del teatro "Pietro Mascagni"*

*27 - In questa foto panoramica si può vedere: sulla destra il campo della fiera e la zona delle "buche del pulcino" con le terrazze scalate dal tenente Hardy ed il suo plotone; al centro la "casa Paolozzi" in cui prese posizione il tenente Caro ed il suo plotone. (Foto Vinicio Betti)*

*28 - Ancora una foto del Campo della Fiera e di via "Torri del fornello", al centro la zona delle "buche del pulcino" e le terrazze scalate dai soldati sudafricani del plotone del tenente Hardy. (Foto Vinicio Betti)*

*29 - Una veduta aerea di Chiusi Città, in primo piano si possono vedere il teatro "Mascagni" e alla destra l'aia della fattoria nei cui locali si trincerò il plotone del tenente Hardy. In basso a sinistra si può vedere la casa in cui si rifugiò il plotone e il comando della compagnia D del FC/CTH.*

*30 - 1939: I giardini posti davanti al teatro "Pietro Mascagni". (Foto Vinicio Betti)*

*31 - Il capitano Hans Briegel, comandante del terzo battaglione del secondo reggimento della "Hermann Göring". (Foto Herbert Zidek)*

*32 - Il tenente Bernd Böcker, comandante dell'11ª compagnia. (Foto Herbert Zidek)*

*33 - Il granatiere Herbert Zidek*

*34 - L'alfiere capo Walter Stiewing, vicecomandante dell'11ª compagnia. (Foto Herbert Zidek)*

*35 - L'11ª compagnia in marcia durante l'addestramento in Olanda. (Foto Herbert Zidek)*

*36 - La terza squadra del secondo plotone dell'11ª compagnia che attaccò per ultima il teatro "Pietro Mascagni". Al centro con le carte in mano il granatiere Bernard Söbitz che cadde in combattimento il 22 giugno 1944 a Chiusi. (Foto Herbert Zidek)*

*37 - 1939: Via Porsenna, questa è la strada seguita dall'11ª compagnia per giungere al Teatro "Mascagni"*

*38 - 30 giugno 1944: ecco come appariva l'edificio in cui si era rifugiato il plotone del tenente Caro ed il comando della compagnia 'D' del FC/CTH. (Archivio Giorgio Bologni)*

*39 - 30 giugno 1944: un civile attraversa via Porsenna in cui le truppe sudafricane hanno individuato delle mine tedesche (Imperial War Museum)*

*40 - Il Panzer Mark IV 'Special' tedesco distrutto al cimitero. (S.A, Museum of Military History,Pretoria, Sudafrica)*

*41 - 22 giugno 1944. Barellieri sudafricani all'opera sotto il fuoco tedesco. (S.A, Museum of Military History,Pretoria, Sudafrica)*

*42 - 28 giugno 1944. Soldati sudafricani per le vie di Chiusi. Sui muri appaiono ancora i manifesti di propaganda fascisti; da notare il manifesto che comunica lo spostamento del coprifuoco. Il soldato al centro sta scherzosamente dando la mano al soldato tedesco che, come dice lo slogan del manifesto, "è amico". (Foto tratta dal libro di Neil Orpen - Victory in Italy)*

*43 - Mentre un "bulldozer" lavora al riattamento della strada statale 326, transita una batteria di cannoni anticarro della 6a Divisione corazzata sudafricana. Notare al centro Monte Venere con il pino centenario sulla vetta che fu abbattuto da un fulmine nel 1977. (Imperial War Museum)*

*44 - Sarteano, 28 giugno 1944: il battaglione First City/Cape Town Highlanders in area di riposo. (Archivio The Cape Town Highlanders - Cape Town)*

*45 - 28 giugno 1944: il cadavere di un soldato tedesco ucciso nei dintorni di Chiusi. (Foto Vinicio Betti)*

*46 - Un portaordini motociclista della 6ª Divisione corazzata sudafricana passa per via Cassia-Aurelia. (Imperial War Museum)*

*47 - Una "jeep" della 6ª Divisione corazzata sudafricana all'incrocio di via Cassia-Aurelia. Chiusi è piena di trappole esplosive lasciate dai tedeschi in ritirata, come si può apprendere anche dalla scritta di "booby traps" (trappole da stupidi) apposta sulla colonna a sinistra nella foto. (Imperial War Museum)*

48 - *Via Cassia-Aurelia - "Fontebranda" (Foto Vinicio Betti)*

49 - *Porta San Pietro, 1940*

*50 - 1939: Via Porsenna, sullo sfondo Porta San Pietro*

*51- 30 giugno 1944: Una panoramica sui martoriati tetti di Chiusi. (Foto Vinicio Betti)*

*52/53 - Porta San Pietro dopo l'esplosione della mina. (Foto Vinicio Betti)*

*54 - L'ospedale "Umberto I°". Le vetrate che si vedono al centro sono quelle della camera operatoria. (Foto Vinicio Betti)*

*55 -Una foto panoramica della torre della fortezza di Chiusi con sullo sfondo la stazione ferroviaria*

*56 - Una casa distrutta nella piazzetta de l'olivazzo dai cannoneggiamenti di artiglieria. (Foto Vinicio Betti)*

*57 - 30 giugno 1944: Piazza XX settembre (Foto Vinicio Betti)*

*58 - 30 giugno 1944: le case de l'olivazzo. (Foto Vinicio Betti)*

*59 - Piazzetta de l'olivazzo. (Foto Vinicio Betti)*

*60 - Via Cassia-Aurelia, la zona di Fontebranda. (Foto Vinicio Betti)*

*61 - 30 giugno 1944: Via Garibaldi. (Foto Vinicio Betti)*

*62-63 - Via Cassia-Aurelia, la zona di Fontebranda. (Foto Vinicio Betti)*

*64 - L'edificio del "Regio Conservatorio di Santo Stefano" puntellato. (Foto Vinicio Betti)*

*65 - Foto ricordo sopra ad un carro armato sudafricano tipo "Sherman" distrutto. (Foto Vinicio Betti)*

*66 - 1° maggio 1945: piazza XX settembre. (Foto Vinicio Betti)*

*67 - Primavera 1947. Il Vescovo Baldini benedice la nuova bandiera della sezione ANPI di Chiusi, sulla destra il sindaco Tiradritti (Foto Vinicio Betti)*

*68 - 3 luglio 1946, festa di Santa Mustiola. La nuova campana di "Santa Mustiola" viene issata sulla torre del Duomo per sostituire quella distrutta dalla guerra. (Foto Vinicio Betti)*

*69 - 10 giugno 1946, ore 18. La popolazione di Chiusi riunita in piazza XX settembre per ascoltare, dagli altoparlanti della radio installati presso il Municipio, la proclamazione dei risultati del Referendum Repubblica-Monarchia da parte della Corte Suprema di Cassazione. (Foto Vinicio Betti)*

*70 - 3 luglio 1946, la nuova campana di "Santa Mustiola" presente sulla torre campanaria del Duomo S.Secondiano di Chiusi Città. (Foto Vinicio Betti)*

*71 - Mario Morgantini*

*72 - Ermanno Mario Baldetti*

*73 - Luglio 1944: la salma di Ermanno Baldetti viene translata dalla Val d'Orcia verso Chiusi. (Foto Vinicio Betti)*

*74 - Natale Tiradritti*

*75/76 - Novembre 1945: la salma di Mario Morgantini viene traslata a Chiusi. Due immagini della manifestazione davanti al monumento ai caduti. (Foto Vinicio Betti)*

*77/78/79 - 10 maggio 1949, ore 17,30. L'Onorevole Pietro Nenni parla alla folla riunita nel piazzale esterno della stazione di Chiusi. Tre momenti della manifestazione. (Foto Vinicio Betti)*

*80 - Il partigiano Dino Morelli, deceduto per malattia nel 1945*

*81 - Il Sindaco Pietro Tiradritti*

*82 - Il sottotenente Pietro Guazzini, caduto in Jugoslavia nel 1943*

*83 - 1949: Piazza Dante Alighieri davanti alla stazione di Chiusi dopo la guerra. (Foto Vinicio Betti)*

*84 - 1950: Via Cassia-Aurelia, la zona di fontebranda ricostruita dopo la guerra.(Foto Vinicio Betti)*

*85 - Firenze, 22 settembre 1974, manifestazione per il XXX° della liberazione, la sezione dell'ANPI di Chiusi. Partendo da sinistra, in prima fila: Alberto Laurini; Eraldo Marcantonini; Domenico Fiorini; Pliamo Pennecchi; Fernando Venturini; Umberto Pennecchi (in seconda fila); Aldo Pennecchi, Alfeo Rocchi (in seconda fila); Fernando Fanciulli; Goffredo Pucci; Domenico Nenci; Barbato Venturini.*

*86. Luigi Romanini, Presidente del CLN di Chiusi e primo Sindaco dopo la Liberazione*

*87 - Il colonnello Silvio Marenco*

*88 - Una veduta panoramica di Chiusi Città*

CHIUSI 1944
(disegno di Giulietto Betti,1989)

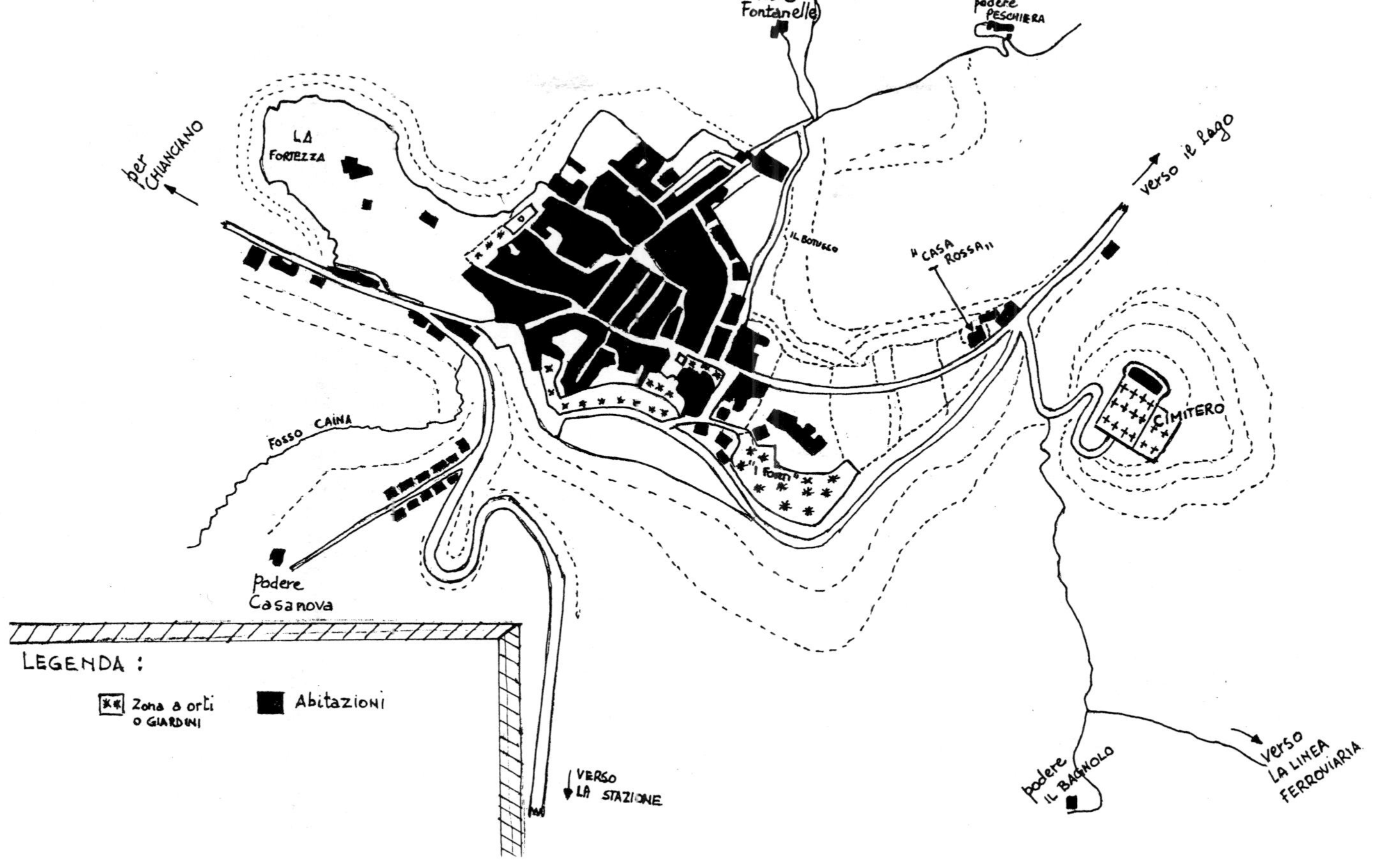


CHIUSI 1944
(disegno di Giulietto Betti,1989)

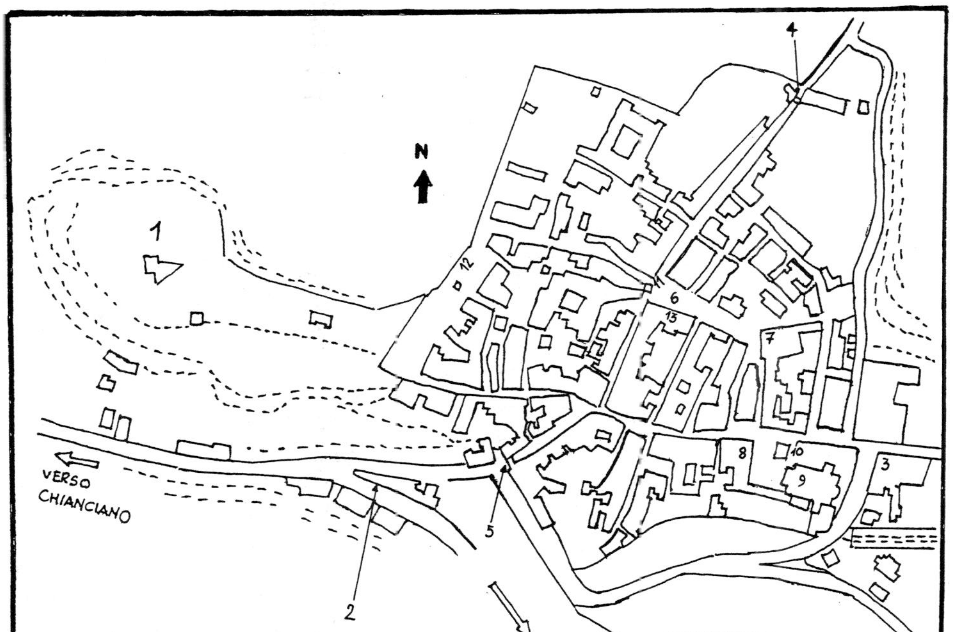


IL CENTRO STORICO
1 - Fortezza
2 - Fontebranda
3 - Teatro Comunale
4 - Porta Lavinia
5 - Porta San Pietro
6 - Piazza XX settembre
7 - Ospedale Umberto I
8 - Palazzo Vescovile
9 - La Cattedrale
10 - Torre Campanaria
11- Torre Civica
12 - "Il Prato"
13 - Palazzo Comunale

ITALIA CENTRALE estate 1944
(disegno di Giulietto Betti,1989)

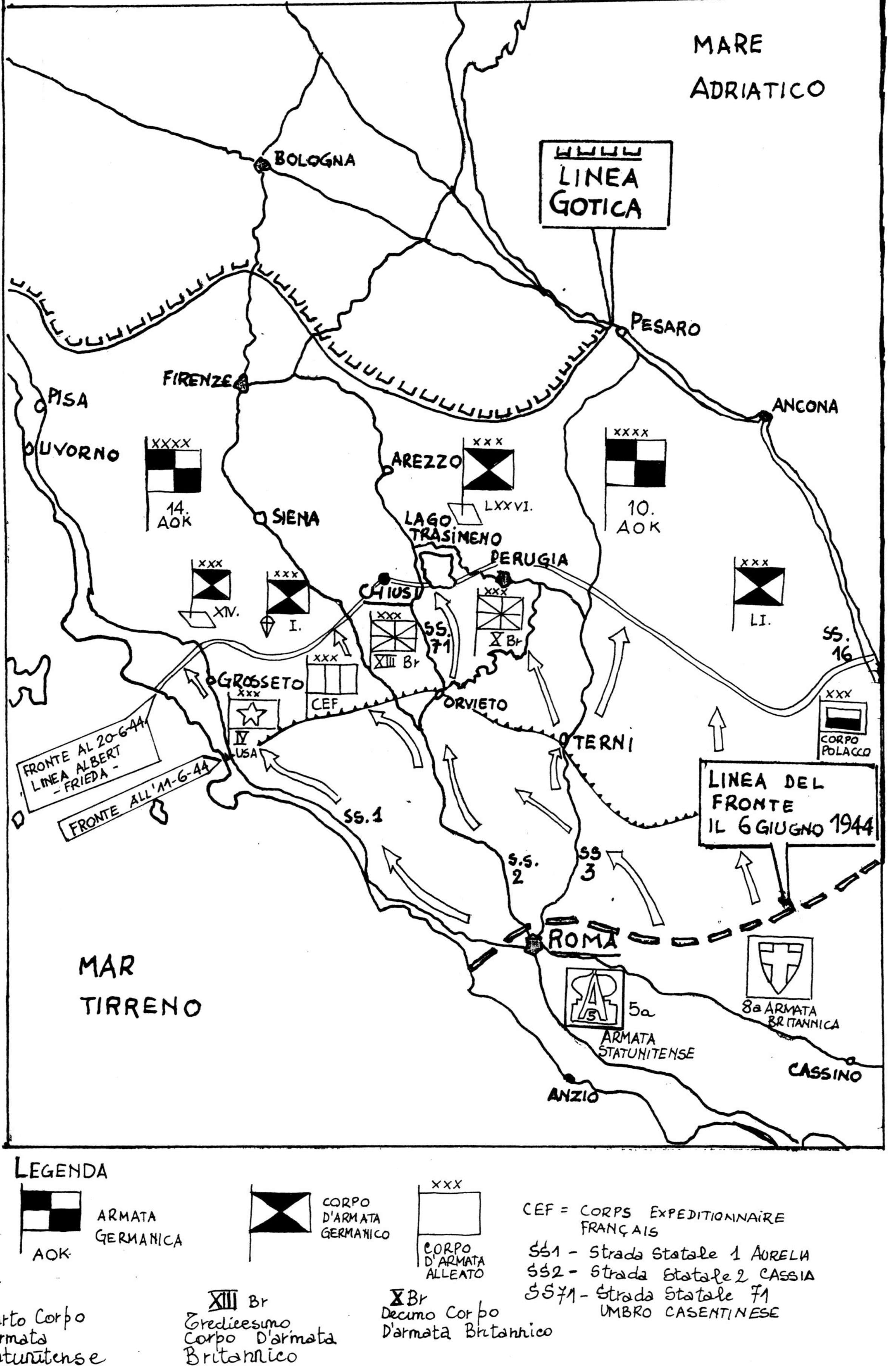

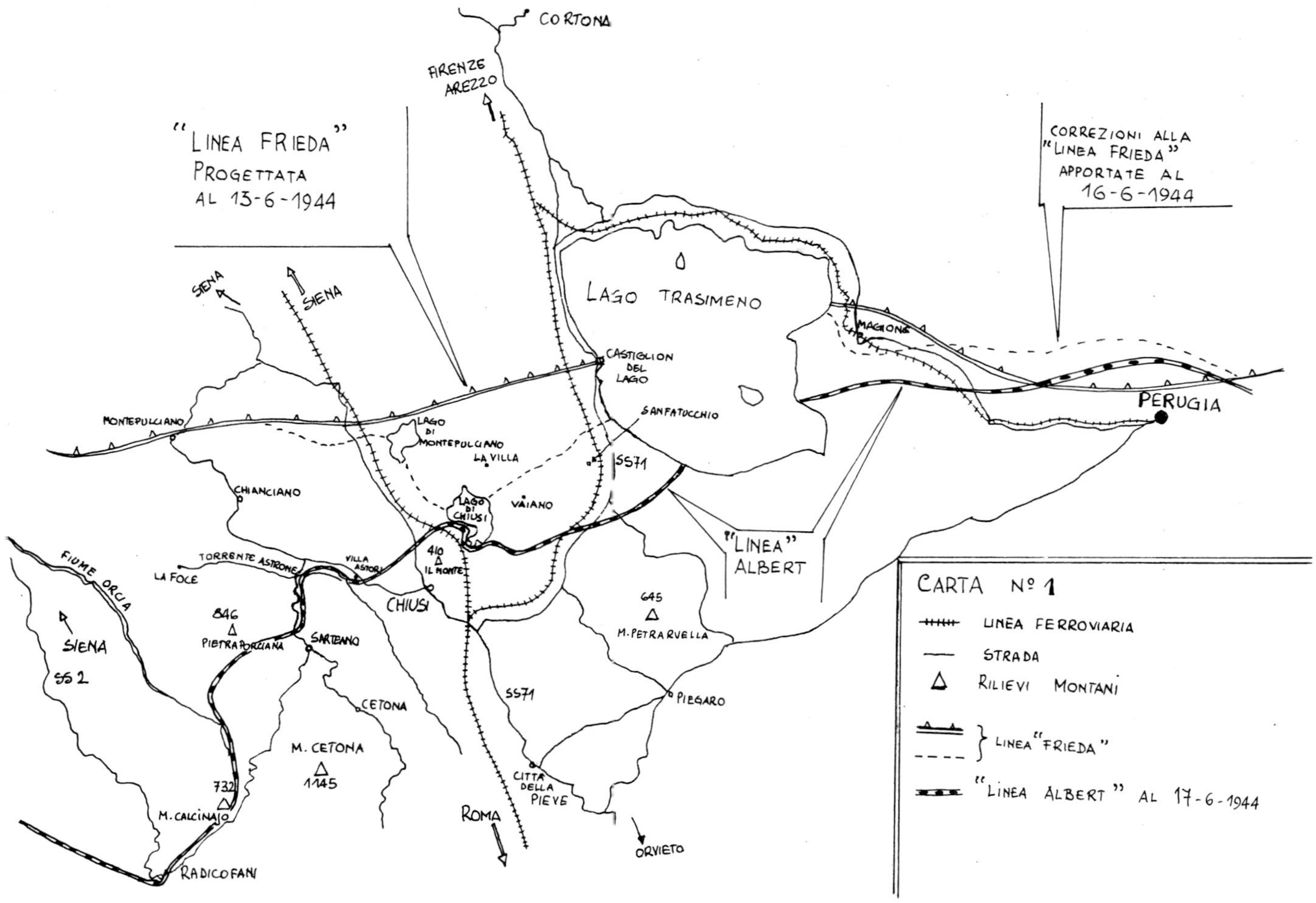


La linea “Albert Frieda“ (disegno di Giulietto Betti,1989)

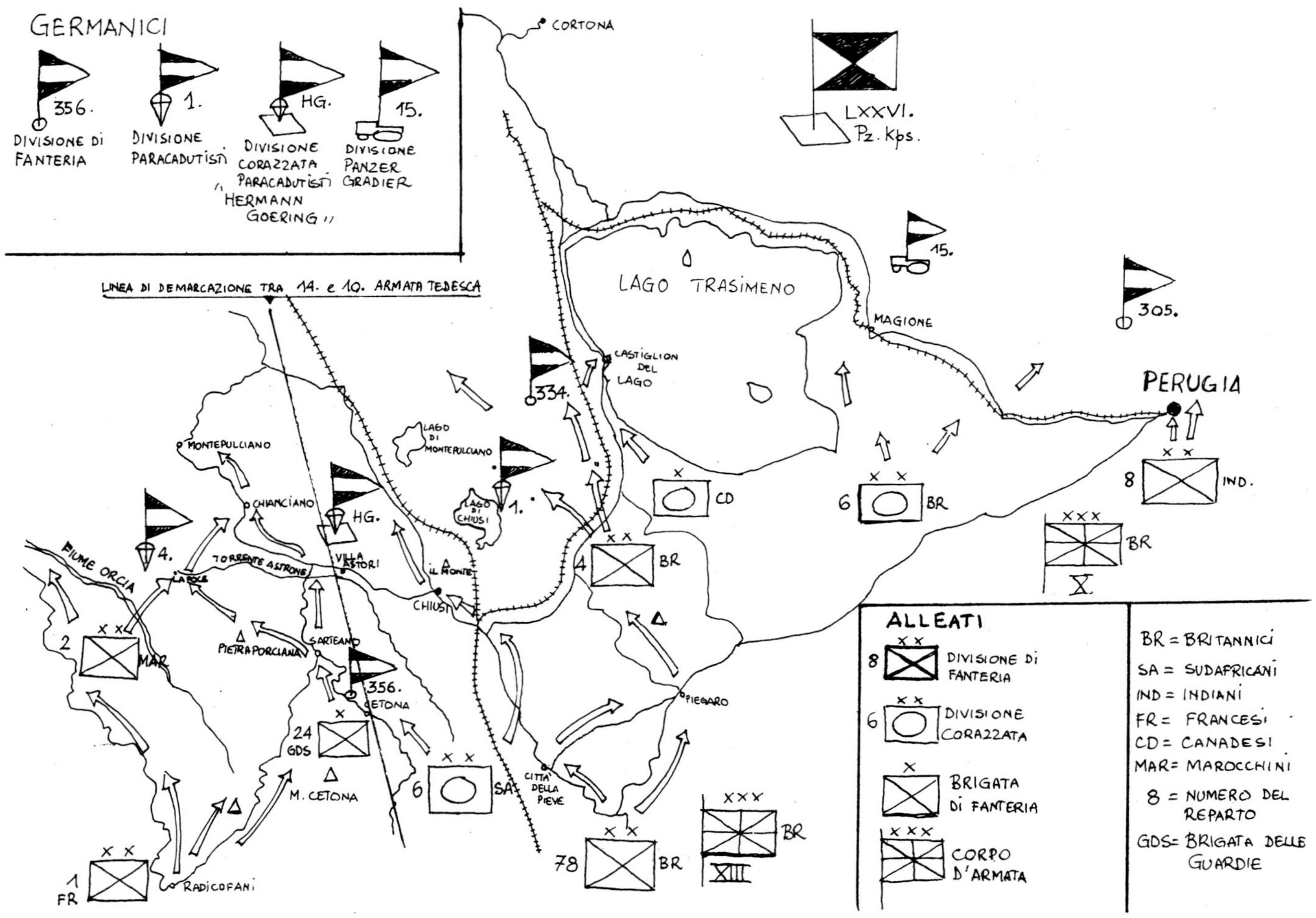


Battaglia del Trasimeno, carta d'insieme. Le forze contrapposte: periodo 16-28 giugno 1944, carta n. 4

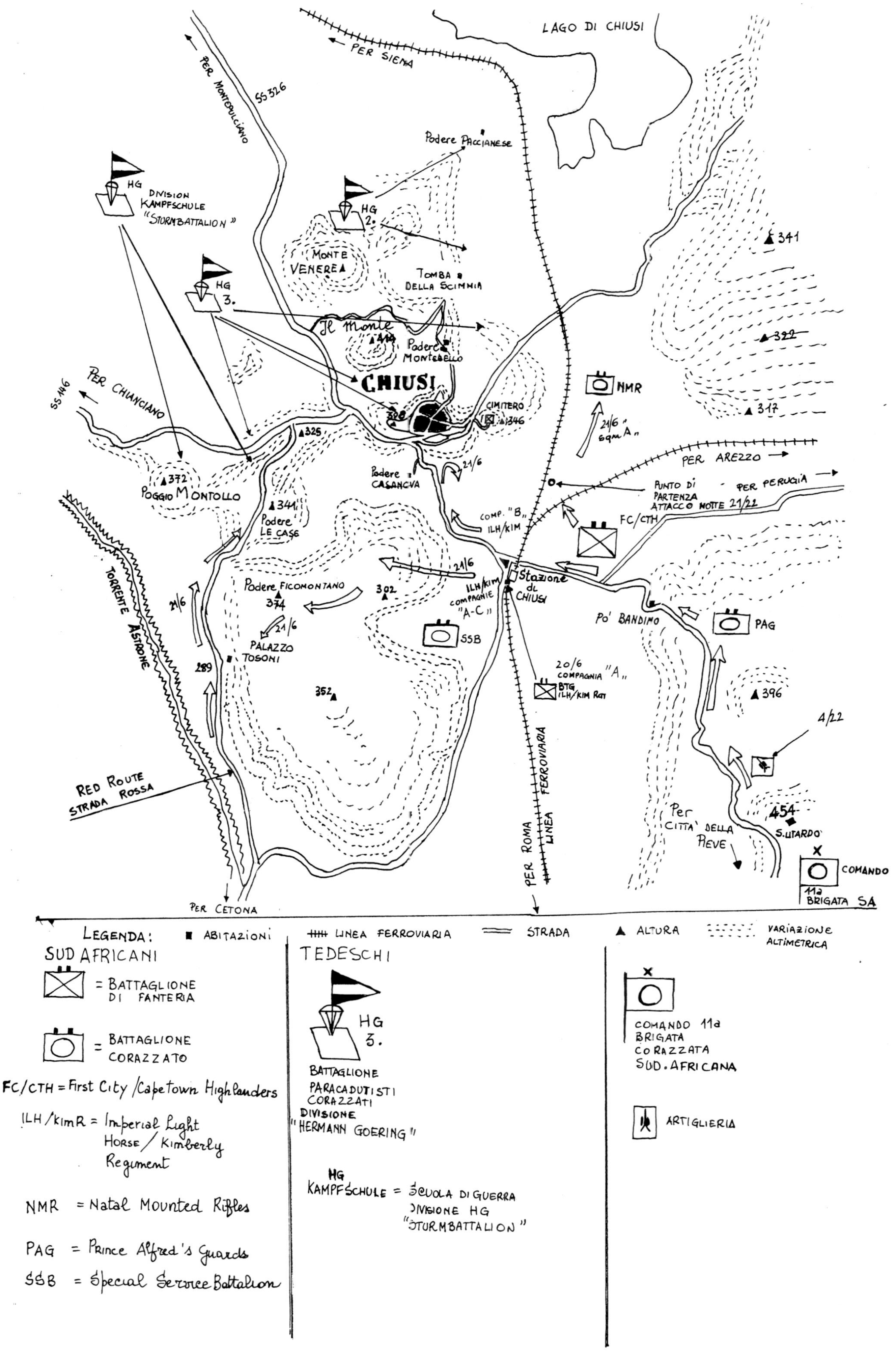


Le operazioni militari nelle giornate del 20-21 giugno 1944

CHIUSI
Operazioni nella notte del 21-22 giugno 1944

Nota: Salvo diversa indicazione gli orari riportati sono quelli ripresi dai rapporti sudafricani.

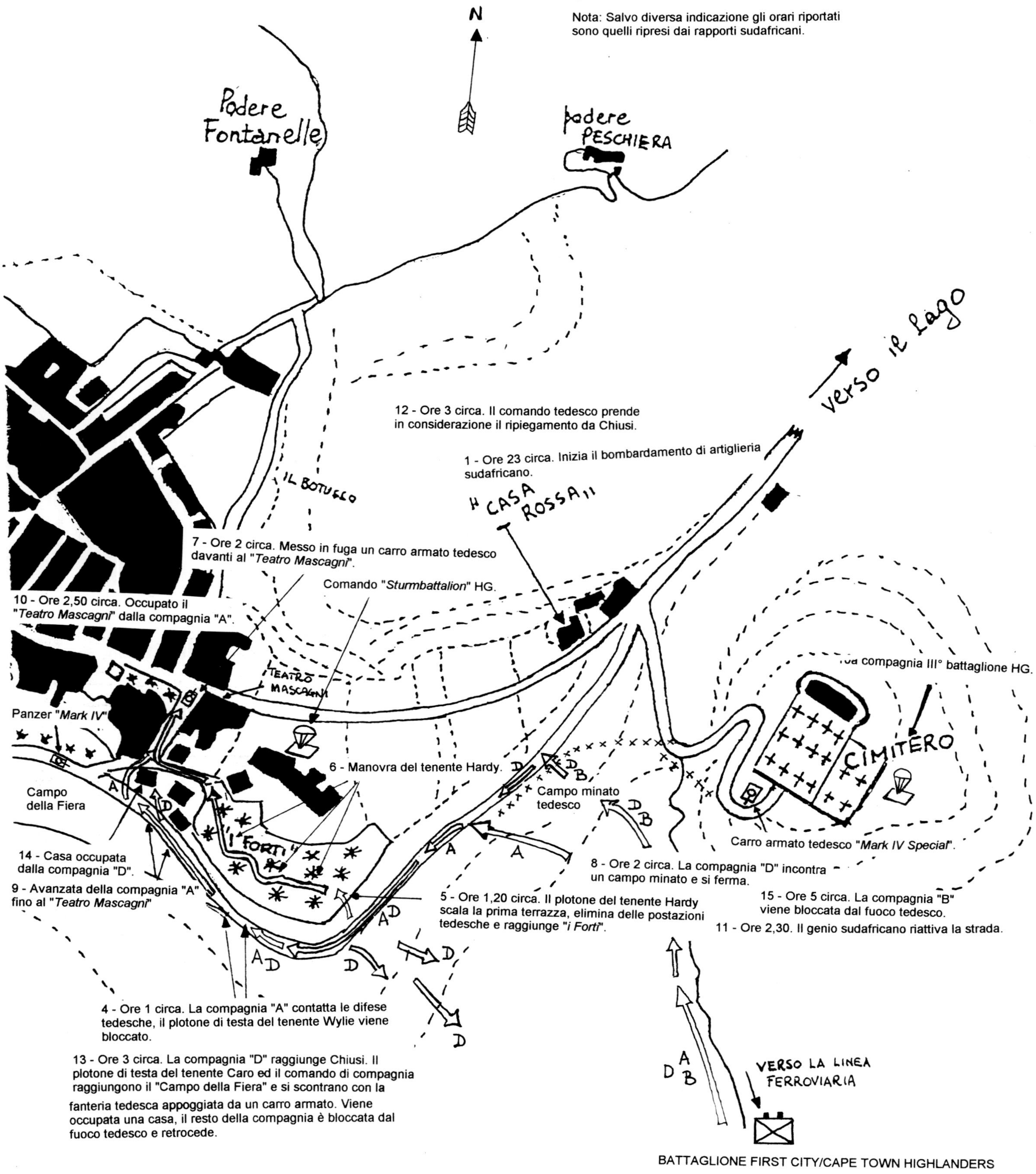


BATTAGLIONE FIRST CITY/CAPE TOWN HIGHLANDERS

Compagnie A-B-D

2 - Ore 23,45 del 21 giugno 1944. Inizio avanzata della compagnia "A".

3 - Ore 23,50 del 21 giugno 1944. Inizio avanzata della compagnia "D" e successivamente della compagnia "B".

CHIUSI
Operazioni nella mattina del 22 giugno 1944

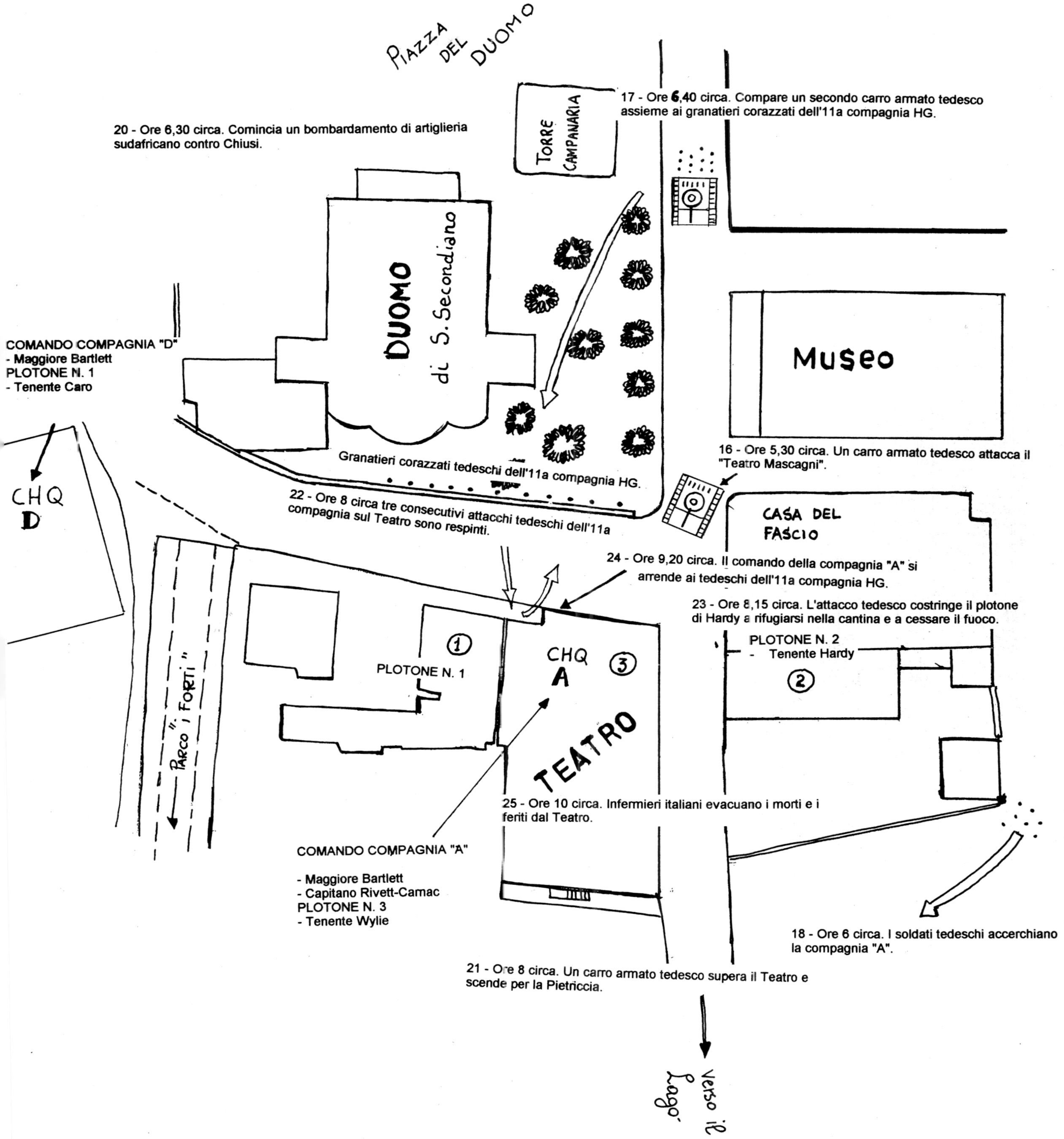

## CHIUSI
## Operazioni nella giornata del 22 giugno 1944

Nota: Salvo diversa indicazione gli orari riportati sono quelli ripresi dai rapporti sudafricani.

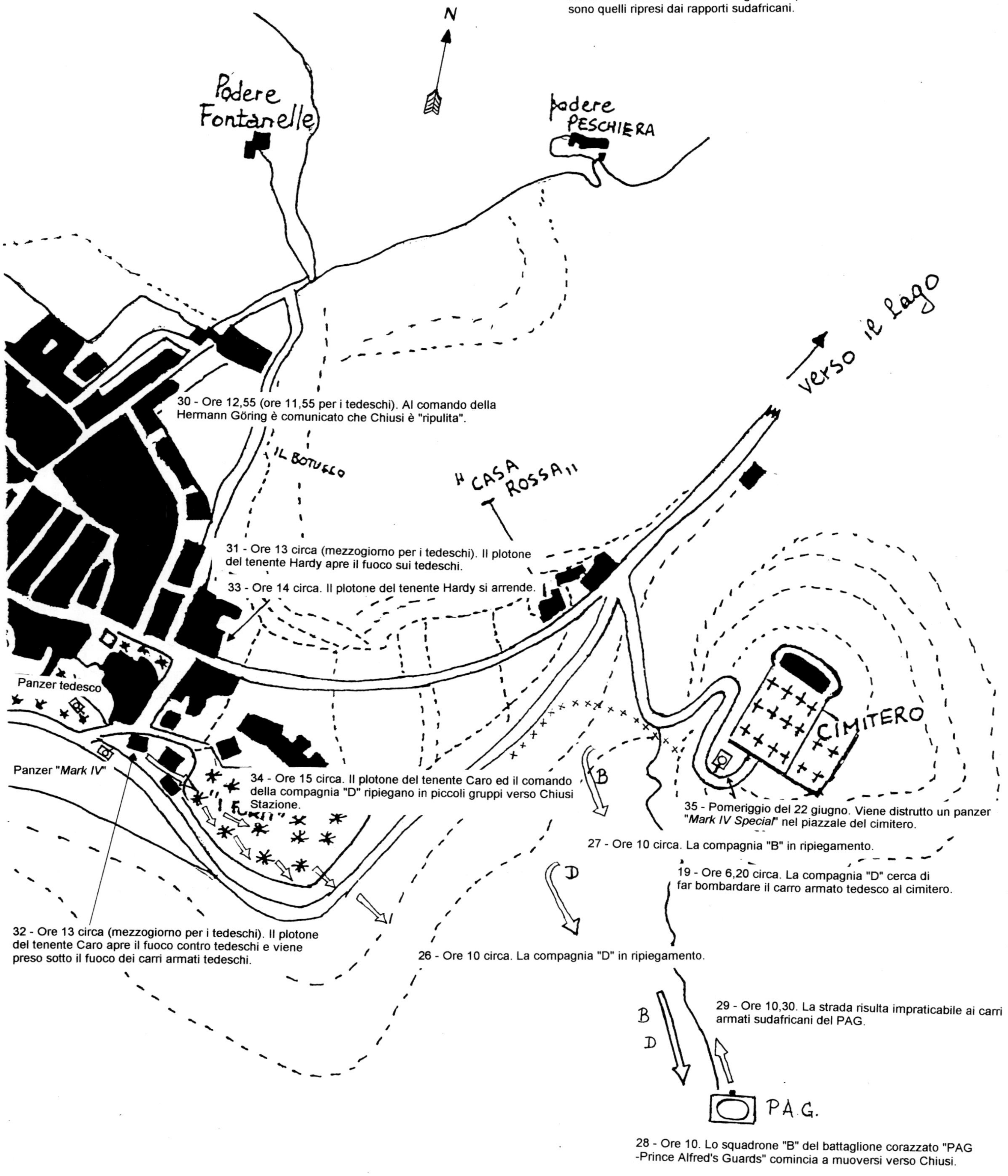

TESSERA N. ..........
PER DISTRIBUZIONE
**TABACCHI**

# PROVINCIA DI SIENA

COMUNE DI CHIUSI

Timbro del Comune

*Prenotazione annuale presso*
*la Rivendita N.* ..........
*registrata al N.* ..........
*(timbro e firma)*

TESSERA N. ..........
(TAGLIANDO DI CONTROLLO)

*Sig.* ..........

*abitante in* ..........

**(uomo dai 18 anni compiuti)**

| | | | | | | | | | |
|---|---|---|---|---|---|---|---|---|---|
| 71 | 72 | 73 | 74 | 75 | 76 | 77 | 78 | 79 | 80 |
| 61 | 62 | 63 | 64 | 65 | 66 | 67 | 68 | 69 | 70 |
| 51 | 52 | 53 | 54 | 55 | 56 | 57 | 58 | 59 | 60 |
| 41 | 42 | 43 | 44 | 45 | 46 | 47 | 48 | 49 | 50 |
| 31 | 32 | 33 | 34 | 35 | 36 | 37 | 38 | 39 | 40 |
| 21 | 22 | 23 | 24 | 25 | 26 | 27 | 28 | 29 | 30 |
| 11 | 12 | 13 | 14 | 15 | 16 | 17 | 18 | 19 | 20 |
| 1 | 2 | 3 | 4 | 5 | 6 | 7 | 8 | 9 | 10 |

Provincia di SIENA — Comune di CHIUSI

# CARTA ANNONARIA INDIVIDUALE N.° ..........

1 2 3

★ *D. A. N.°* ..........

*Rilasciata a* ..........

*abitante in Via* ..........

*Firma* ..........

Firma dell'intestatario (o chi per lui) che dovrà essere ripetuta, all'atto della prenotazione, sulla cedula corrispondente al genere razionato.

Timbro del Comune

**NON SI RILASCIANO DUPLICATI DELLA CARTA!**

## AVVERTENZE

**1.** La presente carta è valida per tre mesi (I, II e III).

**2.** L'intestatario (o chi per lui) deve firmare la carta in modo leggibile, nello spazio a ciò riservato. Per assicurarsi la fornitura dei generi razionati l'intestatario (o chi per lui) deve presentare la carta, nei giorni all'uopo stabiliti, al fornitore prescelto dopo aver firmato le **cedole** di prenotazione mensile. Il fornitore dovrà apporre nello spazio appositamente a ciò riservato il timbro della sua ditta o la sua firma, tagliare e ritirare la cedola stessa. Il fornitore si obbliga, così, a fornire i generi prenotati. **Le prenotazioni NON sono consentite dopo scaduto il termine prescritto.** È vietato timbrare i buoni relativi ai mesi successivi.

**3.** Per acquistare le razioni dei generi prenotati nel mese precedente l'intestatario (o chi per lui) deve – durante il periodo di validità dei buoni – presentare la carta al fornitore che taglierà e ritirerà i **buoni** di prelevamento validi nel momento di presentazione della carta, i buoni e i tagliandi NON usufruiti nel periodo di validità NON dànno più diritto a prelevare le corrispondenti razioni.

Per il resto valgono le norme di cui ai nn. 3, 4 e 5 della carta numerica già in vigore.

## *BUONI DI PRELEVAMENTO* — *CEDOLE*

| | | | | | | | | | | | | | | |
|---|---|---|---|---|---|---|---|---|---|---|---|---|---|---|
| ★ 25 - III Chiusi | ★ 25 - III Chiusi | ★ 26 - III Chiusi | ★ 26 - III Chiusi | ★ 27 - III Chiusi | ★ 27 - III Chiusi | ★ 28 - III Chiusi | ★ 28 - III Chiusi | ★ 29 - III Chiusi | ★ 29 - III Chiusi | ★ 30 - III Chiusi | ★ 30 - III Chiusi | ★ 31 - III Chiusi | ★ 31 - III Chiusi | Timbro o firma dell'esercente III Chiusi |
| ★ 17 - III Chiusi | ★ 17 - III Chiusi | ★ 18 - III Chiusi | ★ 18 - III Chiusi | ★ 19 - III Chiusi | ★ 19 - III Chiusi | ★ 20 - III Chiusi | ★ 20 - III Chiusi | ★ 21 - III Chiusi | ★ 21 - III Chiusi | ★ 22 - III Chiusi | ★ 22 - III Chiusi | ★ 23 - III Chiusi | ★ 23 - III Chiusi | ★ 24 - III Chiusi ★ 24 - III Chiusi |
| ★ 9 - III Chiusi | ★ 9 - III Chiusi | ★ 10 - III Chiusi | ★ 10 - III Chiusi | ★ 11 - III Chiusi | ★ 11 - III Chiusi | ★ 12 - III Chiusi | ★ 12 - III Chiusi | ★ 13 - III Chiusi | ★ 13 - III Chiusi | ★ 14 - III Chiusi | ★ 14 - III Chiusi | ★ 15 - III Chiusi | ★ 15 - III Chiusi | ★ 16 - III Chiusi ★ 16 - III Chiusi |
| ★ 1 - III Chiusi | ★ 1 - III Chiusi | ★ 2 - III Chiusi | ★ 2 - III Chiusi | ★ 3 - III Chiusi | ★ 3 - III Chiusi | ★ 4 - III Chiusi | ★ 4 - III Chiusi | ★ 5 - III Chiusi | ★ 5 - III Chiusi | ★ 6 - III Chiusi | ★ 6 - III Chiusi | ★ 7 - III Chiusi | ★ 7 - III Chiusi | ★ 8 - III Chiusi ★ 8 - III Chiusi |

III

*Cedola di PRENOTAZIONE per il* III *mese*
CHIUSI
(Firma dell'intestatario della Carta Annonaria) ..........

| | | | | | | | | | | | | | | |
|---|---|---|---|---|---|---|---|---|---|---|---|---|---|---|
| ★ 25 - II Chiusi | ★ 25 - II Chiusi | ★ 26 - II Chiusi | ★ 26 - II Chiusi | ★ 27 - II | ★ 27 - II | ★ 28 - II Chiusi | ★ 28 - II Chiusi | ★ 29 - II Chiusi | ★ 29 - II Chiusi | ★ 30 - II | ★ 30 - II | ★ 31 - II Chiusi | ★ 31 - II Chiusi | Timbro o firma dell'esercente II Chiusi |

...ZIONE

Due esempi di “Carte Annonarie”

# LA GAZZETTA DEL MEZZOGIORNO

Anno LVII — № 173

Telefoni: Direzione e Redazione 13048 (provv.) — Amministrazione 13147 — Tipografia 12555

LA GAZZETTA DI PUGLIA - CORRIERE DELLE PUGLIE

Bari, giovedì 22 giugno 1944

Spedizione in abbonamento postale C. C. P. ...

Un numero Lire Una

Abbonamenti: Un anno compresa l'edizione del lunedì . . . . . L. 280
Un semestre compresa l'edizione del lunedì . . . . . L. 150



# La battaglia per Cherbourg

## Le forze americane a 5 km. dalla città

## Valognes ed altre località liberate

Londra, 21 giugno.

Il comunicato N. 30 del gen. Eisenhower annunzia fra l'altro.

**« Truppe alleate stanno attaccando le difese esterne di Cherbourg. Montebourg è stata liberata, e le nostre forze si trovano su tre lati intorno a Valognes, dove una violenta battaglia è in corso. Le nostre posizioni nelle zone di Tilly sono solide. Una violentissima battaglia è continuata martedì presso Hottot ».**

### L'avanzata alleata

Il successivo comunicato N. 31 reca:

**« Avanzando verso Cherbourg, truppe alleate hanno raggiunto le posizioni stabilite a difesa del porto. Sono state liberate Valognes, Les Pieux, Couville e Vauville La Bigot. Nella zona di Tilly sono stati contenuti tre attacchi germanici ».**

« *Bombardieri medi e caccia-bombardieri* — continua il comunicato — *hanno attaccato, nel pomeriggio e nella sera di ieri, punti di lancio di siluri volanti nella zona del Passo di Calais, una batteria costiera a Houlgate e postazioni di artiglieria nella penisola di Cherbourg. Altri caccia-bombardieri hanno colpito locomotive, treni di truppe e impianti ferroviari in vaste regioni della Francia settentrionale. Le prime notizie informano che sono stati abbattuti 11 velivoli avversari e che quattro dei nostri non hanno fatto ritorno. Nella notte scorsa bombardieri leggeri hanno attaccato centri ferroviari a Mezidon ed a Chartres, nonchè altre vie nemiche di comunicazioni. I caccia notturni hanno abbattuto due aerei nemici* ».

Truppe americane incominciano ad investire i caposaldi nemici che costituiscono le difese di Cherbourg. Truppe britanniche hanno conquistato Onchy, 6 Km. a sud-ovest di Tilly. Violentissimi combattimenti si svolgono intorno a Hottot, dove la situazione è incerta.

Un vento che soffia alla velocità di 40 Km. all'ora, da nord e da nord-est, contro la costa della Normandia, rende oltremodo sfavorevoli le condizioni

to male. A questo proposito si ricorda tuttavia che gli sforzi compiuti dai tedeschi per distruggere i porti di Tunisi, Biserta, Salerno e Napoli non sono valsi a ritardare l'uso degli ancoraggi da parte degli Alleati.

Il successo dello sfondamento americano, che ha portato all'isolamento di Cherbourg, fa rammentare una dichiarazione resa a Berlino alla vigilia degli sbarchi alleati, ripetuta nel modo seguente dal Feld Maresciallo Karl von Rundstedt, Comandante in Capo tedesco in Francia: « Sul mio fronte non è permesso di ritirarsi e non sono previste misure di evacuazione. La costa e le sue fortificazioni dovranno essere difese fino all'ultima goccia di sangue ».

Infatti Von Runstedt anche ieri sera ha dichiarato che il presidio tedesco di Cherbourg ha ricevuto l'ordine di combattere fino all'ultimo uomo.

### La ritirata nemica

Una descrizione della veloce ritirata tedesca è stata fatta da un corrispondente alleato nella penisola, il quale ha detto: « Gli americani si sono spinti in avanti di circa 24 Km. nelle ultime 24 ore. Io ho visto molti ponti che avrebbero dovuto essere distrutti lasciati intatti dai tedeschi in ritirata. Le strade sono seminate di carri armati tedeschi ».

« Cherbourg — scrive un corrispondente speciale della *Reuter* — è ora definitivamente chiusa in un cerchio di fuoco che lascia ai difensori soltanto una zona della profondità di circa 6 Km. e mezzo con il mare alle loro spalle. La conquista di Valognes da parte di truppe americane, effettuata ieri, taglia la strada che dalla costa orientale, dirigendosi direttamente verso l'interno, arriva a Cherbourg. Gli americani hanno anche preso Lès Pieux, sulla costa occidentale della penisola. Couville e Vauville La Bigot. La linea alleata si stende ora diritta attraverso la penisola con i suoi punti più settentrionali vicino alla costa occidentale ».

« Non vi sono stati cambiamenti ...

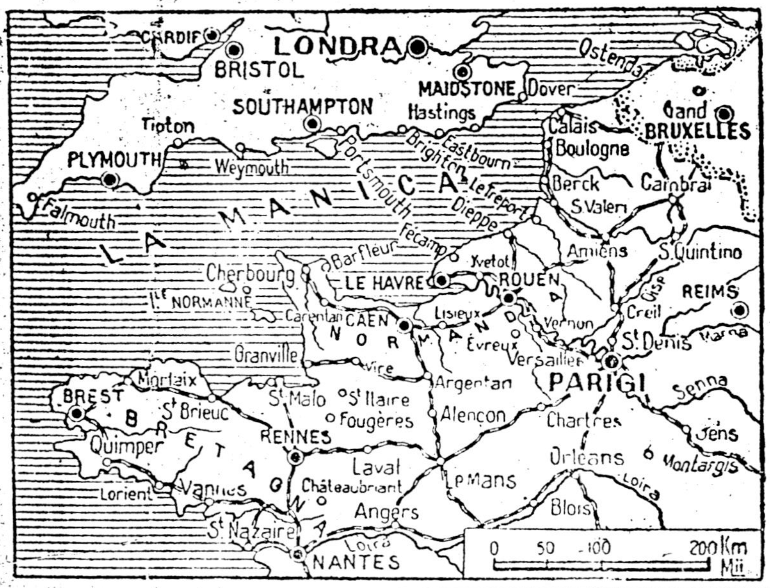


## L'avanzata in Toscana, nell'Umbria e nelle Marche

### Ascoli Piceno, S. Benedetto del Tronto e Chiusi occupate

(*nostro servizio speciale*)

..... 21 giugno.

**Le forze** alleate continuano ad avanzare in Italia per il 40° giorno consecutivo, respingendo il nemico che si sforza disperatamente di ricostruire le sue truppe disorganizzate in un esercito con compiti almeno difensivi.

### Fronte di 250 chilometri

Il fronte, che ha ora un carattere di progressiva mobilità, si estende per uno sviluppo di poco più di 250 chilometri, tra la costa tirrenica, nei pressi di Follonica, e la costa adriatica, a nord di Grottammare. Esso attraversa la zona centrale della Toscana e dell'Umbria ...

Ad est del lago Trasimeno sono continuate, nella giornata di ieri e di oggi, le operazioni di rastrellamento nella città di Perugia, mentre colonne alleate avanzavano oltre questo centro in parecchie direzioni. L'abitato di S. Marco, a 4 chilometri a nord-ovest di Perugia, è stato occupato. Nella stessa zona truppe dell'8ª Armata sono entrate in Chiusi e Cettona.

Nel complesso, le operazioni sono state ostacolate da violentissime pioggie, che hanno ridotto, specie nel settore centrale appenninico, le strade a pantani, rendendo così difficili e lenti i movimenti dei carri armati e dell...

un agevole rete stradale. Nel corso di questa operazione l'artiglieria alleata ha effettuato un violento concentramento di fuoco distruggendo 25 veicoli e un importante deposito di carburante.

Sulla resistenza tedesca, tendente ad arrestare la costante penetrazione delle forze del Generale Alexander, si conosce che i tedeschi hanno portato sul fronte italiano tre divisioni fresche, prelevate rispettivamente dalla Danimarca, dal Belgio e dai Balcani. Conferma di questi movimenti si è avuta in occasione della cattura di un gran numero di prigionieri della 19ª Divisione «Luft-...

LA GAZZETTA DEL MEZZOGIORNO DEL 22 GIUGNO 1944
Notare in basso a destra l'articolo in cui si parla di "Chiusi occupata" dagli alleati, mentre al contrario, nella realtà, era ancora in mano ai tedeschi.

# l'Unità

ORGANO DEL PARTITO COMUNISTA ITALIANO

MERCOLEDì, 28 GIUGNO 1944

Uno copia L. 1 - Arretrata


**Nell'Italia occupata il popolo è passato all'a tacco.**

**Nell'Italia liberata il popolo vuole essere chi mato al combattimento.**

Che il lavora- ro vogliano fer- l'unità sindacale. ratori del centro piano bene che *sindacale è un operaia*, lo stan- questi giorni le che alla Confe- Italiana del La- Roma. E' di que- e della Federa- ratori della Ter- 00 iscritti), delle di Bari, Capita- Questo largo e nto ha trovato la pressione sabato

di 150.000 lavo- o un ordine del la convocazione nazionale di tutte l lavoro dell'Ita- imere le questio- uppi di Napoli e stessa. La riu- leduta dal Segre- munista Giuseppe a esposto la ne- dizioni dell'accor- ne nazionale di oui di lavoratori vengano appli- imo indugio. alla riunione i e Camere del La- gia, Lecce, Brin-

to un ordine del to principale in- enza riserve alla nerale del lavoro in base al re- e rappresenta il le premesse po- azionale del Par- uto a Bari il 29 esse che dettero Confederazione e appunto, l'unità avoratrici talia- e di professione

# La battaglia del Lago Trasimeno verso il suo epilogo vittorioso

## *Chiusi è stata riconquistata dopo sei giorni di durissima lotta*
## *L'VIII Armata punta su Cortona - Il fiume Pescia varcato da forze corazzate - Le spaventose demolizioni operate dai tedeschi*

ZONA DI OPERAZIONI, 27 — Le forze corazzate sud-africane hanno riconquistato le rovine di Chiusi, dopo sei giorni di aspra lotta e le truppe dell'VIII Armata, avanzano contemporaneamente ad oriente e ad occidente del Lago Trasimeno con una duplice spinta, avvicinandosi a Cortona nel cuore della fertile Val di Chiana.

Chiusi, situata su una altura all'estremità della vallata che conduce verso nord ad Arezzo e lungo la vallata dell'Arno a Firenze, è caduta in mano degli Alleati ieri, dopo che le truppe sud-africane hanno occupato le alture nelle vicinanze della città. Benchè gli stanchi e sconfitti veterani della Divisione corazzata di paracadutisti «Hermann Goering», i quali hanno così disperatamente resistito nelle loro posizioni in caverne della città, abbiano lanciato un immediato contrattacco, essi sono stati respinti e le truppe alleate avanzano ora a nord-ovest della città.

Le truppe dell'VIII Armata hanno ieri effettuato progressi lungo i costoni che si estendono verso oriente tra Chiusi ed il Lago Trasimeno. Benchè il nemico abbia ancora aspramente combattuto dalle posizioni che occupa sulle colline per ritardare l'avanzata alleata, le forze britanniche hanno occupato i villaggi di Valiano e La Villa, e si sono avvicinate al borgo di Lopi.

La colonna dell'VIII Armata, che avanza verso nord lungo la strada maestra 71, ha occupato il villaggio di Vittellina, mentre la fanteria ed i carri d'assalto hanno ieri varcato il fiume Pescia per raggiungere i sobborghi di Castiglion del Lago, caposaldo tedesco sulle sponde del lago, situato 16 chilometri a sud di Cortona e 32 chilometri a sud di Arezzo. In questa zona sono state inflitte gravi perdite al nemico e sono stati catturati 210 prigionieri nel corso dei combattimenti di ieri.

Sulla sponda opposta del Lago Trasimeno, importanti forze dell'VIII Armata, avanzando verso occidente lungo la strada maestra n. 75, avevano raggiunto ieri i margini del villaggio di Corciano, circa 29 chilometri a sud-est di Cortona. I tedeschi si erano fortemente trincerati entro la città di Magione, presso le sponde nord-orientali del Lago Trasimeno.

Sul litorale della Toscana, unità della V Armata, proseguendo verso nord, hanno occupato Campiglia, 18 chilometri oltre Piombino e, secondo le ultime notizie, si sono spinte oltre tre chilometri a nord di Campiglia stessa senza incontrare resistenza da parte del nemico.

### A più di 20 km. oltre Piombino

Altre unità americane, avanzando verso la valle del fiume Cecina, hanno conquistato la città di Montieri, più di 30 chilometri a nord-est di Follonica, dopo un'accanita battaglia durata 18 ore, cui hanno partecipato fanteria e carri armati.

Su una terza strada, una delle tante che, dirigendosi sia a nord, sia a sud, corrono parallele ai fiumi nelle vallate che solcano la costa toscana, unità americane composte di fanteria e di forze corazzate hanno occupato le alture poste a sud di Monticiano, a meno di 23 chilometri a sud-ovest di Siena. E' stato accertato che questo settore era difeso dalle truppe del 508. Battaglione corazzato tedesco.

La tattica seguita dai tedeschi, di effettuare abbondanti demolizioni allo scopo di trattenere la spinta alleata verso il nodo ferroviario e stradale di Siena, ha ridotto Montieri un cumulo di rovine fumanti. Questa località è stata occupata in seguito ad un attacco effettuato ieri prima dell'alba, quando le fanterie, appoggiate dai carri armati, si sono scontrate con le forze nemiche nelle strade distrutte.

Unità francesi della V Armata continuano ad incontrare dura resistenza nella loro avanzata attraverso le valli dei fiumi Ombrone e Farma, che corrono ad est e ad ovest attraverso le montagne a sud di Siena, fra Monticiano e Chiusi. In questa zona il nemico ha compiuto spietate demolizioni e trae vantaggio quanto più può dal difficile terreno per trattenere le forze francesi da montagna.

Si ha solo notizia di piccola at-

hanno attaccato la raffineria di petrolio «Aquila» a Trieste.

Nel corso di queste operazioni, sono stati distrutti almeno 55 aeroplani nemici.

## Churchill annuncia
### le perdite britanniche in Italia

LONDRA, 27 — Il primo Ministro Churchill ha annunciato oggi alla Camera dei Comuni che le perdite subite in Italia dall'inizio della campagna alla caduta di Roma dalle truppe britanniche, dei Dominions ed indiane, ammontano a 73.122 uomini.

I dettagli sono i seguenti: 14.331 morti; 47.966 feriti; 10.825 dispersi. Queste cifre non comprendono le perdite subite dalla Marina da guerra e dalle Forze aeree.

## Quattro navi nemiche
### danneggiate nell'Egeo

CAIRO, 27 — Il comunicato del Medio Oriente informa che ulteriori attacchi delle Forze Aeree Alleate sono stati effettuati lungo la costa dell'Egeo e che nel corso di essi sono state danneggiate 4 navi nemiche.

pieno di bandiere nazionali ed alleate. Gli organizzati del P.C.I., del C. L. N. si armano, presidiano le vie di accesso della città, costituiscono pattuglie per mantenere l'ordine pubblico.

Intanto la quinta colonna fascista non cessava' di funzionare: venne sparsa la voce che non gli inglesi, ma i tedeschi arrivavano. La Federazione Comunista reagiva immediatamente lanciando manifestini, organizzando un corteo cui si unirono molti cittadini manifestando la loro, ben naturale, esultanza per la fine della dominazione nazi-fascista.

Il 14, nelle prime ore, arrivarono i partigiani — che avevano avuto ordine di convergere le loro forze su L'Aquila — dalle montagne: uomini rudi, dal volto scavato dalle privazioni, la barba lunga, passarono in pieno assetto di guerra tra le acclamazioni della folla. I partigiani stabilirono il loro Quartier Generale nei locali del «Convitto Nazionale»; il P.C.I. provvide ad allestire alloggi, a fornire gli alimenti. Subito essi procedettero, insieme ai compagni comunisti, al fermo di noti fascisti repubblicani, di spie, dei collaboratori dei nazisti. Ma disgraziatamente le larghe ali pietose di alcune «personalità» riuscirono a far rilasciare alcuni arrestati. Il fatto provocò l'indignazione popolare e qualche disordine. In generale — però — per opera della Federazione Comunista la città si mantenne ordinata.

Le prime avanguardie liberatrici arrivarono a L'Aquila il 17. Furono doppiamente benvenute: erano italiane. Erano reparti della Divisione «Nembo». Quei reparti mandati a combattere contro le armate liberatrici, dal bugiardo governo di Mussolini. Quei reparti che — appena arrivati in linea

*tament... gli ital... Tutti i loro più tra spesso è quali — ed i zioni» verifica durante tranqu... zio dell... critica piatto giornat... «orient... no ava... tito che «chanc... mendo sionant... certi g proprio sone ch coscien... te rivol... modo c dicarsi, lavorat... determi... oscuro, zione s riconosc... antica resto, che tra una or mentale Inten... quanto offensiv... come u peggio, pensiam... stesso dei più politica 'a capp... la prin... ante, ro esa... Come, rattere quali o sen... sono punto, stato la tess... per pi... E qua... diciam... cere, momen... gime poi africa... in 1940!... tribu... natura Ed di un fede... all'a... Nè negat... corc... sters... coli nali creta tuisc... ne» ni d conv... chiude rè... di u a fo...*

## FRONTE SOVIETICO

# ...he Orsha espugnata

## *...a la travolgente avanzata dell'Esercito Rosso nella ...Bianca - Si combatte attorno a Mogilev liberata*

...n un ordine del ... questa sera al ...sky, Stalin dice: ...fronte della Rus... ...uendo oggi nella ...n una manovra ...chiamento e di ...anno conquistato ...nte centro fer... ...il potente ba... ...irezione di Minsk ...re questa vittoria ...sono distinte in ...vengono proposte ...ioni e medaglie. ...ere il nome di

...e ore 22, la capi-

bastioni tedeschi nella Russia Bianca sin dalla sua caduta, avvenuta tre anni fa, quando Hitler iniziò l'invasione della Russia.

La città è bagnata dal Dnieper, alla confluenza col fiume Orshitasa, ed in tempo di pace ha una popolazione media di 21.000 abitanti.

La vittoria è stata ottenuta con una fulminea manovra aggirante combinata con un attacco frontale. Le linee Orsha-Borosov e Orsha-Sapel erano state già precedentemente tagliate. I grandi nodi della principale linea ferroviaria della Russia Bianca cadono uno per uno: dopo Vitebsk e Flobin, Orsha. Resta ancora Mogilev: ma si combatte già

completamente libero, a nord e a sud del Ladoga.

Le perdite tedesche sono forti solo a Vitebsk ...mila tedeschi sono ...sti uccisi e mille prigionieri.

### FRONTE JUGOSLAVO

## Grabovo liberata
### dopo aspri combattimenti

ALGERI, 27 — Il comunicato odierno del Maresciallo Tito, diffuso dalla Radio Libera Jugosla-

## FRONTE FRANCESE

# Montgomery all'offensiva fra Tilly e Caen

## A Cherbourg ogni resistenza è cessata
## Settantamila uomini perduti dai tedeschi

LONDRA, 27 — La caduta di Cherbourg pone termine alla seconda fase della campagna di liberazione. Venti giorni dopo l'assalto iniziale, le forze Alleate hanno stabilito una solida testa di sbarco che comprende quasi tutta la penisola del Cotentin, all'estremità della quale è l'importante porto di Cherbourg.

Nella battaglia, il nemico ha perduto la più gran parte di quattro divisioni di fanteria, numerose unità della marina da guerra e mercantili e molte truppe addette alle comunicazioni. Il Luogotenente Generale Von Schlieben, comandante

informa che l'attacco inglese si era iniziato a sud-est di Tilly sur Seule. Notevoli progressi sono stati compiuti nella giornata odierna. La battaglia si svolge in favore degli Alleati. La strada principale Berage-Caen è stata tagliata. I centri di Chenc e Pontenacs sono stati conquistati.

# Un proclama
### del Ministro Casati all'Esercito

SALERNO, 27 — Il senatore

L'UNITÀ DEL 28 GIUGNO 1944

Lanciarazzi Tedesco

"Nebelwerfer"

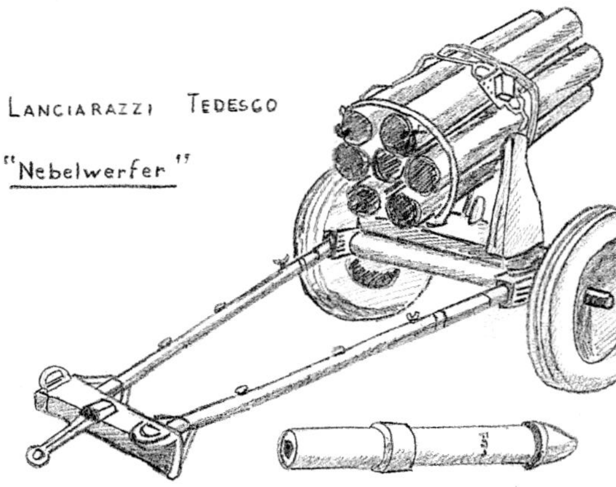

Giulietto Betti 1980

Granata da 150 m.m

Le Uniformi dei Militari Germanici della Divisione "Hermann Göring"

Germania : Granatiere

Disegno di Faleri Elge 1977

Germania : Paracadusta

Simbolo della Luftwaffe e della Divisione "Hermann Göring"

Panzer Kampf Wagen PzKw Mark IV H

Disegno di Faleri Elge 1978



Simbolo della "Luftwaffe" e della "Hermann Göring"

Soldato
Sud Africano

Ufficiale
Sud Africano

Giulietto
Betti
1989

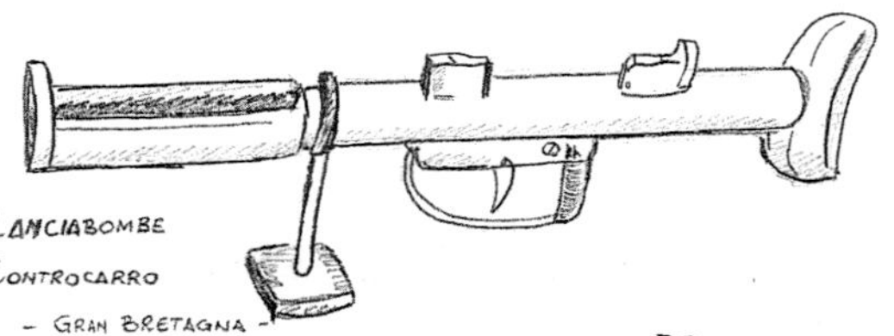

P.I.A.T. Lanciabombe
Controcarro
- Gran Bretagna -

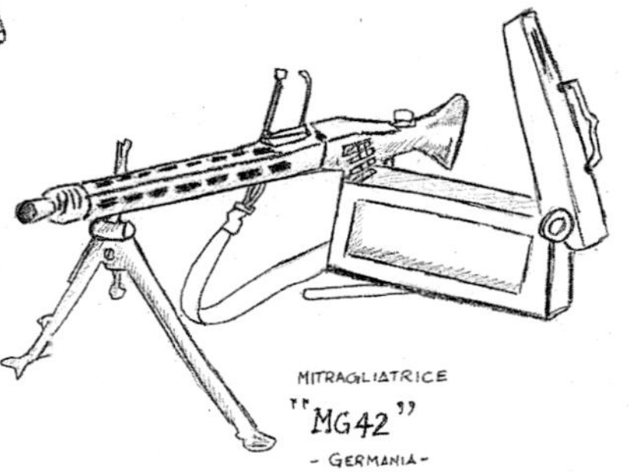

Mitragliatrice
"MG42"
- Germania -

Scritta Portata
sulle Spalline
in inglese e Afrikaans

Simbolo della
6a Divisione Corazzata
Sud Africana

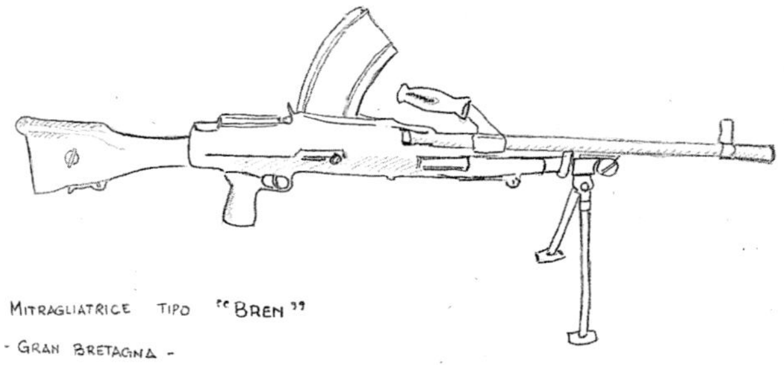

Mitragliatrice tipo "Bren"
- Gran Bretagna -

Giulietto
Betti
1985

Simbolo Reggimentale
dei "Cape Town Highlanders"

26 Giugno 1950

# LA LIBERTÀ

NUMERO UNICO PEL IL VI. ANNIVERSARIO DELLA LIBERAZIONE DI CHIUSI

*La libertà non viene mai elargita. La libertà si conquista con lo sforzo quotidiano di ognuno verso un'umanità ideale, le cui assisi riposano sulla giustizia e sulla libertà per tutti.*

## SEI ANNI FA IN QUESTO GIORNO

## 26 GIUGNO 1944 - 26 GIUGNO 1950

### SONO ORMAI SEI ANNI !

Sono ormai sei anni che la guer- è passata da Chiusi, e tuttavia ...vvenimento ci sembra ancora ...i vicino, così vivente in noi.

Abbiamo sempre davanti agli ...cchi lo spettacolo terrificante del- ...città avvolta dal fumo e dagli ...ppi; e chi la vide da lungi, in ...gli allucinati giorni di battaglia, porta il ricordo incancellabile dei suoi tetti che, di quando ...quando sparivano sotto una fitta ...e di polvere, e poi spuntavano ...i nuovo per un istante, e ricadevano ancora sotto un inferno di ...pi e di fiammate.

Per giorni e notti fu un inces- ...te fragore di cannoni; e nelle brevi soste, qualche lieve boato rintronava lontano, seguito da un ...ilo sempre più forte, poi da un ...hio lacerante che descriveva la sua parabola e si spegneva lontano con un colpo sordo.

Nell' immota calura estiva biondeggiavano i campi, l' aria d' ...no odorava di polvere bruciata.

Quando furoreggiava la battaglia c' era silenzio nei rifugi; in ...zzo al fragore, al tremare delle ...reti, al rovinio, allo schianto, ...uno si faceva più presso all' altro. E quando i colpi cadevano più fitti, tutti istintivamente guar- ...vano il soffitto. Allora qualcuno

diciannove sacchi di farina nei magazzini comunali.

Eppure la vita riprese, a poco a poco, sotto la guida di nuove autorità, quelle del C. L. N. che fecero miracoli per confortare, assistere, ricostruire. Ricrebbe la speranza, rifiorì il sorriso, le cose ebbero un nuovo ritmo e sul passato si stese come una fitta coltre di silenzio...

Ma non fu l' oblio, o cari morti. Voi sapete certamente di vivere ancora incancellati in quelli che amaste e che vi hanno amato.

Pellegrini della religione del ricordo, noi veniamo oggi alla vostra tomba, per riaccendere in noi il fuoco della speranza e della libertà. Davanti a voi assumiamo l' impegno di non abbandonarci alla inerzia ed alla rassegnazione.

Solo così, cari morti, voi potrete dormire per sempre in pace.

S. L.

Un quadro delle rovine di Chiusi

Mario Morgantini
Medaglia d'Oro della Liberazione

**LE DATE DEL NOSTRO CALVARIO**

| | | | | |
|---|---|---|---|---|
| 21 Novembre | 1943 | - 1° bombardam. aereo a Chiusi Scalo | - | 7 morti |
| 11 Aprile | 1944 | - 2° » | » » » | 3 morti |
| 12 » | 1944 | - 3° » | » » » | 1 morto |
| 22 » | 1944 | - 4° » | » » » | 3 morti |
| 16-26 Giugno | 1944 | - Battaglia di Chiusi | | 30 morti |

## Le sofferenze ed il martirio di tutto il popolo sono patrimonio intangibile della Nazione

*...crificio delle vostre vite - voi ci rispondete col più grande dono della vostra persona, gli occhi fissi a guardar l' orizzonte, per vedere se spunti un'aurora migliore.*

*Non temete.*

*Nè dubbio, nè debolezze, nè complicità di silenzio o di menzogne potranno mai contaminare la grande fede innovatrice che illuminò la morte di chi diede se stesso per la libertà.*

### Due mondi, due costumi

È un errore vedere nel fascismo solo un fenomeno di brutale reazione di classe. Difatti, esso non fu soltanto la borghesia che ricorse alla violenza per opporsi all' ascesa del proletariato, ma espresse in sè un male più vasto che denuncia un fenomeno specificatamente italiano.

Le squadre d' azione non nacquero solo dalla collera cieca degli ambienti reazionari. Fazioni, spirito di avventura, gusto romantico, idealismo piccolo-borghese, retorica nazionalista, reazione sentimentale alla guerra, desiderio irrequieto d' un nuovo purchessia, il fascismo non sarebbe stato senza tutti questi motivi.

Stimolato da un evidente interesse

Fotocopia del frontespizio del numero unico realizzato il 26 giugno 1950 come commemorazione dei tragici giorni del "passaggio del fronte"

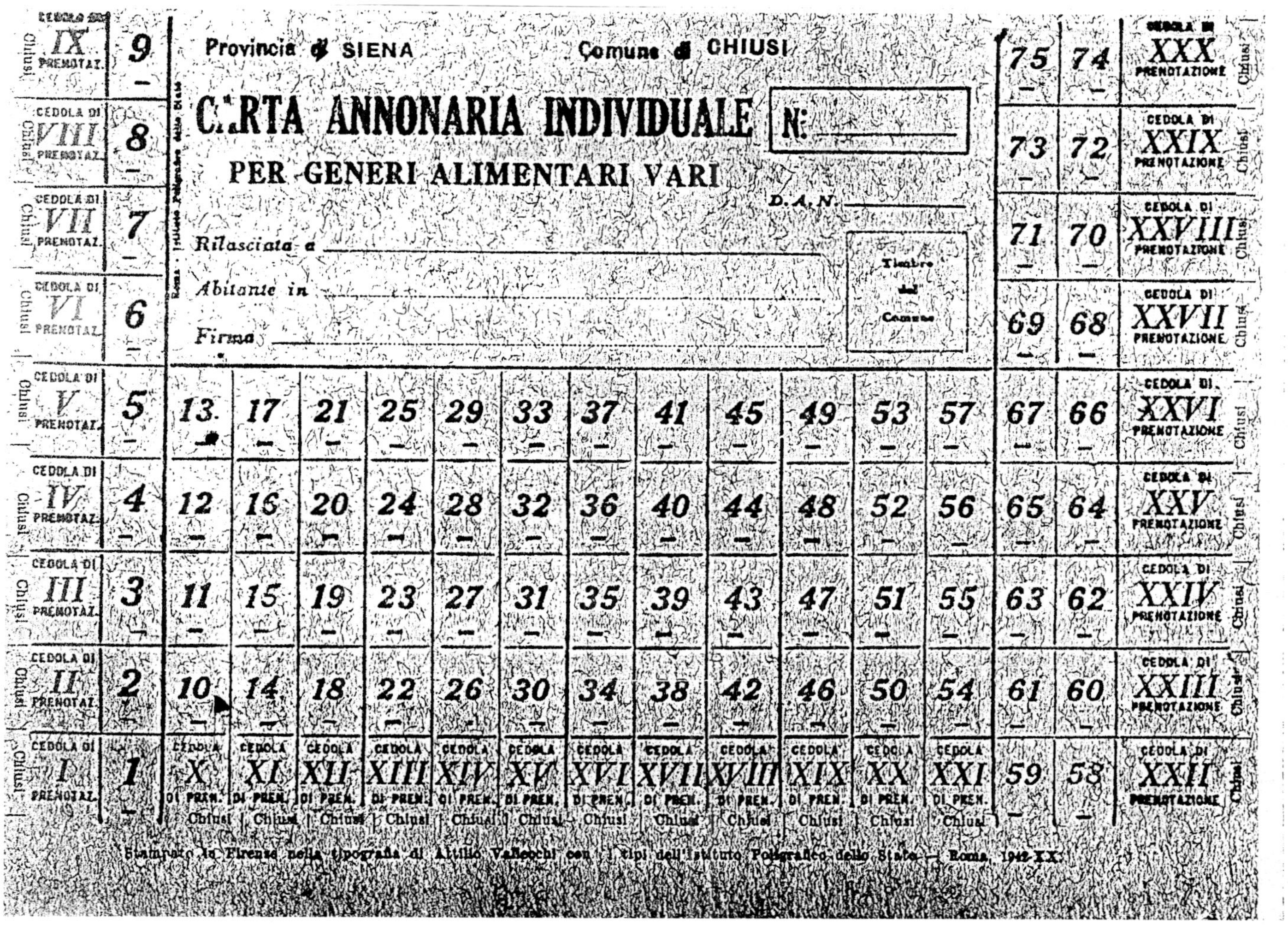

Provincia di SIENA — Comune di CHIUSI

CARTA ANNONARIA INDIVIDUALE N:

PER GENERI ALIMENTARI VARI

D.A.N.

Rilasciata a

Abitante in

Firma

Timbro del Comune

| | | | | | | | | | | | | | | | | |
|---|---|---|---|---|---|---|---|---|---|---|---|---|---|---|---|---|
| Cedola di IX Prenotaz. Chiusi | 9 | | | | | | | | | | | | | 75 | 74 | Cedola di XXX Prenotazione Chiusi |
| Cedola di VIII Prenotaz. Chiusi | 8 | | | | | | | | | | | | | 73 | 72 | Cedola di XXIX Prenotazione Chiusi |
| Cedola di VII Prenotaz. Chiusi | 7 | | | | | | | | | | | | | 71 | 70 | Cedola di XXVIII Prenotazione Chiusi |
| Cedola di VI Prenotaz. Chiusi | 6 | | | | | | | | | | | | | 69 | 68 | Cedola di XXVII Prenotazione Chiusi |
| Cedola di V Prenotaz. Chiusi | 5 | 13 | 17 | 21 | 25 | 29 | 33 | 37 | 41 | 45 | 49 | 53 | 57 | 67 | 66 | Cedola di XXVI Prenotazione Chiusi |
| Cedola di IV Prenotaz. Chiusi | 4 | 12 | 16 | 20 | 24 | 28 | 32 | 36 | 40 | 44 | 48 | 52 | 56 | 65 | 64 | Cedola di XXV Prenotazione Chiusi |
| Cedola di III Prenotaz. Chiusi | 3 | 11 | 15 | 19 | 23 | 27 | 31 | 35 | 39 | 43 | 47 | 51 | 55 | 63 | 62 | Cedola di XXIV Prenotazione Chiusi |
| Cedola di II Prenotaz. Chiusi | 2 | 10 | 14 | 18 | 22 | 26 | 30 | 34 | 38 | 42 | 46 | 50 | 54 | 61 | 60 | Cedola di XXIII Prenotazione Chiusi |
| Cedola di I Prenotaz. Chiusi | 1 | Cedola X di Pren. Chiusi | Cedola XI di Pren. Chiusi | Cedola XII di Pren. Chiusi | Cedola XIII di Pren. Chiusi | Cedola XIV di Pren. Chiusi | Cedola XV di Pren. Chiusi | Cedola XVI di Pren. Chiusi | Cedola XVII di Pren. Chiusi | Cedola XVIII di Pren. Chiusi | Cedola XIX di Pren. Chiusi | Cedola XX di Pren. Chiusi | Cedola XXI di Pren. Chiusi | 59 | 58 | Cedola di XXII Prenotazione Chiusi |

Stampato in Firenze nella tipografia di Attilio Vallecchi con i tipi dell'Istituto Poligrafico dello Stato — Roma, 1942-XX

Carta Annonaria con cedola di prenotazione

Provincia di SIENA — Comune di CHIUSI

# CARTA DI PRELEVAMENTO N. ..................

D. A. n. ..................

*Rilasciata a* ..................

*abitante in Via* ..................

*Firma* ..................

Timbro del Comune

## AVVERTENZE

1. L'intestatario (o chi per lui) è tenuto a firmare la carta, in modo leggibile, nello spazio a ciò destinato.
2. La carta di prelevamento è personale e non è cedibile. L'intestatario (o chi per lui) è tenuto a restituirla all'Ufficio com[un]ale, nel caso che egli sia chiamato alle armi, o lasci la famiglia per entrare a far parte, in via continuativa, di una conviv[enza] o si allontani dal Regno e presuma di non farvi ritorno entro un mese dal suo allontanamento. L'Ufficio al quale deve essere [con]segnata la carta è quello del Comune dove l'interessato si trova al momento in cui inizia la vita militare, o dove trovasi la c[on]vivenza o dal quale egli abbandona il Regno.
   In caso di morte i famigliari sono tenuti a restituire all'Ufficio annonario comunale la carta di prelevamento del defunto.
3. Per l'acquisto dei prodotti razionati il consumatore deve — nei giorni all'uopo stabiliti — presentare la carta al dettaglian[te] da cui intende rifornirsi, con le cedole di prenotazione relative ai prodotti da prelevare munite della sua firma.
4. L'esercente stacca, mediante taglio, le cedole e appone il timbro della sua ditta o la sua firma: sul corrispondente buono [di] prelevamento, se questo è unico, sul 2° buono, se la cedola porta due buoni di prelevamento.
5. L'esercente, all'atto della consegna delle razioni, deve staccare i buoni di prelevamento ad esse relativi.
6. Il consumatore non deve consegnare all'esercente nè cedere ad altri le cedole di prenotazione nè i buoni di prelevamento [di] quali non usufruisce.

| | | | | | | | |
|---|---|---|---|---|---|---|---|
| BUONO di prelevamento C Chiusi | BUONO di prelevamento F Chiusi | BUONO di prelevamento I Chiusi | BUONO di prelevamento N Chiusi | BUONO di prelevamento Q Chiusi | 2° BUONO di prelevamento S Chiusi | 2° BUONO di prelevamento U Chiusi | 2° BUONO di prelevamento Z Chiusi |
| *CEDOLA di prenotazione* C Chiusi | *CEDOLA di prenotazione* F Chiusi | *CEDOLA di prenotazione* I Chiusi | *CEDOLA di prenotazione* N Chiusi | *CEDOLA di prenotazione* Q Chiusi | 1° BUONO di prelevamento S Chiusi | 1° BUONO di prelevamento U Chiusi | 1° BUONO di prelevamento Z Chiusi |
| BUONO di prelevamento B Chiusi | BUONO di prelevamento E Chiusi | BUONO di prelevamento H Chiusi | BUONO di prelevamento M Chiusi | BUONO di prelevamento P Chiusi | *CEDOLA di prenotazione* S Chiusi | *CEDOLA di prenotazione* U Chiusi | *CEDOLA di prenotazione* Z Chiusi |
| *CEDOLA di prenotazione* B Chiusi | *CEDOLA di prenotazione* E Chiusi | *CEDOLA di prenotazione* H Chiusi | *CEDOLA di prenotazione* M Chiusi | *CEDOLA di prenotazione* P Chiusi | 2° BUONO di prelevamento R Chiusi | 2° BUONO di prelevamento T Chiusi | 2° BUONO di prelevamento V Chiusi |
| BUONO di prelevamento A Chiusi | BUONO di prelevamento D Chiusi | BUONO di prelevamento G Chiusi | BUONO di prelevamento L Chiusi | BUONO di prelevamento O Chiusi | 1° BUONO di prelevamento R Chiusi | 1° BUONO di prelevamento T Chiusi | 1° BUONO di prelevamento V Chiusi |
| *CEDOLA di prenotazione* A Chiusi | *CEDOLA di prenotazione* D Chiusi | *CEDOLA di prenotazione* G Chiusi | *CEDOLA di prenotazione* L Chiusi | *CEDOLA di prenotazione* O Chiusi | *CEDOLA di prenotazione* R Chiusi | *CEDOLA di prenotazione* T Chiusi | *CEDOLA di prenotazione* V Chiusi |

Stampato in Firenze dalla Tipografia di Attilio Vallecchi con i tipi dell'Istituto Poligrafico dello Stato - Roma, 1941-XIX.

Carta Annonaria con cedola di prelevamento